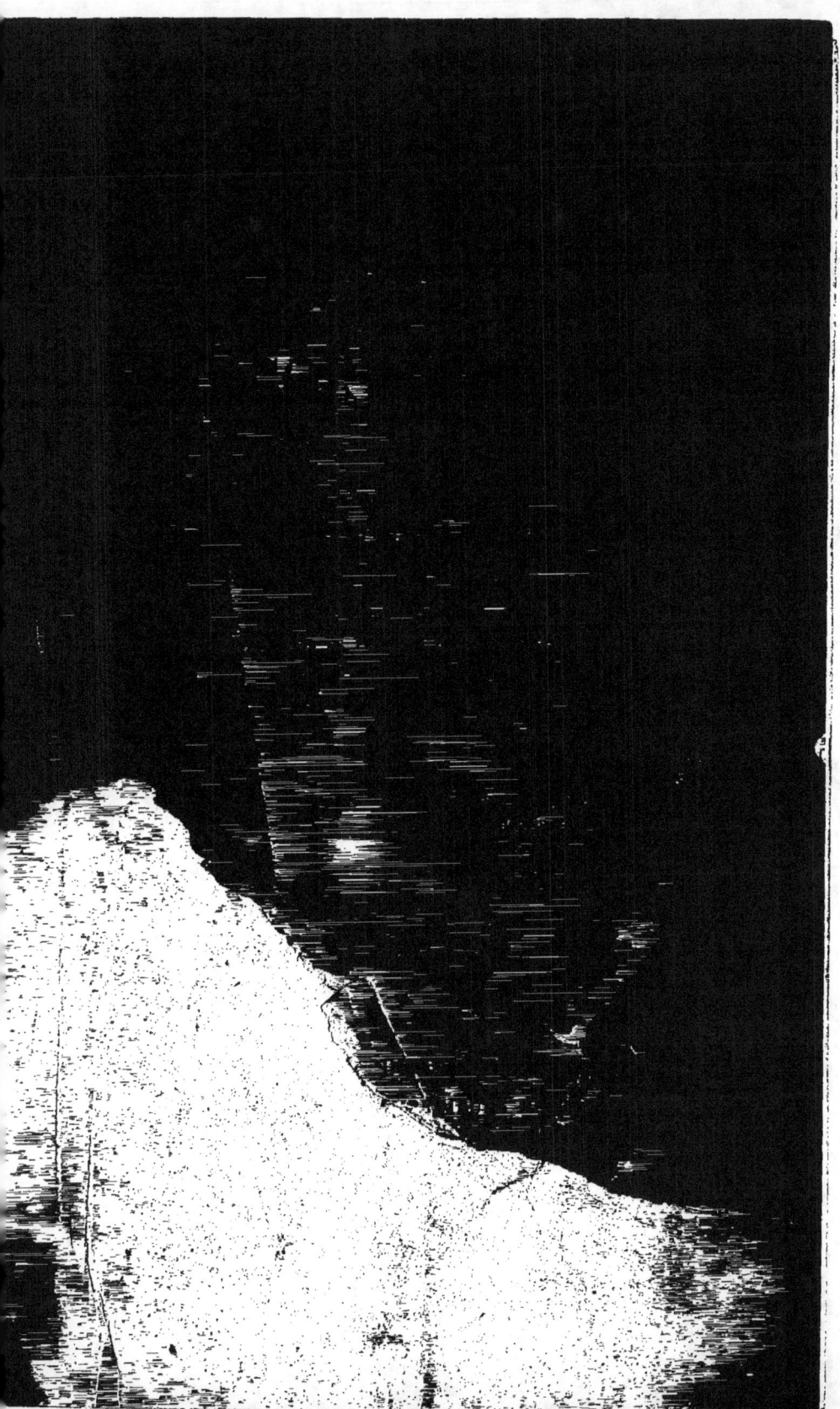

Im 27
38/13

## *OUVRAGES DU MÊME AUTEUR :*

QUID SIT CREDERE, SEU DE EVIDENTI FIDEI CREDIBILITATE, et, *Gallico sermone :* DE L'INDÉPENDANCE DE LA RAISON. Divione, typis J. Marchand, 1873.

LA DÉVOTION AU SACRÉ-CŒUR ET LES CONGRÉGATIONS ROMAINES, d'après les documents originaux. Dijon, J. Marchand, 1879.

LA THÉORIE DE LA DÉVOTION AU SACRÉ CŒUR DE JÉSUS, d'après les documents authentiques et les sources originales. Lille. Bruges (Belgique). Desclée, de Brouwer et C$^{ie}$. 1884. Ouvrage honoré d'un bref de N. S. P. le Pape Léon XIII.

LA PRATIQUE DE LA DÉVOTION AU SACRÉ CŒUR DE JÉSUS, d'après les documents authentiques et les sources originales. Dijon, Antoine Maître, éditeur. MDCCCLXXXVI.

NOTICE SUR M. EDOUARD DE VIART DE CHALVOSSON. Dijon, Damongeot et C$^{ie}$. MDCCCLXXXVI.

LA BELLE DÉFENSE DE SAINT-JEAN-DE-LOSNE, en 1636, avec un plan inédit. Dijon, imprimerie Eugène Jobard, 1886.

NOTICE NÉCROLOGIQUE. M. le docteur Clopin. Dijon, imprimerie Jobard, 1887.

TRIDUUM DU BIENHEUREUX J.-B. DE LA SALLE, célébré à Lons-le-Saunier. Panégyriques prêchés dans l'église paroissiale des Cordeliers, les 25, 26 et 27 mai 1888. Lons-le-Saunier, imprimerie J. Mayet et C$^{ie}$. 1888.

PREMIÈRE PARTIE

# VIE DE L'ABBÉ FRANÇOIS GRIGNARD

LA VIE ET LES ŒUVRES

DE L'ABBÉ

FRANÇOIS GRIGNARD

## Imprimatur

Divione, die 29 junii 1889.

† **VICTOR-LUCIANUS,** Episc. Divion.

Epreuve inaltérable en Platinotypie.   Mazilher, phot. a Dijon.

L'Abbé F. Grignard

# LA VIE ET LES ŒUVRES

## DE L'ABBÉ

# FRANÇOIS GRIGNARD

PAR

## L'ABBÉ JULES THOMAS

CURÉ-DOYEN DE NOTRE-DAME DE DIJON

DOCTEUR EN THÉOLOGIE

ET MEMBRE DE PLUSIEURS SOCIÉTÉS SAVANTES

> Ea scire prius ampliusque curato,
> quæ senseris viciniora saluti.
> Opera S. Bern., Serm. 36.

DIJON

DAMONGEOT ET Cⁱᵉ, IMPRIMEURS DE L'ÉVÊCHÉ

40 — Rue Saint-Philibert — 40

1889

# PRÉFACE

HAQUE jour, l'un de nous tombe, et nous disparaissons comme des eaux qui ne reviennent pas. *Et quasi aquæ dilabimur in terram, quæ non revertuntur* (1). La terre absorbe ces eaux courantes. Ne les cherchez point sur les rives où elles ont passé : vous ne les trouverez plus.

Mais Dieu ne veut pas que tout meure avec nous. L'âme est immortelle ; le corps attend une seconde vie. Notre souvenir même ne périt point, tant qu'il nous reste un cœur fidèle. Les rives baignées par ces eaux courantes, auxquelles l'Ecriture nous compare, n'en retiennent-elles pas la fraîcheur ? Le bien que les morts ont fait, perpétue leur mémoire ; les pensées qu'ils ont marquées de leur sceau, gardent leur empreinte.

O Dieu, qui avez créé l'homme indestructible (2), permettez-moi de m'associer à vos desseins éternels. J'ai essayé de conserver une mémoire chérie, en relevant les traits qui la distinguent et les actes qui la recommandent. Si j'ai trop multiplié les pages, elles sont du

1. II Reg. XIV, 14.
2. Sap. II, 23.

moins toutes pleines des pensées d'une intelligence d'élite, et des œuvres d'une âme profondément religieuse. Là est mon excuse.

D'autres retracent des actions fameuses et des carrières retentissantes. Je n'ai dépeint que des travaux modestes et une vie passée dans le silence. Mais, si humble qu'elle ait été, la science et la vertu l'ont parée de quelques rayons, et elle nous a donné un jour heureux. Or, il est dit (1) : « Ne vous imposez pas la privation d'un bon jour, et ne laissez perdre aucune parcelle des dons que vous avez reçus. »

Ce livre s'adresse aux amis de l'abbé Grignard. Ecrit par l'un d'eux, sur les instances de plusieurs, d'après le vœu de tous, il exprime une commune affection. Je me suis souvenu de cette parole de l'Ecclésiastique (2) : « Avant de mourir, faites du bien à votre ami, et étendez vers lui votre main. » Puissé-je avoir fidèlement rempli ce devoir !

Une même idée domine la vie de l'abbé Grignard; un seul mot la résume : la piété. Les années si pures de l'enfant, la vocation si généreuse du jeune homme, l'abnégation si parfaite du prêtre, la longue résignation du mourant; toutes ces saintes choses, la piété les explique : elle illumine toutes les faces de cette existence.

Si nous sortons des limites où s'enferme l'accomplissement du devoir, c'est encore la piété qui a dirigé M. Grignard dans le choix des études libres et des travaux surérogatoires. Elle a transfiguré et surnaturalisé ses aspirations intellectuelles. Elle lui a fait comprendre la grande règle du saint abbé de Clairvaux (3) : « Ayez soin de savoir avant tout et d'approfondir ce qui vous

1. Eccli. XIV, 13, 14.
2. *Ibid*.
3. *Opera S. Bern.* serm. 36.

paraîtra vous rapprocher du salut. *Ea scire prius ampliusque curato, quæ senseris viciniora saluti.* »
Maxime admirable, qu'il adopta pour devise.

Cet ouvage se divise en deux parties. La première racontera le passage d'une âme ardente au milieu de notre génération blasée; la seconde exposera, dans leurs divers détails, les nombreux travaux de l'écrivain. On verra comment un cœur se forme sous le regard de Dieu, et comment il se dépense pour sa gloire. On suivra l'essor d'un esprit qui consacre de rares facultés et des aptitudes exceptionnelles aux recherches de l'érudition. Malheureusement, les œuvres manuscrites, ne sont pas toutes achevées, et la vie, hélas! s'est brisée dans son plein épanouissement. Notre pauvre ami a pu répéter le mot du prophète (1) : « J'ai dit au milieu de mes jours : je descendrai aux portes du tombeau. »

J'aurais voulu répondre plus tôt à de trop légitimes impatiences. Mais le temps m'a fait défaut. Chargé d'un laborieux ministère, je n'ai pu disposer que de courts et rares loisirs. Encore m'ont-ils été ravis au dernier moment et contre toute prévision. J'allais terminer mon travail, quand j'ai dû quitter les bords tranquilles de la Saône, pour avoir moins de temps encore au milieu de nouvelles et plus absorbantes sollicitudes.

Dirai-je toutes les causes qui ont retenu ma main? Tristes jours de deuil, pourquoi revenez-vous troubler mon âme? (2) Tandis que je reconstituais les souvenirs et que je compulsais les manuscrits, la mort m'a frappé deux fois, dans mes affections les plus chères. J'ai connu les déchirements des séparations les plus cruelles. J'ai subi toutes les angoisses de la douleur, parce que mon père et ma mère m'ont quitté : *quoniam*

1. Isai. XXXVIII, 10.
2. Ps. XLI, 6.

*pater meus et mater mea dereliquerunt me* (1). J'ai souffert deux fois les accablements d'une invincible prostration, et il m'a fallu de longs mois pour reprendre courage.

O père vénéré, ô mère chérie, vous avez aimé, vous aussi, l'abbé Grignard, et vous l'avez reçu comme un fils. Vous vous réjouissiez de savoir que je travaillais à conserver sa mémoire. Maintenant, vous reposez avec lui dans le sein de Dieu. En le revoyant là-haut, vous lui avez donné l'assurance qu'on ne l'oubliait point ici-bas. O parents bien-aimés, ces pages trop imparfaites et trop peu dignes de vous et de lui, je les ai commencées sous vos yeux ; je les ai achevées dans la tristesse et les larmes : je les dépose aujourd'hui sur vos tombes.

Dijon, en la fête de saint Jean-Baptiste, 24 juin 1889.

1. Ps. XXVI, 10.

# CHAPITRE PREMIER

## Le Foyer paternel.

#### (1846-1856)

Le village de Thoisy-la-Berchère. — L'église et le château. — Naissance de François Grignard. — Un horoscope. — Baptême du nouveau-né. — Éducation chrétienne. — Premières visites à l'église. — L'école communale. — Les amis d'enfance. — Premières leçons de grammaire latine. — Départ pour le séminaire. — Amour de François Grignard pour son pays natal.

Dans les montagnes du Morvand, à la limite des bassins de la Seine et de la Loire, sur la pente où descend l'un des premiers affluents du Serain, s'élève le joli village de Thoisy-la-Berchère. La partie centrale émerge du fond d'un étroit ravin, et les côtés se perchent hardiment sur deux éminences inégales, qui donnent au paysage un aspect pittoresque.

L'ami dont le souvenir revivra dans ces lignes, a dit, en quelques vers, comment son village est orienté (1) :

> Assis sur le penchant
> D'une double colline (2),
> Vers le soleil levant
> Il se tourne et s'incline (3).

En général, les noms de lieu se présentent, dans nos vieux manuscrits, sous une forme assez barbare. Celui de Thoisy fut francisé de très bonne heure. On le trouve dans une charte de 1276 (4), mais avec un autre déterminatif : Thoisy-l'Evêque (5). C'est ainsi qu'on l'appela d'abord, parce qu'il appartenait aux évêques d'Autun (6). On l'a nommé depuis Thoisy-la-Berchère, à cause d'un des premiers présidents du Parlement de Dijon, Pierre Legoux de la Berchère, qui devint, en 1634, acquéreur

---

1. Mss. de M. l'abbé Grignard, cote 14, pièce sans date.
2. D'une abrupte colline. *Variante du ms.*
3. L'abbé Grignard aimait à consigner en vers, au courant de la plume, un souvenir, une impression, souvent même une attention délicate. Nous en verrons une foule d'exemples. Je citerai quelques-unes de ces rimes à titre de document, et non point, je le dis une fois pour toutes, afin de présenter l'auteur comme un poëte.
4. *Cartulaire de l'Évêché d'Autun*, connu sous le nom de cartulaire *rouge*, publié d'après un manuscrit du xiii⁰ siècle..., par A. de Charmasse. Autun, MDCCCLXXX, p. 45.
5. « Thoysi-l'Avesque », p. 45. — En 1291, Thosy, Thoisey, charte latine, p. 57.
6. Courtépée : *Description générale et particulière du duché de Bourgogne*. Dijon, 1848, t. IV, p. 151.

du château, et qui combla de ses bienfaits les habitants du village (1).

L'église est bâtie sur l'une des deux éminences dont il a été question ; elle se dresse en face du château qui couronne l'autre. Elle offre quelques sculptures du temps de la renaissance, mais elle est d'une très grande simplicité. L'archéologue y remarque, non sans surprise, des fonts baptismaux qui remontent au moins jusqu'au onzième siècle.

Le château date aussi de cette époque; il passe pour le plus ancien de la Côte-d'Or et se trouve classé parmi les monuments historiques. Une charte de 1176 a trait aux fortifications qu'y faisait Etienne II, l'évêque suzerain (2), et contre lesquelles le duc de Bourgogne, Hugues III, déclare qu'il ne peut formuler aucune plainte.

Au sud-ouest du château et au-dessus de Thoisy, se trouve la ferme de Maugage. Attenante aux autres habitations, elle porte néanmoins un nom distinct. Elle appartenait, à l'époque où se place le commencement de ce récit, au prince Charles de Beauvau. Elle passa plus tard à son fils, le prince Etienne, et ensuite à l'un des gendres de ce dernier, M. le marquis de Montboissier. C'est à Maugage que François Grignard naquit, le 16 mars 1846 (3).

1. Courtépée, *loc. cital.*
2. *Cartulaire de l'Evêché d'Autun*, p. 254. Courtépée se trompe en disant qu'Etienne II bâtit le château en 1214. Cf. p. 151, 152, *Ibid.*
3. Deux mss. de l'abbé Grignard, son *Histoire* de Grignon, t. I, p. 217, et les notes qu'il recueillait en vue de composer une *Bibliothèque du Clergé dijonnais*, antidatent sa naissance d'un jour. J'ai suivi les registres de l'état civil et de l'état religieux de Thoisy : ils sont concordants.

Cette naissance dans une terre seigneuriale, imprégnée de souvenirs ecclésiastiques et féodaux, semble avoir indiqué d'avance tout le cadre que devait remplir une existence nouvelle. La vie était en germe dans le berceau. Mais le temps seul devait révéler ce secret. En tout cas, les anciens auteurs mystiques n'eussent pas manqué de faire ce rapprochement.

Cinq ou six siècles plus tôt, quelque ménestrel, ayant contemplé les astres, s'en fût peut-être allé frapper à la porte du manoir des évêques d'Autun et leur eût dit, comme autrefois Klingsohr aux habitants d'Eisenach (1) : « Je vous apprendrai quelque chose de nouveau et de joyeux aussi. J'ai vu une belle étoile qui s'est levée sur le ciel de Thoisy-l'Évêque ; elle a rayonné de là à Plombières, à Rome, à Grignon ; et sa course achevée, elle est revenue se coucher à votre horizon. Sachez donc qu'aujourd'hui même, il est né dans vos domaines, un enfant dont la science et la piété raconteront la vie des saints, et dont la profonde érudition réveillera les vieux seigneurs dans leurs tombeaux. » Mais, je le répète, personne n'eut alors de tels pressentiments ; ces choses étaient cachées à tous les yeux.

On porta, sans plus tarder, le nouveau-né à l'église paroissiale, pour lui donner le saint baptême. C'était le désir des hommes et des anges qu'il appartînt à Dieu dès sa première heure. Le jour de sa naissance dans le

---

1. Rothe: *Chronic. Thuring.*, p. 1699. Cf. *Histoire de Sainte Elisabeth de Hongrie*, par M. de Montalembert. 1849, 5ᵉ édit., p. 175.

monde fut ainsi le même que celui de sa renaissance dans l'Église, qui est un monde nouveau.

Voici l'acte qui fut dressé :

« Ce seize mars mil huit cent quarante-six, a été baptisé dans l'Église de Thoisy, né dudit jour, François, fils légitime de François Grignard, fermier audit lieu et de Claudine Adnot. Le parrain a été François Poillot, représenté par François Grignard, et la marraine Marie Grignard, de La Guette, représentée par Marie Garnier soussignés. »

Le registre est signé : Grignard, Marie Garnier, Leclerc, curé de Thoisy.

L'enfant avait un nom désormais sur la terre et dans le ciel.

Je ne puis parler de ses parents, comme le désirerait mon cœur ; ils lui survivent : ils gardent sa tombe. Son père, sa mère, sa sœur, n'ont plus d'autre consolation que de s'entretenir de lui, et de prier pour lui, en attendant de le revoir dans le sein de Dieu. Qu'ils me permettent de le dire : nous tous qui avons connu et aimé le fils et le frère qu'ils pleurent, nous nous associons à leurs prières, à leurs regrets et à leurs espérances ; nous partageons leur douleur ; nous les assurons que Dieu a compté le nombre de leurs larmes et mesuré la grandeur de leur sacrifice.

Cette affectueuse et chrétienne famille initia François Grignard aux principes de la foi. Les pratiques de la religion entourèrent son berceau. Sa mère lui apprit, aussitôt qu'il put parler, à prononcer les noms de Jésus et de Marie, à faire le signe de la croix et ses premières prières. Tout petit enfant qu'il était, il écoutait avec une attention charmante, les paroles pieuses qui frappaient son oreille, que répétaient ses lèvres et dont la grâce du baptême lui donnait intérieurement l'intuition. Le dimanche, il aimait à suivre, à côté de son père, de sa mère et de sa sœur, le sentier qui mène à l'église; il se plaisait aux chants religieux et aux cérémonies sacrées.

Qu'on ne me reproche point ces naïfs détails. Je les reproduis parce qu'ils sont vrais et qu'ils charment ceux qui les voient. La sainte Ecriture en a recueilli de semblables. On lit dans les Rois (1), qu'Anna, mère de Samuel, le conduisit, dès qu'il fut sevré, à Silo, dans la maison du Seigneur. « Et l'enfant, ajoute gracieusement le texte inspiré, était encore tout petit. *Puer autem erat adhuc adolescentulus* ». Ce trait des mœurs antiques se renouvelle chaque jour dans nos églises chrétiennes; si simple qu'il soit, il ne laisse pas d'être à souhait pour le plaisir des yeux. Nous savons qu'il ravit Dieu lui-même, puisqu'on lit cette parole dans l'Evangile (2) : « Laissez venir à moi les petits enfants. *Sinite parvulos ad me venire* ».

A côté de l'église se trouvait l'école. François en connaissait le chemin, il y alla bientôt, et ce fut pour lui grande joie d'apprendre. L'instituteur, M. Rouard, remarqua les heureuses dispositions de l'enfant, il fut

---

1. I. Reg. 1, 24.
2. Marc, x, 14.

touché de son application et lui voua une affection toute spéciale. Au bout de quelques mois, les qualités intellectuelles et les progrès surprenants de l'élève faisaient l'orgueil du maître (1). L'un ne manquait pas d'un certain talent pédagogique, et l'autre avait révélé la puissance d'une bonne méthode sur un esprit d'élite.

Ce qui frappa surtout et laissa le plus vif souvenir à Thoisy, c'est la grâce de ce petit enfant, cette grâce dont Jésus nous apporta le parfait modèle, et que les enfants chrétiens reproduisent dans la mesure des dons qui leur sont faits. Il croissait donc, comme ce divin idéal, en sagesse, en âge et en grâce devant Dieu et devant les hommes (2). Et chacun, à l'école comme sur les bancs du catéchisme, aimait cet enfant dont la beauté charmait les yeux, et dont l'aménité avait tant d'attraits. On sentait qu'aux qualités de l'esprit il ajoutait celles du cœur. M. l'abbé Bouhey, curé de Thoisy-la-Berchère, en a, plus tard, rendu témoignage (3) :

« Tout enfant, il était déjà avec ses petits camarades ce que vous l'avez vu plus tard au Séminaire, bon, aimable avec tous, et aussi, aimé de tous, tout en restant supérieur à tous par ses dehors, aussi bien que par ses heureuses dispositions intellectuelles ».

La paroisse de Thoisy reçut à cette époque une large effusion de l'Esprit d'en-haut. Les vocations ecclésias-

---

1. Lettre de M. l'abbé Bouhey, curé de Thoisy-la-Berchère, 12 juillet, 1887.
2. Luc, II, 52.
3. Lettre déjà citée.

tiques y germèrent d'une manière merveilleuse. M. l'abbé François Grognot, le futur curé de Brazey-en-Plaine, terminait ses études théologiques et se préparait à recevoir le sacerdoce. D'autres avaient également entendu l'appel de Dieu; le jeune François les eut pour condisciples et pour amis, il s'édifia de leur piété, il partagea leurs études et leurs jeux. Ces amis du premier âge me pardonneront de les nommer ici : MM. Jean Emery, actuellement curé de Thostes; Joseph Thibert, aujourd'hui curé de Thoisy-le-Désert; François Dédiot, précédemment curé de Labergement-Foigney, appelé depuis à Dômois; Joseph Les Enfant, docteur en théologie et licencié ès-sciences, à Lyon; Claude-Pierre Tissier, curé de Pluvault. Quelques années après, Jean-Baptiste Bizouard, curé de Vic-de-Chassenay, et les cousins de François, les deux frères Jean-Baptiste-Alexandre et François-Auguste Grignard, l'un curé de Grignon et l'autre de Saint-Léger-de-Fourches, marchèrent sur les traces de leurs aînés. Ils forment tous ensemble, comme une pléiade sacerdotale, qui rayonne sur Thoisy et dont quantité de villages peuvent envier l'éclat.

Celui qui les précéda tous, M. Grognot, fut l'instrument dont se servit la Providence pour attirer le jeune François. En 1855, pendant les vacances du grand séminaire, il remarqua les qualités exceptionnelles de cet enfant, il s'attacha à lui, le fit venir au presbytère et lui donna quelques leçons de grammaire latine. Cette étude sourit tellement au petit élève qu'il voulut à tout prix aller au séminaire. On attendit toutefois le second trimestre pour le conduire à Plombières. Il n'avait pas encore dix ans.

Mais en quittant Thoisy, il ne l'oublia pas. Ces amitiés d'enfance, la maison paternelle, l'église du village lui furent toujours chères. Avec quel plaisir il revoyait, chaque année, la verte campagne au milieu de laquelle il avait pris ses premiers ébats ! Il a dit de lui-même, en esquissant, dans une piquante églogue, ces souvenirs d'enfance (1) :

> Élevé dans les champs, il suivit maintes fois
> Les blancs troupeaux épars dans les gras pâturages,
> Et quand, la nuit tombante, il rentrait au village,
> Dans la cour de la ferme il voyait confondus
> Les bœufs roux ou cendrés, trainant leurs pieds tordus.

Quel enchantement de retrouver à Maugage la maison joyeuse, les granges pleines et la cour encombrée, où la mère et la sœur s'empressent toujours de la même manière aux soins de l'élevage, où

> Le coude dans sa fourche et le menton en main (2),
> Le père soucieux prévoit le lendemain !

Cet enfant chéri, et dont l'absence avait paru si longue, comme on l'accueillait à bras ouverts, avec ses innombrables couronnes ! Il ne s'enorgueillissait ni de

---

1. Mss., cote 14.
2. *Ibid.*

sa science ni de ses brillants succès. On le retrouvait chaque fois, tel qu'on l'avait connu, bon et sympathisant, gracieux et modeste. Il allait, avec son expansive gaieté et son franc sourire, visiter chacun de ses anciens camarades, les appelait par leur nom, leur témoignait individuellement un vif intérêt, et recevait en échange de cordiales et chaleureuses démonstrations d'amitié.

Que de fois, loin de Thoisy, dans ses longues veilles et ses absorbants travaux, sa pensée se reporta vers son cher village ! Il se tournait du côté de l'horizon qui le dérobait à ses regards, comme pour y chercher ce qu'il aimait, et l'on entendait alors sortir de sa bouche des paroles comme celles-ci (1) :

>  Et c'est là qu'est mon cœur !
>  C'est là ce qu'il désire,
>  Lorsqu'il paraît rêveur
>  Et tristement soupire.

Mais il est temps de suivre François Grignard dans la voie que Dieu lui avait tracée. Nous connaissons déjà le trait qui résume et domine tous les dons de cette riche nature ; nous l'avons exprimé d'un seul mot : LA GRACE. Nous n'avons cependant fait que l'entrevoir encore. C'est à Plombières qu'elle commencera de s'épanouir.

---

1. Dernière strophe de la pièce déjà citée, p. 2.

# CHAPITRE DEUXIÈME

## Les Études secondaires.

#### (1856-1863)

Plombières. — Le petit séminaire. — Ses traditions et la force de ses études. — Arrivée de François Grignard. — Ses succès extraordinaires. — La distribution des prix. — La piété de l'enfant. — Sa première communion. — Son amour de la discipline. — Son application. — L'amitié de ses maîtres. — Celle de ses condisciples. — Trait supérieur et caractéristique de sa physionomie : sa patience dans les maladies. — Récent éloge de Plombières.

LOMBIÈRES est à six kilomètres de Dijon, dans la vallée de l'Ouche, entre des côteaux abrupts et sillonnés de ravins. Il s'étend au pied de ces fameux escarpements, où court le chemin de fer de Paris à Lyon à travers les tunnels et les viaducs. Le vallon, riche et bien cultivé, se rétrécit ou se dilate au gré des mamelons qui l'encadrent. Il est découpé par

les formes capricieuses de la rivière, le bief des moulins, le canal de Bourgogne et des routes diverses.

La variété des aspects, la salubrité de l'air, l'abondance et la saveur des fruits, le voisinage de la ville, tout contribue à rendre le séjour de Plombières agréable.

Notre poëte l'a chanté, comme Thoisy (1) :

> Le vallon est étroit, pressé par les côteaux,
> Que l'Ouche et le canal reflètent dans leurs eaux.
> Mais quand vient le printemps, alors que la nature
> Commence à se parer d'un tapis de verdure,
> Quels parfums enivrants, quelle suave odeur
> Émane des vergers et des vignes en fleur !

Tel est le site où, depuis 1821, se trouve établi le petit séminaire du diocèse. Courtépée a dit de la maison primitive (2) : « Beau château de l'abbé de Saint-Bénigne, bâti à l'italienne, avec jardins et bosquets, par M. Poncet de la Rivière, en 1768. »

Vu de la station du chemin de fer, l'établissement paraît un peu encaissé dans les maisons qui l'avoisinent et les lignes sévères de la montagne qui ferme brusquement la perspective. Il peut inspirer un léger sentiment d'appréhension et comme une secrète mélancolie. Mais cette première impression s'efface, quand le visi-

---

1. *Eglogue*. Mss. de M. l'abbé Grignard, cote 14.
2. *Description générale et particulière du duché de Bourgogne*. Dijon, 1847, t. II, p. 232.

teur, ayant franchi le bief et la grille monumentale, arrive au milieu de la cour d'honneur. En face, le château de l'abbé de Saint-Bénigne, mais prolongé de part et d'autre par des constructions nouvelles qui s'harmonisent parfaitement avec les anciennes ; à droite et à gauche, des ailes de même structure et d'égale hauteur ; au centre, une magnifique statue de saint Bernard, patron du petit séminaire. L'autre façade présente un coup d'œil différent. Elle regarde les jardins et les bosquets que signale Courtépée, et se développe en ligne droite devant la pelouse, les préaux et les cours de récréation. Une belle allée de sycomores et surtout une incomparable avenue de platanes et de tilleuls taillés en berceaux, où les maîtres s'associent volontiers aux jeux des élèves, ne sont pas les moindres agréments d'une résidence restée chère à tous ceux qui l'ont connue.

Le petit séminaire fut le moule d'où sortit intellectuellement François Grignard, où se forma cet esprit aux allures si vives et pourtant si correctes, où s'empreignit cette vie de règle et de travail, qui lui permit de faire, en peu de temps, l'œuvre d'une longue carrière. Il mérite, grâce à Plombières, qu'on lui applique cette parole de l'Écriture : « *Consummatus in brevi, explevit tempora multa* (1). Il a passé bien vite, mais il a rempli beaucoup d'années ».

Nul en notre Bourgogne n'ignore les traditions de Plombières et la force de ses études. Dès 1830, un

---

1. Sap. IV, 13.

supérieur éminent, M. l'abbé Foisset, leur donna une impulsion qui ne s'est pas ralentie depuis. Il s'entoura d'actifs et brillants professeurs, auxquels il communiqua ses vues et son zèle. Il sortit des routes battues, organisa des méthodes nouvelles ; il créa, bien avant l'abbé Dupanloup, les fortes études secondaires où excelle, en ce siècle, le clergé français. Ce qu'il voulait former, c'est une génération de prêtres qui fît honneur à l'Église par la variété, la profondeur et l'étendue de ses connaissances. Il ne pouvait supporter, ses lettres en rendent témoignage, l'idée d'un clergé vulgaire et sans influence à cause de son peu de lumières (1). Plombières garde pieusement le souvenir de cette noble intelligence, hélas ! aussi trop vite éteinte. Les maîtres aiment à s'autoriser de son nom, et les élèves apprennent à le vénérer, dès les premiers jours, car on a soin de leur dire que leur règlement, celui qu'on leur explique et qu'ils observent, est l'œuvre de M. Foisset.

En février 1856, lorsque François Grignard franchit le seuil du petit séminaire, il trouva pour supérieur un digne émule de M. Foisset, M. l'abbé Decœur. L'un avait fait la théorie des études secondaires, l'autre écrivit celle de la littérature. Le premier avait mis en pratique les grandes lois de l'enseignement, le second reprit d'une main sûre ce difficile héritage. Il fit particulièrement aimer et goûter les règles du

---

1. Lettres de M. l'abbé Foisset à M. l'abbé Vitteaux, 19 février et 19 mars 1835. C. P. (Cette abbréviation signifie : *Collections particulières*).

beau et de la composition (1). Les facultés qui président à l'art d'écrire, les ressources personnelles que chacun porte en soi pour atteindre à l'expression de la beauté littéraire, les savantes distinctions des pensées, des sentiments et des figures, toutes ces choses délicates furent analysées d'une manière si pénétrante et si colorée que l'élève ne voit point la difficulté du travail.

C'est dans ce milieu plein de vie que se trouva tout-à-coup placé le jeune enfant, qui venait faire sa huitième. Cette fleur des montagnes du Morvand se sentit aussitôt transplantée dans une terre plus riche et sous un soleil plus chaud. La transition cependant fut marquée par cet indéfinissable malaise qu'un changement donne toujours. Le mouvement de la maison, l'émulation des élèves, le zèle enflammé des maîtres, tout cela n'offrait-il pas un singulier contraste avec le tranquille presbytère de Thoisy? Les condisciples de François étaient plus âgés que lui, ils avaient plus d'acquis ; il lui fallut beaucoup de peine pour les suivre d'abord, ensuite pour lutter avec avantage. Il s'initia dès lors à l'un des grands secrets de notre existence, c'est que l'esprit de l'enfant qui veut apprendre, doit s'accoutumer aux rudes labeurs de l'étude, comme son âme à la souffrance. François Grignard fit l'apprentissage de la première de ces lois, dès sa dixième année ; la suite de sa carrière lui apporta trop souvent la science de l'autre.

1. *Essai sur la Composition*, par l'abbé Decœur, nouvelle édition. Cîteaux, MDCCCLXXIX.

Sa huitième finie, il obtint seulement les prix de géographie et d'examen ; il ne figura point au premier rang pour les autres matières.

Mais bientôt la septième ouvrit au jeune élève une série de brillants succès. A partir de ce moment, la première place lui appartint comme de droit, et si elle lui échappait en quelque circonstance, c'était un étonnement pour les maîtres comme pour les élèves. Il se mit à la tête de toutes ses classes. Rien ne put le désarçonner, ni la faiblesse de sa santé, ni des maladies fréquentes, ni l'arrivée de certains condisciples laborieux et exercés. La lutte pourtant ne cessa pas. Elle fut vive, ardente, passionnée, comme elle est toujours à Plombières. Les classes, surtout celles de grammaire, étaient partagées en deux camps rivaux où les émules, comme nos anciens preux, se portaient d'opiniâtres défis. C'était grand succès déjà de conserver les positions acquises, et il fallait encore compenser les revers de ses alliés par d'éclatantes victoires. Où êtes-vous, pacifiques combats? Luttes généreuses du travail et de l'intelligence, quel charme s'exhale de vos souvenirs ! Et comme il nous plaît de voir, au milieu de ces tournois de notre adolescence, la vaillante figure que faisait le jeune écolier, tantôt provoquant, tantôt provoqué, mais toujours accort, courtois et gracieux !

Chaque année, la distribution des prix était pour lui un vrai triomphe. Et je ne sais pourquoi je dis un triomphe pour lui, disons plutôt pour ceux qui l'aimaient et surtout pour ses parents qui, faisant trêve à leurs travaux, venaient assister à ces fêtes scolaires.

Les anciens élèves de Plombières n'ont garde d'oublier les grandes et chaudes journées du commencement d'août, qu'ils ont jadis attendues avec tant d'impatience, et célébrées d'une manière si joyeuse. Les vacances vont s'ouvrir, les apprêts de départ sont achevés, les familles arrivées, la maison pleine de mouvement. Les enfants vont, viennent, s'entre-croisent, à la recherche de ceux des leurs qu'ils attendent, pour les embrasser, ou de leurs condisciples préférés pour leur dire adieu. La joie rayonne sur les fronts, et l'on entend dans les salles et les cours un murmure confus, aux notes discordantes mais pleines d'allégresse. Une chose manque pourtant jusqu'alors, le principal attrait de la fête, la récompense des vainqueurs, les prix.

L'heure a sonné : la foule se dirige (c'était à cette époque l'usage invariable) vers la grande et majestueuse allée des tilleuls ; elle se range lentement sous leurs vastes berceaux. Les élèves prennent place sur des banquettes réservées des deux côtés de l'assistance. Tous les yeux se tournent vers l'estrade où s'étalent les prix et les couronnes. Elle est précédée d'un parterre de verdure, de massifs d'arbustes et de corbeilles de fleurs auxquelles un jet d'eau d'occasion vient apporter la fraîcheur et la vie. On voit se dessiner en arrière les formes élancées et fantastiques de rochers que les élèves eux-mêmes ont fait surgir de terre pour la circonstance.

Tout à coup, les notes vibrantes de la fanfare annoncent l'arrivée du Prélat venu pour présider la fête. Il s'avance avec un nombreux cortège de dignitaires ecclésiastiques et de notabilités de la ville épiscopale ; la distribution commence. Faut-il la peindre ? Est-il besoin de redire les savants discours des professeurs, les réponses éloquentes des évêques, les applaudissements qui les accueillent, les joyeux intermèdes de l'orchestre ? Il suffit d'avoir esquissé la scène où François Grignard figura toujours comme l'un des plus brillants lauréats.

Il obtint jusqu'à dix et douze, une fois même quatorze nominations. Il sortait des rangs avec une modestie charmante, montait les gradins d'un pas alerte, bien que le cœur ému, et quand le nombre des couronnes et le poids des volumes embarrassaient ses bras, il priait un condisciple de lui aider à porter son fardeau. Dès les premières années, sa petite taille, la grâce incomparable de son allure et de son maintien, ses constants succès avaient attiré sur lui l'attention publique. « Nous l'avons déjà vu l'année dernière, disait-on dans l'assemblée, il avait déjà tous les prix. » A l'appel si répété de son nom, ses condisciples, loin d'être jaloux de ses lauriers, accueillaient par d'unanimes applaudissements le jugement du professeur. Du haut de l'estrade, chacun lui faisait fête. Les vétérans du sacerdoce se disaient entre eux, en voyant poindre une si belle intelligence : « Que pensez-vous que deviendra cet enfant (1) ? » Le maître heureux qui l'avait cultivée et qui savait que la beauté du cœur répondait à celle de l'esprit, lui appliquait ce passage du Prophète :

1. Luc, I, 66.

« Paraissez dans tout l'éclat de votre grâce, et allez de succès en succès (1) ». Le vénérable évêque de Dijon, qui s'appelait, lui aussi François, trouvait toujours un mot obligeant et aimable pour lui adresser ses félicitations paternelles. En revoyant chaque année cet élève dont la modestie embellissait encore les succès, ne pouvait-il pas répéter avec joie cette parole du patriarche ? « *Filius accrescens Joseph, filius accrescens et decorus aspectu.* Mon fils bien-aimé va toujours grandissant, il étincelle de beauté (2). » Mais il y avait dans la foule deux ou trois personnes auxquelles toutes ces choses allaient droit au cœur, pour y résonner d'une manière plus sensible, c'étaient le père, la mère ou la sœur du héros de cette fête : ils écoutaient silencieusement, mais avec une jouissance profonde, et ils amassaient un trésor d'impérissables souvenirs, comme autrefois Marie, après avoir vu son fils assis au milieu des docteurs et admiré la sagesse de ses réponses (3).

Ces triomphes, ces couronnes, ces succès, voilà ce qui parut au dehors et ce qui frappa tous les yeux, mais il faut chercher les raisons cachées et pénétrer le secret qui explique tout. Car, l'intelligence, si haute qu'elle soit, n'est la faculté maîtresse ni dans l'éducation, ni dans le gouvernement de la vie. On doit aller jusqu'au véritable foyer, c'est-à-dire jusqu'à la volonté de l'homme et jusqu'au cœur de l'enfant. L'intelligence n'est que le rayonnement de l'âme, elle n'im-

---

1. Ps. XLIV, 5.
2. Gen. XLIX, 22.
3. Luc, II, 51.

prime point la direction. Elle éclaire, elle ne commande pas. Elle est, dans la rigueur des termes, au service d'une autre faculté, de cette puissance affectueuse et expansive qui détermine tous nos actes.

Depuis le premier jour jusqu'au dernier, la conduite de François Grignard, à Plombières, fut irréprochable. Ses notes trimestrielles ont toujours été les mêmes, et toujours celles du premier degré ; il n'y a pas une seule exception : les registres de la maison en rendent témoignage. Il ne fut donc pas seulement un brillant élève, il fut surtout et superlativement un enfant pieux et édifiant. Il traversa les périls de la vie commune et les orages de l'adolescence, en gardant la simplicité naïve du premier âge. Ses maîtres s'émerveillaient de sa candeur et ses condisciples la respectaient comme un lis sans tache. La pureté de son cœur était empreinte sur sa figure souriante ; elle se lisait dans son regard limpide et sur son front plein de lumière.

Il fit sa première communion, en 1858, à douze ans, selon la coutume du diocèse. Ce fut le jour de la fête de saint Bernard, mais on la célébrait, au séminaire, par anticipation. Il reçut la confirmation le même jour. Le souvenir de sa première communion resta uni dans sa mémoire à celui du grand docteur, dont il voulut plus tard écrire la vie. Voici ce qu'on lit dans ses notes, au début d'une étude inachevée sur l'histoire de saint Bernard (1) : « C'est sous ses auspices, à Plombières, que mon intelligence et mon cœur se sont ouverts aux

---

1. Mss. cote 11.

premières impressions de la science et de la foi, que j'ai commencé à porter la main à l'arbre de vie, à m'abriter sous son ombre ».

De dire avec quelle tendresse il reçut la visite de son Dieu, je ne l'essayerai pas ; je veux lui laisser la parole à lui-même, car il a excellemment exprimé cette pensée dans une traduction du *Dio amore* de Silvio Pellico (1) :

> J'aime... Et mon bien-aimé
> Dont le cœur sur mon cœur palpite,
> C'est — Ma langue tremblante hésite...
> C'est le Seigneur !... Je l'ai nommé !

« Laissez venir à moi les petits enfants ». François Grignard entendit, de bonne heure, la voix du divin Maître. Petit enfant, il apprit à connaître Jésus-Christ par la piété et la prière. Un jour, il le contemplera dans les clartés transcendantes de la théologie. Mais alors, il vint à lui dans la simplicité de son cœur, il le vit dans la lumière qui éclaire le sanctuaire de l'âme, et qui le révèle à l'enfant avec autant d'amour qu'au plus grand génie.

Aussi, la piété de notre écolier, une piété tendre et habituelle, fut la principale cause de ses succès. Elle le mit en relations pleines d'intimité et de grâces, avec le plus grand des maîtres ; elle lui procura la science la plus haute de toutes, celle de Dieu et de l'âme ; elle lui donna la pleine intuition du devoir et du sa-

---

1. Mss. cote 19, 22 mars 1872.

crifice. Elle recueillit ses efforts et son énergie pour les concentrer sur le but unique qu'il voulait atteindre ; et cet unique but, quel était-il, sinon de s'élever à la plus grande perfection possible par l'étude, le travail et la discipline ? En un mot, la piété lui montra tout ensemble un maître, une règle et une fin. L'éducation manque trop souvent, parce que l'esprit de l'enfant se dissipe et se disperse. Des méthodes inintelligentes rompent le faisceau de ses forces intellectuelles et morales, sans que rien ne vienne les réunir. Parce que la religion fait défaut, il n'y a plus que des vues éparses et qu'une éducation mutilée. Tant est vraie cette parole du maître nécessaire : « Laissez venir à moi les petits enfants ; je suis leur premier maître et sans moi les autres ne peuvent réussir (1) ».

On dit, quelquefois, pour relever le mérite de ceux dont on parle, qu'ils se sont élevés au-dessus de leurs maîtres, presque par un premier coup d'aile. On les place en dehors des règles ordinaires, et l'on représente leur éducation comme une œuvre originale et personnelle. Ainsi, l'aigle que sa mère porte au soleil, prend de lui-même son vol et plane dans l'espace.

Tel ne fut point François Grignard. Ayant écouté la voix intérieure du maître principal, il fut de même attentif à la voix des autres maîtres que lui avait choisis la Providence. Il s'instruisit aux leçons de leur sagesse ; il apprit d'eux ce qu'il ignorait, ce que les livres ne lui enseignaient que d'une manière imparfaite, et il mit en

---

1. Joan. xiv, 6 ; I, 9 ; viii, 12, etc.

eux une confiance illimitée. A cet égard, il se distingua entre tous par une parfaite intelligence de la discipline. Ce mot ne signifie point l'assujettissement mécanique de l'enfant à une règle stérile, mais cette instruction lumineuse, cette direction progressive que l'élève attend d'un professeur expérimenté. Par son maître, François alla directement à la règle, puis à l'application : d'abord à la synthèse, ensuite à l'analyse. De la lumière où il contemplait Dieu dans son âme, il descendit à la sphère des principes qui sont encore un rayon de la lumière divine, pour aborder enfin à la région des faits positifs et des images sensibles. Mais son esprit ne demeura ni dans les formules abstraites ni dans les applications concrètes, il remonta bien vite vers le Dieu qui est le souverain maître de toutes les sciences.

Sans doute, on n'expliquait pas ces hautes théories aux enfants ; on faisait mieux : on leur en assurait le bénéfice. Les conférences religieuses, les méditations du matin et les lectures spirituelles en fournissaient l'occasion. Il y a plus : toutes les branches de l'enseignement étaient imprégnées de cet esprit.

Les premiers éléments des succès de François Grignard furent donc la piété et la discipline, il faut ajouter un travail personnel, opiniâtre, l'application la plus persévérante. Il se dépensa tout entier, sans se soucier des résistances de la nature et sans compter avec la fatigue. Il déploya une telle ardeur, en toute chose, que ses maîtres, loin de l'exciter, durent plutôt modérer son zèle. Aucune négligence, nulle partie faible. Leçons de mémoire, thèmes et versions, histoire et littérature, arts et mathématiques, tout marchait à l'unisson, et le temps ne manquait à rien, parce que chaque affaire était traitée comme si elle eut été l'unique étude. Tous ses devoirs étaient parfaitement travaillés. Nombre d'entre eux furent inscrits au livre d'honneur. Quand il sortit du séminaire, sa rhétorique achevée, en 1863, il recueillit, sans peine aucune, les lauriers du baccalauréat ès lettres, dont il subit les examens avec le plus grand succès. Il se présenta seul de sa classe, et sur les vingt-cinq candidats admis ce jour-là, il fut reçu le premier (1).

L'Ecriture dit de Tobie (2) : « Bien qu'il fut le plus jeune de tous ceux de la tribu de Nepthali, il ne fit pourtant jamais aucune action d'enfant. » Notre écolier mérite aussi cette louange. Ses condisciples s'amusaient, les premières années, à lire Robinson Crusoé ; lui mettait son plaisir dans le *Traité des Études* de Rollin. Un jour, tandis qu'il faisait sa sixième, un de ses maîtres, M. Salomon, mort depuis curé-doyen de Nuits, le surprit à cette lecture ; il ne put s'empêcher de lui adresser ses compliments devant toute l'étude. Plus tard, l'admirateur de Rollin s'éprit d'autres maîtres. Saint-Marc Girardin, Sainte-Beuve, Villemain lui devinrent familiers. La bibliothèque de chacun de ses professeurs fut à sa discrétion. Sa mémoire, qui était très heureuse et très fidèle, s'enrichit chaque année d'une nouvelle mine d'or.

1. *Curriculum vitæ*. Autobiographie latine manuscrite, cote 58.
2. Tob. 1, 4.

Il n'est pas étonnant qu'un tel élève ait conquis tour à tour l'amitié de ses maîtres. Je dis l'amitié, le mot n'est pas trop fort ; l'un d'eux m'écrit : « Pour ses maîtres, ce n'était pas seulement un élève hors ligne, c'était un ami ; tant il avait de raison, de sagesse, de piété vraie unies à d'autres qualités éminentes de l'esprit et du cœur (1) ». Il y avait dans sa petite personne une sorte d'urbanité et de savoir-vivre que les enfants n'ont pas d'ordinaire. C'était une politesse simple et naturelle, l'aisance et la modestie dans le maintien, la distinction dans les manières, l'à-propos, l'esprit et la retenue dans les paroles. Ses maîtres aimaient sa franche et naïve gaîté, son confiant abandon, ses saillies parfois un peu caustiques, mais jamais blessantes. Ils devisaient agréablement dans sa compagnie sur les mille et mille questions que la conversation soulève, parce que aucune d'elles n'était étrangère pour lui.

Voici la liste de ses professeurs : en huitième et en septième, M. Bajol, aujourd'hui curé de Nan-sous-Thil ; en sixième, M. Jean-Baptiste Lallemant, devenu depuis directeur du petit séminaire ; en cinquième, M. Gaitet, curé de Talant ; en quatrième, M. Salomon que nous avons déjà nommé ; en troisième, M. Jannel, curé-doyen de Meursault ; en seconde, M. Deroye, aumônier du Saint-Cœur à Beaune ; en rhétorique, Mgr Joly, vicaire général et honoré de la prélature romaine ; en mathé-

---

1. Lettre de M. l'abbé Jannel, curé-doyen de Meursault, 22 juillet 1887.

matiques, M. Poinselin, le supérieur actuel de Plombières. Je leur demande à tous la permission de leur adresser ici l'expression publique de la gratitude profonde que François Grignard leur conserva jusqu'à son dernier soupir. Et j'ajoute que ces pages consacrées à la mémoire d'un de leurs élèves les plus distingués, devaient aussi porter leurs noms, parce qu'ils rappellent des souvenirs chers à notre jeunesse, et qu'ils marquent, par la réunion de tant d'esprits d'élite, l'un des plus beaux chapitres de l'histoire de Plombières.

Chose touchante et rare ! les condisciples de François ne furent pas plus jaloux d'une faveur évidente que de ses constants succès. Ceux de sa classe s'habituèrent à le considérer comme un élève hors de pair, et comme un émule avec lequel la lutte était trop inégale. Il leur parut toujours si modeste et si doux, si affable et si bienveillant qu'ils lui pardonnèrent son mérite. Par son heureux caractère, il fit ainsi la conquête de tous les cœurs. Un de ses maîtres a fort bien exprimé ces pensées en quelques mots (1) : « Il était admiré et recherché de ses condisciples à qui sa supériorité ne portait pas ombrage. »

Pendant les récréations, lorsque les jeux cessaient, souvent un petit cercle se dessinait autour de lui. On y voyait presque toujours les condisciples du Morvand. Soit affinité de nature, soit rapports de voisinage, il leur portait, (ils ne l'ont pas oublié), une prédilection marquée. L'un d'eux a raconté ces détails, en lui adressant,

1. M. Jannel, lettre citée.

dans l'église de Thoisy, un adieu suprême, le jour de ses obsèques (1). On l'entourait pour entendre quelque trait d'esprit ou pour lui faire conter quelque histoire. Il répondait avec beaucoup de finesse et charmait son petit auditoire.

Une ombre cependant, pourquoi ne le dirais-je pas ? se projette déjà sur cette vie, l'ombre froide de la souffrance. Mais loin d'amoindrir la beauté de cette nature d'élite, la souffrance lui donna plus de relief et comme l'a dit un de nos maîtres, quelque chose de plus achevé. Car, pour employer encore une expression célèbre, la beauté, comme la lumière du jour, où la science saisit trois rayons, la beauté se compose de ces trois rayons nécessaires : courage, intelligence, bonté. Nous avons vu déjà l'intelligence et la bonté, et cet ouvrage en reproduira souvent le tableau. Il faut maintenant dire un premier mot du courage.

Le courage de l'enfant, comme celui de l'homme, se produit dans l'épreuve. « Celui qui n'a pas souffert, dit le Sage (2), que sait-il ? » Il ne se connaît pas lui-même ; il n'est point descendu dans les profondeurs de son âme, il ignore les richesses que Dieu y a mises en réserve pour les mauvais jours. François Grignard s'initia de bonne heure aux leçons de la souffrance ; il subit, à maintes et maintes reprises et chaque année, les dures atteintes de la douleur. Sa frêle santé se trouva souvent en déroute, et il fallut, pour la remettre en sa voie, tout l'art de la science et les soins attentifs de ses maîtres.

1. M. l'abbé Emery, curé de Thostes.
2. Eccli., xxxiv, 9.

Ils le contraignaient souvent, en le voyant pâlir dans les classes, d'interrompre son travail et de prendre un repos complet. Il montait alors dans leur chambre et se délassait dans la lecture. En plus d'une rencontre, on le consigna même à l'infirmerie, et on l'astreignit aux lois les plus rigoureuses de la Faculté. Ses souffrances furent longues et pénibles. A la différence de beaucoup d'autres, François Grignard n'aimait pas à être plaint. Il savait endurer sans rien laisser paraître, et surtout sans rien perdre de sa belle humeur. Il détournait agréablement la question et trouvait, au milieu de ses maux, les reparties les plus gaies et les plus inattendues. Son amabilité, non moins que sa patience, ravissait les sœurs infirmières.

Une résignation si chrétienne lui fut inspirée par le Maître adorable qu'il servait dans la maladie comme dans la santé. Il parlait à son cœur, nous l'avons dit, et il lui faisait entendre sa voix divine, dans le mystère de son amour, mais sa parole n'était-elle pas encore plus pénétrante et sa voix plus persuasive, quand il l'associait au mystère de ses douleurs? N'est-ce point là surtout qu'il enrichit, qu'il ennoblit et qu'il transfigure les âmes? N'est-ce point, dans la voie royale de la souffrance, qu'il les rend semblables à lui et qu'il les divinise? Quand il leur apporte l'or même de l'éternité pour revêtir leur indigence, les âmes attentives à ces communications d'en haut peuvent-elles se distraire aux consolations humaines? François Grignard ne le crut pas.

Ce courage, que crée seule une vraie piété, est, à n'en

pas douter, ce qu'il y eut de plus élevé dans cette nature exceptionnelle. Il révèle, non le plus brillant, mais le plus parfait de ses dons. Plus que l'intelligence, mieux que la bonté, il montre l'action de Dieu sur un cœur. Nous le verrons reparaître, en traits plus douloureusement décisifs, dans le cours de cette carrière et surtout dans les épreuves suprêmes.

Avant de quitter Plombières avec François Grignard, je prie ceux de nos condisciples qui liront ces lignes, de saluer une dernière fois la maison bénie, où nous avons rencontré cet excellent ami, et où se sont formées entre nous tous des affections impérissables. Mais empruntons pour louer dignement Plombières la voix éloquente de notre éminent évêque (1) :

« Oui, le petit séminaire de Plombières peut inspirer à tous ceux qui y ont vécu ou qui l'ont connu un double sentiment.

Tous peuvent être fiers de traditions qu'ils ont contribué à former ou dont ils ont joui. Tous doivent aimer et aiment passionnément ce berceau de leur seconde vie, ce foyer béni de flammes où leur intelligence a trouvé la vérité et leur cœur l'amour. Supérieurs et professeurs émérites, anciens élèves ou élèves présents, tous en regardant dans leur passé ou en face d'eux ce glorieux petit séminaire, peuvent se dire, les uns : nous avons semé dans le dévouement et moissonné

---

1. Discours de Mgr Lecot, évêque de Dijon, à la distribution des prix du petit séminaire, le 2 août 1887.

au centuple dans la joie ; les autres : nous avons trouvé là les vraies sources de lumière, d'honneur et de vertu dont avait besoin notre vie. Amour et reconnaissance à l'école qui fut pour nous la véritable *Alma Mater*. »

# CHAPITRE TROISIÈME

### Premières Études théologiques.

#### (1863-1865)

L'appel de Dieu. — Le grand séminaire de Dijon. — Études de l'abbé Grignard. — Lutte de la théologie et de la littérature. — Préférence avouée pour celle-ci. — Incontestable supériorité de celle-là. — Conduite édifiante de l'abbé Grignard. — La visite d'un curé de campagne. — Travail de transformation intellectuelle. — Les épreuves de la souffrance. — Une consultation solennelle.

ES jeunes gens, à la fin de leurs études secondaires, ont tous à résoudre un grave problème : Quelle direction donner à leur vie? Quel parti prendre? Quelle carrière embrasser? Les uns se décident pour les affaires, les autres pour les lettres, ceux-ci pour les arts, ceux-là pour l'armée. François Grignard ne suivit aucune de ces voies, ou plutôt, comme il était, par les dons variés de sa nature, à la fois positif,

littérateur, artiste et militant, il emprunta à chacune de ces professions différentes ce qu'elles ont de plus élevé, pour le consacrer au service de l'autel. Il savait qu'une seule chose est nécessaire; il y vint tout droit comme à l'unique affaire; il choisit la meilleure part, en cédant, comme il l'a dit lui-même (1) :

. . . . . . . . . . . à la douce influence
Du penchant qu'il sentit dès sa plus tendre enfance.

Les saints ordres lui parurent le chemin le plus sûr et le plus direct pour aller à l'éternité; ceux qui dirigeaient son âme virent dans l'élévation habituelle de ses pensées et la pureté virginale de son cœur les premières marques de sa vocation sacerdotale. En quittant Plombières pour venir à Dijon,

Assis au confluent de l'Ouche et du Suzon (2),

il allait recevoir des lumières qu'il ne soupçonnait pas. Ces lettres profanes qui lui avaient semblé si belles, pâliront à ses yeux devant une autre littérature; ces arts, auxquels il n'avait encore donné qu'un regard pressé, dérouleront devant lui d'innombrables chefs-d'œuvre; et la sainte armée que Dieu enrôle ici-bas pour sa cause, le comptera parmi ses plus vaillants

1. *Eglogue*, mss. c. 14.
2. Ibid.

soldats. Mais pour développer cet esprit ecclésiastique et cette flamme sacrée, pour lui révéler les splendeurs de l'art et la beauté de la science chrétienne, la Providence prolongera pour lui le temps de l'initiation sacerdotale; elle le conduira, durant sept années, d'un lieu à un autre, et ne lui montrera le terme, qu'après une succession d'étapes péniblement fournies. Il devra, suivant son propre langage, maintes et maintes fois,

> Changer de résidence
> Et promener ses pas ailleurs que dans la France.

Le 6 octobre 1863, il entra au grand séminaire de Dijon, et prit le saint habit. Tel qu'il était alors, le grand séminaire occupait une partie de l'ancien monastère de Saint-Bénigne. Fondée vers 535, par saint Grégoire de Langres (1), et rebâtie, au onzième siècle par le vénérable Guillaume, la célèbre abbaye avait, comme tant d'autres, perdu ses enfants et ses biens dans la tourmente révolutionnaire. Sa large enceinte s'était si étroitement rétrécie que le nouvel état de la maison ne rappelait en rien la grandeur passée. Il avait même fallu bâtir et surélever les vieux murs pour abriter les jeunes lévites.

---

1. Quelques historiens font remonter la fondation à 523 ; on ne peut la reculer au-delà de 535, parce qu'elle fut approuvée par une bulle du pape Horsmidas, qui mourut cette année-là.

Le grand séminaire avait pour supérieur, depuis 1842, le vénéré M. Bauzon. Sa longue expérience faisait de lui un guide sûr ; et l'onction de sa parole lui permettait de pénétrer jusqu'au fond des cœurs. Il avait su choisir un conseil de prêtres érudits et distingués. M. Collier, depuis supérieur de Plombières, occupait la chaire de Philosophie. M. Tainturier, aujourd'hui doyen du chapitre, celle d'Histoire ecclésiastique, et M. Bardet, maintenant curé d'Arceau, celle d'Ecriture sainte. M. Carra, nommé dans ces dernières années, recteur des facultés catholiques de Lyon et également élevé à la prélature romaine, enfin M. Marchand, qui fut assez longtemps vicaire général d'Oran, professaient, le premier la Théologie dogmatique, et le second, la Théologie morale avec le Droit canon. Doués de qualités très différentes, mais animés du même esprit et du même zèle, supérieur et directeurs, présidaient, de l'aveu de tous, avec autant d'autorité que de discernement, à l'éducation de la jeunesse cléricale.

L'abbé Grignard se mit de bon cœur à l'étude de la philosophie. La logique lui apprit à préciser sa pensée, à serrer son raisonnement et à asseoir ses démonstrations sur le granit même des premiers principes. La théodicée lui ouvrit des horizons nouveaux, les grandes preuves de l'existence de Dieu, ses perfections adorables et les magnificences de ses œuvres. La psychologie le fit entrer dans les détails de ses minutieuses analyses. Il faut dire cependant qu'il goûta peu l'esprit cartésien dont l'enseignement philosophique était alors imbu, et qu'il le répudia ensuite ouvertement, quand une doctrine plus saine se fut emparée de son intelligence.

Mais l'exégèse qu'il fit à Dijon ne lui inspira jamais la moindre réserve. Il rencontra, sur un plus grand théâtre, d'illustres commentateurs, sans qu'il ait pensé jamais à rien corriger de ses anciennes leçons. Ses condisciples pourraient dire avec quelle ardeur il se jeta dans l'explication des livres prophétiques, et ses cahiers chargés de notes en témoignent abondamment.

L'histoire, à laquelle le poussait pourtant un secret instinct, fit moins d'impression sur lui. Le cours de l'abbé Rivaux, que l'on suivait alors, ne le captiva point, en dépit des spirituelles remarques dont un maître vénéré savait émailler la leçon. Soit que l'élève eût désiré des thèses plus amples, soit qu'il eût voulu remonter plus près des sources originales, il n'entrevit pas alors la voie qu'il devait se frayer plus tard.

Si l'on veut pénétrer plus avant dans la vie intellectuelle de l'abbé Grignard, ses premières études théologiques rencontrèrent une certaine résistance, malgré le talent de doctes et brillants professeurs. Il avait conservé une vive prédilection pour la littérature. Il souhaitait, au fond de son âme, et il disait tout haut qu'il faudrait parler, en théologie dogmatique, comme le divin Platon, et en théologie morale, comme l'orateur romain. Les formes abstraites de la scolastique, si autorisées pourtant, ne lui agréaient point, bien qu'il s'y résignât par vertu. Les méthodes sévères de la dialectique, si lumineuses cependant et si puissantes, lui faisaient regretter la riche abondance des muses, et comme André Chénier l'a dit des Grecs,

*Leur* langage sonore aux douceurs souveraines,
Le plus beau qui soit né sur les lèvres humaines.

On voyait sur sa table de travail pêle-mêle avec Rivaux, Magnet, Icard, Bouvier et les notes de classe, des auteurs assez stupéfaits de se trouver là : Homère et Virgile, Horace et Pindare, Lamartine et Victor Hugo. Ils y resteront longtemps ; car cinq ans après, lorsqu'il eut cessé de les fréquenter autant, et que ses idées eurent changé de direction, il écrivait, à propos de la mort de Lamartine (1) : « J'ai sur mes tablettes un exemplaire des *Harmonies*. Il y a bien longtemps que je ne l'ai ouvert : mais les strophes retentissent encore à mes oreilles. » Quoiqu'il en soit, au commencement de son grand séminaire, il voulait mener de front les anciennes études avec les nouvelles. Après les excursions obligées de chaque jour dans les vastes domaines de la science ecclésiastique, il revenait spontanément se reposer sous les frais ombrages de l'Hélicon.

Pour mieux goûter le charme de ces études poétiques, il rêvait aux lauriers de la licence. Il entrevoyait, bien que dans un obscur lointain, la joie d'en cueillir encore de plus beaux, ceux du doctorat-ès-lettres. Il y revenait

1. Agey, 7 mars 1869. C. P.

souvent. Un de ses amis, je devrais dire, un de ses maîtres, en tout cas, un des hommes dont il subit longtemps et fortement l'influence, quoiqu'il ne l'ait pas eu pour professeur, s'était tracé une voie toute semblable, et il avait, tout jeune, fourni déjà la moitié de sa carrière. Hélas! sa nacelle a sombré avant d'arriver au port. Elle était trop fragile pour affronter la tempête où elle a péri. Nous aurons plus tard à dire la douleur de M. Grignard, lorsqu'il apprit cet affreux naufrage. Mais, à cette époque, grand était son engouement, et ardent son enthousiasme. Aussi, quand les souvenirs de cet ami ou les échos de sa renommée arrivaient dans la cellule du séminariste, je n'ai pas besoin de dire avec quelle faveur ils étaient reçus.

Il y eut dans son esprit et dans son cœur, une lutte manifeste entre les études cléricales et les lettres profanes. M. l'abbé Grignard n'avait pas encore assez d'acquis pour reconnaître et pour dire combien la poésie, qui coule à pleins bords des sources sacrées de la rédemption, est supérieure à toutes les odes et à toutes les épopées païennes. Les Grecs et les Romains sont morts : leur littérature n'est plus assise que sur des tombeaux. Leur philosophie, leurs idées, leurs lois ne sont plus que d'illustres débris du passé. Le monde a marché depuis : il a vu une autre littérature, une autre poésie, d'autres lois. Il nous a été donné de contempler des lumières que n'ont point aperçues les anciens philosophes, et d'admirer des splendeurs que n'ont point chantées les poëtes de la Grèce. Au lieu de gravir le Parnasse avec Horace et Pindare, nous aimons mieux prendre le vol des prophètes et saluer les merveilles de l'avenir. Nos yeux ne s'égarent point à travers des fables vaines, mais ils suivent avec amour la préparation historique d'un monde nouveau. Nous préférons, même, au point de vue de l'idéal, le sermon sur la montagne et les paraboles de l'Evangile aux *Dialogues* de Platon et aux *Mémorables* de Socrate. Les *Annales* de Tacite ne valent pas le *Discours sur l'Histoire universelle* de Bossuet, et le *De natura deorum* de l'orateur romain contient moins de lumières que la *Somme théologique* de l'ange de l'école.

Nous assisterons bientôt à la transformation des idées de notre trop persévérant humaniste. A cette heure, l'espérance de ce changement se montre dans les efforts qu'il consacre à l'Ecriture sainte et à la théologie. Les premières lueurs d'un jour nouveau se dégagent de son ardente piété, d'une parfaite obéissance à la règle ainsi qu'à la sage direction des maîtres. A Dijon, comme à Plombières, l'abbé Grignard fut, entre tous, un élève laborieux et soumis, respectueux de l'autorité et plein de confiance en ses supérieurs. Sa conduite édifia ses condisciples. Il était beau de voir ce lauréat, tant de fois couronné, s'astreindre à toutes les exigences d'un autre régime et donner l'exemple d'une sincère humilité. Dieu a promis de récompenser de telles vertus : *Vir obediens loquetur victoriam* (1). Bientôt cette obéissance racontera son triomphe.

De loin en loin, on voyait apparaître, sous les grands

---

1. Pr. XX, 28.

arbres de la cour intérieure, un prêtre à l'aspect vénérable, aux traits accusés mais fins et bienveillants : c'était M. l'abbé de Lestre. Ayant succédé, en 1859, à M. Leclerc, comme curé de Thoisy-la-Berchère, il n'y était resté que quatre ans, non sans contribuer puissamment à cet essaim de vocations que nous avons remarquées. Sa foi robuste, la sévérité de ses principes, l'ardeur de son zèle lui conquirent, dans les diverses paroisses où il passa, un grand ascendant. Au séminaire, il était bien vite entouré de tous ses enfants de Thoisy. Il eut pour l'abbé Grignard une prédilection marquée ; il entretint jusqu'à sa mort avec lui une correspondance toute paternelle, pleine de confiance et d'abandon, mais respirant la flamme d'une âme sacerdotale, et s'élevant parfois aux plus hautes pensées de l'ordre surnaturel. Son ancien paroissien aimait à dire qu'il lui était grandement redevable et qu'à ces heureux rapports il avait trouvé charme et profit.

Mais à cette transformation intellectuelle travailla surtout le Maître invisible, celui dont l'action, pour être lente et cachée, ne se produit pas moins avec une force souveraine. Jésus avait parlé au cœur de l'enfant, il éclaira peu à peu l'esprit du jeune lévite. La présence de Dieu lui devint plus habituelle : elle éleva son âme, dans le silence de ses pensées ; il écouta la parole divine au milieu des conversations humaines. Le séjour du séminaire lui fit comprendre l'austère beauté de la vie chrétienne, il apprécia la valeur de la pénitence, et, le dirai-je, une discipline, don secret d'un ami, lui rappela, de temps à autre, les rigoureuses exigences de la mortification. Ainsi, la lumière descendit dans cette âme, que la grâce avait préparée et ouverte. Elle ne s'y précipita point, comme une effusion totale et subite, elle s'y insinua insensiblement et par degrés. Elle y vint avec les exercices du séminaire, la méditation du matin, les examens de midi et du soir, les prières de chaque jour, les visites multipliées à la chapelle, et surtout la pratique de la communion fréquente.

Un jour, une méditation publique de M. Grignard commenta dans ce sens le passage suivant du discours après la Cène (1) : « Celui qui a reçu mes commandements et qui les garde, c'est celui-là qui m'aime. Or, celui qui m'aime, sera aimé de mon Père ; je l'aimerai aussi et je me découvrirai à lui. Oui, si quelqu'un m'aime, il gardera ma parole, et mon Père l'aimera, et nous viendrons à lui, et nous ferons en lui notre demeure. »

Pour moi, en rappelant ces souvenirs des premières années du grand séminaire, je ne puis m'empêcher de dire avec l'auteur de l'*Imitation* (2) : « Heureux celui que la Vérité enseigne par elle-même, non par des figures et des paroles qui passent, mais en se faisant connaître telle qu'elle est !

Celui à qui la Parole éternelle se fait entendre est débarrassé d'une infinité d'opinions. Toute parole procède de cette unique Parole, et tous les êtres rendent

---

1. Joann. xiv, 21, 23.
2. Liv. I, ch. iii, v. 1, 2.

témoignage qu'il n'y en a qu'une, et que cette Parole est le principe qui nous parle intérieurement. »

Cette vie d'études et de piété fut, à Dijon, comme à Plombières, consacrée par la souffrance. La santé déjà si délicate de M. Grignard, reçut encore de graves et cruelles atteintes. Chaque hiver, il fallut céder au mal, et quitter pour de longues semaines les exercices du séminaire. Il venait se réchauffer au foyer paternel ; et quand il était un peu remis, il rejoignait sa cellule en toute hâte pour achever péniblement ses cours interrompus.

La souffrance ! voilà un des grands moyens dont se servit le divin Maître pour continuer son travail de transfiguration. Car, la douleur n'est pas, comme le pense le vulgaire, un accident ou une fatalité ; c'est une épreuve voulue de Dieu et dont les chrétiens savent faire un vrai sacrifice. Elle nous arrache à nos préoccupations actuelles, pour mettre distinctement sous nos yeux la fin réelle de notre destinée. Elle nous apporte les paroles de la soumission et de la pénitence ; elle allume le feu de l'holocauste où, bon gré malgré, nous jetons nos rêves inutiles et nos vaines affections.

La préparation du jeune lévite était complète. Le 2 juillet 1865, il reçut la tonsure cléricale des mains de Mgr Rivet. Les vacances le rappelèrent à Thoisy.

Elles ne purent le rétablir à son gré. Le repos, l'air natal, les soins affectueux d'une mère, rien, cette fois, ne ramena les pensées sereines et l'espoir d'un avenir sûr. L'abbé Grignard ne voulait ni interrompre ni abandonner ses études. Son cœur lui montrait la route du

## CHAPITRE TROISIÈME

grand séminaire de Dijon; mais il se disait intérieurement qu'une nouvelle année, s'il la passait là, finirait de briser sa frêle existence. Dans cette perplexité, il se résolut à recourir aux conseils d'un médecin renommé, M. le docteur Dugast.

Le malade a raconté la consultation avec ce ton enjoué que nous retrouverons dans la plupart de ses lettres (1) : « Après m'avoir examiné, palpé, ausculté, fait tourner, etc., etc., il laisse entendre ces foudroyantes paroles : Monsieur, vous êtes phtisique, c'est-à-dire, poitrinaire; votre poumon droit est engorgé, la carie vous menace les os. Bref, si vous rentrez à Dijon, vous êtes un homme sacrifié. Le meilleur est, je crois, d'aller passer l'hiver sous un ciel plus clément. *Talia fatus erat.* » Un oracle n'aurait pas autrement parlé.

Mgr Rivet, à qui le cas fut soumis, ratifia l'avis du médecin. Il offrit trois villes au choix de l'étudiant, Nîmes, Montpellier, Perpignan. M. de Lestre fit pencher la balance en faveur de Montpellier, où il avait des amis. L'évêque de Dijon voulut faire lui-même toutes les démarches nécessaires pour annoncer et recommander son diocésain (2).

---

1. Thoisy-la-Berchère, 11 octobre 1865. C. P.
2. Lettre de Mgr Rivet à l'abbé Grignard, Vitteaux, 26 septembre 1865.
Les lettres recueillies par la famille de M. l'abbé Grignard et conservées par elle à Thoisy seront désormais désignées par les deux majuscules C. T. (collection de Thoisy).

# CHAPITRE QUATRIÈME

## Une Station dans le Midi.

### (1865-1867)

Arrivée à Montpellier. — Description du grand séminaire. — Les professeurs et les élèves. — Les pieux souvenirs de l'amitié. — Un cierge à l'autel de la Sainte Vierge. — Le journal de l'abbé Grignard. — Une promenade au bord de la mer. — Les lumières de la souffrance. — Les profits de la lecture. — La transfiguration complète. — Les ordres mineurs. — Appel au sous-diaconat. — Retour à Dijon.

'ABBÉ Grignard prit assez tristement la direction de Montpellier. C'était un exil volontaire sans doute; mais quel dur sacrifice que de se séparer, à une telle distance, de tout ce qu'il avait de plus cher au monde, Thoisy, Plombières, Dijon, et de ne revoir ni parents ni amis autour de soi, pendant les longs mois d'une année d'études! Je ne m'étonne pas

de trouver dans sa correspondance des phrases comme celle-ci (1) : « Vous ne vous figurez pas combien il est pénible de vivre au milieu des étrangers. Je vous assure que je chanterais volontiers l'*In exitu* ».

Il avait cependant reçu le plus gracieux accueil : il écrivait en effet, dès le 30 novembre, avec toute sa belle humeur : « Me voilà donc à Montpellier ! que vous en dirai-je, ou plutôt que ne vous en dirai-je pas ? *Ascoltate adunque, affinche sappiate*. A mon arrivée, tout le monde me prenait pour un personnage important. On me prenait pour un diacre ou tout au moins pour un sous-diacre. J'avais l'air si raisonnable, si bien posé. Certes, après une nuit passée dans un wagon, je n'avais pas le corps bien souple et la langue bien déliée. Votre évêque, disait-on, s'intéresse à vous d'une manière toute particulière : il a écrit à Mgr Le Courtier une lettre charmante, où il vous recommande instamment à nos soins (2). »

En dépeignant la demeure où il devait passer deux années, M. Grignard a soin de noter qu'elle ne ressemble pas à celle qu'il a quittée. « L'établissement, dit-il (3), n'est pas environné par une ceinture de maisons qui lui dérobent la vue du ciel et ne lui laissent d'autre perspective que des murailles tristes et froides. » Bâti par les enfants de saint François d'Assise, le séminaire s'élève en dehors de la ville, près de la citadelle, dans un site assez agréable. Le jeune lévite y retrouva les

---

1. Montpellier, 11 novembre 1865. C. P.
2. 30 nov. 1865. C. P.
3. Même lettre.

platanes de Plombières, avec les orangers et la riche végétation du Midi. Citons les vers qu'il consacra plus tard au souvenir de cette maison (1) :

> La rose et le jasmin mariant leur verdure
> Tapissent de leurs fleurs les murs de la clôture.
> Sous les pieds de Jésus, qui dans son divin Cœur
> Fait entrevoir du doigt la source du bonheur,
> Une eau vive jaillit. . . . . . . . . . . . . .
> . . . . . . . . . . . . . . . . . . . . . . .
> Et se répand ensuite avec un doux murmure
> Dans des canaux creusés par l'art et la nature,
> Pour porter dans la cour une douce fraîcheur,
> Et d'un soleil brûlant tempérer la chaleur.

Le séminaire était dirigé par les Lazaristes, parmi lesquels se trouvaient alors à Montpellier deux de nos compatriotes. L'esprit de saint Vincent-de-Paul revivait dans leurs cœurs. La première chose qui frappa le nouvel élève fut la grande figure de la charité : « Il règne entre les maîtres, écrivait-il (2), l'union la plus franche, la concorde la plus parfaite. Ils offrent l'image de ces bienheureux dont Fénelon dépeint la félicité dans son Télémaque. » Leur main généreuse laissait assez librement flotter les rênes, sans manquer de fermeté pourtant ; car, ils savaient, au besoin, ramener fortement dans la voie celui qui se permettait un écart. Ces sou-

---

1. Même églogue.
2. 30 oct. 1865.

venirs restèrent gravés dans la mémoire de leur élève de passage (1) :

> Comment vous oublier, enfants de saint Lazare,
> Qui savez allier, par un accord bien rare,
> Un cœur tout à la fois très fort et très aimant ?

Grâce à cette sage direction, les années du grand séminaire passaient comme un rêve enchanté. Les élèves travaillaient bien, étaient gais, pleins d'expansion, mais surtout réguliers et pieux. Les classes, très mouvementées par une pétulance toute méridionale, étonnèrent toujours quelque peu l'esprit plus positif de l'enfant de la Bourgogne. « Les objections ne tarissent pas, écrivait-il (2), et attestent une vive intelligence. » Quant à lui, sa réserve édifia ses condisciples. « Aux cours, dit un contemporain (3), il restait modestement silencieux ; mais s'il était interrogé, il répondait avec la netteté et la précision d'un homme qui a étudié et compris. »

Il avait conquis l'estime générale. « Le nom de M. Grignard me rappelle, ainsi parle notre correspondant (4), le souvenir d'un séminariste qui a été pour tous ses condisciples, pendant son passage à Montpellier, un modèle de piété, c'est-à-dire, de régularité et de travail. Il était d'une grande douceur de caractère et

---

1. Même églogue.
2. Lettre du 30 octobre 1865. C. P.
3. Lettre de M. A. Vaille, 16 décembre 1887. C. P.
4. Même lettre.

d'une grande bonté de cœur. » Tout annonçait, conclut la même lettre, « qu'il fournirait une carrière féconde en fruits de science et de sainteté. »

Il trouva mieux que l'estime de ses condisciples. Plusieurs l'aimèrent comme un ami. Je citerai les noms de MM. Monnier et Nuret, qui tous les deux sont morts jeunes. D'autres occupent aujourd'hui dans leur diocèse des situations honorables (1). Il m'est doux de leur donner l'assurance que M. Grignard leur a conservé jusqu'à la fin un fidèle et affectueux souvenir.

Ces relations nouvelles ne lui faisaient pas oublier les anciens condisciples de Dijon. Plusieurs ayant été ordonnés sous-diacres, le 24 février 1866 (2), il écrivit, quelques jours après, à l'un d'eux : « Ma pensée a devancé ma plume, et le 24 février, elle était auprès de vous, assistant au généreux sacrifice que vous offriez au Seigneur. Elle était bien un peu jalouse, mais je crois que la jalousie est permise en pareilles circonstances. Dieu étant le lieu des esprits, comme l'espace est le lieu des corps, j'aurais bien voulu accepter ce noble rendez-vous. Dans l'impuissance où j'étais, j'ai fait célébrer une messe, pour toute votre classe, et plus spécialement pour l'abbé Emery et pour vous, par un jeune prêtre que l'on avait consigné au séminaire, en attendant qu'on pût lui trouver un poste convenable, et avec lequel j'étais intimement lié. Le Christ, immolé par une amitié nouvelle, se faisait ainsi l'entremetteur d'une amitié plus vieille et plus profonde. »

1. Lettre de M. H. Donnadieu, 15 déc. 1887.
2. C. P.

## CHAPITRE QUATRIÈME

Une autre lettre montrera mieux encore, s'il se peut, combien son affection était vraie et surtout religieuse. Elle fut adressée au même condisciple, le 11 mai 1867. Quelqu'un avait écrit incidemment (1), entre plusieurs autres choses, que le professeur de cinquième à Plombières était gravement malade. « Point de nouvelles extraordinaires, disait-on, sinon qu'un tel se meurt. »
« Cette nouvelle, reprend l'exilé (2), me parut à moi si extraordinaire que je la relus deux ou trois fois, espérant toujours qu'il s'agissait d'un autre que vous. Mais enfin, quand je vis, de manière à n'en pouvoir douter, que ce professeur de cinquième était celui qui daignait m'admettre dans son intimité, et en qui j'avais toute confiance, j'éprouvai un sentiment de terreur indéfinissable. Il me semblait que la terre allait manquer sous mes pas. Nous étions à la campagne ; je passai le reste du jour à rôder de ci, de là, sans but fixe, d'autant plus affecté que je n'avais personne à qui communiquer mes angoisses. Les images les plus tristes passaient devant mes yeux, et l'avenir m'apparut plus sombre que jamais, parce que je ne le conçois guère sans vous.

Que faire en cet état ? Ecrire, mais à qui ? Les idées les plus incohérentes se pressaient dans mon cerveau abasourdi, et je ne prenais aucune résolution. Enfin je me rappelai que nous étions dans le mois de Marie, et le lendemain, dès le point du jour, j'eus soin de faire brûler un cierge sur son autel à votre intention. Je ne

---

1. Lettre datée d'Ivry, le 6 mai 1867.
2. C. P.

doute pas que ce soit cette bonne mère qui ne vous ait inspiré la pensée de m'écrire, pour mettre un terme à mes incertitudes. Aussi, dès que j'ai reçu votre lettre, je me suis empressé d'aller la remercier, et à l'heure qu'il est, un nouveau cierge, en se consumant, la remercie encore. »

L'abbé Grignard écrivait dès lors assez régulièrement son journal. « Si je ne parle guère, disait-il une fois, (1) par allusion sans doute à son attitude aux cours, j'écoute et je réfléchis. Chaque jour, à peu près, je fais mon petit journal, et quand nous nous reverrons, je pourrai vous en communiquer quelques passages. » Il a continué toute sa vie de noter, au jour le jour, ses impressions et ses pensées; mais quelques mois avant de mourir, par un sentiment d'excessive humilité, il a brûlé tous ses cahiers. Que de trésors d'affection et de piété à jamais perdus, si nous en jugeons par sa correspondance ! De combien d'indications précieuses il nous a privés pour reconstituer sa vie ! Mais exprimerai-je toute ma pensée? Notre ami s'ignora toujours lui-même; il ne se douta pas des dons excellents qu'il avait reçus, il pratiqua superlativement la vertu de modestie. A ce point de vue, son auto-da-fé honore plus sa mémoire que tout ce que l'on pourrait dire.

Montpellier ne le préserva point, malgré son beau ciel, de la visite de la douleur. Sa santé s'y trouva plus d'une fois altérée. Mais ses lettres n'y font qu'une allusion discrète. S'il en parle, c'est avec gaieté, et pour dire

---

1. Lettre au même, sans date.

qu'il ne souffre plus. Ainsi, par exemple, il écrit le 21 février 1867 : « Les amandiers ont beau fleurir et les buissons se parer d'une verdure naissante. Tout cela ne m'a pas empêché d'être souffrant. » Une autre fois (1), il décrit une promenade qu'il avait faite à la mer, en sortant de maladie : « Le spectacle ne manquait pas de grandeur. Une voile glissait légèrement à l'horizon. A droite, Maguelonne, l'antique église, reposait au milieu des flots et des vapeurs du soleil couchant. A gauche, un peuple de pêcheurs s'agitait autour de misérables cabanes. Il y a dans la contemplation de l'infini une force cachée qui séduit et captive. J'étais ému sans savoir pourquoi. Je goûtai, dans le creux de ma main, l'eau salée. Elle ne m'inspira aucune répugnance. J'avais bu à une mer plus amère encore, sans en avoir le dégoût. »

Un hymne de cette époque (2) a dû naître au milieu de souffrances analogues, si l'on en juge par la tristesse dont il est empreint. Il a pour titre : *Ave maris stella*, avec cette dédicace : « A ma sœur. » Voici la première strophe :

> Quand les flots amers
> Battent ma nacelle,
> Etoile des mers,
> Ayez pitié d'elle !

Ces souffrances et toutes les misères, dont chacun porte le fardeau, loin d'exciter en lui des pensées de

---

1. 13 mars 1867.
2. 1866, cote 14, *poésies*.

révolte, lui faisaient exprimer les sentiments d'une soumission et d'une résignation toute chrétienne (1) : « Quand elles ne serviraient après tout, disait-il, qu'à nous inspirer l'esprit de sacrifice, ce serait déjà quelque chose. Nous devons tous être comme les pontifes de l'ancienne loi, et ne vivre que des sacrifices que nous offrons. C'est là une grande et belle pensée que je voudrais mettre en pratique et faire partager à tous ceux qui me touchent de près ou de loin. »

Si la piété du jeune lévite s'échauffait ainsi par intervalles au feu de la douleur, l'étude lui apportait chaque jour un nouvel aliment (2) : « Depuis que j'ai lu, relu, médité, analysé les *Soirées de Saint-Pétersbourg*, le *Dogme générateur*, etc., de nouveaux horizons se sont ouverts devant moi. Jusqu'ici, j'avais beau entendre saint Grégoire me répéter sur tous les tons : *Theologia ars artium, regimen animarum* (3). Je prenais ces paroles pour l'enthousiasme d'un homme engoué d'une science dont il avait fait sa spécialité. Maintenant, je ne puis me rassasier de les répéter ; et si jamais science doit creuser une vie, tandis que la piété la remplira, ce sera bien certainement la théologie. »

On voit quelle carrière cet esprit actif et pénétrant a fournie en quelques années. Dominé d'abord par les souvenirs de la littérature profane, il brise peu à peu

---

1. 10 janvier 1867. C. P.
2. 26 mai 1866. C. P.
3. Ce dernier mot manque dans la lettre.

ses entraves pour s'élever dans les pures régions de la foi :

« Votre *sursum corda* (1), écrit-il à son correspondant ordinaire, a trouvé un écho dans le mien. Oh! oui, voyageons souvent par la pensée dans ces sphères célestes où habitent *le beau* et *le bien*, unis dans un éternel amour, que dis-je? confondus dans la personne de l'auguste vérité, du Verbe éternel. Chose remarquable, tous les vrais saints ont été de vrais poëtes, et cela naturellement, sans effort, en obéissant uniquement aux instincts de leur âme. Leurs légendes sont pleines de traits charmants, de comparaisons délicieuses, dont notre littérature de convention ne se fait plus l'idée aujourd'hui. Il en est de même de leurs ouvrages ; et pour moi, je vous assure que je préfère bien les odes du grand Synésius, comme disait Bossuet, aux plus beaux morceaux de Pindare et de Théocrite. Sans doute, il n'y a pas cette pureté de style, cette limpidité qui distinguait les beaux jours de la langue grecque. Mais il y a, en revanche, des pensées fécondes et élevées, des vues larges et grandes comme l'horizon du ciel. Le style, après tout, n'est qu'un vêtement. »

Ainsi, la transformation intellectuelle, dont nous avons entrevu les premières lueurs à Dijon, s'achève à Montpellier. Le beau littéraire, aux yeux de M. Grignard, n'est parfait qu'à la condition de se dorer des rayons de l'éternité, de faire resplendir les pensées immortelles d'une religion divine et d'être l'auréole de la poésie chrétienne.

1. Mars 1866. C. P.

A ce point de vue, l'éloquence elle-même sera transfigurée. Elle tirera son éclat le plus radieux et sa force la plus haute, non pas de cet art de bien dire et de cette honnêteté naturelle dont se contentaient les anciens, *Vir bonus dicendi peritus*, mais de la science surnaturelle du prophète et de l'apôtre et surtout de la sainteté qui leur sert de piédestal. L'abbé Grignard appliquait ces théories au plus grand orateur de ce siècle, le Père Lacordaire (1) : « Quand du haut de la chaire de Notre-Dame, il jetait à la face de son siècle de si éclatants démentis, des protestations aussi énergiques, quand on l'accusait de courir après la gloire, comme d'autres après la fortune, certes, on était bien loin de soupçonner les austérités et les rigueurs dont il s'entourait. Pour ma part, je suis bien persuadé que c'est à sa vertu, bien plus encore qu'à ses talents, qu'il est redevable de l'établissement des Frères-Prêcheurs en France. L'éloquence ne fait pas école. Nulle part il n'est dit que la jeunesse d'Athènes ait consenti à suivre Démosthènes dans son obscur souterrain. Et, si plus tard, son rival de gloire réunit à Tusculum quelques jeunes gens d'élite, ce ne fut qu'en passant. Encore, ne lui demeurèrent-ils pas fidèles. Mais sans aller chercher si loin dans le passé, les disciples enthousiastes qui peuplèrent un instant la solitude de la Chesnaie, [agirent de même] (2). Le maître n'était pas encore

---

1. Juin 1866. C. P.
2. La phrase n'est pas finie dans le texte. Il faut évidemment suppléer les trois derniers mots, ou quelque chose d'analogue.

condamné, et déjà plusieurs désertaient ses autels. L'enthousiasme est la chose du monde qui passe le plus vite. L'amour seul est éternel. Or, Lacordaire aimait, et bien lui en a pris. Car il vivra plus longtemps dans le cœur que dans la mémoire des hommes. »

En nourrissant de si hautes pensées, M. Grignard n'avait-il pas le secret désir de descendre au plus vite sur la scène du monde et de s'y produire avec éclat ? Non, il n'eut jamais semblable ambition. Quand les bruits du dehors rapportaient quelque fâcheuse nouvelle, son âme s'emplissait de tristesse. Tout ce qui touchait à l'honneur de l'Église et particulièrement à la sainteté du sacerdoce, le contristait au dernier point. « O mon cher, disait-il à son confident intime (1), dans quel temps vivons-nous ? A la vue de pareilles choses, je ne sais que penser ; et, bien souvent, je songe à quelque solitude pour me mettre à l'abri de ce courant délétère. »

Il n'aspirait qu'à devenir un prêtre instruit, régulier et édifiant. « Je me renferme, écrivait-il encore (2), dans les labeurs d'une solitude qui ne manque pas de charmes. On a dit que le désert produisait des fleurs, jamais d'épis de blé. Je ne suis pas de cet avis. Quand cela serait, il n'y aurait pas si grand mal. Les fleurs aussi ont leur utilité ; et si le froment se change au corps de Jésus-Christ, les fleurs embellissent ses autels. Il y a des destinées qui ne valent pas celle-là. »

---

1. Lettre sans date, mais probablement du 27 décembre 1866. C. P.
2. 14 novembre 1866. C. P.

Cette fleur épanouie au soleil du midi, les directeurs du séminaire de Montpellier la rapprochèrent deux fois de l'autel, bien certains qu'elle en serait la parure. L'abbé Grignard reçut les ordres mineurs, le 26 mai 1866. La cérémonie ne le toucha point au gré de ses désirs. Etranger, loin de son diocèse, pouvait-il avoir le cœur joyeux, tandis qu'il voyait ses condisciples entourés de leurs familles? Telle est apparemment la raison qui l'empêcha de jouir de son bonheur. En tout cas, il fut bien chagrin de ne point ressentir intérieurement la ferveur et la consolation qui lui semblaient devoir faire partie intégrante de la fête. « J'espérais, écrit-il le même jour, que la retraite me ferait du bien, et je m'y suis livré tout entier. Pourtant, je me trouve le même. A l'ordination, je n'étais pas ému ; j'étais simplement recueilli, et quand prêtres et diacres se sont prosternés sur les dalles du sanctuaire, comme des cadavres sous les voûtes d'un caveau funèbre, quand un cri s'est élevé dans toutes les poitrines environnantes, la mienne a à peine frissonné. Il faut que cet état cesse ; oui, il le faut ; il le faut à tout prix. »

Il fut appelé, l'année suivante (1), au sous-diaconat. La tristesse de l'ordination précédente lui revint sans doute à l'esprit, car il sollicita près de Mgr Rivet la faveur d'être ordonné par lui. Il jouissait par avance, ses lettres en témoignent, de la joie de revenir à Dijon pour y faire le pas décisif et contracter les engagements

---

1. 11 mai 1867. C. P.

irrévocables. « Ici, disait-il, je serais comme Melchisédech, dans la solitude et l'abandon. Là-haut, j'aurai autour de moi mes parents et quelques amis. »

Mgr Rivet accueillit la demande (1); mais il se trouva empêché le jour de la cérémonie. Le pieux lévite fut ordonné sous-diacre, le 30 juin 1867, par un évêque missionnaire, de l'ordre des Frères-Prêcheurs, Mgr Amanton.

---

1. Lettre de M. l'abbé Lebœuf, vicaire général, 1ᵉʳ juin 1867. C. T.

# CHAPITRE CINQUIÈME

## Un Préceptorat.

(1867-1869)

Le château d'Agey. — Un évènement tragique. — Belle conduite de
l'abbé Grignard. — Premières prédications. — Travaux du jeune
lévite. — Mauvaises impressions produites par une philosophie
dévoyée. — Une apostasie lamentable. — Douleur de M. Grignard.
— Le diaconat. — Idée d'aller prendre des grades à Rome.

'ABBÉ Grignard était dans sa vingt-deuxième annnée. Ses études ecclésiastiques touchaient à leur fin; et le peu de temps qu'il leur devait encore ne lui permettait pas d'être en âge pour recevoir la prêtrise, à laquelle on ne peut être promu, d'après les prescriptions canoniques, avant vingt-quatre ans. Il fallait donc attendre, soit alors, soit plus tard.

Le jeune sous-diacre s'arrêta au premier parti. Après l'essai de Montpellier, il résolut de prendre quelque temps de repos.

Il entra, en qualité de précepteur, dans une famille des montagnes de Sombernon, où les traditions d'honneur, de piété et de dévouement aux bonnes œuvres sont héréditaires. L'excellente famille de Charentenay, habite, comme notre poëte le dira plus tard (1),

Le village d'Agey dont les blanches maisons

égayent le paysage. Il est situé, à trois cent vingt-trois mètres d'altitude, dans un vallon perpendiculaire à celui de l'Ouche. Le château date, peut-être, du douzième siècle. Dans ce cas, il aurait été bâti par Garnier d'Agey, que mentionne une charte de 1131 (2). Au dix-huitième siècle, le séjour de Mme de Damas-Rochechouart, née de Choiseul-Praslin, le rendit, un moment, célèbre. On l'embellit avec un grand faste ; un musée d'histoire naturelle, le plus beau de la province, y fut installé. On y voyait une salle pavée de tous les marbres de la Bourgogne (3). Ces richesses furent dispersées plus tard. Le château même perdit son aspect de manoir féodal. Les jardins délicieux, qu'a vus Courtépée, n'existent plus. Quelques beaux arbres, plantés par Mme de Rochechouart, ses fontaines et ses charmilles,

1. *Eglogue*.
2. Description générale et particulière du Duché de Bourgogne, IV, 49.
3. Ibid. p. 50.

sont les seuls témoins qui restent de cette grandeur disparue (1).

Le nouveau précepteur avait trois petits élèves : Henri, Paul et Louis. A peine eût-il gagné l'affection de ces enfants, et commencé de leur faire du bien, qu'une grande douleur vint désoler toute la maison, et montrer en même temps au jeune séminariste l'austère beauté de la résignation chrétienne. Empruntons lui ces touchants détails :

« Nous sommes tous ici, depuis une dizaine de jours, écrit-il (2), sous l'empire d'une grande préoccupation. Henri, l'aîné de mes élèves, le bijou de la famille, et il le mérite doublement par la pénétration de son intelligence et sa candeur, Henri, dis-je, est dangereusement malade. De l'aveu du médecin, Dieu seul peut le sauver. M. et M<sup>me</sup> de Charentenay, s'inspirant de leur foi, ont trouvé une de ces généreuses pensées, qui germaient sans effort dans les cœurs chrétiens du moyen âge. Ils ont promis que, s'il leur était rendu, ils le donneraient à l'Église. Depuis ce moment, on cesse de tant s'inquiéter. Il semble que la guérison soit assurée. »

Le mal fit des progrès effrayants. La lettre précédente est du 7 janvier 1868. Le 26, M. Grignard annonçait à son correspondant la fatale nouvelle :

« Le malheur que vous redoutiez est arrivé. Henri s'est doucement endormi dans le Seigneur, il y aura après-demain quinze jours. Jamais je n'avais assisté à

---

1. Lettre de M. de Charentenay, Dijon, 14 mars 1888. C. P.
2. Agey, 7 janvier 1868. C. P.

une scène aussi touchante et aussi belle. Pendant que le pauvre enfant agonisait, son père était là, triste, mais ferme ; et sa mère, dont l'âme était pour ainsi dire transpercée d'un glaive de douleur, trouvait encore dans sa foi la force d'entendre la lecture du *Stabat*. A neuf heures et demie, tout était fini, et je me retirai, emportant dans mon cœur un de ces souvenirs qui s'y gravent pour jamais. »

Tous se dirent qu'un ange était remonté dans les cieux. L'abbé Grignard, exprimant la pensée commune, prêta à son cher petit élève les paroles suivantes (1).

> Enfant de Dieu par mon baptême,
> Je venais de presser Jésus contre mon cœur,
> Lorsque de la Trinité même
> Se découvrit à moi l'ineffable splendeur.

La tâche du précepteur se trouvait assez simplifiée. « Je suis seul maintenant, écrivait-il (2), avec Paul et Louis. Paul, qui n'a guère que huit ans ; Louis qui ne sait pas encore lire, et qui commence à peine à écrire (3). » Comment l'abbé Grignard s'acquitta-t-il de ses modestes fonctions d'instituteur ? Je laisse, pour le dire, la parole à M. de Charentenay (4) :

« Dès les premiers jours, nous avions pu juger à quel esprit d'élite nous avions à faire, et quel maître

---

1. *Sur la mort de H. de C.*, château d'Agey, 1868. G. 14.
2. 26 janvier 1868. C. P.
3. Ce pauvre enfant devait suivre, quelques années après, son frère Henri dans la tombe.
4. Lettre du 11 juillet 1887. C. P.

nous avions donné à nos fils. Piété, distinction, finesse, douceur et fermeté, tout était en lui. Bientôt, quatre mois après, un évènement plein de regrets douloureux pour moi, la mort de mon fils Henri, l'aîné et le plus intéressant de ses élèves, venait créer entre nous des liens indissolubles d'amitié. C'est vous dire combien ce tout jeune abbé, âgé de vingt-deux ans à peine, avait manifesté de cœur et de délicatesse de sentiments dans le premier malheur qui frappait ma famille.

Dorénavant, il devait se contenter de l'éducation de tout jeunes enfants de six et huit ans. Cette tâche, quelque peu ingrate, ne le découragea pas. Il s'y donna tout entier, pendant deux ans, avec autant de patience que de persévérance. C'est avec l'abondance du cœur que je dois dire qu'en aucun homme je n'ai rencontré plus de vertu, plus de charmes et plus de solides et aimables qualités. »

Les leçons rudimentaires d'Agey permirent à M. Grignard de se livrer à des occupations plus importantes. Il suivit attentivement la marche des études du grand séminaire de Dijon, qui fut alors confié à MM. de Saint-Sulpice; il s'intéressa au mouvement des œuvres de charité, de la presse catholique et particulièrement de la *Chronique religieuse*, où M. l'abbé Carra défendit vaillamment la cause du Saint-Siège et les idées romaines. Il fit le catéchisme et prêcha la première communion dans l'église paroissiale. On lui demanda encore plusieurs sermons à Agey, à Thoisy et ailleurs. L'église d'Agey eut ses débuts pour la fête patronale :

« Si j'ai tardé quelque temps à vous répondre, écrivait-il à son ami, le 26 novembre 1868, il faut l'attribuer à saint Martin d'abord. Au moment de faire ses débuts dans la chaire, on est préoccupé ; on n'est plus maître de soi, de ses idées. Elles se tournent toutes en sermon. Enfin me voilà libre,... jusqu'à Noël. Car, à cette époque, il me faudra évangéliser de nouveau Agey ou Thoisy. S'il fait chaud, j'irai dans le Morvand ; s'il fait froid, je resterai ici. »

« Vous avez l'air de vous moquer de moi, ajoutait-il malicieusement (1), mais je me moque de vos moqueries. J'ai pour moi Agey tout entier, excepté cependant Renée, la plus petite des filles de $M^{me}$ de Charentenay. » Cette enfant s'était amusée, en effet, pendant le sermon d'Agey. Quant à celui de Thoisy, le prédicateur, plus sûr de lui, s'était emparé de son auditoire et l'avait touché. — Ayant gardé le silence sur ce sujet, il fut pressé de s'expliquer.

Je ne voulais pas, écrivit-il (2), « vous parler de mes succès oratoires à Thoisy ; mais enfin vous tenez à les connaître ; donc, à vous la faute. J'ai fait pleurer, j'ai fait verser des larmes, de vraies larmes, à de pauvres femmes qui n'y mettaient guère de flatterie. Les petites filles, cette fois, me regardaient avec étonnement. Et, quand il a fallu donner son obole au Pape, elles n'ont pas été les moins empressées. »

Cet essai de ministère lui faisait envier le temps où il pourrait s'y livrer pleinement. Il soupirait après les fonctions, qui lui permettront de descendre dans l'arène,

1. Même lettre.
2. 21 janvier 1869.

et d'y combattre les combats du Seigneur. « Quel bonheur, s'écriait-il (1), d'être vicaire ou curé dans une humble campagne, et d'y entreprendre, à ses frais, une de ces modestes croisades dont le succès fait tant de bien au vainqueur et aux vaincus ! »

Quelle humilité touchante, et en même temps, quel zèle et quelle flamme dans ce jeune homme de vingt-deux ou vingt-trois ans ! Puissions-nous voir se lever parmi nous une génération de jeunes gens courageux, généreux et braves pour lutter dans chaque paroisse contre l'indifférence, le vice et l'impiété ! Nous avons assez de soldats qui gardent nos frontières et défendent l'honneur de notre drapeau ; ce qui nous manque, ce sont les prêtres qui, la croix à la main, luttent contre les flots sans cesse renaissants de l'irréligion.

Avec une santé toujours assez chétive et que les bons châtelains d'Agey soumirent même à un régime, le laborieux précepteur ne put se résigner à ne pas faire davantage. Il reprit, dès son arrivée, ses habitudes de travail, se levant en plein hiver, « à quatre heures et demie du matin pour philosopher à son aise (2), » et donnant à l'étude tout le temps que ne lui prenaient point ses fonctions.

« Confiné dans ma chambrette, écrivait-il, je travaille aux choses les plus disparates. Théologie et philosophie, révélation, *Kantisme* et *Tissotisme*, voilà mes études de prédilection, sans parler d'histoire, de Grégoire de

---

1. 6 mai 1869. Cf. cote 67.
2. Lettre du 3 décembre 1867. Cf. cote 68 où se trouvent réunis onze cahiers de rédaction.

Tours et de Commines (1). » La même lettre signale une dissertation qu'il destinait dès lors à la publicité, mais qui n'a pas été, croyons-nous, publiée. Il s'agit de la visite d'Alexandre-le-Grand au temple de Jupiter-Hammon. L'abbé Grignard en conteste la réalité : il prétend qu'elle ne se distingue point de celle que le conquérant fit à Jérusalem (2). Une autre lettre, datée du 1$^{er}$ novembre 1868, mentionne une traduction en vers d'une poésie de Silvio Pellico, probablement celle que l'on a déjà citée, bien que la rédaction définitive soit postérieure de quelques années.

En revenant seul aux études du séminaire, l'abbé Grignard voulut approfondir certains sujets qui lui avaient paru difficiles. Ce nouvel examen ne le satisfit pas, soit que son intelligence ne fût pas assez mûre pour sonder des problèmes trop obscurs, soit que la nébuleuse terminologie de Kant émoussât la pointe de son esprit. En tout cas, il vérifia, par sa propre expérience, l'adage si connu : Les fruits de la science sont doux, mais les racines en sont amères.

« J'ai voulu, dit-il (3), porter la main sur le fruit de l'arbre de la science du bien et du mal ; j'ai voulu sonder, d'un œil encore faible, les fondements d'une science que jamais l'œil de l'homme ne fixa sans sourciller, et comme ces âmes tourmentées dont parle le Dante, la trombe infernale du doute, qui jamais ne

---

1. Cote 61. Ontologie, psychologie, etc. — Cf. Cote 65 comprenant neuf cahiers de notes.
2. Histoire et archéologie, cote 32.
3. Lettre du 28 avril 1868.

s'arrête, emporte mon esprit et le fait tourner sans cesse dans un noir tourbillon, en des régions muettes de lumière et vides de contentement : doute méthodique, bien entendu, qui ne laisse pas que d'avoir ses amertumes. Cependant, *pacem summa tenent*. Les parties supérieures de l'âme sont comme ces hautes montagnes, où la tempête ne sévit point, où le soleil brille sans interruption. »

Les spéculations dont il s'agit miroitaient au regard de son intelligence comme de brillants mais insaisissables fantômes. Il les voyait passer devant lui dans une sorte d'incohérence et de confusion. Ni son esprit ni son cœur n'en furent atteints, bien que cette tourmente intellectuelle ait duré longtemps. « A certains jours, écrivit-il presque une année après, (1), le ciel est serein ; l'horizon se dégage : il fait beau dans mon esprit ; et alors, je ne conçois pas de plus grand bonheur que celui de l'étude. Puis arrive un brouillard, le temps s'épaissit ; les perspectives diminuent, et je me demande comment on fait pour s'adonner à des recherches quelquefois dangereuses, le plus souvent inutiles. » Cette différence des jours vient assurément, quoique le jeune séminariste ne le dise point, de la différence de la lumière qui les éclaire. Quand l'étude s'illumine au soleil de la raison et de la foi, « il fait beau » dans l'esprit, suivant l'expression de M. Grignard. Mais quand on s'engage dans les ombres d'une philosophie erronée et dévoyée, on marche comme à

1. 21 février 1869.

tâtons, on est saisi par le froid de la nuit ; si l'on ne remonte point aux régions ensoleillées, le cœur se glace et l'on tombe bientôt inanimé.

Cet affreux malheur arriva, pendant le séjour d'Agey, à l'un des plus anciens amis de M. Grignard. Je ne le nommerai point, mais j'ai dit précédemment quelles étaient leurs relations. Le temps, l'éloignement les avaient diminuées, sans les attiédir. Le respect, l'attachement, l'admiration que l'enfant avait voués jadis au maître, vivaient encore dans le cœur du jeune homme. Les lignes qu'on va lire peindront tout ensemble et cette chute lamentable et la pénible impression qu'elle causa :

« Vous souvient-il, écrit M. Grignard au confident habituel de ses pensées (1), vous souvient-il de ce certain soir où nous parlions ensemble de Lamennais et de Mgr Gerbet, et de l'amitié en général. Vous me demandiez qu'est-ce que je ferais, si quelqu'un à qui je me serais attaché, abandonnait sa foi, apostasiait, puisqu'il faut prononcer le mot. Eh ! bien, le cas vient de m'arriver. Vous le savez peut-être déjà, et c'est avec un sentiment d'indicible douleur que je me résous à vous le dire. M*** a rompu tous les liens, même extérieurs avec le passé dogmatique et croyant. Ce sont les propres termes dont il se sert, en m'annonçant cette nouvelle. Il a écrit à Monseigneur une lettre en conséquence, et c'est ce que je déplore le plus. Eh ! bien, je l'aime ; je l'aime, malgré tout, et d'autant plus qu'il sera plus abandonné. »

1. 10 décembre 1868. C. P.

Le péché est réprouvé et condamné, mais le pécheur reste cher. Cette conduite est absolument correcte. Saint Augustin disait de même : Anéantir l'erreur, chérir ceux qui sont dans l'erreur. *Occidere errorem, diligere errantem* (1).

Ainsi agissait saint François de Sales. Un ecclésiastique scandaleux ayant été mis en prison, le compatissant évêque obtint de le voir et se jeta à ses genoux. « Et comme l'autre tout confus, raconte un vieil historien (2), lui demandait qu'il eût pitié de lui : Et moi, lui dit le Saint, tout fondu en larmes, je vous demande par les entrailles de la miséricorde de Jésus-Christ, en laquelle nous espérons, que vous ayez pitié de moi, de tous tant que nous sommes d'ecclésiastiques dans ce diocèse, de l'Eglise, et de toute la religion catholique, apostolique et romaine, que vous ruinez d'honneur par votre vie scandaleuse, qui donne sujet aux adversaires de notre créance, qui veillent comme des dragons sur nos moindres défauts, de blâmer nos déportements et de blasphémer notre sainte foi.

Je vous demande que vous ayez pitié de vous-même et de votre âme propre que vous perdez pour une éternité, en vous remettant en grâce avec Dieu; je vous exhorte de la part de Jésus-Christ, que vous vous réconciliez à Dieu par une vraie repentance. Je vous en conjure par tout ce qu'il y a de saint et de sacré,

---

1. *Cf. Contra Adimantum*, c. 17 : *Hoc perfectorum est, ut non oderint in peccatoribus nisi peccata, ipsos autem homines diligant.*
2. *L'Esprit du bienheureux François de Sales*, par Jean-Pierre Camus, I<sup>re</sup> p., section 6.

par le sang de Jésus-Christ que vous polluez, par la bonté de ce Sauveur que vous crucifiez de rechef, par l'Esprit de grâce, à qui vous êtes contumélieux. »

Nous n'avons point la lettre que l'abbé Grignard écrivit à son malheureux maître, mais nous savons quel cœur et quel esprit l'avaient dictée. Moins heureux que saint François de Sales, il ne put ramener le pécheur. « Les philosophes, disait-il avec un accent douloureux (1), ont des yeux, mais c'est pour ne point voir. Il viendra un jour, je l'espère de la bonté de Dieu, où son âme si généreuse pourtant se reconnaîtra. »

Ce jour, hélas! n'est pas venu; M. Grignard, avant de mourir n'a pas eu cette joie. Si le philosophe dévoyé pouvait enfin avoir des yeux pour voir, si Dieu lui donnait de remonter à la pure et radieuse lumière de la foi, le cœur qui l'aima si profondément tressaillirait dans son tombeau, et tous ceux qu'affligea une défection si lamentable, se réjouiraient de voir l'enfant prodigue revenir à la maison paternelle.

Au milieu de toutes ces épreuves, le pieux lévite avait continué de se préparer aux ordres, avec dispense de suivre les cours ordinaires. Il reçut le diaconat, le 9 août 1868, dans la chapelle du petit séminaire de Plombières. Mgr Rivet avait même l'intention de l'élever à la prêtrise, l'année suivante. Toutes les dispositions étaient prises à cet égard, l'appel fait en règle, l'examen prêt, les parents prévenus. Tout à

---

1. Lettre du 10 décembre 1868. Celle du 30 exprime les mêmes sentiments sous une nouvelle forme. C. P.

coup, une circonstance fortuite en apparence, ouvrit une voie aussi nouvelle qu'inespérée. M. de Lestre suggéra l'idée d'un voyage à Rome, à l'occasion du Concile (1). L'abbé Grignard accueillit avec joie cette proposition. Mgr Rivet l'agréa de même, en ajoutant qu'il se chargeait d'ordonner le jeune diacre à Rome, ou de l'y faire ordonner.

A partir de ce moment, le précepteur n'eut plus qu'une pensée : quitter la maison où il avait reçu une hospitalité si bienveillante, et se préparer à son grand voyage. Ses anciennes idées au sujet des grades littéraires achevèrent de s'évanouir. Il tourna désormais toute son ambition du côté des palmes théologiques. Le 23 juin 1869, il pria son correspondant, qui visitait alors le champ de bataille de Waterloo, de s'informer des conditions requises pour prendre ses grades à l'université de Louvain.

Ouvrant de plus en plus son âme à l'espérance d'entrer bientôt dans la Ville éternelle, il s'écriait plein d'enthousiasme (2) :

« A Rome, on contemple autre chose que la tombe, où dort enseveli l'orgueil d'un géant ; on contemple la vie aux prises avec la mort, et sans cesse victorieuse. Quel bonheur de passer une année sur ce sol foulé par les anciens Romains, inondé du sang des martyrs, occupé par l'élite de la catholicité réunie en concile !... Quel bonheur de recevoir le sacerdoce à sa plus pure et à sa plus haute source ! »

1. Lettre du 23 juin 1869. C. P
2. Même lettre.

# CHAPITRE SIXIÈME

## Le Sacerdoce.

(1870)

Un panorama. — Glorieux souvenirs de la Rome antique et de la Rome chrétienne. — Apogée de la grandeur de Pie IX. — Premier motif du voyage de M. Grignard à Rome : le sacerdoce. — Ferveur avec laquelle il s'y prépare. — Les saintes émotions qui remplissent son âme le jour de l'ordination. — Le second motif de son séjour : l'étude. — La question de l'infaillibilité dans les lettres de l'abbé Grignard. — Les joutes oratoires de Saint-André *della Valle*. — Le décret du Concile. — Une séance à la Propagande. — Les loisirs de l'étudiant. — Dernière visite à Pie IX. — Une fête à Thoisy-la-Berchère.

RÉÉE pour être le centre de la religion universelle, Rome a reçu de Dieu tout ce qui pouvait rehausser son nom : les splendeurs de la nature, la gloire des faits historiques et les prérogatives, uniques dans le monde, d'un empire surnaturel (1).

---

1. Même lettre. Pendant son séjour à Rome, M. l'abbé Grignard a écrit à ses parents de nombreuses et intéressantes lettres. Ils les conservent comme de précieuses reliques. Les idées et les impressions que nous avons résumées dans ce chapitre d'après une autre correspondance, s'y trouvent très amplement développées. Cote 70. C. T.

Elle est bâtie sur des collines dont le nombre septenaire a frappé les anciens, et où les modernes ont pu voir l'image des sept chandeliers d'or qui éclairent toute l'Eglise ou des sept sacrements qui la vivifient.

Qu'on vienne de Florence ou de Naples, on n'arrive à Rome qu'après avoir franchi une plaine abandonnée et presque stérile, une sorte de désert et de solitude, comme pour montrer qu'on n'entre dans la vraie patrie des âmes, qu'après avoir cheminé péniblement dans les sentiers de l'exil.

Cependant, voici que les horizons s'embellissent et s'illuminent. A l'orient, la chaîne des Apennins se pare d'un voile de pourpre ou d'azur suivant que le soleil y fait rayonner ses premiers ou ses derniers feux. A l'ouest, la mer Méditerranée étincelle comme une nappe d'argent. Au nord, se dresse le mont Soracte chanté par Horace et qui se couvre parfois de son manteau de neige. Au midi, les riantes collines, où s'élèvent Castel-Gandolfo, Frascati et tant d'autres villas célèbres, attirent et charment les yeux.

Entrez à Rome, vous verrez venir à vous les gloires du passé avec le Colisée, le Cirque, le Panthéon, le mausolée d'Adrien, la colonne Trajane, les arcs de triomphe de Titus et de Constantin. Vous toucherez du doigt les souvenirs impérissables des consuls, du sénat et du Forum; des grandes causes qu'a plaidées Cicéron, des hommes fameux qu'a immortalisés Tite-Live, de l'empire que fondèrent les armées romaines, des guerriers et des rois vaincus qui vinrent, les bras chargés de chaînes, assister au triomphe de la force et révéler le néant des grandeurs humaines.

Mais le voyageur chrétien s'émeut d'une autre vision. Son pied foule des ruines au-dessous desquelles sont des cendres transfigurées par le martyre ; sa main touche les reliques des saints, qui ont remporté pour Rome d'autres victoires et qui lui ont assuré d'autres conquêtes ; son œil aperçoit les dômes de ses trois cent soixante-cinq églises, qui élèvent incessamment les âmes chrétiennes jusqu'aux pensées éternelles. Car, ces martyrs immolés par un empire persécuteur, lui ont substitué, après l'avoir vaincu, un empire d'un genre nouveau, celui de la paix et de l'amour.

« Ici, est la prison, dit l'abbé Grignard, où le premier pape fut renfermé avec saint Paul, et où saint Luc lui présenta son évangile et les Actes des Apôtres. Là, cette fameuse prison Mamertine, qu'il ne quitta que pour aller au supplice. Plus loin, l'endroit où on le sépara de saint Paul ; enfin l'endroit où il fut crucifié ; la basilique où reposent ses restes vénérés, Saint-Jean-de-Latran, Saint-Pierre, Saint-Paul... Je n'en finirais pas si je voulais vous redire tous les pieux souvenirs qui se conservent ici, toutes les impressions salutaires qu'ils font naître dans une âme chrétienne. »

Pie IX était alors dans tout l'éclat de sa gloire. Cœur généreux et ouvert, il avait inauguré son règne, en soulevant un enthousiasme universel ; esprit droit et rigoureux, il avait formulé en quatre-vingts propositions la condamnation des principales erreurs du temps ; caractère militant et magnanime, il s'était tenu constamment sur la brèche, pour repousser les assauts du libéralisme, du césarisme et de la révolution. Dépouillé de ses états depuis dix ans, il se présentait au monde avec la majesté de ses malheurs et celle des prérogatives pontificales qu'aucune tempête n'avait pu ébranler. On l'acclamait toujours comme le Pontife-Roi ; son siège était plus que jamais le centre de l'unité catholique, et nulle autorité n'avait attiré d'aussi unanimes hommages. Seize ans auparavant, le Pape avait défini le dogme de l'Immaculée-Conception ; et il était sur le point d'ouvrir le concile du Vatican. Il avait dit à la Mère de Dieu, le 8 décembre 1854 : « Vous êtes Immaculée ! » Et l'Esprit de Dieu planant sur l'assemblée, réunie le même jour, allait répondre : « Vous êtes infaillible ! »

Ces impressions et ces sentiments, qui débordaient de tous les cœurs, l'abbé Grignard les éprouve à un haut degré :

« Il y a, porte la même lettre, un homme qui les résume tous en sa personne, qui est Pierre par l'autorité, Paul par la doctrine. Cet homme, s'il est l'objet d'une immense haine, est aussi l'objet d'un immense amour. Je l'ai vu à la chapelle Sixtine, au milieu de la cour pontificale, parmi les chants de Palestrina, les fresques de Michel-Ange : il attirait seul tous les regards. De même, à Saint-Charles ; de même hier encore, dans la rue où il passait. Trois fois déjà, je me suis courbé sous sa main qui bénissait ; et je me suis relevé plus fort et plus vaillant, parce que je sentais que cette bénédiction n'était pas stérile, et qu'elle retombait comme une pluie de grâces sur moi et sur tous ceux qui me sont chers. »

Ce qui avait amené M. Grignard à Rome, était pourtant moins l'attrait de tant de grandes choses que le désir d'être ordonné dans la Ville éternelle et de s'y nourrir un instant des doctrines romaines. Il avait dit avant de partir : « Quel bonheur de recevoir le sacerdoce à sa plus pure et à sa plus haute source ! » Il tient le même langage, après trois mois de séjour (1) : « Vous me demandez pourquoi je suis venu ici. C'est pour me recueillir un peu, et me préparer, dans le foyer de la piété catholique, à recevoir l'ordre qui confère le pouvoir de produire le sacrement générateur de la piété catholique. Je serai prêtre, au plus tard pour le samedi saint. »

L'unique ambition de son cœur était de faire un saint prêtre. Il considérait le sacerdoce comme une dignité sans rivale parmi les honneurs dont un homme peut être investi sur la terre. Plus il vit approcher l'heure suprême, plus il crut qu'il devait redoubler de ferveur. Il s'appliquait à chacun de ses exercices de piété, comme s'il eût été la seule occupation de sa journée. Il fut au séminaire français, à Rome, comme à Montpellier, comme à Dijon, le modèle de ses condisciples. « Un de ces derniers, écrit le vénérable supérieur du séminaire (2), devenu depuis membre de notre Congrégation et actuellement directeur au séminaire, en a conservé le plus édifiant souvenir. »

1. 24 janvier 1870.
2. Lettre du R. P. Eschbach, 4 juillet 1887. C. P.

Il aimait à s'entourer de solitude et de silence. Confiné dans sa petite cellule de la place Sainte-Claire, il épanchait son âme dans de longues oraisons, et dans la lecture de l'Imitation qu'il appelle « un livre d'or. » (1). Il se plaisait surtout à méditer le chapitre v° du livre III° : *Des merveilleux effets de l'amour divin :* (2) « Je vous bénis, Père céleste, Père de Jésus-Christ, mon Seigneur, de ce que vous avez daigné vous souvenir d'un pauvre tel que moi. O Père des miséricordes, et Dieu de toute consolation ! je vous rends grâces de ce qu'il vous plaît quelquefois de me consoler, quoique je sois indigne de toute consolation. »

Il savait bien que nul ne peut mériter les consolations du ciel, s'il ne s'exerce dans la componction. Il avait appris, dans ses lectures favorites, que pour sentir la componction jusqu'au fond de son cœur, il faut entrer dans sa chambre, en bannir le tumulte du monde et s'exciter à la contrition de ses fautes. Il avait trouvé, pour le guider dans sa marche ascensionnelle vers le sacerdoce, un directeur auquel il donna toute sa confiance, et il s'était fait une bien douce joie, non moins qu'un devoir absolu, de lui révéler tous les secrets de sa conscience.

Les souvenirs de sa préparation prochaine et immédiate, restèrent empreints dans son âme, comme ces parfums qu'on respire au printemps et dont les senteurs pénétrantes laissent d'ineffaçables vestiges. Il écrivait,

---

1. Lettre de l'abbé Grignard, 24 janvier 1870.
2. Même lettre.

quelques années plus tard, au R. P. Eschbach : (1) « Il m'arrive souvent de faire en pensée le pèlerinage de Sainte-Claire. Je revois ma chère cellule ; cette bibliothèque où notre cœur était ardent, quand vous nous parliez de tout ce qu'un prêtre doit aimer ici-bas et là-haut ; cette petite place, au coin de la cheminée, où vous versiez, avec une tendre sollicitude, l'huile et le vin sur les plaies de mon âme ; l'autel de la Mère admirable aux pieds de laquelle j'ai passé de si doux instants ; la chapelle, où j'eus le bonheur d'offrir pour la première fois le saint Sacrifice. Il y a des souvenirs qui ne s'effacent pas. »

M. Grignard n'attendit pas l'ordination du samedi-saint. Il s'était empressé, dès les premiers mois, avec l'agrément de Mgr l'Evêque de Dijon, présent au Concile, de faire avancer un jour, qui devait lui procurer une joie si profonde. Je n'ai pas besoin de dire combien l'ancien supérieur du séminaire français, le vénéré Père Freyd l'avait en estime (2). Sans lui opposer un refus formel et sans lui donner non plus une espérance certaine, il le laissa revenir plusieurs fois à la charge (3). Les instances que fit l'ardent lévite, furent enfin couronnées de succès. Il reçut la prêtrise des mains de Son Eminence le cardinal Patrizi, le samedi des Quatre-Temps du Carême, 12 mars 1870.

Laissons-le peindre lui-même les saintes émotions qui remplissent son cœur. Il écrivit de Rome, en la fête de

---

1. Lettre du 29 décembre 1874.
2. Même lettre.
3. Lettre de M. Grignard, 24 janvier 1870.

saint Joseph, le 19 mars, à son correspondant ordinaire :

« Mon cher ami, *Jam non dicam vos servos, sed amicos meos. Vos, amici mei estis.* Oui, c'en est fait, je suis prêtre, prêtre pour l'éternité. Il y a huit jours, à Saint-Jean-de-Latran, la mère et la maîtresse de toutes les églises, de par le Pape et l'Empereur, *dogmate papali datur ac simul imperiali*, le cardinal-vicaire invoquait le Saint-Esprit sur moi, et je me relevais avec la double puissance de consacrer le corps et le sang de Notre-Seigneur Jésus-Christ, et de lier et de délier les membres de son corps mystique. Vous savez par expérience quelle consolation Dieu ménage en ce moment. Et puis, il y a des sentiments que la langue de l'homme est impuissante à traduire. J'ai bien lu, dans la sainte Ecriture, que Dieu est pour nous un père aimant, une mère tendre ; mais, jamais je n'avais compris toute la portée de cette parole. Il me semble cependant en avoir goûté quelque chose, quand j'ai prononcé pour la première fois les syllabes d'or, les paroles toutes puissantes ; quand le Père Supérieur, se jetant à mes genoux, m'a demandé une bénédiction ; quand le lendemain, pendant le chant du *Magnificat*, tous mes condisciples sont venus successivement baiser ma main. *A Domino factum est istud... Suscitans a terra inopem...* Me voilà donc un dieu par participation.

O mon ami, priez bien pour moi, pour que je reste toujours digne de ce beau titre. Pour moi, j'ai déjà prié et je prierai encore, pour que vous portiez toujours glorieusement le vôtre. En ce siècle de défaillances, je dirais presque d'apostasie, si j'avais le droit d'être sévère, il faut du courage pour porter toujours le front droit et le cœur haut. *Sursum corda!* Espérons que le concile saura trouver dans Galaad le baume qui convient pour guérir la plaie de la fille de mon peuple. »

La prière qui s'échappa le plus souvent des lèvres du jeune prêtre, le jour de son ordination, fut celle du prophète (1) : « *Tuus sum ego, salvum me fac* (2). Mon Dieu, je suis à vous ; venez-moi en aide. » C'est un cri de foi, d'amour et de reconnaissance. « Que rendrais-je au Seigneur pour tous les biens qu'il m'a faits? Je prendrai le calice de mon Sauveur et j'invoquerai le nom de mon Dieu (3). » Je suis à vous, aujourd'hui et toujours. *Tuus sum ego.* Je suis votre serviteur et l'enfant de votre servante. Je suis à vous pour accomplir en tout votre sainte volonté. *Tuus sum ego.*

Mais c'est encore un cri de détresse. *Salvum me fac.* C'est l'appel des grâces qui fortifient le cœur et des lumières qui éclairent l'intelligence. « *Tuus sum ego : salvum me fac.* Je suis à vous : venez-moi en aide. *Servus tuus sum ego : da mihi intellectum.* Je suis votre serviteur : donnez-moi l'intelligence de vos commandements. » En face des périls qui l'attendent, le jeune prêtre se défie de sa faiblesse. En quel temps eût-il plus besoin d'une assistance surnaturelle? Le caractère dis-

1. Lettre de M. Grignard au R. P. Eschbach. Chailly, 13 février 1871.
2. Ps. cxviii, 94.
3. Ps. cxv, 13.

tinctif de notre âge n'est-il pas de contredire le prêtre et d'entraver son action? Que d'obstacles et que d'écueils, si Dieu n'était pas sa force et son appui! Voilà ce que comprit intuitivement l'abbé Grignard, le jour de son ordination et ce qui lui fit répéter avec une confiance toute filiale le mot du prophète : « *Tuus sum ego*. Mon Dieu, je suis tout à vous. »

L'amour de la science sacrée et particulièrement des doctrines romaines, il faut insister sur ce point, était le second motif qui l'avait attiré vers la ville éternelle. Il n'avoue qu'à demi ses projets d'études, quand il écrit (1) : « Je suis venu aussi un peu pour étudier. C'est dans ce but que je suis les deux cours de Dogme du Collège romain, outre le cours d'Ecriture sainte et de Droit canon. » Ce n'est pas *un peu* qu'il s'adonne à l'étude ; il s'y plonge tout entier, et dès son arrivée. La première lettre qu'il adresse à son correspondant, commence par ces mots (2) :

« Si j'ai tant tardé à vous donner de mes nouvelles, et si je vous en donne en termes si brefs, c'est que le temps me fait complètement défaut. Je suis absorbé par une foule d'études qui ne me laissent pas un moment à moi. Cours de dogme, le matin ; cours de dogme, le soir ; cours de morale, d'Ecriture, de droit canon : je ne quitte pas du collège romain, et quand je rentre au séminaire français, place Sainte-Claire, 47, c'est pour dire mon bréviaire, assister à des répétitions, à de nouveaux cours, etc. »

1. 24 janvier 1870.
2. 29 novembre 1869.

Tant de travaux entrepris à la fois indiquent un dessein et des vues arrêtées. La chose est manifeste, et M. Grignard le confesse ingénûment (1) : « Vos palmes académiques ne m'ont pas laissé indifférent, et vos projets d'avenir ont trop d'affinité avec les miens pour ne pas m'émouvoir. » Mais quels sont ces projets ? Le laborieux étudiant ne les avoue pas à tout le monde ; il les cache même à son confident intime, quand il dit négligemment (2) : « Ce n'est pas que j'aie l'intention de prendre des grades : je pourrais tout au plus être licencié à la fin de l'année, et il me faudrait une année de plus pour être docteur, *servatis servandis*. Car, l'assistance aux cours est requise pendant deux ans. Or, il n'est pas probable que je revienne l'an prochain. »

Il ne voulut point subir alors ses examens. Pourquoi ? Le R. P. Eschbach nous l'apprend (3) : « Sa santé déjà frêle et délicate ne lui permit pas de prendre à la fin de l'année des grades en théologie. » Mais ses idées se trouvèrent fixées dès cette époque, et elles ne changèrent plus dans la suite. Les grades théologiques lui apparurent comme les pommes d'or des Hespérides ; il se dit que tôt ou tard il y porterait la main. Ce dessein, il ne put le réaliser que dans une certaine mesure, et presque au terme de sa carrière ; mais il fut désormais la grande préoccupation de son existence. « L'abbé Grignard, note encore le R. P. Eschbach (4), n'avait

1. 19 mars 1870.
2. 24 janvier 1870.
3. Lettre du 4 juillet 1887.
4. Même lettre. C. P.

pas de plus vif regret que de n'avoir pu prolonger ici son séjour; et à plusieurs reprises, il mit tout en œuvre pour obtenir de reprendre, parmi nous, des études auxquelles il tenait si fort. »

En tout cas, son esprit actif conçut dès ce moment plus d'un plan d'étude. Il recueillait des notes pour un travail historique et dogmatique sur les rapports de l'Eglise et de l'Etat (1). Il rêvait à une œuvre dans le genre de celle de Melchior Cano, mais appropriée à notre temps, sur les prolégomènes de la théologie. Ses lettres nous fournissent une rapide esquisse de ces travaux qu'il n'a point poursuivis. J'en citerai seulement quelques traits (2).

« La victime donnait sa vie pour acheter le droit de vivre. Les apologistes les plus anciens réclamaient ce droit à grands cris. Ils n'étaient pas comme certains chrétiens d'aujourd'hui, qui trouvent que l'air des catacombes suffirait à l'Eglise. Toutes glorieuses qu'elles étaient, les catacombes n'étaient que des tombeaux. Il fallait que le christianisme parût au grand jour. Il fallait un nouveau *Fiat lux*. L'Eglise l'obtint. L'Eglise libre dans l'Etat, tel fut le phénomène momentané que le monde vit apparaître, et que l'Eglise elle-même avait appelé de tous ses vœux, non pas comme le terme de sa course, mais comme un moyen d'arriver plus haut et plus loin. Elle aspirait, en effet, à gouverner l'Etat lui-même. L'Etat en revanche voulait asservir sa rivale. »

1. Cotes 52, 52, 66.
2. 3 mai.

La théologie avait définitivement conquis le cœur de M. l'abbé Grignard. Son goût pour les doctrines romaines fut la récompense de sa piété en même temps que le fruit de ses études. Il affirma les prérogatives du Saint-Siége comme un homme qui aime et qui sait. L'infaillibilité du Souverain-Pontife est une vérité qui lui paraît invinciblement démontrée; il ne s'arrête pas à discuter les objections : il passe avec une sérénité parfaite à côté des luttes et des combattants (1).

Le concile est rassemblé (2). Le silence doit planer sur ses délibérations. Mais des confidences indiscrètes en livrent parfois le secret aux mille voix de la presse ; et, d'heure en heure, des bruits contradictoires circulent dans la foule qui se presse aux abords des congrégations. Les violentes oppositions du début ne désarment point; des atermoiements calculés leur succèdent. Pie IX disait qu'il faut distinguer dans le concile trois périodes successives : la période antérieure, la période conciliaire et la période finale. Il ajoutait, avec une finesse quelque peu malicieuse, que la première avait été celle du diable, la seconde celle des hommes et la troisième celle de Dieu.

Les lettres de l'abbé Grignard font de fréquentes allusions à la deuxième de ces phases, mais toujours avec une grande réserve. « J'aime à croire, écrit-il le 19 mars, que le concile ne se laissera pas entraver dans sa marche par les soupirs convulsifs du Gallica-

---

1. Cf. Lettres du 24 janvier, du 19 mars et du 3 mai 1870. C. P.
2. M. Grignard raconte avec enthousiasme l'ouverture du concile, dans sa lettre du 13 décembre 1869. C. T.

nisme expirant, par la brochure du R. P. Gratry, les lettres et les observations de *tutti quanti*. On compte avoir une session avant Pâques. Après quoi, on s'occuperait immédiatement de l'infaillibilité. Le Saint-Père ne permettrait pas de discuter le dogme; les évêques ont déjà manifesté leur sentiment sur ce point. L'opportunité seule serait examinée. Mgr Dupanloup serait libre alors de faire valoir tous ses arguments. »

C'est l'usage, à Rome, de prêcher dans les principales langues du monde, durant l'octave de l'Epiphanie, pour rappeler la vocation de tous les peuples à la grâce de la rédemption. On choisit, pour ce tournoi d'éloquence, l'église Saint-André *della Valle*. Les orateurs français, les plus en renom, furent invités à se faire entendre. Les uns étaient contre, les autres pour l'opportunité de la définition. Ce sujet brillant semblait s'imposer de lui-même, et chacun attendait, au moins, des allusions saisissantes. Mgr Pie fut magnifique en exposant sur ce point la doctrine de saint Hilaire, un de ses prédécesseurs. « Parmi les hommages, disait-il [1], que ces journées apportent aux pieds de l'Enfant-Dieu, en souvenir de ceux que lui offrirent les Mages, ce qu'on m'a demandé de placer sous vos yeux, c'est le tribut royal offert à Jésus-Christ par un de ses plus illustres serviteurs, par un de ses plus vaillants champions de l'Occident. » D'autres ne répondirent pas avec autant d'empressement à l'attente générale.

---

1. *Histoire du cardinal Pie, évêque de Poitiers*, par Mgr Baunard. 2ᵉ édit., t. II, p. 371.

Voici ce que nous lisons dans nos lettres (1) :

L'église Saint-André *della Valle* était l'arène où les champions des deux partis, Gallicans et Ultramontains, s'étaient donné rendez-vous, pendant l'octave de l'Épiphanie. Mgr Bertheaud, Mgr Mermillod, Mgr Pie, M. Besson ont prononcé le fameux terme d'infaillibilité, l'ὁμοούσιος, le CONSUBSTANTIALIS de notre époque. Mgr David, Mgr N., Mgr X. (2) n'ont rien prononcé du tout, et ont fait semblant de parler d'autre chose. Ils étaient dans leurs droits. Mais un jour viendra où le concile leur demandera : *Placet-ne ?* Et alors il faudra bien qu'ils se décident à parler. »

Ce jour arriva. Et, chose merveilleuse, ce furent les obstacles qu'on opposait à la définition qui la firent décider plus rapidement ; l'opposition persévérante de ses adversaires la rendit plus catégorique.

Deux amis, les évêques de Poitiers et d'Angoulême, se promenaient hors des murs de Rome. Le Pape les rencontra et se joignit à eux. On parlait de l'infaillibilité. « Moi, dit finement Mgr Pie, je ne crois plus que cette définition soit opportune. » — « Comment ? » s'écria Pie IX. — « Non, Très Saint-Père, reprit l'évêque de Poitiers, après tout ce qu'on a fait de l'autre côté pour l'empêcher, elle n'est plus opportune : elle est devenue nécessaire. » Ce que l'évêque d'Angoulême exprima sur le champ dans cette formule latine : *Quod inopportunum dixerunt, necessarium fecerunt.* » Le Pape applaudit (3).

1. 24 janvier, etc.
2. J'ai cru devoir supprimer les deux noms cités dans ce passage.
3. *Hist. du card. Pie,* II, 391.

Le 13 juillet, le concile vota une première fois l'infaillibilité par quatre cent cinquante-un *placet*, contre quatre-vingt-huit *non placet* et soixante-deux suffrages conditionnels. L'opposition tenta près du Pape en personne un effort désespéré. Elle promit l'unanimité du vote, si l'on insérait seulement ces trois mots dans la définition : *Innixus testimoniis Ecclesiarum* (1). Le concile au contraire accentua son décret en repoussant toute compromission par cette phrase décisive : « Les définitions du pontife romain sont irréformables par elles-mêmes, et non par le consentement de l'Eglise. »

Le 18 juillet, l'infaillibilité, ainsi entendue, fut votée par l'unanimité des Pères présents à Saint-Pierre, moins deux voix, qui dès le lendemain donnèrent leur adhésion.

Nous n'avons point le récit de ce grand triomphe dans les lettres de M. Grignard. Sa santé de nouveau compromise par les premières chaleurs de l'été l'avait contraint de regagner la France, quelques jours auparavant. Mais nous ne quitterons pas Rome sans parler d'une séance académique, à laquelle il envoya une ode de sa composition, et sans dire avec lui un dernier adieu à la ville des papes.

Comme Saint-André *della Valle*, la Propagande a ses fêtes de l'Epiphanie. Elles sont fort anciennes et très solennelles : elles donnent lieu, comme les précédentes, à des joutes littéraires, dans les diverses langues du monde. Laissons dire à notre étudiant la part qui lui fut alors dévolue :

« Au lieu d'aller, comme mes condisciples, fouler,

1. *Ibid.* 407.

d'un pas tranquille, les ruines de Frascati, les côteaux d'Albano, ou même le sacré parvis de Notre-Dame de Lorette, j'ai dû rester au séminaire ! Et pourquoi ? j'ose à peine vous le dire : pour faire des vers ! Oui, pour versifier ! Chaque année, il y a une séance polyglotte au collège de la Propagande. On a déterré, je ne sais comment, que j'étais poëte, et il m'a fallu composer sur un sujet donné, une ode que l'on a récitée, trois jours de suite, à la Propagande : le premier jour, devant les évêques ; le second, devant un public d'élite ; et le troisième, devant le vulgaire, au nombre duquel je m'étais rangé. Après trois mortelles heures de poésies en langues orientales, les langues d'Europe sont arrivées. Mon ode a fait son apparition sur les lèvres d'un belge (1). » Le lecteur dont il s'agit était M. Jérôme van Aertsclaer de Hoogstraeten ; il se destina depuis aux missions étrangères et s'embarqua le 30 mars 1873, pour la Mongolie.

M. Grignard chante d'abord l'apparition du Sauveur au milieu d'une civilisation dégradée et ensevelie dans les ombres de la mort, puis les sublimes enseignements qu'il verse à flots pressés sur le monde :

> Muse, qui de David inspirais le délire,
> Et faisais tressaillir les cordes de sa lyre,
> Seconde mes efforts ! Prête-moi des accents
> Capables d'égaler ces divines merveilles.

1. 24 janvier 1870.

Il montre la prédication catholique portant la victoire du Sauveur dans toutes les contrées de la terre, et le glaive à deux tranchants manié sur les champs de bataille par de vaillants guerriers. Il ne pouvait oublier, dans cette enceinte, ni le concile ni l'infaillibilité. Il leur consacre ses dernières strophes :

> C'est en vain que l'erreur descendant dans la lice,
> Espère triompher à force d'artifice,
> Faudra-t-il donc céder à ses prétentions ?
> Ah ! des pôles glacés, des régions torrides
> Sur des chars enflammés ou des vaisseaux rapides,
> Accourent d'autres champions.
>
> Couronnés de vertus, en guise d'auréole,
> Pour bouclier leur foi, pour glaive la parole,
> Ils entourent leur chef heureux de leur concours ;
> A d'indignes frayeurs leur âme inaccessible,
> S'unissant à la voix du Pontife infaillible,
> Flétrit les hontes de nos jours.
>
> Et si notre œil surpris, devançant les années,
> Interroge avec art le cours des destinées,
> Nous verrons apparaître une ère de bonheur ;
> Le mensonge cesser ses funestes ravages ;
> Et le monde former, dans la suite des âges,
> Un seul bercail, un seul pasteur.

M. Grignard se reposait de ses travaux dans les promenades du Pincio, les galeries des catacombes et la visite des musées. Il se plaisait surtout à entendre nos grands prédicateurs français que le concile avait attirés. « Tous les orateurs de France et de Navarre, disait-il (1), ont pris la parole ici. Et parmi tous je préfère encore Mgr Bertheaud. C'est un vrai Pactole, qui charrie de l'or mêlé de limon, mais enfin c'est de l'or, tandis que les autres... » (2) D'où vient cette préférence qui paraît au premier abord assez extraordinaire ? Apparemment d'une certaine affinité d'esprit entre de dilettantes et poétiques natures, qui se plaisent à la grâce et à la délicatesse des choses ainsi qu'à d'exquises et étincelantes images.

Voici un exemple, et c'est le jeune étudiant qui le fournit lui-même en faveur de son héros (3) : « Pour vous donner une idée de son genre, laissez-moi vous citer quelques paroles que j'ai écrites à la hâte, l'autre jour, en l'entendant à Saint-Louis-des-Français. Il commentait l'évangile de la résurrection. Notre-Seigneur, disait-il, avait emprunté à Marie une cithare, un instrument merveilleux. L'instrument était brisé. On n'entendait plus la lyre qui avait résonné de si doux chants, qui lui avait fait parler notre langage et empêché qu'il ne restât éternellement *barbare*. Ne vous étonnez pas de cette expression. Autrefois, on appelait *barbare* ceux dont on ne comprenait plus la langue. Eh ! bien, Dieu était un *barbare* pour nous : nous ne comprenions rien à son céleste langage. Il avait fallu que Marie lui donnât un instrument pour se faire comprendre. Ceux qui l'avaient brisé, cet instrument, voulaient ramener la barbarie. Mais Jésus-

---

1. 3 Mai 1870.
2. La phrase est inachevée dans la lettre de M. Grignard.
3. *Ibidem*.

Christ se dit : « Je m'en vais le relever : *Exurge, psalterium et cithara*. Lève-toi, mon psaltérion ; lève-toi, ma douce cithare, lève-toi de grand matin, et que je recommence mon chant, pour ne plus finir qu'à la fin des siècles. » Et mille autres choses aussi simples et aussi charmantes. Il sème les fleurs à pleines mains, et je ne vous cache pas que je me sens un faible pour lui. Ainsi devait parler saint Chrysostôme, à Constantinople ; ainsi Origène devait expliquer et commenter à ses nombreux disciples les évangiles ou le Cantique des cantiques. Mais j'aime encore mieux le Saint-Père. »

A Rome, où l'on rencontre tant de merveilles, Pie IX est toujours, aux yeux de l'abbé Grignard, le point central et culminant. Au concile, il est la plus vénérable et la plus rayonnante de toutes les figures. Dans l'histoire de ce temps, nulle n'est plus majestueuse ni plus attrayante, parce que ce n'est pas seulement le privilège de l'infaillibilité qui brille sur son front, comme une étoile dorée et immortelle, mais parce que Dieu a réuni dans sa personne sacrée toutes les gloires de la nature et de la grâce : les plus hautes prérogatives d'une autorité divine, les dons les plus excellents de l'esprit et du cœur, et ce je ne sais quoi d'achevé que les épreuves ajoutent à la vertu.

« Dernièrement, continue M. Grignard, j'ai été assez heureux pour me trouver sur son passage au Palatin. J'étais entré, en dépit des gendarmes, avec beaucoup d'autres ; et là, chacun cherchait à obtenir un regard, une bénédiction du Souverain-Pontife, autour duquel six ou sept gardes-nobles formaient un mur impénétrable. Je n'attendais pas davantage et j'obtins mieux. Quand le Saint-Père passa à côté de moi, il me tendit la main, et je la baisai de tout mon cœur, pendant qu'il me disait : *Dio vi benedica!* Il croyait avoir affaire à un italien. Mais je crois que le bon Dieu ne s'est pas trompé, et que la bénédiction est arrivée à son adresse : *Si tetigero fimbriam vestimenti salvus ero.* »

Au moment de quitter Rome, le jeune prêtre obtint une dernière audience de Pie IX. Il voulait le mettre dans ses intérêts pour réaliser ce qui sera désormais l'unique ambition de son cœur, un nouveau séjour dans la ville éternelle : « La veille de mon départ, écrit-il de Thoisy, le 16 juillet 1870, j'ai vu le Saint-Père, et dans un langage français, latin, italien, que sais-je ? j'étais trop ému pour parler correctement, je lui ai dit entre autres choses : Saint-Père, priez le bon Dieu, pour que je revienne passer une année à Rome. — « *Si, si* », a-t-il répondu, c'est-à-dire oui, oui ; et M. Grignard ajoute avec esprit : « Comme il est infaillible, je retournerai infailliblement. »

Le 19 juillet 1870, ce fut grande fête à Thoisy-la-Berchère, dans l'église paroissiale d'abord, puis dans la maison paternelle. On y célébra l'heureux retour d'un enfant bien aimé et l'ordination déjà un peu lointaine de celui auquel le cardinal-vicaire avait imposé les mains. Il y eut foule pour s'unir à la prière et à la joie d'une famille si visiblement bénie.

# CHAPITRE SEPTIÈME

## Les débuts du Ministère ecclésiastique.

### (1870-1871)

L'invasion allemande. — Instructions prêchées pendant la guerre. — Une cure provisoire. — Les Garibaldiens au presbytère de Chailly. — La piété du jeune prêtre. — La pauvreté de son installation. — Zèle du pasteur. — Ses instructions pratiques. — Nomination de M. Grignard comme vicaire à Saulieu. — M. Thubet et son œuvre. Les occupations du vicariat. — Les études ecclésiastiques.

E même jour, Napoléon III déclara la guerre à la Prusse. Trois semaines plus tard, les défaites de Wissembourg, de Reichshofen et de Forbach nous apprirent, non les défaillances du courage français, mais les défauts de notre organisation militaire. Les Allemands remplissaient l'Alsace et la Lorraine de leurs masses disciplinées.

Le 15 août, l'abbé Grignard monta dans la chaire de Thoisy. Ses premières paroles lui furent dictées par cette situation poignante (1). « Aujourd'hui, s'écria-t-il, tous les regards se tournent avec anxiété vers nos frontières envahies : les cœurs les plus virils se sentent émus, et cette émotion se trahit par la tristesse et par les larmes. Tristesse permise ! Larmes légitimes ! »

Deux mois plus tard, Metz était aux abois et Paris séparé du reste de la France. Les désastres que nous infligea l'ennemi se succédèrent, comme de sanglantes représailles de nos anciennes victoires. L'année s'acheva d'une manière si malheureuse et si dramatique qu'on l'a surnommée l'année terrible. Les revers de la France avaient eu, en Italie, un contre-coup douloureux. Profitant de nos malheurs, d'anciens alliés s'emparèrent de Rome au mépris des traités et des services rendus. Pie IX, entouré quelques mois auparavant de si glorieux hommages, se vit dépouillé du dernier lambeau de ses Etats, et prisonnier au Vatican.

Un autre sermon de l'abbé Grignard (2) dépeint la France et l'Eglise ébranlées par la tempête et sans aucune consolation (3). Ces traits, empruntés au prophète Isaïe, sont suivis d'autres images d'une beauté non moins biblique. Il ajoute que la patrie de nos âmes et celle de nos corps ont été successivement élevées jusqu'aux cieux et plongées dans un abîme d'amertume et de douleur.

1. Sermon pour l'Assomption, 1870. C. 41.
2. 1ᵉʳ janvier 1871, à Chailly. C. 42.
3. Isaïe, LIV. 11.

Durant cette fin d'année, le jeune prêtre, à la prière de son curé ou de ceux du voisinage, donna un certain nombre d'instructions. Ses cahiers en contiennent cinq pour Thoisy-la-Berchère, deux pour Marcilly, deux pour Eguilly et deux pour Chailly (1). Fatigué, maladif, il n'écoute que son zèle et ne refuse aucun service. Il y a plus : ces premières compositions pastorales accusent un labeur considérable. A part une ou deux, qui sont une imitation de Bourdaloue, elles se présentent comme des œuvres personnelles. Elles fourmillent de citations et de réminiscences, comme les écrits de longue haleine qu'il édita plus tard. Les notes classiques, les souvenirs de Rome, les étymologies hébraïques s'y trouvent pêle-mêle avec les textes de Bossuet, de Ludolphe-le-Chartreux et de saint Denys l'aréopagite.

Qu'allait-t-il devenir et que voulait-il faire ? Ses pensées sur ce sujet étaient assez perplexes. Au fond, il désirait vivement retourner au séminaire français pour y prendre ses grades (2). Mais d'une part, la continuation de la guerre lui permettait-elle de se séparer des siens, dans des moments si critiques ? De l'autre, l'évêque de Dijon se prêterait-il, la guerre terminée, à un départ qui le priverait, pour un temps, d'un auxiliaire utile ? En tout cas, l'abbé Grignard se résigna de bonne grâce : « Si je ne puis repartir à Rome, écrivait-il (3), je me

1. Cote 41.
2. Une lettre de Mgr Rivet, 13 août 1870, accorde à M. Grignard « l'autorisation d'aller passer à Rome l'année scolaire 1870-1871. » — Cote 70.
3. Thoisy-la-Berchère, 20 septembre 1870. C. T. Cote 37.

mettrai à la disposition de Monseigneur. Il aura bien quelque petit coin pour loger ma modeste personne. »

Ce petit coin lui fut offert dans le courant de janvier (1). On lui proposa de desservir provisoirement Chailly. Cette paroisse, qui comprend de cinq à six cents habitants, est située à dix kilomètres environ de Thoisy-la-Berchère. M. Grignard y avait célébré les offices de Noël ; il y était revenu pour le jour de l'an et la fête de l'Epiphanie. Les habitants avaient fort goûté sa parole. Il accueillit cette ouverture, et s'installa résolûment, comme curé provisoire (2), dans la mauvaise saison, au moment où la contrée était sillonnée par les dernières lignes de l'occupation prussienne et les bandes de Garibaldi.

Un dimanche, en sortant de l'église, il trouva son presbytère envahi par les célèbres condottieri. De quel droit avaient-ils forcé la porte ? C'est ce qu'il n'était pas prudent de leur demander. De plus, le maître du lieu n'avait pas cette fougue qui se jette au milieu du danger et qui, par un coup d'audace, sauve une situation. Il était plutôt réservé, timide, mais il se possédait bien. Il prit courage, se dirigea de leur côté, et se mit à leur parler en italien. Cette nouveauté les surprit. « Vous êtes allé en Italie, Monsieur le curé, lui dirent-ils. — L'année dernière, répondit le jeune prêtre, j'étais à Rome. — Vous connaissez Rome, la capitale de l'Italie,

---

1. Lettre de M. l'abbé Lebœuf, vicaire général. Dijon, 21 janvier 1871.
2. Oui, disait-il, je suis curé, mais curé par *interim*, curé provisoire. Lettre du 28 mars 1871 et datée de Chailly. C. P.

reprirent les condottieri, en appuyant sur les mots, pour mieux affirmer leur récente conquête ! Vous avez vu Rome ! Et qu'est-ce qui vous a le plus surpris dans notre capitale ? — Ce qui m'a le plus frappé, dit M. Grignard, c'est de voir Saint-Pierre debout et le Forum en ruines. » A cette réplique inattendue, le chef de la bande s'approcha du jeune curé de Chailly et lui tendit respectueusement la main. Les autres témoins de cette scène, également subjugués par cette parole de foi, ne purent s'empêcher d'applaudir et de crier bravo.

Chargé maintenant du soin d'une paroisse, il comprit qu'il ne s'appartenait plus, mais qu'il était devenu le ministre de Dieu, le dispensateur de sa parole et de ses sacrements. Il résolut de se dévouer sans mesure au salut des âmes (1). On le vit déployer son zèle pour ramener les hommes à l'église, multiplier ses prédications et saisir toutes les circonstances pour s'adresser à son peuple. Il se plut, dès les premiers jours, à proclamer publiquement le bonheur qu'il avait d'appartenir à Dieu. « Vous me pardonnerez ce souvenir, dit-il le 2 février 1871 (2), car si je le rappelle, ce n'est point par une vaine satisfaction d'amour-propre : c'est afin de m'exciter à tenir les engagements que j'ai contractés. Un jour, dans un de ces temples radieux que la piété de nos pères élevait au Tout-Puissant, debout en présence de Dieu, de ses anges et des saints du ciel,

---

1. Lettre de Mademoiselle M. G. Thoisy-la-Berchère, 21 mai 1888. C. P.
2. Sermon pour la fête de la Purification, C. 42.

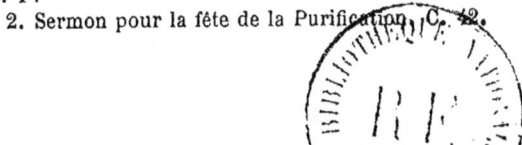

en présence d'un pontife et des prêtres de la terre, le cœur ému et joyeux tout à la fois du sacrifice que j'allais accomplir, je me consacrais à Dieu pour jamais. Le temps a passé sur cette résolution. Depuis, je l'ai renouvelée bien des fois, dans le secret de mon cœur, et je la renouvelle encore en ce moment devant vous. Oui, mon Dieu, je m'offre et m'abandonne à vous tout entier. Que ce soit désormais entre nous à la vie et à la mort. *Ad convivendum et ad commoriendum.* »

Ces accents d'une piété sincère touchaient les cœurs. On n'était pas moins édifié de l'abnégation avec laquelle il se faisait tout à tous pour les sauver tous, à l'exemple du saint apôtre (1). Le temps du carême fut une vraie mission pour Chailly (2) : prédications intéressantes, affluence à l'église, nombreuses communions, entrain paroissial qui ravissait le jeune pasteur. Chacun savait et répétait que ce prêtre récemment ordonné avait quitté une famille aisée, en se dérobant à des soins nécessaires, pour venir, presque sans mobilier, dans une installation précaire et qui l'exposait à des privations de plus d'un genre. C'était la simplicité antique. Une femme de Sunam dit un jour à son mari, en voyant passer le prophète Elisée (3) : « Je vois que cet homme qui passe souvent chez nous est un homme de Dieu et un saint. Faisons-lui donc une petite chambre, et mettons-y un petit lit, une table, un siège et un chandelier, afin que, lorsqu'il nous viendra voir, il demeure là. » Dans ces

---

1. I Cor. IX, 22.
2. Même lettre du 21 mai 1888. C. P.
3. IV Reg. IV, 9.

temps reculés, le superflu, ce semble, n'était pas de mode. Or, l'ameublement de la cure de Chailly ne présentait pas plus de luxe (1).

Il prêchait deux fois tous les dimanches, à la messe et au chapelet, ordinairement sur le mystère ou sur l'évangile du jour. J'ai sous les yeux les sermons qu'il donna, en 1871, les jours de fêtes à dévotion, comme l'Annonciation et la Visitation, ceux qu'il fit les lundis de Pâques et de la Pentecôte, le mercredi des Cendres et pour les Rogations. J'insiste sur ces détails afin de montrer que notre théologien de Rome avait un vrai cœur d'apôtre (2). Il aimait les recommandations pratiques, enseignait la manière de sanctifier le travail, indiquait les péchés auxquels il expose, et profitait de tout pour relever vers le ciel les cœurs et les yeux des gens de la campagne.

Il les exhortait dans une instruction substantielle « pour l'ouverture de la fauchaison », à témoigner à Dieu leur reconnaissance, en recueillant ses dons; et à mettre toujours en lui leur confiance, en voyant la riche parure des fleurs, « dont les habits sont tissus dans les ateliers célestes. » Mais l'herbe de la prairie, ajoutait-il, nous rappelle, l'idée de notre fragilité et de notre néant : la Bible s'en empare avec son éloquence ordinaire. J'ai entendu une voix qui disait : Crie. Et j'ai répondu : Que crierai-je ? Toute chair est comme une herbe qui se fane, et toute sa gloire ressemble à la

---

1. Lettre du 28 mars 1871. C. P.
2. C. 42.

fleur des champs. Le foin se dessèche, la fleur tombe, parce qu'un vent brûlant l'a touchée. Un jour, la faux de la mort nous touchera, et son souffle nous flétrira. Plaise à Dieu qu'il ne nous jette pas au feu comme une herbe inutile ! (1)

La moisson amena des commentaires analogues (2). L'épi n'est d'abord qu'un grain de blé tombé par terre. Tant qu'il ne subit point les destructions de la mort, il demeure seul ; mais une fois mort, il produit au centuple. Ce grain de blé figure Jésus-Christ, semence divine, tombée des greniers célestes dans les sillons de Bethléem. Tant qu'il ne mourut pas, il resta seul ; et au jour de ses souffrances, il fut victime d'un délaissement général. Mais après sa mort, ses disciples se multiplièrent ; et celui-là seul pourrait les compter qui saurait le nombre des étoiles d'or attachées à l'azur du firmament, et celui des grains de blé que renferment les moissons de nos campagnes.

De là, M. Grignard tirait plusieurs conclusions morales. Les épis les plus chargés s'inclinent le plus bas vers la terre. Ceux-là se dressent fièrement qui ne contiennent rien ou à peu près rien. Tels sont les hommes : le mérite est humble et modeste ; la sottise marche le front haut. Les senteurs qui s'exhalent d'une plaine fertile, symbolisent le parfum des vertus chrétiennes. Répandons autour de nous l'odeur du bon exemple ; et Dieu nous bénira, comme autrefois Isaac bénissait Jacob, en disant : L'odeur de mon fils est

---

1. Analyse du sermon pour l'ouverture de la fauchaison. C. 42.
2. Sermon pour la moisson. *Ibidem.*

comme celle d'un champ plein de fleurs : *Ecce odor filii mei, sicut odor agri pleni* (1).

Six ou sept mois s'étaient ainsi passés, lorsque Mgr Rivet mit fin à cette mission provisoire. L'abbé Grignard fut nommé vicaire à Saulieu, le 13 juillet 1871. Il s'étonna d'être placé si près de son pays natal et dans un climat peu favorable à sa santé. Car Saulieu est le chef-lieu du canton auquel appartient Thoisy-la-Berchère, et dans une altitude de plus de cinq cents mètres. D'autres cherchèrent les raisons imaginaires ou réelles d'une situation qui ne répondait pas à leur espérance. Lui ne prit conseil que de sa foi. « Je ne regarde pas si loin, écrivait-il au supérieur du séminaire français (2); et je me rappelle toujours ce que vous nous avez répété bien souvent : Qu'importe que le chemin parcouru ait été plus ou moins spacieux, plus ou moins enviable, quand on arrive au terme ? »

Ville celtique, ancienne place de guerre, patrie de plusieurs célébrités bourguignonnes, Saulieu se recommande à l'attention de l'historien comme de l'archéologue. On y découvrit, en 1600 et en 1750, une grande pierre portant les douze signes du zodiaque, une statue d'Apollon et les restes d'un temple qui passe pour avoir été consacré au soleil. L'église de Saint-Andoche est du douzième et du quatorzième siècle ; celle de Saint-Saturnin, également fort ancienne, s'élève au milieu d'un cimetière qui renferme des tombes curieuses. Mais le

1. Gen. XXVII, 27.
2. Cette lettre est datée de Chailly, le 13 *février* 1871. Il faut lire le 13 *juillet*.

plus beau titre de gloire de cette petite cité, est de garder le tombeau de saint Andoche, l'apôtre des Eduens. L'abbé Grignard a consacré à ce monument fameux une étude sigillographique des plus instructives. Nous aurons à en rendre compte.

Il ne devait assurément avoir à Saulieu qu'une situation secondaire, puisqu'il venait seulement concourir à l'œuvre du pasteur qui était en titre. Il eut la bonne fortune de rencontrer en lui un homme distingué, un prêtre rempli de zèle et de prudence, un cœur ouvert et qui lui témoigna une vive affection. M. l'abbé Germain Thubet avait été nommé curé-doyen de Saulieu, le 26 mai 1866. Dès son arrivée, il s'était imposé deux missions, auxquelles il consacra les dix dernières années de son existence, et qui couronnèrent toute une vie de dévouement. La première fut de ressusciter l'ancienne vénération des Sédélociens pour saint Andoche, leur glorieux patron, pour saint Thyrse, le compagnon de ses travaux, et le marchand saint Félix, qui paya de son sang l'honneur de les avoir reçus. Il leur fit de nouveaux et splendides reliquaires ; il célébra leur fête annuelle avec une pompe inaccoutumée ; il leur attira de la sorte une grande foule de pélerins. La seconde lui demanda plus d'efforts ; il s'agissait de restaurer les églises de Saint-Andoche et de Saint-Saturnin. Il leur rendit la pureté de leur architecture primitive, releva un vestibule en ruines et supprima d'indignes superfétations (1).

1. *Chronique religieuse du diocèse de Dijon*, 24 février 1877. Article de M. l'abbé A. Guérin.

Au mois d'août 1871, quand M. Grignard vint à Saulieu, il trouva le vénérable doyen au milieu de ses travaux. Il lui apporta tout le concours de son zèle et de son intelligence. Il se mit à l'œuvre, je ne dis pas, sans recherche personnelle, une telle pensée ne descendit point dans son cœur, mais avec une totale abnégation de lui-même. En septembre, il prêcha la fête de saint Andoche ; et plus tard, il traduit en vers français l'hymne qu'on chante en son honneur. Pour se conformer au mètre latin et conserver aussi la notation liturgique, il réduisit, par une innovation forcée, notre alexandrin d'un pied. Voici la première strophe :

> Laissons du présent la honte et les noirceurs ;
> Et d'un âge antique évoquant la mémoire
> D'Andoche et de Thyrse, inséparables cœurs,
>   Célébrons la gloire.

Les laborieuses occupations du ministère remplirent ses journées. Les catéchismes, la visite des malades, l'administration des sacrements, des courses répétées, et souvent fort longues et très pénibles, voilà ce qui prit à peu près tout son temps. Il s'appliqua du reste plus à s'effacer qu'à paraître, cherchant à suppléer, non à primer. Il mérita la confiance absolue de M. Thubet et l'estime de toute la paroisse. « Notre cher vicaire, écrit, à seize ans d'intervalle, un témoin de ses actes (1), n'était occupé qu'à faire le bien. Or, le bien ne

---

1. Lettre de M. Lavergne-Fénéon. Contrexéville, 12 septembre 1887.

fait pas de bruit. Il remplissait ses devoirs avec un zèle infatigable. »

Les manuscrits de M. Grignard, qui datent de cette époque et qui se rapportent à son ministère, renferment une série de sermons sur les commandements de Dieu, à partir du cinquième (1). Ces instructions accusent un vrai labeur. Elles sont surchargées de ratures, quand même l'auteur les a transcrites. Les sources, où il puise ses inspirations, semblent fort variées. La doctrine est celle de la théologie du cardinal Franzelin et du Père Ballerini. Mais les développements présentent des citations innombrables. Celles qui reviennent le plus souvent sont empruntées à la *Civilta*, aux dogmes catholiques de Mgr Laforêt, aux études philosophiques de M. Nicolas, sans parler des réminiscences littéraires des anciens et des modernes.

A Chailly, il avait continué ses études du séminaire français. Il les reprit à Saulieu, dans ses moments libres. Quand on le rencontrait dans sa chambre, on le trouvait occupé à des travaux de théologie et d'exégèse. Il approfondissait la sainte Ecriture en recourant aux textes originaux. On voyait sur sa table et jusque sur sa porte des maximes en caractères hébraïques, qui intriguaient ses visiteurs.

Ceux-ci étaient toujours les bienvenus. Son abord, la grâce de ses paroles et de ses manières lui firent beaucoup d'amis. Plusieurs s'attachèrent profondément à lui. A Saulieu, comme à Chailly, des cœurs affectueux et

1. Cote 43.

dévoués, conservent à sa mémoire un souvenir impérissable. Je voudrais pouvoir citer ici leurs noms et rendre hommage à tant de sentiments délicats, qui surent comprendre une âme si noble et si élevée.

Il ne resta qu'une année dans son vicariat. Une nouvelle décision de Mgr Rivet, en date du 7 août 1872, l'appela à un autre poste.

# CHAPITRE HUITIÈME

## M. Grignard à Grignon.

(1872-1881)

### MINISTÈRE PASTORAL.

La première préoccupation de M. Grignard : le ministère pastoral. — Topographie de Grignon. — Les catéchismes. — Les premières communions. — La charité du pasteur. — Sa compassion pour les affligés. — Ses visites aux malades. — Son zèle pour la conversion des pécheurs. — Fêtes paroissiales. — Un reposoir tout en fleurs de lis. — Binage de Lantilly laissé et repris. — Visites canoniques : *Redde rationem.* — Amour de l'abbé Grignard pour la prière. — La méditation du matin. — La célébration de la sainte Messe. — Prières pour les paroissiens. — La veillée des morts.

E bruit s'était répandu, dans le courant de juillet 1872, que le vicaire de Saulieu serait prochainement déplacé. Plusieurs influences briguèrent l'honneur d'obtenir, comme dit une lettre de cette époque (1), « un curé d'autant de mérite et de vertu. » L'évêché,

---

1. Lettre de M. le marquis de Saint-Seine à M. de Charentenay, juillet 1872. C. T. 37.

pour trancher le différent, offrit la paroisse de Grignon à M. l'abbé Grignard, en lui donnant, par surcroît, le binage de Lantilly. L'institution canonique lui fut expédiée le 19 août.

La Providence avait ses desseins. A cette terre illustrée par tant de souvenirs fameux, elle envoyait un homme capable de les comprendre et de les remettre en lumière. En face de Grignon s'élève Alise, si célèbre par la défaite de Vercingétorix et le triomphe de sainte Reine; à droite, Flavigny avec son antique abbaye de bénédictins ; à gauche, Fontenay avec celle des cisterciens. A Grignon même, les ruines imposantes d'un vieux manoir, les traces de la vierge d'Alise, la mémoire des sires de Vergy, des comtes de Nevers, des La Trémoille, des Chalon, des Clugny, des Bretagne, tout marquait à de savantes recherches un cadre magnifique.

Ces études, il les fit; elles sont l'honneur de sa vie. Mais ce n'est point à elles qu'il alla tout d'abord. Il vint en prêtre, en vrai pasteur des âmes. Il chercha, dans l'accomplissement de son ministère et la pratique de la piété sacerdotale, une gloire préférable à celle que donne la science : la récompense que Dieu a promise à l'ouvrier fidèle (1). L'apôtre ne veut point qu'on s'amuse à de vaines disputes de paroles : « Mettez-vous, dit-il, en état de paraître devant Dieu, comme un ministre digne de son approbation, qui ne fait rien dont il ait sujet de rougir, et qui sait bien dispenser la

---

1. Matth. XXV, 21.

parole de la vérité (1). » L'étude n'est qu'un moyen ; qu'elle facilite le ministère, qu'elle l'honore, à la bonne heure ! mais la mission du prêtre qui a conscience de sa charge, le but sacré qu'il doit incessamment poursuivre, c'est le salut de ceux qui lui sont confiés.

Le nouveau curé alla directement aux âmes. Il prit possession, le 15 septembre, et dit, dans son premier discours (2) : « Ce que je désire, ce sont vos âmes. Non pas pour moi, mais pour Dieu, pour les lui offrir, comme un holocauste d'agréable odeur. Ce que je cherche, ce que je veux, ce sont des frères. » Ceux que je cherche de préférence, ajoutait-il, ce sont mes frères égarés dans les régions lointaines de la misère et du péché : c'est aux enfants prodigues du Père céleste, c'est aux brebis égarées du bercail que j'adresse mon premier appel. »

Grignon domine la vallée des Laumes, ou la vallée des Larmes, suivant une étymologie qui n'est pas fondée, mais qui jouit d'une certaine vogue, à cause de la catastrophe d'Alise et des larmes qu'elle fit couler. La Brenne court en serpentant dans cette belle et riche vallée, où viennent aboutir quantités de vallons entourés de hautes collines. Le canal de Bourgogne et la ligne de Paris à Lyon la sillonnent dans toute sa longueur. Le vieux château est perché, comme un nid d'aigle, au-dessus du village, sur un énorme parallélogramme de calcaire, au milieu d'un massif de mélèzes

1. II Tim. 11, 15.
2. Sermon inscrit sous ce titre : *Arrivée à Grignon*, 15 septembre 1872. C. 46.

et d'épicéas. Laissons au crayon de M. Grignard le soin d'achever cette esquisse. Voici comment il a dépeint la topographie du village, dans son *Histoire de Grignon* (1) :

« Parmi les nombreux contreforts sur lesquels s'appuient les plateaux qui encadrent la vallée des Laumes, à cinq ou six kilomètres d'Alise-Sainte-Reine, il en est un qui s'allonge entre le ru de Reuillon et le ru de Vaux, et dont la base plonge dans le canal de Bourgogne.

Sur sa croupe la plus haute se déroule le village de Grignon, avec sa couronne de maisons capricieusement enchevêtrées, qu'ombrage une touffe de pins à la sombre verdure, dominée elle-même par la masse ruineuse d'un ancien château. »

La petite églogue, que nous avons souvent citée, a consacré quelques vers au site de Grignon. Ce qui frappe surtout le poëte, c'est la décadence du passé, et l'aspect des champs qui virent expirer la liberté de la patrie :

> Sur sa tête il contemple un amas de ruines,
> A ses pieds un bassin formé de vingt collines,
> Dont le nom est pétri de larmes et de pleurs (2).

---

1. *Histoire de la paroisse et du village de Grignon, Côte-d'Or*, par M. François Grignard, prêtre, curé de la dite paroisse. Grignon, MDCCCLXXX. Ms. p. 1.
2. Allusion à l'étymologie qu'on a mentionnée plus haut.

Les désastres, qu'amoncellent le temps et l'histoire, élèvent son esprit jusqu'aux choses immuables et éternelles :

> S'il pouvait oublier que tout est éphémère,
> Et que notre existence est faite de misère,
> Pour nourrir des pensers plus graves, plus sérieux,
> Il n'aurait qu'à jeter autour de lui les yeux.

Mais, je l'ai dit, toutes ces grandes choses ne l'occupèrent point tout d'abord. La science et l'érudition ne furent pour lui qu'un passe-temps et qu'une affaire de loisir. Il avait charge d'âmes, et c'est aux fonctions que lui imposait cette charge qu'il se consacra tout entier.

On le vit bientôt à l'œuvre. Et quelle œuvre est celle du ministère ! L'apôtre l'a définie : L'édification du corps mystique de Jésus-Christ. *Opus ministerii, œdificationem corporis Christi* (1). Qu'est-ce à dire, sinon, l'enfantement des âmes, la formation de la vie surnaturelle et la réunion des forces chrétiennes en un seul corps, qu'anime l'esprit de Dieu, qu'éclairent les lumières de la foi, et que soutiennent les grâces de la rédemption.

M. Grignard entoura les enfants de soin et d'amour. Il savait que la vie de l'homme est dans l'enfance, comme le fruit est dans sa fleur. Il cultiva ces fleurs chéries avec une tendre prédilection. Il assembla les petits enfants, dès leur septième année, pour leur don-

---

1. Eph. IV, 12.

ner, comme ministre de Jésus-Christ, les premières notions religieuses, et tout spécialement pour former leur conscience et les préparer à la confession. Comme son patron, saint François de Sales, il aimait ces entretiens familiers, il y mettait tout le charme de son esprit et toute la suavité de son cœur. Ainsi qu'un vieil auteur l'a dit naïvement de l'évêque de Genève : « Il regardait son petit monde, et son petit monde le regardait. » Il empruntait volontiers ces mots de saint Paul (1) : « Mes petits enfants, moi aussi, je suis votre père, je vous forme à une vie nouvelle, je vous aide à reproduire en vous l'image de Jésus-Christ. *Filioli, quos iterum parturio, donec formetur Christus in nobis.* »

Au catéchisme, il leur apprenait à lire dans l'admirable livre que l'église ouvre à nos yeux. Il leur expliquait le sens des cérémonies sacrées, l'objet des fêtes religieuses, les instructions que nous donne la vue du temple matériel, et tout spécialement l'autel et le tabernacle. « L'autel, disait-il (2), est la table céleste, où les justes reçoivent le gage du salut éternel; il est la défense de la foi et l'espérance de la résurrection. Le tabernacle est le lieu où Jésus-Christ réside sur la terre, où il demeure pour recevoir nos adorations, entendre nos prières et nous suivre dans toutes nos démarches. Quand il descend en nous par la sainte communion, notre corps devient l'autel où il s'immole, et notre cœur le tabernacle où il règne. »

1. Gal., IV, 19.
2. S. Optat. *De schismat. Donat.*

Il aimait à parler aux enfants avec les comparaisons de la sainte Ecriture; il leur disait : « Je vous réunis autour de moi, comme une poule rassemble ses petits sous ses ailes. *Sicut gallina congregat pullos suos.* Soyez laborieux, empressés, actifs ; voyez la fourmi. *Vade ad formicam.* Ne vous inquiétez pas de vos vêtements et du soin de votre parure. Considérez les lis de la campagne. *Considerate lilia agri.* Repentez-vous d'avoir offensé Dieu, dites avec l'enfant prodigue : Mon père, j'ai péché contre le ciel et devant vous. *Pater, peccavi in cœlum et coram te.* Surtout, mes enfants, préparez-vous bien à votre première communion. Mettez-y toute l'ardeur avec laquelle le cerf soupire après l'eau des des fontaines. *Quemadmodum desiderat cervus ad fontes aquarum* (1). »

Pendant les retraites, sa parole devenait plus pressante. « Je tremble, mes enfants, s'écriait-il, que vous n'ayez pas assez d'horreur du péché. Ah ! dites-le bien avec moi : Mon Dieu, plutôt mourir que de vous recevoir indignement ! » Le beau jour de la première communion était son triomphe. On le voyait radieux. A l'autel, en chaire, au milieu des cérémonies, on sentait, sous son air recueilli, qu'une voix joyeuse chantait un hymne au fond de son âme. Avec quelle onction il donnait à ces chers enfants les recommandations suprêmes ! Avec quel amour il leur parlait de Jésus-Christ ! Comme il savait trouver le chemin des cœurs pour les toucher et les attendrir ! Comme il célébrait

---

1. Cotes 44 — 46.

magnifiquement la mystérieuse rencontre de Dieu et de l'homme dans le cœur de l'enfant !

A l'exemple de l'apôtre (1), il se faisait petit, comme une nourrice pleine de tendresse, avec les petits enfants. Il allait les surprendre dans les écoles, il les amenait à l'église, il organisait pour eux des fêtes, il les conduisait en promenade, il leur faisait tirer une loterie. « Les enfants étaient rayonnants, dit ingénûment une de nos relations (2), et ce cher Monsieur content. Sa bonté pour eux était si grande qu'ils l'aimaient comme un père. » Ils proclament encore aujourd'hui qu'ils n'oublieront jamais les instructions qu'il leur a faites. Elles étaient si attrayantes que bien des personnes y assistaient, le dimanche, par plaisir (3).

Quand il quitta Grignon, ce fut, nous le verrons, pour se consacrer uniquement à l'éducation de la jeunesse : tant cette œuvre lui tenait au cœur, et tant il y voyait le remède nécessaire à nos maux et notre principale espérance de rénovation religieuse et sociale.

Pour édifier le corps mystique de Jésus-Christ, c'est-à-dire, pour gagner les âmes dont la réunion forme l'Eglise, le ministère pastoral doit particulièrement s'occuper de ceux qui en sont les membres les plus intéressants, les pauvres et les malades. Au point de vue naturel, on ne trouve rien là, sans doute, qui charme outre mesure ; mais, au regard de la foi, les pauvres et les malades reproduisent, nous en avons la certitude,

---

1. I Thess. II, 7.
2. Lettre de M$^{me}$ ***. Grignon, le 7 juillet 1887.
3. Même lettre.

l'image de la pauvreté et des souffrances du Sauveur. « J'ai eu faim, dira-t-il un jour aux bienfaiteurs de l'humanité chrétienne (1), et vous m'avez donné à manger; j'ai été malade, et vous m'avez visité. Toutes les fois que vous avez rendu ces services aux moindres d'entre mes frères, c'est à moi-même que vous les avez rendus. »

M. Grignard reçut, à un haut degré, cette intelligence de la dignité du pauvre et de celui qui souffre. Il les prit l'un et l'autre en amitié et se plut à servir dans leurs personnes le Dieu humilié qui a réclamé pour eux. S'il n'avait pas eu soin de cacher le bien qu'il faisait, s'il ne s'était pas entouré toujours du plus grand mystère, son passage à Grignon aurait pu fournir d'amples pages à l'histoire de la charité pastorale. Mais, dit la lettre que j'ai déjà citée, « ses aumônes n'étaient connues que de ceux qui les recevaient; car, en cela, comme en toutes choses, il mettait une délicatesse extrême. »

C'est un usage assez général dans l'Auxois, aux offices des morts, de venir à l'offrande avec du blé. La cérémonie terminée, le généreux curé trouvait moyen de faire profiter les indigents de ce qui lui avait été donné. Si l'offrande lui arrivait en argent, (et quelquefois elle se trouva très belle), elle prenait le même chemin. Souvent, la position des malades ne leur permettait pas de recevoir la charité; alors, il leur portait quelque chose qui pût leur faire plaisir; et il les priait d'ac-

1. Matth. xxv, 35.

cepter cette marque d'affection. Quand il apercevait quelque gêne dans la maison, il donnait sans compter. A l'égard des pauvres, dit encore la relation, « il était si charitable qu'il se privait du nécessaire, pour leur venir en aide. »

Saint Ambroise veut qu'un pasteur vigilant s'ingénie à découvrir les pauvres honteux. « C'est à vous, écrit-t-il, de trouver celui qui ne vous trouve pas ; c'est à vous de chercher celui qui rougit de paraître. » M. Grignard demanda le concours de quelques personnes dévouées, et il se servit de ces discrètes auxiliaires pour envoyer ses aumônes à leur destination. Il donnait par un sentiment, non de pitié naturelle, mais de générosité chrétienne, non pour gagner l'affection des pauvres, mais pour soulager la misère de ceux qu'il considérait comme les membres souffrants de Jésus-Christ.

« Certainement, ajoute la relation à laquelle nous empruntons ces détails, il obligea quelquefois des ingrats. » Un jour, l'un d'eux l'injuria publiquement, avec d'effroyables menaces, parce que le consciencieux curé n'avait pas voulu se prêter à une demande injuste. Mais le malheureux dont il s'agit, était pauvre ; il avait une famille nombreuse. M. Grignard continua, malgré tout, de le secourir. « Il était si bon, remarque la même lettre, il pardonnait si facilement les injures ! »

Dans une paroisse, toutes les afflictions qui fondent sur les familles, retentissent dans l'âme du pasteur. S'il se réjouit parfois avec ceux qui sont en fête, il compatit plus souvent aux souffrances de ceux qui pleurent.

Les peines et les douleurs de ceux qu'il aime, lui sont personnelles en quelque sorte ; il en porte le poids comme il en goûte l'amertume. M. Grignard fut un curé compatissant. « Il prit part à tous les malheurs qui vinrent nous frapper, dit une personne qui ne veut pas être nommée ; et il sut, par ses conseils de prêtre et d'ami, nous aider à supporter nos peines avec résignation. » Touchantes paroles que peuvent s'approprier tous ceux dont il franchit le seuil, pour leur porter une marque de sympathie ou le suffrage de ses prières. Il ne fit jamais acception de personnes, et il versa indistinctement dans les âmes souffrantes des trésors d'affection fraternelle.

Quand il se présentait au chevet des malades, pauvres ou riches, ignorants ou lettrés, ils reconnaissaient l'homme de Dieu, non pas aux lumières de l'érudit ou du savant, mais aux accents qui sortaient de son cœur et que lui inspirait la vue de leurs souffrances. « Dans ses rapports avec les malades, lisons-nous encore, il était un ange consolateur. » Son affectueuse bonté remuait profondément les consciences ; elle y provoquait parfois des sentiments inattendus. Une femme arrivée à la décrépitude de l'âge, et qui, depuis longtemps, avait abandonné ses devoirs, fut électrisée. Elle édifia tous ceux qui la virent par l'ardeur de sa foi et la vivacité de ses sentiments. Elle répétait à tout venant qu'elle était heureuse de mourir, après une si bonne confession, et qu'elle devait le salut de son âme à son digne et zélé pasteur.

Par quelles paroles opérait-il ses conversions soudaines? Hélas! je ne puis le dire; les chaumières de Grignon ont conservé leur secret. Mais n'en pourrions-nous point recueillir un écho dans les instructions qu'il fit à de nobles malades et qui, dans ces milieux élevés, ne passèrent pas inaperçus? Les ayant préparés avec la même délicatesse, comme avec la même fermeté, à paraître au tribunal de Celui dont la justice est égale pour tous, il les exhortait à la fois à la contrition de leurs fautes et à une sainte espérance. Il leur disait donc, en leur administrant l'Extrême-Onction : « Vos yeux se sont trop souvent égarés sur des spectacles pervers; mais aujourd'hui Dieu les purifie pour les ouvrir aux rayons de la pure lumière. Vos oreilles ont entendu des sons malicieux ou coupables; il faut que la grâce les touche, pour qu'elles puissent entendre les saintes harmonies des cieux. Vous avez respiré l'air pestilentiel du monde, vous en avez goûté les joies impures, vous avez proféré des paroles offensantes. Ah ! maintenant que la miséricorde de Dieu vous pardonne ! qu'elle transfigure vos sens ! qu'elle sanctifie votre bouche et vos lèvres, pour que vous puissiez savourer pleinement les joies des élus, vous enivrer des parfums de la cité triomphante et chanter à jamais la gloire de Dieu. Vos mains ont touché aux souillures de la terre, mais l'onction sainte achève de leur rendre l'innocence, afin que vous puissiez participer à l'éternel banquet. Vos pieds ont suivi la voie du péché; Dieu les débarrasse aujourd'hui de la poussière du monde et leur donne la force de marcher dans les chemins de la justice. »

Le mourant consolé lui demandait souvent de plus amples discours : « Où vais-je? mon père, s'écriait-il parfois? — Mon enfant, répondait le bon prêtre, vous allez au ciel. — Où suis-je? disait le malade en proie à son délire. — Mon ami, reprenait M. Grignard, vous êtes sur la croix, avec Jésus Christ, notre Sauveur. Dites comme lui : Mon Père, je remets mon âme entre vos mains. — Suis-je bien sûr que Dieu me fera miséricorde? — Oui, mon cher frère, parce qu'il est mort pour vous. Oui, soyez-en sûr. C'est l'espérance que nous donnent les sacrements de la sainte Eglise ; Jésus-Christ vous attend avec votre couronne. »

Les œuvres de la charité pastorale, si grandes qu'elles soient, ne peuvent laisser oublier au prêtre d'autres devoirs plus grands encore, s'il se peut, et plus nécessaires. C'est pour s'y consacrer sans réserve et sans partage, que les apôtres, dans la primitive Eglise, se déchargèrent du service des tables. Ils confièrent aux diacres le soin des pauvres : « Pous nous, dirent-ils (1), nous nous appliquerons entièrement à la prière et au ministère de la parole. » M. Grignard n'eut garde de manquer à des devoirs si essentiels.

A Grignon, comme à Chailly, il prêcha, dimanches et fêtes, à la messe et au chapelet. « Je puis vous dire, nous écrit-on (2), que ce regretté pasteur saisissait toutes les occasions pour réunir ses paroissiens et rappeler à chacun ses devoirs. » Les prières quadragési-

---

1. Act. VI, 4.
2. Lettre déjà citée.

males, les fêtes des cultivateurs et des vignerons, celles des dames et des demoiselles, les semailles et les moissons lui fournirent matière à de nombreuses et longues instructions. Il les écrivit à peu près toutes jusqu'en 1876. Nous essayerons d'en donner un aperçu, mais un peu plus loin. Car ces œuvres oratoires, si l'on nous permet d'employer ce mot, remplissent trop de pages et touchent à trop de sujets divers, pour ne point les examiner à part.

Se défia-t-il de ses forces personnelles, ou bien son zèle lui fit-il espérer que d'autres réussiraient mieux dans la conversion de la paroisse? Je ne sais, mais il appela deux fois des religieux à son aide. Une première mission fut prêchée dans le printemps de 1876, par un R. P. capucin; et une seconde, en décembre 1878, par un religieux de la Compagnie de Jésus. Elles furent, l'une et l'autre, bénies de Dieu et signalées par d'heureux retours. J'ai trouvé dans les notes de M. Grignard une petite cantate à l'adresse du second missionnaire (1). En voici le début :

> Chantons, célébrons le bon Père,
> Dont le bienfaisant ministère
> A su produire parmi nous
> Des fruits si touchants et si doux.

Pour attirer les fidèles à l'église, ou plutôt, pour mieux exprimer l'ardeur de sa foi, cet excellent prêtre s'ingéniait à varier l'ornementation du sanctuaire et des

1. Cote 14.

autels. « Il était heureux, écrit toujours notre correspondant, d'aider à parer son église, et il le faisait, comme toute chose, avec calme, recueillement, édifiant ceux qui le secondaient. » Un autre témoin (1) a vu jusqu'au fond de son âme, en nous traçant cette fine peinture : « Dites de lui qu'il a aimé la beauté de la maison de Dieu et ajoutez ceci : ce zèle n'était pas chez lui l'effet d'une vanité puérile, mais l'attrait d'un esprit convaincu et l'élan d'une piété vive et profonde. »

Ses paroissiens, qui connaissaient son cœur, lui ménagèrent parfois des surprises charmantes. Le 15 août 1877, le château de Lantilly lui fit celle d'amener aux offices paroissiaux des musiciens distingués. Nous nommerons M. Max, un des violoncelles du Grand-Opéra. M. le curé de Grignon leur adressa ses compliments en vers. Un incident pénible avait cependant marqué cette belle journée. Un impie affecta, tandis que la plus grande partie de la paroisse était réunie aux pieds des autels, de sonner du cor dans le village. La tristesse dont ce fait blâmable enveloppa l'âme du pasteur, jeta de même une ombre sur sa pièce :

> Un poëte, au front ceint d'une modeste gloire,
> Vigny, disait, rimant une touchante histoire,
> « Dieu ! que le son du cor est triste au fond des bois ! »
> Oh ! qu'il est triste ici, qu'il est triste parfois !

L'année suivante, le jour de la Fête-Dieu, la procession trouva sur son parcours, au château d'Orain, un

1. Ce témoin ne nous a point permis de le nommer.

reposoir entièrement composé de fleurs de lis. Un si gracieux spectacle ravit toute l'assemblée. L'abbé Grignard fut profondément ému. Le soir, en rentrant, il voulut témoigner sa reconnaissance à la noble châtelaine, en lui envoyant une pièce de vers (1). Il paraphrasa cette parole du cantique des cantiques : *Dilectus meus mihi qui pascitur inter lilia.*

Mon bien-aimé parmi les lis<br>
Aime à faire sa résidence.

La santé de M. Grignard s'accommodait peu du binage de Lantilly. Il fallait, chaque dimanche, faire sept ou huit kilomètres à pied, à jeun, par tous les temps, sur le plateau d'une haute montagne. Les fatigues de ceux qui binent, surtout à cette distance, sont parfois intolérables, et leurs peines, hélas ! souvent bien méconnues. M$^{me}$ la marquise de Virieu obtint, à peu près à la date qui vient d'être indiquée, un titulaire pour la cure de Lantilly. Ayant fait restaurer l'église et reconstruire le presbytère, avec un zèle au-dessus de tout éloge, elle était enfin parvenue à couronner son œuvre. Elle renouvelait souvent ses instances, mais jusqu'alors, Mgr Rivet n'avait pu, malgré de formelles promesses, répondre à ses désirs (2) :

« Lorsque j'eus l'honneur de vous voir, il y a deux

---

1. Cote 14.
2. Cote 40 A.

ans, lui écrivait-il, le 20 juillet 1877, je ne prévoyais pas, je ne pouvais pas prévoir les pertes que nous avons faites. Je croyais alors pouvoir vous promettre un curé... Vos généreux sacrifices, les besoins incontestables des paroissiens et la faible santé de M. le curé de Grignon m'en faisaient un devoir, qu'il m'eût été trois fois doux d'accomplir.

Malheureusement, j'en suis tout à fait empêché : vous le voyez comme moi, Madame ; je dois donc espérer que, tout en déplorant avec vous cette regrettable impuissance, vous ne m'imputerez pas le mal spirituel et moral qui en résultera pour la population de Lantilly, et vous vous joindrez à nous pour demander à Dieu qu'il veuille bien, en attendant l'envoi d'un curé dans cette pauvre petite paroisse, soutenir assez la santé de M. le curé de Grignon, pour qu'il ne se trouve pas forcé de cesser de porter à Lantilly le secours si peu compris de son admirable dévouement. »

L'année précédente, Monseigneur avait offert à M. Grignard de ne plus aller à Lantilly que dans les cas de nécessité. Mais il n'accepta point cette diminution de ministère. Enfin, la nomination si désirée fut faite, le 27 juillet 1878. Le curé de Grignon se trouva déchargé d'un grand poids. Néanmoins, son zèle ardent ne resta pas longtemps en repos. La paroisse de Venarey s'étant trouvée vacante, M. Grignard accepta d'y célébrer régulièrement les offices. Il dut bientôt retourner à Lantilly, où le nouveau desservant n'avait pu s'acclimater. Une lettre du 31 août 1880 lui rendit ce binage.

Comment ces diverses paroisses répondirent-elles à un dévouement que l'évêque qualifiait d'*admirable ?* En ce qui concerne Lantilly, Mgr Rivet le dit lui-même. Venarey ne donna guère plus de consolation. Grignon, du moins, la partie préférée du troupeau, se montra-t-il plus docile à la voix du pasteur? Il nous répondra lui-même. Il fut appelé à dire publiquement sa pensée, en face de la paroisse entière. Mgr Rivet vint deux fois administrer la confirmation et faire la visite canonique, en 1876, et en 1880. Nous allons citer les paroles qui furent prononcées dans l'une de ces circonstances.

En recevant son évêque pour la première fois, le 4 juin 1876, quatre ans après son arrivée, le curé de Grignon aurait pu, ce semble, s'applaudir de ses succès, car toute la paroisse admirait son zèle et l'aimait, nous l'avons vu, comme un père. Il préféra dire au premier pasteur du diocèse que la situation n'était pas magnifique. Il le fit toutefois avec une réserve extrême, et en rendant un légitime hommage à tous ceux qui, dans la paroisse, secondaient ses efforts. S'il n'indiqua point de fidèles et généreux dévouements, ce fut par une de ces délicatesses que l'affection commande autant que le respect. Après les compliments d'usage, il continuait en ces termes :

« Autrefois le seigneur de qui relevaient les sommets qui nous dominent, écrivait au capitaine à qui il en avait confié la garde « que toutes ses maisons avaient été pillées, à l'exception de Grignon, et qu'il comptait toujours sur sa bravoure pour la défendre. »

C'est de vous, Monseigneur, que relève maintenant

cette paroisse. Grâce au ciel, toutes vos autres maisons sont loin d'être pillées. Et, en faisant le tour de votre terre, en parcourant votre domaine spirituel, Votre Grandeur a rencontré, j'en suis sûr, des églises où la foi est en honneur, où les cœurs portent avec amour le joug des commandements, où les corps se plient volontiers aux exigences du culte. Il m'en coûterait d'avouer que les rôles sont maintenant intervertis, et que, pour me servir d'une expression des saintes Lettres, c'est maintenant la fille de Sion qui voit l'ennemi étendre une audacieuse main sur tout ce qu'elle a de désirable.

Mais enfin le fort armé a battu la place en brèche. Cependant le prêtre dévoué qui m'a précédé dans cette paroisse; ces missionnaires dont nous sommes redevables à Votre Grandeur, et qui, non contents d'aller jeter au loin l'éclat de leur ardente parole, rapportent encore parmi nous la bonne odeur de Jésus-Christ; ces maîtres chrétiens qui initient la jeunesse aux principes de la religion au moins autant qu'aux éléments des sciences humaines, tous se sont opposés comme des murs d'airain à l'invasion de l'erreur et du mal. Vos regards, Monseigneur, peuvent plonger dans l'intérieur et sous les voûtes de notre église. L'édifice spirituel est la reproduction de l'édifice matériel. Pourquoi faut-il que les colonnes manquent ou ne reposent sur aucun fondement? »

Il était impossible de désigner plus clairement, et en même temps avec plus de tact, ceux dont le vigilant curé regrettait l'absence aux offices paroissiaux. Cette heureuse et expressive image fut très remarquée, et l'on en parla longtemps. Le pasteur laissait ensuite déborder son zèle : il réclamait les âmes qu'il avait demandées en arrivant, ces âmes que Jésus-Christ a rachetées avec son sang et qui sont l'unique ambition du prêtre :

« Il me semble, en ce moment solennel, que Votre Grandeur va me dire la parole du Maître : « Rendez-moi compte de votre administration ». Donnez-moi des âmes. Ah! Monseigneur, je voudrais les prendre, ces âmes, depuis l'âme de l'enfant récemment imbu des rudiments de la foi jusqu'à celle du vieillard qui a doublé ce cap de tempêtes, que tout homme rencontre dans sa vie. Je voudrais les prendre et les grouper toutes dans un seul et même faisceau, pour les déposer à vos pieds, comme le seul hommage qui soit digne de vous être offert et d'être transmis par vous à Celui qui aime les âmes. Jamais, je le dois dire, je n'ai mieux senti mon impuissance qu'en ce moment. »

Après cet accent de véritable éloquence et ce cri d'humilité, il ouvrait son cœur à l'espérance, en appelant la protection des saints qui protègent la paroisse :

« J'espère que saint Jean qui veille sur nous du haut du ciel réveillera cette foi qui brûle au fond des cœurs, comme la lampe antique dans un sépulcre, et qu'il nous acheminera, tôt ou tard sur la poitrine et jusqu'au Cœur de Jésus. Sainte Reine ne nous abandonnera pas davantage. L'an passé, la paroisse presque entière se pressait sur le seuil du cachot, où la jeune et vaillante martyre commença son supplice : sur le seuil de ce cachot, dont les voûtes épaisses ont éclaté, comme pour dire que la foi ne doit plus rester captive, mais se produire au grand jour. Or, quand on apprécie de la sorte les grands exemples, on n'est pas loin de les imiter. J'aime à croire que ce moment viendra. »

Enfin, M. Grignard appelait sur sa chère paroisse les dons de la grâce, avec la bénédiction du pontife.

Pour hâter cet heureux jour, « Monseigneur, ajoutait le pieux curé, je compte sur la parole de vie que vous allez faire jaillir de vos lèvres toujours éloquentes, sur ces bénédictions que vous allez tirer d'un cœur toujours paternel, sur ces trésors de l'Esprit-Saint que vos mains pontificales vont arracher au ciel pour les épancher sur la terre. »

Ces dons sans lesquels toute prédication est inefficace, ces grâces si nécessaires au ministère pastoral, M. Grignard les demanda chaque jour dans de longues et ferventes prières. C'est l'exemple, avons-nous dit, des premiers apôtres, qui laissèrent les offices mêmes de la charité, pour s'appliquer à la prière autant qu'à la prédication. C'est la règle que Jésus-Christ nous a prescrite : « Demandez et vous recevrez. » Les grâces du salut ne nous manqueront pas, mais à une condition, c'est que nous ouvrirons nos cœurs pour les y faire descendre. La grâce, sans doute, est le principe de la prière, mais elle en est aussi l'effet, semblable à la pluie du ciel, qui ayant fécondé la terre, retourne dans les hauteurs aériennes pour en revenir encore. Si la théologie enseigne que la grâce précède toute invocation, elle ajoute, avec non moins d'autorité, que la prière est la clef des trésors de la miséricorde, et le divin canal par où les biens célestes nous doivent être communiqués.

M. Grignard était debout de grand matin. Il se mettait à genoux dans sa bibliothèque et ouvrait à la prière ses lèvres et son cœur (1). Le sujet préféré de ses méditations matinales fut toujours la vie de Notre-Seigneur par Ludolphe-le-Chartreux. Il se plut à contempler les adorables perfections du Verbe éternel et les mystères historiques de sa naissance temporelle et de sa manifestation au monde. Il suivit pas à pas le divin modèle de l'enfance et de la jeunesse dans les tristes jours de l'exil et les nombreuses années des travaux de l'atelier. Il étudia la manière dont Jésus-Christ vécut parmi les hommes, afin de régler sa vie sacerdotale sur les exemples du prêtre par excellence ; il médita ses paroles pour y conformer les siennes ; il apprit de lui à être doux et humble de cœur. Les mystères de la passion fixèrent longtemps ses pensées ; il y revint chaque année avec l'Eglise pour y renouveler ses sentiments et sa tendresse. Que de fois, en parcourant la lamentable succession de ces douleurs, il sentit l'émotion envahir son âme et monter jusqu'à ses yeux ! En cherchant à pénétrer le secret d'une telle vie et d'une telle mort, que de fois il se donna à lui-même la simple mais sublime réponse de saint Paul : « Le Christ m'a aimé et s'est livré pour moi ! »

---

1. Cote 60. *Manuel de prières*. Indications manuscrites de l'abbé Grignard.

Sa méditation faite, il se rendait à l'église qui est assez éloignée du presbytère. Il s'y agenouillait de nouveau, pour se préparer d'une manière plus prochaine à célébrer la sainte messe. Quelle modestie quand il était à l'autel ! Ses paroissiens l'ont souvent dit : « C'est un ange qui prie pour nous ! » Quelle piété dans la récitation des prières liturgiques ! Quel recueillement dans toutes les cérémonies ! « Il suffisait de le voir pour être édifié et porté à se recueillir soi-même, nous écrit-on (1). » Quelle confiance il inspirait à ceux qui se recommandaient à ses prières, ou qui lui confiaient ce qu'ils avaient de plus cher au monde, les âmes de ceux qu'ils aimaient et pour le salut desquelles ils étaient en peine ! Après la messe, il se retirait ordinairement derrière l'autel, pour échapper aux regards et se livrer plus à l'aise à son action de grâces. Mais on savait qu'il était là et tout plongé dans ses entretiens avec Dieu. Ce souvenir est encore vivant dans la paroisse. On en parle sans cesse. Il semble à plusieurs qu'ils vont l'entendre se lever et le voir sortir de son recueillement (2).

Après les prières du saint sacrifice, celles de l'office divin sont la plus haute expression des louanges et des supplications que puisse offrir à Dieu le ministère pastoral. Dans celles-ci comme dans celles-là, le prêtre s'unit à Jésus-Christ pour exalter avec l'Eglise entière Celui de qui descendent toutes les lumières, pour solliciter les grâces et les miséricordes sans lesquelles nous

---

1. Même relation anonyme.
2. Lettre déjà citée et dépositions particulières.

ne vivons pas. Il ne prie point en son nom personnel ni pour lui seul, mais au nom de l'immortelle victime et pour tous ceux qui, ayant foi dans ses mérites, attendent d'elle la rédemption de leurs âmes. Jésus-Christ, disait l'abbé Grignard, est l'unique prêtre, et nous, nous sommes la voix de celui qui prie. Il aimait ces mots de saint Léon : « Jésus-Christ est l'homme universel, *homo catholicus* » ; ou ceux de Tertullien : « Il est le prêtre universel, *catholicus sacerdos* (1). »

« O bon Jésus, a-t-il écrit en tête de l'un de ses cahiers (2), vous êtes mon unique espérance. Je ne puis rien par moi-même. Je vous en supplie par la puissante intercession de la bienheureuse vierge Marie, votre mère, et de saint Joseph, par celle de saint Jean-devant-la-Porte-Latine et de saint Martin qui président aux destinées de mes deux paroisses, enfin par celle de mon ange gardien et des saints dont je m'honore de porter le nom, donnez-moi le courage de châtier mon corps et de le réduire en servitude. Qu'après avoir évangélisé les autres, je ne fasse pas un réprouvé ! Qu'après avoir guéri leurs blessures et les avoir ramenés dans la voie du salut, je ne vienne pas à m'égarer moi-même par une orgueilleuse négligence ! Faites qu'en aidant mon prochain je ne me délaisse pas, et qu'en relevant les autres je ne vienne point à tomber (3). »

1. Entretiens intimes.
2. Cette prière est en latin, elle se trouve inscrite sur la couverture d'un cahier de sermons. Elle est imitée d'une invocation du Pastoral de saint Grégoire. C. 45.
3. La traduction de cette prière a été donnée, autant que possible, d'après une pièce française, calquée sur le même modèle, et qui se trouve en tête d'un autre manuscrit intitulé : *Carême*, 1875.

A l'approche de la sainte Quarantaine, la prière du pieux pasteur s'élève aux pieds du trône de Dieu, comme le parfum d'un grain d'encens jeté sur le brasier, et les anges la recueillent avec celles de tous les justes, dit l'Apocalypse, dans leurs encensoirs d'or (1).

« O mon Dieu, voici que nous entrons dans le carême. Entendez favorablement mes prières et celles des âmes qui me sont confiées ; ne méprisez pas nos jeûnes ; et que nos aumônes suffisent pour racheter la multitude de nos péchés. Oui, qu'un jour nous puissions tous nous rendre ce témoignage que notre oraison a été bonne, mélangée qu'elle était au jeûne et à l'aumône, qu'elle a été bonne pour votre gloire et notre salut. »

Il offre à Dieu les travaux de son ministère ; il prévoit les fautes auxquelles expose parfois une prédication admirée, et il se prémunit contre toute recherche d'amour propre (2) :

« Mais, ô mon Dieu, comme je dois, pendant ce saint temps, m'acquitter d'un devoir plus personnel, comme je dois saisir le glaive de l'esprit, qui est la parole de Dieu, permettez-moi de vous en consacrer les prémices et même la totalité. *Non quæram quæ mea sunt* (3). Qu'il ne m'arrive jamais de chercher ma propre gloire et de trouver ici-bas ma récompense ; que je n'aie d'autre ambition que celle de contribuer à vous louer et à

---

1. Apoc. VIII, 3. La prière qui suit est tirée du même manuscrit. Cote 45.
2. *Ibidem.*
3. Joan. V, 30.

attirer vers vous les âmes. *Hæc est vita æterna ut cognoscant te Deum verum, et quem misisti Jesum Christum* (1). Puissé-je contribuer à vous faire connaître de la sorte. »

La journée ne suffisait pas au travail (2). Il prolongeait ses veilles au-delà de toute mesure. La lampe qui éclairait sa petite chambre indiquait aux passants attardés que M. Grignard n'avait pas encore cessé de prier ou d'écrire. Il composa, dans une de ces veillées laborieuses, au son des cloches de Grignon et du voisinage, une petite élégie qui forme un touchant *sursum corda*. Elle est intitulée : *La veillée des morts* et porte la date du 2 novembre 1876. En voici la plus grande partie (3) :

>   L'aquilon déchaîné se brise en mugissant
>   Sur le toit qui soutient le choc en frémissant,
>   Et l'on entend craquer au loin sur la colline
>   Les pins qu'il décapite et ceux qu'il déracine.

>     Que du haut de leur tour
>     Les cloches ébranlées
>     Résonnent nuit et jour !
>     Que leurs tristes volées
>     Dominant les éclats
>     Bruyants de la tempête
>     Assiègent comme un glas
>     L'âme la plus distraite.

1. Joan. XVII, 3.
2. Lettre à M. J., 2 janvier 1881.
3. Cote 14.

Le ruisseau chante et court sur son lit de gazon.
Le torrent qui bouillonne assourdit le vallon,
Le fleuve qui reçoit le tribut de leur onde
Elève de ses flots la voix large et profonde.

  Que du haut de leur tour
  Les cloches ébranlées
  Résonnent nuit et jour !
  Que leurs tristes volées
  Dominant le ruisseau
  Le torrent, la rivière,
  Dans le moindre hameau
  Provoquant la prière.

Le foyer attisé, de ses crépitements
Renforce les ébats ét les cris des enfants
Que recouvrent souvent les paroles joyeuses,
Ordinaires échos des familles heureuses.

  Que du haut de leur tour
  Les cloches ébranlées
  Résonnent nuit et jour !
  Que leurs tristes volées
  Dominant les propos
  Des joyeuses veillées
  Procurent le repos
  Aux âmes désolées !

Mon foyer est désert ! Sous la voûte des cieux
Tout est calme et se tait ; tout est silencieux :
Tout, excepté mon cœur, dont la voix assoupie
Par instants... se réveille avec plus d'énergie.

  Que du haut de leur tour
  Les cloches ébranlées
  Résonnent nuit et jour !
  Que leurs tristes volées

> Me rappellent qu'il faut
> Solliciter pour elles,
> Auprès du Dieu Très-Haut,
> Les clartés immortelles.

> Prions donc ! Conjurons le doux sauveur Jésus
> De se laisser fléchir, et de tendre aux élus
> La main qui les arrache à de cuisants supplices,
> Pour les conduire au sein d'ineffables délices.

> Et tandis qu'en sa tour
> La cloche devient muette,
> Que notre âme, à son tour,
> Sans se lasser, répète :
> « Donnez-leur le repos,
> Seigneur très débonnaire,
> Et versez-leur à flots
> L'éternelle lumière ! »

Les autres veillées prêtèrent sans doute à de moins tristes pensées. La suite de ce récit en montrera amplement les grandes et religieuses occupations. Car, dans le choix de ses études, M. Grignard s'était fait une règle de s'attacher à celles qui éclairent les horizons de l'éternité et qui mettent sur le chemin du ciel. Il avait pris pour devise ces paroles de saint Bernard, qu'il a peintes lui-même, en grandes lettres gothiques, dans une chambre de la maison paternelle, à Thoisy (1) : « *Ea scire prius ampliusque curato, quæ senseris viciniora saluti.* Ayez soin de savoir avant tout et d'approfondir ce qui vous paraîtra vous rapprocher du salut. » C'est

1. *Opera S. Bern.* Serm. 36.

ainsi qu'il mettait chaque soir en pratique l'invitation de l'un des poëtes qu'il avait autrefois tant goûtés (1) :

> En Dieu seul, ô mortels, fermons donc nos paupières !
> Et, du jour à la nuit remettant l'encensoir,
>     Endormons-nous dans nos prières,
> Comme le jour s'endort dans les parfums du soir.

1. Lamartine, *Harmonies*, III, 7.

# CHAPITRE NEUVIÈME

## M. Grignard à Grignon.

(Suite)

### PRÉDICATION.

Deux époques dans la prédication de l'abbé Grignard. — A. Période des sermons écrits. — Division des manuscrits en cinq classes. — 1° Analyse des homélies du dimanche. — 2° Instructions pour les fêtes. — 3° Sermons du carême sur le péché, la passion, l'encyclique *Gravibus Ecclesiæ* de 1875. — 4° Allocutions pour les mariages : un exemple. 5° Discours prêchés en dehors de la paroisse : analyse de l'un d'entre eux. — B. Période de l'improvisation.

ES veillées du presbytère et le temps que le ministère pastoral laissait libre, furent consacrés, dans les premières années, aux sermons et aux études théologiques. Nous verrons plus loin quelle direction suivirent ces dernières, ce qui vint en faire dévier la marche, et comment, au lieu d'aboutir à Rome, d'après

la pensée constante de M. Grignard, elles prirent, à la fin de sa trop courte existence, le chemin de Fribourg-en-Brisgau.

Nous ne parlerons en ce moment que de sa prédication. Elle comprend deux époques distinctes, celle des sermons écrits et celle de l'improvisation. Commençons par la première.

Les manuscrits, qui renferment les sermons de M. le curé de Grignon, se divisent en cinq classes (1) :

1° Les homélies du dimanche ;
2° Les instructions des fêtes de précepte et des fêtes à dévotion ;
3° Les sermons du carême ;
4° Les allocutions prononcées à l'occasion des mariages ;
5° Les discours de circonstance qui furent prêchés en dehors de la paroisse.

Je ne puis m'étendre beaucoup sur des sujets si divers. Mais il convient d'en dire un mot, pour donner quelque idée du genre du prédicateur, et pour reconstituer, autant que possible, les différents traits de la physionomie qui lui est propre.

Il commença des instructions suivies et d'après un plan d'ensemble, presque aussitôt son arrivée, le 3 novembre 1872 (2). Il se met résolûment en face de la plus grande hérésie de notre époque, le naturalisme. Il lui

1. Cotes 44-48.
2. C. 44.

oppose le fait historique d'une institution surnaturelle qui remplit le monde et les siècles, la religion chrétienne. Il étudie les prophéties qui l'annoncent, les miracles qui la propagent, la personne divine de Celui qui la fonde. Il établit l'irrécusable autorité de l'évangile, son authenticité, son intégrité, sa véracité. Il montre par quels procédés le Sauveur du monde a perpétué son œuvre et comment sa parole est toujours vivante sur la terre. L'Eglise la prêche tous les jours et partout avec l'assistance de l'esprit de Dieu qui est en elle. Son enseignement est à l'abri de toute erreur, et récemment un concile œcuménique a décidé en qui réside le glorieux privilège de l'infaillibilité. Elle possède des marques certaines de son origine divine : elle est seule, au monde, une, sainte, catholique et apostolique. M. Grignard a fait vingt-cinq instructions sur ces premières données.

C'était le cas d'aborder, une à une, les vérités du symbole et d'en présenter l'harmonieux ensemble à son auditoire. Mais il lui tardait d'entrer dans le domaine de la pratique. Il voulait prêcher, comme dit l'apôtre (1), « pour reprendre, pour corriger, et pour conduire à la piété et à la justice. » Il aspirait à former « un peuple parfait et disposé à toutes sortes de bonnes œuvres. » C'est pourquoi, il passe directement au décalogue. Il consacre quarante instructions à développer les trois premiers commandements. « Le premier, disait-il, réclame l'adoration de l'âme, le second met un frein

1. II Tim. III, 17.

aux lèvres, le troisième exige le témoignage de la dépendance du corps. Ils proclament l'un après l'autre l'unité du premier principe, sa majesté, sa souveraineté. » Mais ces hautes spéculations ne l'empêchent point de descendre aux détails les plus minutieux. Il indique et explique, au fur et à mesure qu'elles se présentent, les actions, les pratiques et les dévotions qui sanctifient la vie chrétienne. Il signale les péchés et les vices qui la déshonorent.

Après avoir traité de la sanctification du dimanche et par conséquent de l'assistance à la messe, il développa longuement les cérémonies dont elle se compose. Les cahiers ne contiennent que sept ou huit instructions sur ce point, mais il continua toute une année durant (1). « Le sacrifice de la messe, dit le catéchisme du concile de Trente (2), réunit un grand nombre de cérémonies des plus imposantes et des plus majestueuses, dont aucune ne doit être regardée comme vaine et superflue. Toutes ont pour but de faire briller davantage la grandeur d'un si auguste sacrifice et de porter les fidèles, par ces signes salutaires et mystérieux qui frappent la vue, à la contemplation des choses divines qui sont voilées dans le sacrifice. »

Les homélies des fêtes montent à près de quatrevingts pour les trois premières années seulement (3). Elles commentent ordinairement les mystères ou l'évangile du jour. Les grandes solennités ramènent le

---

1. Lettre de M<sup>me</sup> *** déjà citée.
2. 2ᵃ p. C. VII, § 9.
3. C. 46.

cycle des thèses les plus élevées et les plus consolantes: la naissance éternelle du Verbe dans le sein de son Père, sa naissance temporelle ici-bas, les grands actes de sa vie mortelle, son retour dans les cieux, sa présence permanente au milieu de nous, la mission des apôtres, les grandeurs de Marie, le triomphe des saints, l'avenir éternel de l'homme. Les petites fêtes de la sainte Vierge et celles des associations pieuses ont également leur homélie. Aux ouvriers elle recommande la foi des aïeux, aux mères de famille la sanctification de leurs demeures, aux enfants le respect et la piété. Les conseils pratiques sont toujours encadrés dans l'exposition doctrinale qu'indique la circonstance.

Toutes ces instructions sont très simplement écrites. Nulle prétention de style, nulle recherche, nulle emphase. On y trouve une connaissance approfondie de la sainte Ecriture, une grande abondance de textes et de souvenirs classiques. En cela, elles ne diffèrent point des instructions ordinaires dont elles interrompent le cours. Le trait dominant de la parole de M. Grignard est celui de sa personne, la grâce. Je prends pour exemple un passage d'un sermon de Noël, en 1874 (1).

« La très douce Vierge venait d'enfanter son fils premier-né; elle l'enveloppa de langes et le posa dans une crèche. Toute la Cour céleste joyeuse fit grande fête. Après avoir rendu à Dieu le Père le tribut de louanges et d'actions de grâces qui lui convenait, les anges vinrent tous, par ordre, voir la face du Seigneur leur

---

1. C. 46.

Dieu, l'adorer avec un profond respect et faire retentir autour de lui les cantiques d'allégresse. Quel est celui d'entre eux qui, en apprenant cette nouvelle fût resté dans le ciel, sans venir visiter son Seigneur aussi humblement placé par terre ? Tant d'orgueil ne pouvait leur venir à l'esprit. Ils furent tous fidèles à l'ordre qu'ils avaient reçu, à une parole qui ne souffre pas de réplique. L'apôtre nous l'apprend : lorsque Dieu introduisit son premier-né dans le globe terrestre, il dit (1) : « Que tous les anges de Dieu l'adorent. » Ils l'avaient adoré, bien avant qu'il ne fut venu. Comment lui auraient-ils refusé leurs adorations, quand il se fut fait chair ? »

Les sermons du carême revêtent un caractère plus grave et plus austère, sans rien présenter cependant de plus solennel (2). En quelques-uns, la phrase est revue et travaillée ; plusieurs sont même écrits deux fois ; mais la plupart ne donnent qu'un premier jet. Les trois premières années sont complètes ; les deux suivantes n'ont ensemble que huit sermons : les canevas des autres instructions ne figurent point dans les cahiers.

La première année, en 1873, M. Grignard prêcha sur le péché, et la seconde, sur la passion. Dans le premier sujet, le prédicateur déchire, d'une main ferme, le bandeau dont le pécheur couvre ses yeux, pour ne point voir l'abîme où il est tombé. Mais il faut lui montrer combien sa chute est lamentable, quelle en est la cause, et surtout la suite malheureuse. Ah ! s'il s'obstine

1. Hæb. I, 6.
2. C. 45.

à ne pas voir, que du moins on lui fasse toucher et presser dans ses mains quelques anneaux de cette chaîne d'airain et de diamant qui attache la peine à la faute, et qui commence avec le remords sur la terre pour s'étendre jusque dans les enfers, en liant ses victimes à d'effroyables supplices. Ne dites pas que vous vous convertirez un jour. Non, Dieu qui vous a promis le pardon, ne vous a pas promis le lendemain. Rentrez en vous-mêmes, ô prévaricateurs, et profitez de ces jours de pénitence. Telles sont les pensées qui remplissent ce premier carême.

Le second ouvre une autre voie. On contemple la victime innocente, qui s'est chargée de la terrible mission d'expier pour le pécheur. On ne la suit point sur la route du Calvaire : le prédicateur n'a pas développé ces tableaux. Mais on l'accompagne dans la nuit d'angoisses qui précède le sacrifice, d'abord au jardin de Gethsémani, ensuite au tribunal des premiers juges. M. Grignard commente chaque fait et chaque parole pour en tirer des conclusions doctrinales ou pratiques. Ainsi, les deux glaives indiqués par les apôtres donnent lieu à une savante dissertation sur les deux pouvoirs qui régissent le monde. De même, l'épisode du jeune homme, qui s'enfuit en laissant sa tunique, est l'image de l'adolescent qui laisse son Sauveur, après avoir perdu la robe de son innocence, comme aussi le symbole du dépouillement auquel il faut parfois se réduire pour échapper aux mains des méchants.

Le troisième carême se trouva dans l'année jubilaire. Une encyclique de Pie IX signala les graves désordres de la société contemporaine, en demandant d'y porter remède. « Pensant, dit le grand pape, à tant de maux qui affligent l'Eglise, à tant d'efforts de ses ennemis pour arracher des âmes la foi du Christ, pour corrompre la saine doctrine, pour propager le poison de l'impiété, à tant de scandales qui se dressent de toutes parts devant les fidèles, à la corruption des mœurs qui s'étend partout, au honteux renversement des lois divines et humaines qui produit tant de ruines, qui vise à détruire dans l'esprit des hommes le sens même de la justice, nous avons cru que, dans une telle accumulation de maux, c'était une obligation de notre charge apostolique de pourvoir à ce que la foi, la religion et la piété se fortifient et se raniment, que l'esprit de prière se répande et s'accroisse, que les pécheurs soient excités à la pénitence du cœur et à un changement de vie, que les péchés, qui ont mérité la colère de Dieu, soient rachetés par de saintes œuvres (1).

« Prenez, concluait Pie IX, prenez le glaive de l'esprit, qui est la parole de Dieu, employez tous vos soins pour amener votre peuple à détester l'horrible crime du blasphème, aux outrages duquel il n'est en ce moment rien de sacré qui échappe ; amenez-le à connaître et à remplir ses devoirs, à célébrer saintement les jours de fête, et à observer les commandements de l'Eglise de Dieu sur l'abstinence et le jeûne, de telle sorte qu'il évite ainsi les peines que le mépris de ces lois attire sur la terre. »

1. Encyc. *Gravibus Ecclesiæ*, VIII⁰ Kal. jan. 1875.

M. le curé de Grignon prit à la lettre des recommandations parties de si haut, et il fit de chacune d'elles le sujet d'une instruction spéciale. Le programme était vaste : le carême de 1875 n'y put suffire. Aussi le prédicateur essaya-t-il d'achever l'année suivante (1). Il semble qu'une fois encore il ne fournit point toute la carrière, si nous en jugeons par deux instructions dont la date n'est pas sûre mais qui se rapportent, selon toute apparence, à l'époque dont nous parlons. L'un roule sur la danse et l'autre sur le jeûne. Il n'eut garde d'oublier, au sujet de la première, le trait si connu de saint François-de-Sales : L'aimable écrivain compare les danses à certains mets dangereux et recherchés : « Je vous dis des danses, comme les médecins disent des potirons et champignons : les meilleurs ne valent rien, disent-ils ; et je vous dis que les meilleurs bals ne sont guère bons. Mangez-en peu et peu souvent, disent les médecins, en parlant des champignons ; car, pour bien apprêtés qu'ils soient, la quantité leur sert de venin. Dansez peu et peu souvent, car, faisant autrement, vous vous mettez en danger de vous y affectionner. »

Les époux sont heureux, quand ils viennent recevoir la bénédiction nuptiale, d'entendre une parole amie leur parler de leur union, des biens qu'elle procure et des devoirs qu'elle impose. M. Grignard ne se contenta point de lire l'allocution qu'on trouve au Rituel. Il en composa un certain nombre d'autres pour

1. Sermon d'ouverture du carême de 1876.

les mariages auxquels il voulut témoigner une déférence particulière (1). L'une d'elles porte la date du 1ᵉʳ août 1881. Il ne m'est point permis de citer les noms des deux époux qui se trouvaient ce jour-là, pour l'entendre, agenouillés devant l'autel. Mais je puis dire qu'elle fut prononcée, à défaut d'un des prêtres les plus éminents du clergé français, dans la petite église de Lantilly. Elle doit trouver ici sa place, comme une des choses les plus gracieuses qu'ait écrites l'humble desservant, à qui échut l'honneur de porter la parole devant une assistance tout aristocratique :

« Ce n'est pas d'aujourd'hui que la Savoie envoie ses fils chercher des épouses en Bourgogne. Je pourrais en citer d'illustres exemples ; je me contente d'en rappeler un, qui ne saurait vous être indifférent, puisqu'il se rattache au passé d'une de vos familles.

Au commencement du dix-septième siècle, un frère de saint François-de-Sales, le jeune baron de Thorens, venait à Monthelon, célébrer ses fiançailles avec Marie-Aimée de Chantal, dont la mère poussait la patience jusqu'aux dernières limites, en attendant qu'elle poussât la sainteté jusqu'à l'héroïsme.

Comme lui, Monsieur, vous avez quitté les bords enchanteurs du lac d'*** pour venir chercher parmi nous celle qui doit devenir la compagne de votre existence, le charme et l'honneur de votre foyer. Je ne dirai rien de vos fortunes. Comment prôner la richesse, en face des autels de Celui qui naquit dans la misère, vécut dans la pauvreté et mourut dans l'abandon ?

1. C. 48.

Je ne vanterai pas la noblesse de vos aïeux. Certes, la matière serait abondante, et peut-être serai-je en droit de m'y attarder ; car enfin, l'Evangile énumère à deux reprises la longue série des ancêtres mortels du Sauveur ; et l'Eglise rappelle avec une certaine complaisance l'origine des saints, qui se sont servis de l'illustration de leur rang comme d'un piédestal pour élever plus haut l'édifice de leurs vertus. Comme le disait la mère de Chaugy, dont le souvenir ne se trouve pas déplacé, à quelques pas d'un château (1) qu'un des siens fit jadis relever : « Il ne serait pas déraisonnable de chercher un peu la racine des arbres, dont nous avons sous les yeux les doux fruits. » Mais tous les rangs sont confondus et toutes les distinctions s'évanouissent devant le Christ, en présence de qui il n'y a pas plus d'esclave que d'homme libre (2). Peut-être devrai-je exalter vos vertus et vos qualités ; mais toute vertu pâlit nécessairement en face du Seigneur, du Dieu des vertus ; et votre modestie pourrait souffrir en entendant des éloges qui, quoique mérités, vous paraîtraient indiscrets.

Que faire dans une pareille circonstance, sinon se conformer aux paroles et à l'esprit de l'Eglise, qui enjoint au prêtre d'avertir gravement les époux de la nature de l'acte qu'ils vont accomplir et des obligations qu'il impose.

---

1. Le château de M$^{me}$ la marquise de Virieu qui fut rebâti par Charles de Chaugy, en 1709.
2. Col. III, 11.

« Nous sommes les fils des saints, et nous ne devons pas nous marier comme les nations qui ne connaissent pas le vrai Dieu (1). » Vous pouvez, chers époux, vous appliquer le langage de Tobie à sa jeune épouse. Vous aussi, vous êtes les enfants des saints. Indépendamment de ceux que vous invoquez, en vous rémémorant les annales de vos familles, vous vous rattachez à tous ceux qui honorent l'Eglise, cette grande famille à laquelle vous appartenez par votre baptême. Comme tel, le mariage doit être pour vous mieux qu'une transaction ordinaire, un contrat banal, que les lois humaines peuvent ratifier ou briser, selon les circonstances : ce doit être un sacrement et même un grand sacrement, comme le dit saint Paul (2). *Sacramentum hoc magnum est.* Il faut donc s'y disposer par une grande pureté de cœur, se frapper une fois de plus la poitrine, et conjurer Notre-Seigneur d'assister à vos noces, comme il assistait autrefois à celles de Cana, avec sa très sainte Mère. Alors, le vin des consolations célestes ne vous manquera pas ; alors, vous envisagerez sans crainte et vous réaliserez sans effort l'idéal du mariage chrétien, tel que l'Apôtre l'a décrit (3) : « Que le mari, dit-il, aime son épouse, comme le Christ aime son Eglise, avec le même attachement, mais aussi la même pureté. Que la femme soit soumise au mari, comme au Seigneur. » Remarquez la propriété des expressions qui éclate ici, comme à chaque ligne des Ecritures.

---

1. Tob. III, 18.
2. Eph. v, 32.
3. *Ibid.* 22, 25.

L'homme n'est que trop porté à user de son autorité, et à faire sentir le poids de sa domination : l'Apôtre lui fait un devoir de la dilection et de l'amour. La femme, de son côté, se donne volontiers, et sa tendresse est d'autant plus vive et plus profonde, que son cœur est resté plus chaste et plus pur. Mais son amour même pourrait lui faire oublier la déférence et le respect ; et voilà pourquoi saint Paul la rappelle à la soumission. Pour tout dire en un mot, l'amour doit être tempéré par l'obéissance, et l'autorité réglée par l'amour ; c'est avec ce caractère que se présentent ces unions que Dieu bénit et que le monde admire.

Elles supposent nécessairement la fidélité. Aussi l'Eglise l'inculque-t-elle par une cérémonie symbolique dont j'emprunterai l'explication au doux et pieux évêque de Genève. Son langage un peu vieilli n'a rien perdu de sa saveur ; c'est la fleur des Alpes que le temps a desséchée, et qui n'en conserve pas moins son parfum. Du reste, une des vôtres servit doublement de mère au bienheureux (1) ; il peut bien pour quelques instants vous servir de maître et de docteur (2). « L'Eglise, dit saint François-de-Sales, par la main du prêtre bénit un anneau, et, le donnant premièrement à l'homme, témoigne qu'elle scelle et cachète son cœur par ce sacrement ; afin que jamais plus, ni le nom, ni l'amour d'aucune autre femme ne puisse en-

---

1. Madame de Sionaz, la marraine de saint François-de-Sales, appartenait à la famille de l'époux.
2. Allusion à peine transparente au récent décret qui avait placé saint François-de-Sales parmi les docteurs de l'Eglise, 19 juillet 1877.

trer en icelui, tandis que celle-là vivra, laquelle lui a été donnée. Puis, l'époux remet l'anneau en la main de la même épouse, afin que réciproquement, elle sache que jamais son cœur ne doit recevoir de l'affection pour aucun autre homme, tandis que celui-ci vivra sur la terre, que Notre-Seigneur vient de lui donner. »

Que les époux s'entr'aiment, qu'ils se gardent mutuellement la foi conjugale, dit le Missel. Il ajoute : « Qu'ils respectent les heures de la prière, celles des jeûnes et des solennités ; qu'ils persévèrent dans la crainte de Dieu ». Epoux chrétiens, vos ancêtres se croisaient autrefois pour la cause du Christ et de son Eglise ; et c'est même à ces expéditions chevaleresques qu'une bonne partie de la noblesse française fait remonter son origine. Soyez dignes de vos ancêtres et ne laissez jamais dépérir entre vos mains ce précieux trésor de la foi, pour laquelle ils ne craignaient pas d'offrir leur vie, et que vous devez transmettre à ceux qui viendront après vous, comme la plus belle perle de leur héritage.

Nous fêtons aujourd'hui saint Pierre-ès-liens ; si je signale cette coïncidence, ce n'est pas pour le vain plaisir de faire allusion à l'une des gloires de vos familles (1), ni même pour vous exhorter à donner un souvenir et une prière au Christ, encore aujourd'hui captif dans la personne de son Vicaire. C'est pour dire que, si vous êtes fidèles, les liens que vous allez vous-mêmes

---

1. La famille de l'époux passe pour avoir donné un pape à l'Eglise en la personne de Nicolas II.

contracter seront suaves et vos chaînes bien légères. Ce sont là mes vœux, ce sont ceux qui s'exhalent du cœur et des lèvres de cette brillante couronne d'amis qui vous accompagnent; ce sont ceux des parents qui vous entourent de plus près; ce sont ceux de vos sœurs, d'un père, d'une seconde mère, qui vous couvrent d'un regard plus attentif et plus ému. Sans doute, il en est qui vous ont devancés dans un monde meilleur, mais du ciel, où ils reçoivent la récompense des vertus dont vous demeurez un vivant témoignage, leur pensée se reporte vers vous; et ils mêlent, en ce moment, leurs prières aux nôtres, afin qu'elles soient plus abondantes et plus efficaces.

Confiants dans ces nombreux suffrages et dans vos bonnes résolutions, vous pouvez sans crainte échanger vos serments. L'Eglise est prête à les recevoir : le sang de l'Agneau va les sceller, et la grâce vous en rendra l'accomplissement facile et méritoire.

Un jour, c'était sur le sol de l'Italie, dans cette Rome, qui reste le pôle vers lequel convergeront toujours les âmes catholiques ; parmi les richesses d'un musée, qui a depuis changé de maître, mais dont rien ne peut faire oublier la religieuse origine, je contemplais un précieux médaillon en verre colorié, fragile et pourtant durable souvenir des Catacombes, où la foi des premiers chrétiens venait se retremper pour lutter ensuite plus audacieusement au grand jour; et j'y voyais un jeune homme et une jeune femme, deux nouveaux époux qui se donnaient la main, enveloppés de cette devise: *Vivens in Deo,* vous vivrez en Dieu. Epoux chrétiens, cette devise pleine d'espérance et de promesses sera la vôtre ; vous vivrez ici-bas pour glorifier Dieu, et là-haut pour être glorifiés par Lui ! »

En entendant développer de telles pensées, et d'une manière si charmante, quelques-uns se demandèrent comment un simple curé de campagne pouvait avoir tant de délicatesse et tant d'esprit. Ce trait fut rapporté à M. Grignard : il l'amusa beaucoup. Une société polie est sans doute un grand avantage. Mais l'homme d'étude trouve des amis dont le commerce lui profite. Pourvu qu'il ait des livres, quand même il vivrait seul au milieu des paysans, il peut réellement converser à toute heure avec l'élite des intelligences.

Avec cette parole facile, abondante, pleine de finesse et de grâce, il n'est pas étonnant que l'abbé Grignard ait été sollicité de prêcher dans le voisinage. Il se rendait aisément aux invitations, et surtout pour obliger un ami, il était toujours prêt. Il n'écrivit point, surtout dans les derniers temps, excepté pour certaines circonstances solennelles. Il reste seulement treize ou quatorze sermons de ce genre ; encore en faut-il compter deux ou trois qui sont d'une époque postérieure à celle de Grignon. Ces discours sont plus étendus que les précédents ; ils ont aussi plus d'éclat et de mouvement (1). Citons, comme exemple, un passage de celui qu'il fit à Meursault, pour la fête de saint Vincent. Il étudie, avec saint Bernard, les propriétés de la vigne terrestre, *quasdam proprietates vitis terrestris*, afin d'en déduire aussi les propriétés de la vigne surnaturelle et

1. C. 47.

céleste : *super cœlestis vitis proprietates* (1). « Puisque je m'adresse, dit-il, à une population qui cultive la vigne, et puisque nous fêtons saint Vincent, ce diacre héroïque de l'église d'Espagne, qui fit couler le vin dans la coupe du sacrifice, avant de répandre son sang pour la foi, laissez-moi prendre pour thème, des occupations et un spectacle qui vous sont familiers ; laissez-moi vous développer les images qu'ils suggéraient au Sauveur lui-même, et vous dire comment Dieu retranche la branche improductive, comment il taille la branche qui porte du fruit, et comment cette branche, pour fructifier, a besoin de rester unie au cep. Telles sont les trois idées sur lesquelles je voudrais attirer votre attention, pour les graver dans votre esprit et en faire désormais la règle invariable de votre conduite. »

Dans la première partie, il montre ce qu'il advient de la branche improductive. Le vigneron l'enlève impitoyablement. Détachée du tronc, elle conserve un reste d'éclat et de verdeur, elle vit du peu de sève qui continue pendant quelques jours à gonfler ses veines. Mais bientôt, elle languit et se dessèche. On la ramasse, on la lie, on la jette au feu. De même, l'homme inutile sur la terre sera détaché du nombre des vivants et jeté dans le feu de l'enfer. De même, la vie sans vertus, sans bonnes œuvres, sans mérites surnaturels tombera sous la faux de l'ange exterminateur, et deviendra la proie des flammes. L'orateur développe cette pensée avec une grande véhémence.

1. *Vitis mystica*, cap. I, *init.*

« Le vigneron, dit-il dans la seconde partie, ne se contente point d'élaguer la branche inutile ou nuisible ; il soumet le cep à une autre et non moins instructive opération. En effet, quand son regard éclairé par une longue expérience, a fixé la branche qui doit produire le fruit, ne croyez pas qu'il l'épargne et la ménage. Au lieu de l'abandonner à elle-même, à l'exubérance de sa fécondité, il s'arme du fer tranchant, la saisit et la taille. Alors la vigne pleure. Mais bientôt le soleil du printemps essuie et boit ses larmes. Il cicatrise ses plaies, et les deux ou trois yeux qui restent en deviennent plus vifs et plus féconds. Ainsi se réalise ce gracieux phénomène entrevu par le grand échanson et si bien décrit par Joseph : « Je voyais devant moi une vigne sur laquelle il y avait trois yeux, qui se gonflaient insensiblement de manière à former autant de perles et de bourgeons, *in gemmas,* qui produisaient des fleurs auxquelles succédaient les raisins mûrs et appétissants. *Et post flores uvas maturescere* (1). »

« Voilà ce que fait le vigneron à l'égard de la branche qui doit donner du fruit. Or, Dieu le Père est aussi vigneron. *Pater meus agricola est.* Il ne se comporte pas autrement à l'égard du fidèle qui pratique la vertu. La branche qui porte du fruit, c'est le symbole de l'homme, de cet heureux homme (2) qui ne suit point les conseils de l'impie, qui ne s'engage point dans la voie du péché, et qui ne s'assied point dans la chaire de pestilence, cherchant à faire partager aux autres ses

1. Gen. XL, 10.
2. Ps. I, 1.

erreurs, et à les entraîner dans ses écarts, mais qui conforme sa volonté à la loi du Seigneur, et l'a, jour et nuit, devant les yeux. Il est comme un arbre, comme un cep de vigne, dont les racines sont baignées par une eau salutaire et qui donne son fruit en son temps. *Et fructum suum dabit in tempore suo.*

Parce qu'il donne son fruit et qu'il pratique le bien, n'allez pas vous imaginer que le Seigneur, le Père céleste, le tienne quitte et le laisse tranquille. Toute branche qui donne du fruit doit être taillée. *Purgabit eum.* Toute âme qui pratique le bien doit subir une opération analogue. Dieu taille et tranche de toutes parts chez elle, il blesse et coupe jusqu'au vif. C'est une loi universelle, et l'antiquité païenne la constatait elle-même, quand, par la bouche de ses orateurs et de ses poëtes, elle s'étonne des épreuves des gens de bien et des calamités de la vertu (1). Mais combien cette vérité devient plus éclatante, à la lueur du christianisme. »

Après une longue et saisissante application de cette doctrine au juste par excellence, Notre Seigneur Jésus-Christ, l'orateur reprend : « Si Dieu traite de la sorte le bois vert, que ne fera-t-il pas au bois sec ? S'il taille et tranche ainsi dans la personne du Christ, que ne fera-t-il pas dans celles des chrétiens ? Quand l'hiver est passé, quand la pluie a cessé et disparu ; en d'autres termes, et pour parler sans figure, quand le froid de l'incrédulité et les glaces du péché ont cessé de se faire sentir, quand le bavardage des prétendus phi-

---

1. Soirées de Saint-Pétersbourg, t. I, p. 189. (Note de M. Grignard.)

losophes, *philosophorum ventosa loquacitas*, les dogmes pernicieux des hérétiques, *prava dogmata hæreticorum*, les traditions superstitieuses, *traditiones Pharisæorum*, (car, comme le dit saint Bernard (1), tout cela ce sont de mauvaises pluies, *mali imbres sunt*), quand tout cela a cessé et disparu, et que les fleurs des bonnes pensées et les saintes résolutions commencent à poindre, comme autant de fleurs embaumées et pleines d'espérances, alors, le temps de la taille est venu. *Tempus putationis advenit* (2). Il faut que toutes les branches qui doivent porter du fruit y passent ; que tous les fidèles, qui veulent vivre pieusement dans le Christ, souffrent leurs persécutions. Tous, entendez-vous ! *Omnem palmitem !* Ah ! c'est en vain que vous vous flattez d'échapper à cette opération pénible et douloureuse ; que vous mettez votre complaisance dans vos biens, dans la grandeur de votre pays. Vous vous entourez d'amis dévoués, d'une famille heureuse et florissante ; votre honneur est intact, votre santé robuste ; vous avez l'esprit serein et le cœur joyeux. Le bonheur semble avoir fait un pacte avec vous et vous sourire à jamais. Tout cela, ne vous y trompez pas, ce sont des apparences spécieuses ; et si vous êtes véritablement chrétiens, si vous portez des fruits de salut et de vie, il le faudra, tôt ou tard, vous serez éprouvés, la branche de vigne sera taillée. *Et omnem palmitem ferentem fructum purgabit eum.* »

1. *In Cant.*, Serm. LVIII, 7.
2. Cant. II, 12.

Suit le détail des afflictions auxquelles on peut s'attendre, depuis le chétif insecte à peine visible qui peut-être un jour ravagera ces riches côteaux, jusqu'aux peines intérieures qui pourront monter à l'assaut de l'intelligence et du cœur. « Oui, s'écrie M. Grignard, la tête est malade, le cœur est chagrin. Depuis la plante des pieds, l'homme n'est plus que blessures livides et plaies tuméfiées. Car Dieu a taillé et tranché partout. *Purgabit eum.*

Mais pourquoi donc cette torture infligée à ceux qu'il aime? Pourquoi ces calamités dont il accable ceux qui pratiquent le bien, ces privations de toute sorte auxquelles il soumet la vertu? Oui, pourquoi ce taillage pénible et douloureux? Vous pouvez répondre vous-même. Ah! ce n'est pas que Dieu, cruel et barbare, se réjouisse des souffrances que nous ressentons, comme ces idoles sanguinaires qui se réjouissaient des angoisses de leurs victimes. Dieu est très bon; sa miséricorde surpasse ses autres attributs, comme les flots d'huile surnagent par-dessus les autres liquides. Si donc il opère des déchirements en nous et autour de nous, c'est parce qu'il veut nous voir devenir meilleurs, détacher de plus en plus nos âmes de tout ce qui n'est pas lui, les dégager de toute affection étrangère, les purifier et les améliorer. Vous taillez la vigne pour qu'elle produise des fruits plus nombreux, du moins, plus doux et plus savoureux. Dieu fait de même : il taille la vigne humaine, afin qu'elle produise plus de vertus, des vertus plus fortes et plus vigoureuses. »

A quelle condition deviendrons-nous meilleurs?

C'est ce que montre la troisième partie. « Cette science, dit le prédicateur, se trouve comprise dans ces paroles du Sauveur : « Demeurez en moi et moi en vous. De même que la branche de vigne ne peut porter du fruit par elle-même, si elle n'est pas unie au cep, ainsi en est-il de vous, si vous ne restez pas en moi. Car, je suis comme la vigne et vous êtes comme les branches. Celui qui demeure en moi et moi en lui, celui-là porte beaucoup de fruit. Car, sans moi, vous ne pouvez rien faire. »

En trois ans, M. Grignard écrivit plus de deux cents instructions. Celles de 1876 sont relativement moins nombreuses, parce que, ayant acquis si laborieusement l'habitude de la parole, l'improvisation s'imposa, pour ainsi dire, d'elle-même. Les années suivantes, il n'écrivit presque plus. Il continua de prêcher, comme le veut l'apôtre, en toute circonstance (1) : « Annoncez la parole ; pressez les hommes d'une manière opportune, inopportune ; reprenez, suppliez, menacez, sans vous lasser jamais de les supporter et de les instruire. » Quand il fallait tonner contre les scandales, « il savait si bien dire les choses », dit un témoin (2), qu'il faisait à tous la leçon sans blesser personne. Il excellait à développer un texte de la sainte Ecriture (3). Comme il la méditait sans cesse, il s'en servait à souhait pour donner du relief à sa pensée, et il en tissait, comme d'une chaîne d'or, tout un long discours.

1. II. Tim. IV, 2.
2. Lettre déjà citée.
3. Attestation de plusieurs paroissiens.

A chacune des fêtes de la très sainte Vierge, il célébrait les vertus et les prérogatives de la reine des anges et des hommes. Ses paroissiens ont remarqué la prédilection avec laquelle il revenait sur ce sublime et délicieux sujet. Il le fit surtout dans la seconde période de son ministère à Grignon, c'est-à-dire à l'époque où il n'écrivait plus ses sermons. Les souvenirs des paroissiens sont très précis. Il avait étudié depuis longtemps, les manuscrits d'Agey (1) en fournissent la preuve, tout ce qui se rapporte à la Mère de Dieu. Il pouvait parler ainsi de l'abondance du cœur : les louanges de Marie coulaient naturellement de ses lèvres.

1. Cote 39.

# CHAPITRE DIXIÈME

## M. Grignard à Grignon.

(Suite)

### ŒUVRES PAROISSIALES.

Importance des œuvres. — Restauration de l'église paroissiale. — Le maître-autel. — Autres transformations. — Création d'un pèlerinage en l'honneur de sainte Reine. — Premières fêtes. — Etablissement des œuvres de l'Apostolat de la prière et de la Sainte-Enfance. — Anciennes associations. — Confrérie du très saint et immaculé Cœur de Marie. — Confrérie de saint Jean l'évangéliste. — — Curieux statuts de 1487. — Mme Morisset. — Missionnaires diocésains. — Un monastère de bénédictins.

UAND on possède, au degré où l'avait M. Grignard, une spécialité remarquable, surtout celle de l'érudition, certaines personnes sont tentées de croire que cette qualité absorbe les autres, et que, cet avantage excepté, il est permis de faire table rase de tout ce qui reste. A cette règle, si elle en est une, il

y a des exceptions. Ne voit-on pas des prêtres qui se plaisent dans le ministère autant que dans l'étude, et qui ont, avec l'amour de la science, le zèle des œuvres et de la maison de Dieu (1). »

M. Grignard fut de ce nombre. Il y a plus : le devoir de sa charge s'offrit toujours à lui comme l'unique nécessaire, *unum necessarium* (2) ; l'étude ne lui parut qu'un surcroît. « Cherchez avant tout le royaume de Dieu », dit le divin Maître (3). Son fidèle disciple travailla pour les âmes, se dépensa tout entier pour elles. Son temps, ses veilles, toute sa personne leur appartint. Voilà ce que plusieurs ont ignoré peut-être, mais ce que savent ses paroissiens et ses amis, ce qu'ils m'ont chargé de dire les uns et les autres et ce que nous ont révélé d'ailleurs, on l'a vu, les témoignages et les manucrits. Achevons de mettre cette pensée en pleine lumière, en examinant ce qu'il fit au point de vue des œuvres paroissiales.

Les fatigues de la prédication et du ministère pastoral n'éteignirent pas plus les ardeurs de son zèle que les souffrances du dévouement n'amortirent sa charité (4). Un curé, vraiment digne de ce nom, ne peut se croiser les bras devant les œuvres qui le sollicitent. Après avoir jeté sa parole, comme la semence de l'évangile, dans les sillons de la paroisse, après les avoir arrosés de ses sueurs et de ses peines, il voit qu'il faut donner

1. Ps. LXVIII, 10.
2. Luc, x, 42.
3. Matt. VI, 33.
4. Cant. VIII, 7.

aux paroissiens l'amour de leur église, et créer des associations qui réunissent, comme dans un faisceau, les âmes les plus généreuses et les forces les plus résistantes.

Or, comment faire aimer l'église, si ce n'est en la parant, en la couronnant, comme dit le psalmiste (1), d'honneur et de beauté? Mais à Grignon, avant de décorer la maison de la prière, il fallait la restaurer, ou plutôt empêcher un écroulement imminent. Le vieil édifice menaçait ruine. Les voûtes de la nef étaient profondément lézardées. La sécurité du culte se trouvait compromise.

Le monument n'était pas moins vénérable par son antiquité que par son caractère architectonique. Il existait au douzième siècle, comme le prouve une charte de l'abbaye de Flavigny datée de 1149. Il fut probablement reconstruit, à cette époque ou dans le siècle suivant, si l'on en juge par les modillons de l'entablement, l'aspect des fenêtres et de la porte latérale, les ogives de la voûte et l'ornementation végétale des chapiteaux (2).

Le chœur, qui est de style gothique, appartient à une époque plus récente. A droite, se trouve la chapelle dite des douze apôtres, où l'on voit un curieux rétable de la renaissance. Un prêtre, qui fut probablement curé de Grignon (3), Perrin Perrault, la fit construire et décorer, l'an 1554, « en l'honneur et gloire de Dieu, de la

---

1. Ps. viii, 6,
2. *Histoire de la paroisse et du village de Grignon*, par M. François Grignard prêtre, curé de ladite paroisse, MDCCCLXXX. Ms. p. 1, 3.
3. *Ibid.* p. 158.

Vierge Marie, sacrée et immaculée, et des douze Apôtres de Notre Seigneur et Rédempteur Jésus-Christ (1). » Fallait-il se résigner à voir disparaître une église si intéressante ? M. Grignard ne le pensa pas.

Il provoqua, en faveur de l'église, un certain élan paroissial. On organisa une souscription ; on employa de hautes interventions : mais les ressources qu'on parvint à réunir ainsi furent trop insuffisantes. Une fois un moellon touché, combien ces anciens édifices réclament de dépenses, personne ne l'ignore. Le conseil municipal vint en aide au pasteur. Il approuva, par délibération du 14 mai 1876, un devis de cinq mille six cent soixante-dix francs et vota, pour couvrir une partie des frais, vingt centimes additionnels pendant cinq ans. Il recourut à l'Etat pour parfaire la somme (2). A l'apurement des comptes, un nouvel appoint se trouva nécessaire. M. Grignard imagina l'expédient d'une loterie, comme nous l'apprend la lettre suivante de Mgr Rivet (3) :

« Vous avez eu tort, mon cher curé, de ne pas me demander plus tôt de prendre part à votre loterie. 1° Je vais vous envoyer six lots. 2° Je vous prie de prendre pour moi cinquante billets, que vous garderez et donnerez en récompense aux enfants du catéchisme. »

Ce qui dans une église attire immédiatement les yeux, le point central de l'édifice, c'est le trône de Dieu, c'est l'autel. Celui de Grignon ne manquait pas d'élé-

1. P. 13.
2. *Mélanges*, cote 49.
3. Dijon, 5 mars 1879. Cote 40.

gance, mais il était en marbre noir et de style grec. Ce défaut d'harmonie et cette teinte funèbre le condamnaient à disparaître. M. Grignard avait le goût trop pur pour le supporter longtemps. Il le remplaça par un autre autel en pierre blanche et d'un aspect imposant. Le dessin en fut calqué sur celui de la piscine qu'on remarque à quelques pas (1). L'autel lui fut offert, en 1875, « par une main, écrit-il dans son *Histoire de Grignon* (2), qui désire rester inconnue. » J'imiterai sa discrétion, mais il me sera permis d'ajouter un détail. Cette main n'était pas moins habile que généreuse : car, elle a dessiné la porte du tabernacle qui est un chef-d'œuvre. Elle y a mis trois images : celle du Christ, celle de la sainte Vierge et celle de saint Jean pour exprimer une triple association d'idées. D'abord, le tabernacle où le Sauveur réside, est, suivant Durand de Mende, le symbole de la sainte Vierge ; ensuite, l'autel représente le Calvaire où Jésus mourut sous les yeux de sa mère et du disciple qu'il aimait ; enfin l'église de Grignon est dédiée à saint Jean l'évangéliste. Voilà pourquoi la main ingénieuse, autant que discrète, dont nous parlons, a réuni ces trois figures dans un même cadre (3).

Deux ans plus tard, un autre autel, du style de la renaissance, venait également s'harmoniser avec l'admirable rétable de la chapelle des douze apôtres (4). En

---

1. *Histoire de la paroisse de Grignon*, p. 10.
2. *Loco citato*.
3. *Ibidem*.
4. P. 22.

1880, le sanctuaire reçut de la libéralité de la famille Sauvel une splendide décoration. Deux verrières représentant saint Jean-Baptiste et saint Jean l'Evangéliste furent placées dans la fenêtre géminée de l'abside (1).

Sur ces entrefaites, deux des colonnes matérielles dont le discours de 1876 avait signalé l'absence, s'étaient relevées à la grande joie du pasteur. Mais ce qui le charma plus encore, ce fut de voir apparaître dans sa paroisse ces autres colonnes, qu'il n'avait pas soupçonnées d'abord et qui se dressèrent à souhait sous ses yeux, pour l'aider à soutenir l'édifice spirituel.

Autant il prit soin du temple extérieur, autant il se plut à parer celui que forment les âmes. Il vint à Grignon l'année même où les pèlerinages commencèrent à prendre un essor extraordinaire. Il résolut d'en organiser un dans sa paroisse, afin d'affirmer publiquement la foi des uns et de réveiller celle des autres (2). La prison de Sainte-Reine,

> Au cœur du vieux *castrum*, et parmi les ruines
> Qui de Grignon déchu couronnent les collines (3),

lui offrit une station parfaitement en rapport avec ses desseins. Une allée pleine d'ombre et de recueillement conduit de l'église à la demeure écroulée de Clementinus. On franchit la porte féodale aux rainures pro-

---

1. *Ibid.* p. 10.
2. Sermon intitulé : *Objections contre les pèlerinages. Grignon*, 1873.
3. *Histoire de Grignon*, p. 80. Cf. *Sainte-Reine d'Alise*, p. XI.

fondes où grinçait jadis la herse. On circule autour du vieux donjon : on contemple les toits effondrés, les arceaux à demi abattus, les crénaux couchés sur le sol (1). On arrive à une cour intérieure, que bordent, d'un côté, les murs encore debout du château, et de l'autre, un rideau d'épicéas. Les regards se portent sur les remparts démantelés ; et c'est là qu'ils aperçoivent l'orifice de la prison. Quels accents inspirera la vue de ce cachot en ruines, où la fille de Clementinus poussa ses premiers gémissements! Quelle émotion envahira les cœurs, quand on dira que les prisons s'écroulent, lorsque les martyrs les ont sanctifiées! Quel théâtre pour célébrer la défaite des persécuteurs, le néant des grandeurs humaines, la foi toujours attaquée par les passions humaines, et, quoique souvent ébranlée, cependant toujours victorieuse!

Telles sont les choses dont M. Grignard eut comme une intuition subite. Aussi, à la première fête de sainte Reine, en 1873, les pèlerins accouraient sur la montagne. Le promoteur de cette pieuse manifestation s'était pourvu des autorisations nécessaires, il avait réfuté les objections et fait appel à ses paroissiens comme aux fidèles des alentours. Les années suivantes, le pèlerinage, mieux connu, fut de plus en plus suivi. En 1877, M. Grignard fit imprimer sa dissertation intitulée : *Sainte-Reine à Grignon.* Nous l'analyserons plus loin. La même année, il bénit solennellement la statue de la Vierge martyre, au milieu, a-t-il écrit lui-

---

1. Voir le journal LA COTE-D'OR, 14 septembre 1876.

même (1), d'un grand concours de fidèles des paroisses voisines, en présence de plusieurs membres du clergé et des châtelaines de Lantilly et d'Orain. »

Voici la description qu'il donna plus tard de l'une de ces fêtes, dans un compte rendu publié par les feuilles religieuses (2) : « Du sein des fleurs blanches comme la neige ou rouges comme l'écarlate, distribuées avec un art exquis, ou groupées avec une noble profusion, se détache la statue de la Sainte, que décorent la candeur de la virginité (3) et la pourpre du martyre.

Affaissée sous le poids de sa chaîne, les mains jointes et les yeux levés vers le ciel, dans l'attitude de l'angoisse et de la prière, elle semble jeter encore sa plainte déchirante, retracée en lettres d'or au milieu des pins qui dominent l'assistance : « Brisez mes liens, Seigneur, et je vous offrirai un sacrifice de louanges (4). »

En retournant à l'église, la procession put désormais vénérer une relique authentique de la Vierge martyre. Mgr Rivet l'avait précédemment offerte à l'abbé Grignard, comme récompense de sa dissertation ; celui-ci s'était hâté de la placer dans un reliquaire, en la substituant à une autre qui venait de Rome et qui n'était certainement point de sainte Reine d'Alise (5).

Cette œuvre créée, l'occasion vint d'en établir deux

---

1. *Histoire de la paroisse de Grignon*, p. 80.
2. 14 septembre 1878. Voyez *la Côte-d'Or*, *le Catholique* et *la Chronique religieuse de Dijon*.
3. *Quod virginitatis condecorat candor*.
4. Ps. CXV, 16.
5. *Histoire de Grignon*, p. 37.

autres, de moindre éclat sans doute, mais qui demandent des actes plus répétés. Il s'agit de l'*Apostolat de la prière* et de la *Sainte-Enfance*. La première a pour but de porter les chrétiens à s'unir aux prières du Cœur de Jésus « toujours vivant pour intercéder pour nous », et à coopérer ainsi, avec l'Eglise et ses ministres au salut des âmes que Notre-Seigneur a tant aimées (1). Elle forme comme une pacifique croisade d'enrôlés volontaires, qui combattent ensemble sur tous les points du globe, et, comme autant d'apôtres, propagent le règne de Dieu par la prière.

La seconde vient en aide à de pauvres petites créatures abandonnées sur des plages lointaines. L'Eglise les recueille dans ses bras, comme une mère. Les ayant arrachées à une mort certaine, elle les adopte pour ses enfants et les initie à la vraie vie, qui est celle de la grâce. Ces deux nouvelles œuvres furent implantées à Grignon, pendant le cours de la mission de 1878 (2).

L'abbé Grignard en trouva d'autres, qui, grâce au zèle de plusieurs de ses paroissiens, étaient assez prospères. Je veux nommer celles du *Denier de saint Pierre* et de la *Propagation de la Foi*. Il les soutint l'une et l'autre généreusement et hardiment, d'abord en donnant au-delà de ses ressources, ensuite en excitant avec autant de franchise que de fermeté ceux qui semblaient s'attarder un peu dans la voie de la générosité.

---

1. Statuts de l'Apostolat de la prière. *Voyez la Pratique de la Dévotion au sacré Cœur de Jésus*, par l'abbé Jules Thomas. Dijon, MDCCCLXVI, p. 346.
2. *Histoire de Grignon*, t. I, p. 276.

A Grignon, comme ailleurs, il ne manque pas de certaines associations, d'une nature assez vague, vestiges effacés d'un autre âge, et pâles imitations des jurandes et des maîtrises d'autrefois. Aujourd'hui, ces restes des anciennes corporations ne s'affirment guère en dehors de leurs fêtes patronales. On célèbre, à Grignon, celles de saint Eloi, de saint Vernier, de sainte Barbe, de sainte Catherine et de saint Nicolas. Mais là se borne généralement la dévotion des associés. Quant aux obligations et aux avantages dont les confréries canoniques étaient jadis la source, il n'en est plus guère question. Quoiqu'il en soit, M. Grignard tint à profiter des réunions annuelles pour déposer, nous l'avons dit précédemment (1), quelques grains de la bonne semence dans le cœur de ceux qui venaient encore à l'office.

Ce serait cependant une erreur de supposer qu'il n'y avait point à Grignon de confréries en règle. Je puis en citer deux : l'une établie depuis peu, l'autre, au contraire, de temps immémorial. La plus récente porte le nom de « *Confrérie du très saint et immaculé Cœur de Marie, pour la conversion des pécheurs.* » Elle se rattache à l'une des dévotions les plus répandues de nos jours, parmi celles qui rendent à la sainte Vierge un culte particulier. Ces premiers mots : *Le très saint et immaculé Cœur de Marie*, indiquent l'objet spécial de cette dévotion. Elle est symbolique, comme celle du sacré Cœur de Jésus elle-même. Le Cœur de Marie représente son amour. Ce que l'Eglise

---

1. V. *Supra*, p. 141.

honore, ce dont elle rappelle la mémoire, c'est l'immense charité de la sainte Vierge pour Dieu, et les effusions de sa tendresse à l'égard des hommes (1). Les derniers mots : *Pour la conversion des pécheurs*, marquent le but que l'on se propose d'atteindre par l'intercession de la Mère de Dieu.

La dévotion du Cœur immaculé de Marie est d'origine française, comme celle du sacré Cœur de Jésus. Comme elle encore, elle a reçu l'approbation des évêques de France, avant d'obtenir celle des souverains pontifes. Un décret de la sacrée Congrégation des Rites lui fit concession, le 31 août 1805, d'une fête, d'un office et d'une messe. En 1838, les faveurs dont Grégoire XVI enrichit l'archiconfrérie de Notre-Dame-des-Victoires, furent le prélude d'un mouvement tel, qu'au dire du Père Roothaan, il n'y a rien de semblable dans les annales de l'Eglise (2). Jamais la très sainte Vierge ne fit tant et de si éclatants miracles. La définition du dogme de l'Immaculée-Conception, en 1854, mit le comble à la gloire du Cœur *très pur*. Il fut décidé qu'on l'invoquerait désormais sous ce titre, dans la messe et l'office de la fête (3).

La confrérie du très saint et immaculé Cœur de Marie pour la conversion des pécheurs, fut érigée canoniquement dans l'église de Grignon, le 7 juillet 1842. On l'affilia, quelques jours après, à l'Archiconfrérie de

---

1. Actes de la S. Congrégation des Rites, 21 juillet 1855.
2. Litt. encyc. 24 junii 1848.
3. Décret de la S. Congrégation des Rites, 21 juillet 1855.

Notre-Dame-des-Victoires (1). Elle méritait la prédilection du pieux curé de la paroisse. Aussi l'entoura-t-il de tous ses soins ; c'est pour elle qu'il fit ces nombreuses allocutions sur la très sainte Vierge, que nous avons signalées.

L'ancienne confrérie se présente avec la majesté d'une institution séculaire. Elle fut érigée, sous la seconde branche des Valois, mais à une époque assez indécise, « à l'honneur de monsieur sainct Jean l'Evangéliste. » Elle vécut un certain temps de droit coutumier, puis elle rédigea son règlement. Antoine de Chalon l'approuva, le 1$^{er}$ juillet 1487, sous ce titre : « Statutz et ordonnances de la vénérable confrairie, fondée, ordonnée, établie et solemnisée chacun an au lieu de Grignon (2). »

Je les analyse brièvement, parce qu'ils sont aussi curieux qu'instructifs. Les confrères sont tenus de payer : 1° En entrant « dix sols et demi-livre » ; 2° chaque année « un gros tournois » ; 3° d'assister et d'offrir aux trois grand'messes qui se disent le jour de la fête ; « 4° de maintenir les vignes appartenantes à lad. confrairie, et les aller ouvrer en toutes saisons nécessaires » ; 5° Les femmes devront, par acte de dernière volonté, laisser leur meilleure robe à la confrérie. En retour, les membres jouissent d'amples avantages. D'abord, ils ont l'honneur et la joie de participer chaque année, le jour de la fête de saint Jean, à des agapes

---

1. *Histoire de Grignon*, t. I, p. 273.
2. *Ibid.* t. II, p. 71.

toutes fraternelles, « de disner ensemble, comme portent les statuts, en la maison d'icelle confrairie, avec les sieurs d'église, qui auront célébré pour leurs intentions. » Ensuite, ils sont assurés que leur deuil sera grandement conduit : « *Item*, quand il plaira à Dieu, que aucuns desd. confrères ou conseurs iront de vie à trépas, chascun confrère sera tenu d'accompagner le corps jusques à la sépulture, ayant chascun un cierge en sa main. » Enfin, ils ont la consolation de penser, qu'après leur mort, on dira pour eux de nombreuses prières : « *Item*, doresnavant, seront dites et célébrées pour l'intention desd. confrères et conseurs et pour les trespassez, chascune sepmaine de l'an, quatre messes ordinaires : c'est à savoir, le lundy, des trespassez une ; de monsieur sainct Jean, en l'honneur duquel est établie la confrairie, une, qui se dira tous les jours, à tel jour qu'aura été lad. feste ; le mercredy, du Saint-Esprit, une ; et le sabmedy, de Notre-Dame, une (1). »

Ainsi les messes annuelles, que la confrérie fait célébrer en faveur de ses membres, s'élèvent annuellement à plus de deux cents ; et elles reviennent chaque semaine dans une succession quaternaire : messes de *Requiem*, de saint Jean, du Saint-Esprit, de la sainte Vierge. Quels avantages spirituels, quels trésors de grâces peuvent s'en promettre pauvres et riches, petits et grands, pour le soulagement de leurs peines, pendant leur vie, et pour le repos de leurs âmes, après leur mort !

1. *Histoire de Grignon*, t. II, p. 70.

Pour relever une institution si respectable et pour en célébrer les mérites, la matière était belle. M. Grignard écrivit cette histoire dans les annales de Grignon ; il se plut à la raconter de vive voix. Il rétablit la fête patronale avec grand'messe et pain bénit ; il engagea vivement les fidèles à se faire inscrire. La confrèrie s'était réorganisée d'elle-même, après la révolution ; avec ce prêtre intelligent et zélé, elle retrouva ses beaux jours d'autrefois. Les confrères se groupèrent avec joie autour du bâton de leur saint. « Au moment où j'écris ces lignes, (c'est M. Grignard qui parle, laissons-le raconter son succès et son bonheur [1]), au moment où j'écris ces lignes, le 17 décembre 1879, ils sont au nombre de 102. C'est autant et plus que la confrérie n'en comptait en 1788 [2]. Qu'il me soit permis de répéter à ce sujet la parole du prophète : « J'ai vu avec une grande joie votre peuple qui s'est trouvé ici, pour vous offrir ses dons : Seigneur, Dieu d'Abraham, d'Isaac et d'Israël nos pères, gardez pour l'éternité cette volonté de leurs cœurs [3]. »

Un jour, une femme de Thecua se prosternait devant David [4]. Le roi lui dit : « Quelle affaire vous amène ici ? Hélas, répondit-elle, je suis veuve. Mon mari est mort, et mes enfants aussi. » La sainte Ecriture ajoute que cette femme était sage et qu'elle avait une mission.

---

1. *Histoire de Grignon*, t. I, p. 169.
2. Ils étaient alors 80, au dire de M. Baudouïn. (Note de M. Grignard.)
3. I Paralip. XXIX, 17, 18.
4. II Reg. XIV, 4.

A ces traits, les habitants de Grignon reconnaîtront M^me Morisset. Née d'une famille anoblie en 1344 (1), Marie Le Clerc de Ruffey épousa, le 26 juillet 1819, Henry-Symphorien Morisset-Dubréau, ingénieur des ponts et chaussées. Elle eut un grand nombre d'enfants, qui ne vécurent pas, et son époux les suivit dans la tombe. La veuve désolée édifia Grignon pendant une longue carrière. Elle se donna une humble mais noble mission, celle d'enseigner la sagesse aux autres, en la pratiquant elle-même au plus haut degré. M. Grignard a dit d'elle (2) : « Mettant en pratique la parole de l'apôtre saint Paul, qui recommande à ceux qui croient en Dieu de se mettre à la tête de toutes les bonnes œuvres, Madame Morisset, dont la foi ne reculait devant aucun sacrifice, s'établit, en qualité d'institutrice privée, dans la commune, dès le 27 décembre 1841 ; et non contente d'instruire les petites filles du village, elle accueillait dans son école les enfants des villages voisins, auxquelles elle se plaisait à distribuer, avec les éléments des sciences humaines, les principes de cette science des saints dont son cœur était pénétré et qui faisaient la règle de toutes ses actions (3). »

Elle mourut en 1878, après s'être dépouillée de tout, de sa fortune, comme de sa propre maison. Elle y avait installé, pour continuer son œuvre, des religieuses de la Providence de Vitteaux. Elle conserva son titre d'ins-

---

1. *Histoire de Grignon*, t. II, p. 179.
2. *Ibidem*, t. I, p. 234.
3. *Regist. municip.* III, p. 129. (Note de M. Grignard.)

titutrice libre, et resta officiellement responsable de l'école, jusqu'à la fin de 1876 (1).

Elle s'était confinée, depuis dix ans, à peu près comme une recluse, dans une petite chambre attenante à sa demeure, et elle avait cédé sa propriété à l'œuvre des prêtres missionnaires de Notre-Dame-de-Sainte-Garde. L'évêché de Dijon était devenu propriétaire ; c'est en son nom que s'établit la nouvelle communauté. Les Gardistes occupèrent toute la maison avec ses vastes jardins, à l'exception des pièces réservées aux sœurs et à Mme Morisset. M. Grignard a dit également d'eux (2) : « C'est de là qu'ils rayonnaient dans le diocèse, pour jeter aux foules réunies autour d'eux, les enseignements de la religion chrétienne, avec la chaleur de convictions et la parole imagée des enfants du midi. »

Malheureusement leur séjour ne fut qu'une station. Ils quittèrent le diocèse, en 1874 (3), emportant avec eux l'estime et les regrets de Mgr Rivet, du clergé et de tous ceux qui les avaient connus.

Leur départ n'affligea personne autant que le curé de Grignon. Il ne perdait pas seulement en eux des amis ; il voyait s'éteindre un foyer permanent d'édification pour la paroisse. Que faire en cette conjoncture ? chercher une autre maison religieuse ? La chose n'était pas facile. Mais l'abbé Grignard ne désespéra point. Il eut ici, comme en d'autres occasions, une clairvoyance et

---

1. *Histoire de Grignon*, t. I, p. 236.
2. *Ibid*. 281.
3. Lettre de Mgr Rivet. Vitteaux, le 21 septembre 1874. C. 40.

une décision peu communes. Grâce à ses démarches et à son habileté, différentes combinaisons se présentèrent. Il s'attacha de préférence à celle qui devait réussir. Nous le tenons d'une attestation aussi formelle qu'irrécusable, parce qu'elle nous vient de la seule personne qui pouvait la fournir. A la suite d'une entrevue dont il eut l'initiative, une correspondance très compliquée et qui dura plus de trois ans, s'ouvrit entre lui et M. l'abbé Lamey, celui qui devait ramener à Grignon l'habit et la règle de la vie cénobitique. Commencés le 25 février 1876, les pourparlers durèrent jusqu'au 19 juillet 1879 (1).

Cette œuvre dut naturellement s'élaborer avec l'assentiment de Mgr l'évêque. « Mon cher curé, écrivit-il le 20 juin 1876 à M. Grignard, vous avez vu l'excellent abbé Lamey ; il vous a dit son grand projet, son rêve constant depuis dix ans bientôt. » Le vénérable prélat indique ensuite dans quelles conditions devait s'installer M. Lamey : « Je viens d'écrire à Mlle *** pour la remercier de l'abandon si généreux qu'elle veut bien faire du château de sainte Reine, en faveur de cette œuvre à venir. » Après certaines indications au sujet desquelles Mgr Rivet s'était mépris, il ajoute : « En attendant, l'abbé Lamey va venir s'établir dans notre maison, afin de pouvoir étudier sur place les réparations et l'appropriation du château. » Il termine par ces gracieuses réflexions : « Vous apprécierez bien vite l'abbé Lamey.

---

1. Lettres du R. P. Lamey à M. l'abbé Grignard, cote 40 B, et lettres à Mlle ***. C. P.

C'est un cœur d'or, une âme de prêtre. Je me réjouis de ce qu'il trouvera en vous d'affection fraternelle et de bons conseils. Il a déjà su l'apprécier. »

Enfin les difficultés qui entravèrent cette fondation furent aplanies ; M. l'abbé Lamey, ayant pris, dans l'intervalle, l'habit de saint Benoît au monastère de Notre-Dame de la Pierre ou Mariastein, en Suisse, se trouva prêt (1). Alors, la petite communauté partit pour Grignon. Elle se composait de quatre personnes. Elle fut reçue très cordialement, mais sans apprêts, par M. l'abbé Grignard, car le R. P. supérieur avait pris soin de lui écrire avec une simplicité toute monastique (2) : « Je vous prierai de ne pas venir nous chercher avec votre clergé, pour nous conduire ensuite processionnellement dans notre gîte. Il faudra que nous arrivions tout à fait incognito, tout tranquillement, comme des poules qui reviennent des champs. »

Quelques mois plus tard, le R. Père recevait, par l'intermédiaire de M. le curé de Grignon, son titre de fondateur et de prieur régulier du futur monastère (3). Les travaux de restauration durèrent assez longtemps. Il fallut rester quelques années dans la maison des Gardistes. Quand les toits furent recouverts et les cellules prêtes, le vénéré prieur s'installa définitivement dans le manoir féodal des comtes de Grignon.

Mais au lieu des armes de guerre, des hallebardes

---

1. Lettre du R. P. Lamey, 1er février 1889. C. P.
2. Lettre du 1er mai 1879. C. 40 B.
3. « *Te instituimus fundatorem et priorem regularem hujusce loci.* » C. 40 B. Cf. Lettre du R. P. Lamey, 1er février 1889.

et des arquebuses, dont le chargeaient les anciens seigneurs, les sommets rajeunis du vieux château ne présentèrent plus que des télescopes et des appareils scientifiques. Et le chevalier du guet, qui surveillait jadis les plaines d'alentour, fut remplacé par le moine observateur qui étudie les phénomènes célestes.

Le monastère du Père Lamey se rattache à l'ordre de saint Benoît; son but toutefois est différent : il est même tout à fait nouveau. M. Grignard le précise en ces termes (1): « Sa maison est destinée à opérer dans l'ordre des sciences naturelles des effets analogues à ceux que les célèbres congrégations de Saint-Maur et de Saint-Vannes ont réalisés dans le domaine de l'histoire. Elle imprimerait à ces sciences une nouvelle impulsion, en même temps qu'elle contribuerait à les réconcilier avec la religion et la foi. » (2)

Telles sont les œuvres auxquelles se trouva mêlé M. Grignard. Si l'on en rapproche ce qu'il fit pour les pauvres, on peut dire qu'il fut vraiment un prêtre selon le cœur de Dieu, et qu'il eut une véritable intelligence de la charité sacerdotale. On lit dans un vieux texte des Décrétales que les anciens clercs devaient faire quatre parts de leurs biens : la première pour l'évêque et sa maison, la seconde pour leur entretien

---

1. *Hist. de Grignon*, t. I, p. 282.
2. Le R. P. Lamey a publié plusieurs opuscules sur son œuvre et sur Grignon: V. *Leibniz et l'étude des ruines dans un monastère*. Dijon. 1878. — *Philosophie de saint Thomas*. Pau, 1881. — *Gallia Benedictina hodierna*. Brunæ, MDCCCLXXXI. — *Notice sur les Travaux exécutés à l'Observatoire de Grignon, en* 1886. Karlsruhe, 1887. 4° et 5° comptes-rendus.

personnel, une troisième pour les pauvres, et la quatrième pour la réparation des églises (1). Ne semble-t-il pas que l'abbé Grignard ait pris cette règle dans la répartition des fonds dont il a pu disposer? Si humble qu'ait été sa vie, elle n'en a pas moins constitué un centre où convergèrent des ressources et des dons qu'il sut faire rayonner ensuite.

1. *De Reditibus*, xii, 2. Cf· *Encycl. théol.*, t. *IX*, col. 308.

## CHAPITRE ONZIÈME

### M. Grignard à Grignon.

(Suite)

#### ÉTUDES ET RELATIONS.

Etudes ecclésiastiques. — Préparation aux grades en théologie. — Instances de M. Grignard pour obtenir la permission de retourner à Rome. — Refus catégorique de Mgr Rivet. — Une consultation canonique. — Réponse de Mgr l'évêque. — Soumission de l'abbé Grignard. — Nouvelle direction de ses études. — Ouvrages manuscrits et imprimés. — Relations littéraires. — Affection de Mgr Rivet pour M. Grignard. — Amitiés confraternelles. — Grâce exquise de l'érudit. — Relations paroissiales. — Départ de Grignon.

N jour, presque à la fin de sa vie, M. Grignard eut l'occasion de jeter un regard en arrière sur l'ensemble des études auxquelles il s'était appliqué. Ecrivant l'abrégé de sa vie dans quelques pages intitulées *Curriculum vitæ*, il énuméra, non sans joie, les maisons renommées où il avait passé : Plom-

bières, Dijon, Montpellier, le collège romain. Il déclara ouvertement que, s'il n'était pas retourné à Rome, en 1870, pour y conquérir la palme du doctorat, la guerre et l'occupation piémontaise l'en avaient seules empêché. Il révéla, sans plus de détour, qu'il avait maintes et maintes fois sollicité de Mgr Rivet la permission de partir; puis, il ajoute cette phrase qui résume son travail scientifique de Grignon (1): « Ce que je voulais atteindre avec des professeurs, je me suis efforcé de l'obtenir par moi seul, et j'ai consacré mes loisirs à des études de toute sorte, mais surtout ecclésiastiques. »

Les études ecclésiastiques dont il s'agit, l'abbé Grignard les poursuivit toujours en vue du doctorat. Il lut à Grignon, dans les premières années, la Somme de théologie de saint Thomas, avec tous les savants et longs traités du cardinal Franzelin. Je n'en ai point trouvé les *compendium* dans ses manuscrits; mais il m'a lui-même confié ces détails. Les cahiers et les notes qui se rapportent aux études ecclésiastiques forment cinq ou six volumineux dossiers (2). En retranchant les rédactions des séminaires, il reste encore un travail qui accuse une rare activité d'esprit.

Il continua, dans sa solitude de Grignon, d'étudier la sainte Ecriture, selon la méthode actuelle des écoles, en recourant tout d'abord aux sources originales. Aussi, ses cahiers d'exégèse fourmillent-ils de caractères hé-

---

1. *Curriculum vitæ*. Mémoire ms. présenté à l'université de Fribourg en-Brisgau, 1883. « *Privatim exequi conatus sum, et studiis omnimodis, præsertim ecclesiasticis, otia indulgebam.* » C. 58.

2. Voir les cotes 39, 50, 55, 61, 63, 65.

braïques et de textes grecs. En philosophie, les principes qu'il avait rapportés de Rome lui firent abandonner les théories cartésiennes. Il se pénétra des formules thomistes et fut de ceux qui saluèrent avec le plus de bonheur l'encyclique du 4 août 1879, sur la nécessité de revenir aux anciennes traditions. En un mot, il se mit en mesure de subir avec honneur l'examen du doctorat devant les facultés romaines.

Néanmoins, ces occupations n'absorbèrent point tellement ses loisirs, qu'il ne pût trouver encore le temps de se livrer à d'autres études. Celles qu'il fit à cette époque sont consignées dans des cahiers généralement sans titre, mais remplis des choses les plus disparates. Notes d'histoire, d'archéologie, d'épigraphie, d'ascétisme, de poésie, de littérature, de théologie, d'exégèse, de polémique religieuse, d'apologétique chrétienne, enfin les mille et une choses qu'il pouvait rencontrer dans les lectures les plus variées et qu'il faisait toujours la plume à la main (1). Parfois, on trouve, sous cette simple rubrique : *Cahier de notes* (2), des travaux ébauchés en latin, par exemple : *De libertate*, ou *Recherches sur Epicure;* ou bien sous cette autre : *Mélanges politiques* (3), une longue élucubration sur la légitimité. Je ne veux pas donner à ces esquisses, ou moins encore si l'on veut, à ces idées éparses, plus de valeur qu'elles n'en ont. Elles indiquent, en tout cas, non seulement un esprit en éveil sur une multitude de ques-

---

1. Voir les cotes 12, 38, 49, 54, 62.
2. Cote 12.
3. Cote 9.

tions, mais encore et surtout une très grande somme de connaissances.

En ce qui concerne le doctorat, ces travaux n'étaient pour l'abbé Grignard qu'une préparation éloignée. Il voulait absolument revenir s'asseoir de nouveau sur les bancs, suivre les cours pendant le temps réglementaire et couronner ses études par les examens d'usage. « Comme il avait commencé au collège romain, disait-il, c'est là qu'il désirait finir (1). » Il aurait pu tourner ses vues ailleurs ; mais Rome avait son cœur. La Sorbonne ne l'attirait point, parce qu'elle n'avait pas reçu l'institution canonique, au moment de sa restauration. D'un autre côté, la liberté de l'enseignement supérieur n'était pas conquise en France, lorsque M. Grignard demanda la permission de revenir à Rome. Nos universités catholiques n'avaient pas encore vu le jour. D'autres écoles françaises conféraient bien des grades ecclésiastiques. Manquaient-elles de prestige à ses yeux ? Je ne sais ; il n'y pensa pas. Il avait autrefois parlé de l'université de Louvain. Mais outre l'obligation de suivre les cours, le programme est extrêmement chargé. Quoiqu'il en soit, il ne varia point dans son projet. En 1874, il crut l'heure venue de le réaliser. Il le soumit, avec une déférence extrême, à Mgr Rivet. Il le vit, lui écrivit, le revit encore, mais en vain. Il a raconté lui-même, dans une lettre adressée au R. P. Freyd, les premières et pénibles péripéties de cette

1. Lettre de Mgr Carra, recteur des Facultés catholiques de Lyon, sans date.

affaire (1) : « Grignon, 29 décembre 1874. Mon bien cher et révérend Père, j'ai tardé longtemps, trop longtemps, je l'avoue, de vous faire part du résultat de ma dernière démarche auprès de Monseigneur. Mais à quoi bon? Vous pressentiez déjà ce que mon silence a dû vous confirmer. Voici cependant comment les choses se sont passées.

La semaine après vous avoir quitté, et conformément au conseil que vous m'aviez donné, j'écrivis à Monseigneur une lettre dans laquelle je faisais voir en long et en détail toutes les raisons qu'il m'avait à grande peine laissé lui indiquer de vive voix, et bien d'autres encore. Or, voici ce qu'il daignait me répondre lui-même, à la date du 13 décembre : « J'ai lu, relu, et encore relu dans mon conseil, votre nouvelle *instance* pour obtenir la permission d'aller encore passer deux ans au séminaire français à Rome. Nous en avons très sérieusement et très consciencieusement apprécié les motifs et les raisons à l'appui, et nous sommes demeurés unanimes à ne pas y faire droit, tout en regrettant de vous faire en cela de la peine.

C'est donc un *nouveau* et *définitif refus* que je vous adresse. L'affaire est ainsi irrévocablement terminée; n'en parlons plus. » Tous les mots soulignés ici le sont également dans la lettre de Sa Grandeur.

Après cela, mon révérend Père, il n'y avait plus

---

1. Les lettres que M. Grignard écrivit à Rome à ce sujet, m'ont été communiquées avec la plus parfaite obligeance par le vénérable supérieur du séminaire français, le R P. Eschbach.

qu'à garder le silence et à faire le sacrifice de ce rêve, que je caressais avec tant d'amour depuis quatre ans. »

On voit percer dans ces lignes une douleur contenue, mais aussi un vrai respect de l'autorité diocésaine. L'affaire cependant ne fut pas aussi terminée que le pensait Mgr Rivet. Elle suscita même, plus tard, un sérieux conflit entre lui et son humble subordonné; mais celui-ci ne sortit jamais, tout en maintenant énergiquement ce qu'il croyait son droit, des limites d'une sincère déférence et d'une vraie soumission.

En 1875, le supérieur du séminaire français, le R. P. Freyd vint à passer par Dijon. Il vit son ancien élève, l'encouragea et fit en sa faveur une démarche personnelle à l'évêché. Elle ne fut pas plus heureuse. L'abbé Grignard revint à la charge, écrivit à Monseigneur, se rendit au palais épiscopal. A la fin d'août, l'évêque de Dijon se transporta lui-même à Grignon, pour visiter l'établissement que le départ des Gardistes laissait inoccupé. M. Grignard reçut chez lui Sa Grandeur, et profita de l'occasion pour renouveler ses instances. Il lui fut répondu : « *Tene quod habes,* » c'est-à-dire, « restez à votre poste. » En rendant compte à son correspondant romain de ces nouvelles déconvenues, il voulait, malgré tout, espérer contre toute espérance (1) : « Si Monseigneur persiste dans sa détermination, il me semble, dit-il, que je puis également ne pas me départir de la mienne. Je ne demande pas une chose impossible. »

1. Lettre du 2 mars 1876.

L'année suivante, l'affaire prit des proportions considérables ; mais avant de la relancer, M. le curé de Grignon voulut savoir jusqu'où s'étendait son droit. Il rédigea une consultation très précise et l'adressa à un canoniste distingué, M. de Angelis, professeur à l'Apollinaire. Il reçut de lui la réponse suivante : je la transcris entièrement, pour mettre dans tout son jour cette nouvelle phase d'une situation qui devient de plus en plus délicate (1) :

« Donné à Rome, le 27 juillet 1876.

Jules, prêtre, ne peut sortir de son diocèse et venir à Rome, même pour étudier, sans des lettres authentiques de son évêque.

Mais son évêque ne peut lui refuser cette permission, parce que Jules n'a pas un bénéfice et n'est point vraiment curé. D'autre part, si l'on concédait aux évêques le pouvoir, en ce point, de faire obstacle indéfiniment, cela porterait grand préjudice et dommage à

---

1. Voici le texte latin : En marge : Datum Romæ, die 27 julii 1876.

Julius presbyter non potest egredi de diœcesi, et Romam adire, etiam causa studiorum, sine formatis epistolis episcopi sui.

At episcopus hanc veniam non potest denegare, quia Julius non est beneficiatus, nec vere parochus. Ex alterâ vero parte, si in hac re episcopis indefinite facultas concederetur obsistendi, *id in grande universalis Ecclesiæ, quæ ad sui regimen viris litteratis permaxime noscitur indigere, dispendium et jacturam vergeret.* Quæ ratio allegata a Bonifacio VIII in cap. 6°, de elect. in VI, in casu viget, etsi dispositio illius capitis fuerit pro veris parochis revocata.

Neque obstare videtur penuria presbyterorum, cum dicatur non esse tam ingens.

Obsistente episcopo, recurrat Julius ad S. Congregationem Concilii, et quod petit consequetur.

Phil. de Angelis, Juris can. publ. prof<sup>r</sup>.

l'Eglise universelle, qui, chacun le sait, a tout à fait besoin d'esprits cultivés pour son gouvernement. Cette raison alléguée par Boniface VIII, chap. vi⁰, des élections, au VI⁰ livre des Décrétales, est applicable dans l'espèce, bien que la disposition de ce chapitre ait été révoquée pour les vrais curés.

De plus, le défaut de prêtres ne semble pas un obstacle, puisqu'on affirme qu'il n'est pas si grand.

Au refus de l'évêque, que Jules recoure à la sacrée Congrégation du Concile, et il obtiendra ce qu'il désire.

Signé : Phil. de Angelis, professeur public de droit canon. »

L'abbé Grignard hésita près d'un mois à faire usage de ce document. Il se résolut enfin à l'envoyer à Mgr Rivet, mais avec grandes précautions de langage :

« Je veux d'abord vous renouveler et vous renouvelle effectivement, par cette lettre, la demande que j'ai eu l'honneur de vous adresser à plusieurs reprises, cette année et les années précédentes. Je l'adresse cette fois encore à celui qui m'a témoigné, en mainte et mainte circonstance, une affection dont le souvenir, s'il n'est pas en ce moment sous ma plume, n'a cependant pas disparu de ma pensée, et vous prie et vous supplie, Monseigneur, avec toute l'ardeur et la vivacité dont je suis capable, d'être assez bon pour vouloir bien l'exaucer. Je serais si heureux d'être redevable de la satisfaction de mes désirs à votre paternelle condescendance. »

En théorie, la consultation de M. de Angelis semble exacte; mais, en fait, elle est contestable. Au point de

vue des principes, on peut dire à un prêtre amovible :
« Vous avez une raison suffisante de quitter votre
paroisse pour aller vous établir à Rome. » L'évêque n'en
reste pas moins juge d'une question accessoire : les
circonstances le permettent-elles? Mgr Rivet était trop
habile pour ne point saisir cette fin de non-rece-
voir.

« Je ne puis admettre la décision du signore Philip.
de Angelis, répondit-il, le 7 septembre. Si ce savant
professeur savait que la pénurie des prêtres dans le
diocèse de Dijon est tellement grande que je ne
pourrais pas vous remplacer à Grignon, et qu'ainsi,
sur ce seul point, deux paroisses seraient, pour un
an au moins, sans curé, il ne maintiendrait pas l'opinion que, sur de fausses données, il a si facilement
émise. »

Mgr Rivet conteste longuement le motif principal de
la consultation : Jules n'est pas un vrai curé. « Deman-
dez-vous, s'écrie-t-il, qui est curé de Grignon? Qui y a
charge d'âmes? » Le canoniste romain avait beau jeu
pour répondre. En effet, rien de plus certain : Jules
n'est pas un vrai curé, au sens du droit; la cure dont
il est pourvu ne constitue point un bénéfice inamo-
vible.

Après cette excursion dans le domaine de la science
canonique, l'évêque de Dijon revient à M. de Angelis :
« Quant à la permission de quitter votre paroisse, que ce
bon Monsieur vous promet au nom de la sacrée congrégation, je vous déclare que je la dénoncerais au saint
Père, comme abusive et attentatoire aux droits des

évêques, comme au bien réel de leurs diocèses, et que je la ferais annuler (1). »

Une fois de plus, Mgr Rivet crut la cause finie. Il envoya ses compliments à M. Grignard (2) : « J'ai hâte de vous dire combien je suis édifié de l'esprit vraiment sacerdotal avec lequel vous vous êtes résigné à la décision de votre Evêque. » Le futur docteur ne s'était pourtant pas décidé si vite. Au contraire, il écrivit à Rome, sans perdre un moment, pour préparer son appel (3). Un ami dévoué recourut à d'autres lumières : il consulta deux savants prélats qui avaient leurs entrées dans les congrégations. Ils examinèrent le fameux cas de conscience, et tout en le trouvant juste au point de vue du droit ecclésiastique, ils déclarèrent que l'on ne pourrait point en faire prévaloir la conclusion dans la pratique, parce que le fait sur lequel s'appuyait l'autorité diocésaine serait admis envers et contre tous. *Præsumptio stat pro superiore, qualiscumque sit*. Après avoir invoqué d'autres considérations encore, l'ami dont nous parlons conseilla de surseoir à une affaire trop épineuse (4). « N'est-il pas préférable, conclut-il, d'attendre avec patience un changement dans le personnel ou dans les idées de l'administration ? » C'est le parti qu'il fallut prendre : il n'y avait pas d'alternative.

1. Cette lettre est écrite en termes affectueux : elle renferme d'autres détails fort piquants, mais que je n'ai pu reproduire.
2. Dijon, le 3 décembre 1876.
3. Deux réponses en font foi : l'une datée de Rome, le 21 septembre 1876 ; l'autre de Gravelines (Nord), le 27 septembre 1876.
4. Rome, le 9 août 1877.

Une issue si décevante aurait pu abattre une âme moins fortement trempée. Elle consterna M. Grignard, mais sans le décourager. Elle provoqua toutefois une sorte de révolution dans l'ensemble de ses études. Laissant peu à peu la théologie, l'Ange de l'école et le cardinal Franzelin, il ouvrit de moins en moins les dissertations exégétiques et les livres d'hébreu. Il se dit : à quoi bon toujours lire et méditer des thèses sur lesquelles j'ai déjà passé tant de veilles et vu pâlir mon front ? Ne sera-t-il pas temps d'y revenir, à l'heure qui me sera donnée, si Dieu la fait jamais sonner pour moi ? Ne vaut-il pas mieux, en attendant, occuper mes loisirs à des études nouvelles, et qui seront d'autant plus attrayantes que je me trouverai plus souvent en face de l'inédit ?

Il suivit la voie que la Providence semblait lui avoir tracée, quand elle l'avait amené à Grignon. Il s'y était engagé déjà, presque à son insu, en publiant sa première brochure sur sainte Reine. Mais après l'affaire de Rome, il résolut de marcher en avant. Il acheva d'abord un traité sur la Confirmation, qu'il avait commencé en 1876, et qu'il mit encore une année à finir. Puis, il se lança dans une nouvelle carrière, celle de l'archéologie, de l'hagiologie, en un mot, de l'érudition. Il écrivit alors son *Histoire du village et de la paroisse de Grignon*, qui fut terminée en 1880. Il mena de front quantité d'autres études. L'année suivante, trois œuvres d'importance inégale, révélèrent une rare pénétration et des connaissances archéologiques non moins exceptionnelles. La première parut sous ce titre : *Notitia chronologica de exordiis cum veteris abbatiæ Sancti Petri Flaviniacensis, Ordinis sancti Benedicti, diœcesis Eduensis, tum ejus prioratuum, et de anno collationis uniuscujusque ecclesiæ ipsi subjectæ* (1). C'est une étude sur les origines de l'ancienne abbaye de Saint-Pierre de Flavigny, de l'ordre de saint Benoît, au diocèse d'Autun, et sur celles de ses prieurés. La seconde plaquette fut un *Mémoire sur une divinité gauloise et un amulette chrétien trouvé à Lantilly.* Ces travaux attirèrent l'attention des revues savantes et des hommes les plus distingués dans le monde de l'érudition. Mais la troisième publication surtout, la *Vie de sainte Reine d'Alise,* acquit à notre auteur, en Bourgogne et au loin, la double réputation de littérateur et d'hagiographe.

Tandis que ces ouvrages étaient sous presse, il poursuivait d'autres recherches restées manuscrites : une étude sigillographique sur saint Bénigne (2), la *Bibliothèque du Clergé dijonnais* (3), la généalogie de saint Bernard (4), l'histoire de la comtesse Mathilde de Grignon, et même l'analyse d'un livre de poésies religieuses (5). J'allais oublier un vrai monument, dont il jeta les premières assises à cette époque, le Cartulaire de l'abbaye de Flavigny.

---

1. *Brunæ, typis Rudolphi M. Rohrer.*
2. Cote 26.
3. C. 5.
4. C. 11.
5. Celles de Marie-Louise Forest, mss. de la Bibliothèque de Semur-en-Auxois. C. 11 bis.

J'indique seulement ici la nouvelle direction de sa pensée. Autant la première partie de son séjour à Grignon fut féconde en études pastorales, autant la seconde le devint en travaux d'érudition. Ces derniers, qu'ils soient imprimés ou manuscrits, demandent une longue analyse. Elle entraverait trop la suite de ce récit : le lecteur la trouvera plus loin. Je ne sais si je me trompe ; mais, il me semble que cette simple nomenclature justifie grandement la décision de l'évêque de Dijon. Où seraient, sans lui, tous ces travaux dont le diocèse s'honore ? Si, à l'époque dont il s'agit, M. Grignard fut revenu de Rome avec deux ou trois années de nouvelles études théologiques et la palme qu'il avait tant désirée, les universités catholiques naissantes se fussent aisément emparées de sa personne. Aurait-on pu leur refuser un sujet si brillant ? Et lui-même, eût-il été capable de résister au secret attrait qui le poussait vers elles ? En tout cas, le peu de jours qui lui restaient à passer sur la terre, eut été pris par d'autres labeurs. Mais alors, sainte Reine, Grignon, Flavigny, vous perdiez votre historien ! Et vous, évêques et barons, qui dormiez dans vos tombeaux, nul ne serait venu faire tressaillir vos restes, en rappelant vos vénérables souvenirs et en secouant vos vieux parchemins !

Ces travaux divers étendirent le cercle des relations de M. Grignard, et le forcèrent à multiplier ses voyages. Il compulsa les bibliothèques de Semur-en-Auxois, de Châtillon-sur-Seine et de Beaune. Il vint, surtout, très souvent à Dijon. Les savants directeurs des archives départementales et de la bibliothèque publique apprécièrent vite le jeune érudit; ils se plurent à faciliter ses recherches à travers leurs riches dépôts. Il y a plus : ils lui prodiguèrent, je dois le dire, leurs conseils et leurs lumières avec une parfaite obligeance. Aussi, M. Grignard leur voua-t-il une amitié sincère et leur témoigna-t-il, en toute circonstance, une vive gratitude. Il se rendit également aux archives et aux bibliothèques de plusieurs autres départements. Il visita celles de Paris, où il entretint des correspondants dévoués. Il alla même jusqu'à Bruxelles; il y fit connaissance avec les célèbres bollandistes. Il écrivit aux bibliothécaires et aux archivistes qu'il ne put aller trouver ; il entra en relations avec des savants admis à lire leurs ouvrages en Sorbonne ; il ne craignit pas de leur demander un loyal échange de pièces et de documents. Il correspondit même avec les descendants de nobles familles, comme les Bretagne, les Clugny, les Chastellux, dont il avait rencontré les aïeux dans quelque obscur sentier de l'érudition (1).

Un incident, qui dérida les fronts de la communauté naissante de Grignon, pourrait trouver ici sa place. Un certain jour, le Père Lamey reçut la visite d'un astronome de grand renom, un homme d'esprit, à coup sûr, mais non point, peut-être, un catholique très fervent. La présence d'un tel néophyte, dans un monastère, ses idées assez peu orthodoxes, le frôlement des robes bénédictines au milieu desquelles il devisait à l'aise, tout cela ne manquait pas de piquant. L'astronome, aussi malicieux que savant, eut l'idée d'envoyer une note aux

1. Correspondance littéraire, cotes 33, 34, 35.

journaux. Elle fut rédigée par lui, mais de concert avec l'abbé Grignard. On insinuait qu'il faisait sa retraite dans une maison religieuse, et qu'il allait peut-être renoncer au monde, en embrassant la règle de saint Benoît. Grande surprise et vif émoi ! Les feuilles publiques les plus sérieuses reproduisirent cette nouvelle; plusieurs la commentèrent à leur façon. Les amis de l'astronome lui écrivirent, les uns avec étonnement, les autres avec dépit. Quant au héros de cette aventure, il s'en amusa longtemps. Si cette page lui tombe par hasard sous les yeux, je suis sûr qu'elle lui rappellera une agréable histoire (1).

Quelques jours après, Mgr Rivet rencontrant l'abbé Grignard lui dit : « Vous avez joué un joli tour aux journaux ; je n'y ai pas été pris. » Il lui conservait, malgré le différend de Rome, une réelle affection et une profonde estime. Sa correspondance le prouve surabondamment. Il le charge, en 1874, lorsque l'affaire était déjà en suspens, d'abord de le représenter à l'inventaire du mobilier que les missionnaires avaient à rendre, au moment de leur départ (2), ensuite de gérer la maison avec les pouvoirs les plus étendus (3). Le 13 février 1875, il lui témoigne des sentiments d'affection toute paternelle, puis il ajoute : « *Paulo minora canamus*. Je ne puis qu'approuver ce que vous avez fait jusqu'ici pour notre propriété de Grignon. Continuez-

---

1. Une lettre datée de Quincey, le 29 novembre 1880, et qui parle de cet incident, en fixe approximativement l'époque. C. 37.
2. Lettre de Mgr Rivet, 21 septembre 1874. C. 40.
3. Du même, 2 octobre 1874.

lui vos bons soins. » Il écrit à la fin de la même lettre : « Pardon, mon cher Intendant, d'ajouter ces occupations à vos occupations pastorales. Mais c'est à vous seul que je puis demander ce service intelligent et dévoué. Je vous en remercie du fond du cœur, de ce vieux cœur d'évêque et de père, où vous avez une si bonne place. » En 1876, le 7 septembre, dans la lettre même où il refuse si absolument la permission, il termine ainsi ses raisonnements : « J'ai voulu vous donner tous ces détails moi-même, à ce porté par cette paternelle affection que vous invoquez avec raison, et dont j'aime à vous réitérer la cordiale assurance en N.-S. Jésus-Christ. » Trois mois après (1), il lui offre spontanément de le décharger, dans l'intérêt de sa santé, du fatigant binage de Lantilly : « Ne craignez pas de me dire toute votre pensée sur ce point si important. Croyez bien que, si je tiens à vous empêcher d'aller à Rome, ce n'est pas pour que vous vous tuiez à Grignon. Je vous aime trop pour cela. »

Avec l'amitié de son évêque, l'abbé Grignard eut celle de ses confrères. Sa douceur, son amabilité, son abnégation le rendirent cher à tous ceux qui le connurent. Nulle prétention ni de science ni d'études; nul désir de prévaloir. Il donnait son sentiment, le défendait même au besoin avec force et abondance, mais aussi avec je ne sais quelle modestie et quel air ingénu qui charmaient. La caractéristique de sa première enfance et de toute sa jeunesse, le trait distinctif de sa physionomie, la grâce, qui brillait sur son front, comme elle étince-

1. Lettre du 3 décembre 1876.

lait dans son esprit, se dessina de plus en plus durant son séjour à Grignon. Il a vraiment mérité l'éloge que l'Esprit-Saint décerne à l'homme instruit et modeste (1) : « Celui qui est érudit dans ses paroles acquerra de grands biens. *Eruditus in verbo reperiet bona.* Et celui qui est doux dans son langage, en trouvera de plus grands encore. *Et qui dulcis eloquio, majora percipiet.* L'érudition de celui qui possède la science est une source de vie. *Fons vitæ eruditio possidentis.* Le cœur de l'homme instruit lui dictera ce qu'il doit dire; et il répandra une nouvelle grâce sur ses lèvres. *Cor sapientis erudiet os ejus; et labiis ejus addet gratiam.* »

L'abbé Grignard était une intelligence guidée par le cœur : s'il fut aimé de tous, c'est en vertu de cette loi, qu'il aima le premier et sans retour sur lui-même. Il sut être gracieux en toute circonstance. Laissait-il ses études pour aller à quelque réunion ? Il apportait à son hôte un quatrain délicat, quelquefois même une longue pièce. Voulait-il conserver le souvenir d'une agréable excursion, comme celle qu'il fit un jour à la Pierre-qui-Vire, avec deux amis ? Il adressait à ses compagnons de route une églogue amusante, où il retraçait, avec l'histoire des personnes, les propos du voyage (2) :

Ils parlent du Morvand, de ses sites sauvages,
Dont ils ont sous les yeux les splendides images ;

---

1. Prov. xii, 20-23.
2. Dédiée à M. François Guillemot, prêtre, curé de la paroisse Saint-Andeux, et M. François Chanlon, prêtre, vicaire à Notre-Dame de Dijon, avec cette épigraphe :
Vous me l'avez inspirée.
Qu'elle vous soit consacrée.   29 janvier 1877.

> De ses bancs de granit, de ses vastes forêts,
> Des herbages touffus et des maigres guérets.

Avait-il à témoigner sa reconnaissance pour une marque d'attention, comme à l'hôte d'un hermitage à la porte duquel il avait frappé,

> Dans un de ces vallons où la Seine naissante
> Précipite le cours d'une onde impatiente ?

Il lui envoyait un gracieux souvenir (1). A Grignon, il se plut de même, dans certaines circonstances solennelles, à témoigner sa sympathie à ses paroissiens, en leur rimant une petite pièce.

Il faut nous arracher, bien malgré nous, à tous les souvenirs qui mériteraient d'être consignés dans ces pages, et inscrire une date inoubliable pour M. Grignard et pour ses paroissiens. Il leur fit ses adieux, le premier dimanche de décembre 1881 ; il leur annonça qu'il les quitterait le jour de l'Immaculée-Conception. Ceux qui assistaient à l'office fondirent en larmes et toute la paroisse fut plongée dans la douleur. On eût cru que chaque famille avait perdu un ami, un père. « Tout le monde sanglottait », dit la relation que nous avons souvent citée (2).

Pressenti déjà sur ce sujet, M. Grignard avait, à deux reprises, décliné des offres bienveillantes qui

---

1. Epître à l'ermite du Val-de-Seine, 28 juin 1877.
2. Lettre du 7 juillet 1887.

l'eussent pourvu d'un poste honorable (1). Mais une nouvelle proposition le décida tout à coup. Elle lui vint de M. l'abbé de Bretenières, directeur de l'Ecole Saint-Ignace, à Dijon : il le demanda comme professeur d'humanités. M. Grignard accepta, cette fois, pour deux raisons : d'abord, parce qu'il allait plus à la peine qu'à l'honneur ; ensuite, parce que cette position d'un nouveau genre parut lui ouvrir une voie plus facile pour arriver enfin au terme de ses espérances, son départ pour Rome et les grades en théologie.

1. Le vénérable archiprêtre de Saint-Bénigne, M. l'abbé Moreau, avait exprimé le désir de le voir nommer vicaire à la cathédrale, en 1877. Mgr Rivet lui proposa l'aumônerie des Frères des Ecoles chrétiennes, en 1881.

## CHAPITRE DOUZIÈME

### Un triennat à Saint-Ignace.

(1881-1884)

#### LE PROFESSEUR.

Fondation de l'Ecole Saint-Ignace. — Un professeur improvisé. — L'idée maîtresse qui préside à son enseignement. — Sa parfaite compétence. — Etudes philologiques. — Une classe de littérature : la leçon du professeur sur la composition littéraire. — Entrain des élèves. — Rapports de l'abbé Grignard avec les Révérends Pères. — Ses anciennes relations. — Sa vie intime à Saint-Ignace. — Son action sacerdotale au dehors.

'ÉCOLE Saint-Ignace date seulement de 1873. Elle s'ouvrit provisoirement, rue Saint-Philibert, en attendant la construction d'un grand collège, aux Allées de la Retraite. Ceux qui le faisaient bâtir, les Pères de la Société de Jésus, entendaient reporter à Dijon le fameux collége Saint-Clément, qu'ils dirigeaient à Metz, et qu'il avait fallu quitter à la suite

de la guerre. Ils s'installèrent dans le nouvel établissement, à la rentrée d'octobre, en 1879, non sans regretter la Lorraine, mais avec l'espérance de former une génération qui aiderait à la reprendre, et la certitude de répondre à de généreuses et nobles sympathies.

Ils étaient à l'œuvre, appliqués, silencieux, travaillant pour la plus grande gloire de Dieu, lorsque la loi du 27 février 1880 et les décrets qui suivirent, vinrent tout à coup les surprendre et disperser les professeurs.

Dans ces conjonctures difficiles, ils firent appel à celui que le diocèse entier désigna pour les remplacer. M. l'abbé de Bretenières était providentiellement préparé par de grandes et fortes études. A Plombières, il avait successivement professé, pendant douze ans, les classes de seconde et de rhétorique, avec un remarquable éclat. Son nom, recommandé par la noblesse du sang et par celle du martyre, devint un signe de ralliement, autour duquel se groupèrent des dévouements magnanimes. Une société civile prit en main l'œuvre matérielle : elle ne la laissa point péricliter. Quant à l'œuvre intellectuelle et morale, je veux dire les intérêts sacrés de l'éducation et de l'enseignement, M. de Bretenières en assuma la charge avec un savoir-faire et une puissance d'organisation, qui lui conquirent une brillante et vaste renommée (1).

---

1. En 1885, M. l'abbé de Bretenières fut nommé par une assemblée régionale d'évêques, recteur de l'une de nos universités. Le souverain pontife, informé de ce fait, lui fit immédiatement adresser un bref de félicitation. Dois-je ajouter que M. de Bretenières déclina l'honneur qui lui était offert, pour se vouer de plus en plus à ses laborieuses occupations ?

Une de ses constantes et vives préoccupations fut de recruter des professeurs éminents. Il voulut former un personnel d'élite. Il y réussit. Quand il vint à M. Grignard, il le conquit facilement à sa cause ; mais il ne l'obtint de l'administration diocésaine qu'après de nombreuses et persévérantes démarches. Un télégramme, daté du 26 novembre, annonçait enfin l'heureuse issue des négociations : « Vous êtes autorisé gracieusement. »

Le nouveau professeur ne put, en raison des embarras du départ, franchir le seuil de Saint-Ignace que dans la soirée du 8 décembre. Le lendemain, il inaugura son cours, sans avoir eu le temps de préparer sa classe. Il a dit lui-même ingénûment de ce début : « Le lendemain de mon arrivée, je me chargeai, certes avec plus de bonheur que de prudence, d'expliquer à l'improviste un passage de Platon, d'après le texte grec, en présence de trente-trois élèves (1). Le *Curriculum vitæ*, auquel j'emprunte ce souvenir, note ensuite sommairement les deux genres de travaux auxquels se livra M. Grignard, pendant son séjour à l'Ecole. Voici le premier : « Je remplis, dans la mesure de mes forces, un programme que l'on venait de rédiger, et d'après la teneur duquel le professeur doit disserter sur toutes sortes de sujets, dans la littérature grecque, latine et française. »
Ce programme répondait au plan d'études de l'uni-

---

1. *Die 8ᵃ decembris 1881, sero serius adveni, et die crastinâ, ex improviso, felicius certe quam prudentius, locum Platonis, ex græco textu, coram triginta tribus discipulis interpretandum assumpsi.*

versité. Il traçait la carrière que chaque maître avait à fournir, non-seulement au point de vue de la préparation des examens, mais, ce qui est plus important, pour la formation intellectuelle et morale de l'enfant. En tout cas, il marquait les travaux obligatoires. Quant aux études libres, le *Curriculum* en fait l'objet d'une seconde note. Je me contenterai de dire ici qu'elles remplissent trop de pages pour nous en occuper dans ce chapitre. Indiquons seulement, et le plus brièvement possible, ce que fit M. Grignard, afin de s'acquitter dignement de ses fonctions professionnelles.

En face de quelle situation se trouve-t-il? Un de ses collègues nous l'expliquera (1) : « Sa classe est nombreuse, difficile, elle a souffert dans ses études et sa discipline. L'abbé Grignard accepte cette tâche redoutable. » A ces jeunes humanistes, sortis pour la plupart de riches et nobles familles, il présente, dans ses manières et son langage, un modèle d'urbanité, de politesse et de douceur. Faut-il élever la voix, agir d'autorité? M. Grignard ne s'y résout pas. Il préfère aller jusqu'à la dernière limite dans la voie de la patience et de la longanimité. La seule porte qu'il veuille forcer est celle du cœur. Il donne le premier son affection et son dévouement. Puis, se voyant compris, il fait appel aux sentiments généreux que chacun porte en soi, aux austères idées du devoir et aux inspirations surnatu-

---

1. M. l'abbé Buisson, ancien préfet des études à Saint-Ignace. Il a eu la bonté de rédiger, sur ma demande, un mémoire intitulé : *Renseignements sur l'abbé Grignard*. Je lui emprunte quantité de détails.

relles dont la religion renferme les trésors. Il initie ses élèves aux pieuses industries de la charité, aux pratiques de la piété, aux actes du sacrifice. Il leur fait aimer les vertus de leur âge, et leur en présente l'exemple dans la personne des saints et surtout de Notre-Seigneur. Ainsi, le 28 février 1883, les élèves de la quatrième division de l'Ecole Saint-Ignace adressent, avec une grande pièce de vers, à M. le supérieur du petit séminaire « le produit des sacrifices par eux faits pendant le mois de l'Enfant-Jésus (1). » Nous avons eu la pensée, disent non sans grâce ces enfants, que notre offrande ne sera point

>Complètement inutile
>Pour quelque élève docile,
>Que le Seigneur a doté
>De cœur et d'intelligence,
>Mais qu'il a fort maltraité
>Sous le rapport de l'aisance.

Quand M. Grignard eut quitté Saint-Ignace, un de ses anciens élèves rappelle dans une lettre intime des souvenirs non moins charmants (2) : « Ah ! ce n'est plus le temps où, encouragé par vos douces critiques, par la vue d'un petit tabernacle élevé par vos soins, je me suis hasardé jusqu'à faire quelques vers pour la Vierge ! Le tabernacle fleuri, l'aimable professeur, tout a disparu ! La classe seule est restée. Mais elle n'est plus animée par vos doux accents littéraires. »

1. A Monsieur l'abbé Poinselin, *Dialogue*, cote 19.
2. Dijon, le 25 janvier 1885, lettre de M. Paul B. Cote 21.

Voilà l'idée maîtresse, la direction chrétienne qui préside à l'enseignement. Mais comment M. Grignard le donne-t-il ? Le collègue que nous avons cité nous le dira encore (1) : « Il était prêt : il captive les élèves par sa parole aisée. Ses connaissances étendues annoncent un professeur hors ligne. Je puis dire que j'ai souvent assisté à ses classes, comme préfet des études. J'avance que je n'en suis jamais sorti sans être émerveillé de son érudition profonde, de son goût exquis, de l'intérêt qu'il savait inspirer, des rapprochements heureux qu'il ne manquait pas de faire à l'occasion d'un texte, qui s'animait ainsi sous les yeux de ses élèves étonnés. »

Ainsi parlent les autres maîtres que nous avons consultés. Les élèves tiennent le même langage. Un d'eux lui écrit en Allemagne, après son départ (2) : « Je crois que les humanistes sont bien à plaindre cette année, tandis que sous votre bien-aimée tutelle, où l'agréable était toujours mêlé à l'utile, nous avons mûri pour la rhétorique avec tant d'agrément et d'intérêt. » Le jeune élève lui demande de ne pas oublier Saint-Ignace : « Réservez un peu, lui dit-il, les grâces de votre esprit français pour des compatriotes ; et quelle que soit votre générosité, n'en comblez pas trop longtemps les nébuleux et durs Teutons. »

Une des parties où excella l'enseignement de M. Grignard fut la philologie. Je laisse à M. le préfet des études le soin de nous dire comment le nouveau pro-

---

1. M. Buisson. *Renseignements,*
2. Dijon, 1ᵉʳ janvier 1885, M. Jehan J. Cote 21.

fesseur traça son sillon dans ce champ ardu et encore peu exploré (1).

« Qui ne sait que, de nos jours, l'étude des origines de la langue française a pris dans les programmes universitaires une intéressante et large place ? M. Aubertin en faisait précisément à cette époque l'objet de ses savantes conférences à la Faculté des Lettres de Dijon (2). L'abbé Grignard, à qui ces questions n'étaient pas étrangères, qui, avec le tact parfait des esprits supérieurs, avait pressenti ce mouvement général vers l'étude approfondie des vraies sources de notre langue, devançait avec ses élèves le professeur de l'université. Du reste, il n'y avait rien là de bien étonnant. Car, il me semble que les recherches nécessitées par la vie de sainte Reine, la lecture des chartes les plus anciennes, la préparation des travaux qu'il méditait encore, toutes ses études particulières, en un mot, le rendaient plus apte qu'un autre à l'intelligence des règles de la philologie. Ses élèves profitaient largement de ce butin amassé longtemps à l'avance, et presque à leur insu. Leur ardeur au travail s'accroissait de tout l'entrain qu'on apporte ordinairement à l'étude des questions nouvelles. »

Entrons maintenant dans une classe de littérature, et écoutons la leçon du maître. Jugeons, non par les autres,

---

1. *Renseignements.*
2. Voyez l'ouvrage intitulé : *Origine et formation de la langue et de la métrique françaises*, par M. Ch. Aubertin, ancien maître de conférences de littérature française à l'école normale supérieure, recteur honoraire, correspondant de l'Institut, etc.

mais par nous-mêmes. Nous pourrions choisir un des jours consacrés à de brillantes dissertations sur les genres ou les qualités du style, sur les figures de mots ou de pensées. Assistons plutôt à l'ouverture même du cours, pour entendre quelques simples explications.

Voici l'objet de la leçon : Qu'est-ce que la composition littéraire ? Qu'est-ce que l'invention ? Quelles sont les conditions de l'invention ? Ce qui nous intéresse n'est point la réponse convenue, celle que donnent les livres de littérature ; c'est la leçon orale.

M. Grignard définit la composition littéraire, comme la plupart des auteurs (1) : « C'est l'art de trouver, de mettre en ordre et d'exprimer ses idées de vive voix et par écrit. Elle comprend donc trois parties : 1° l'invention qui consiste à trouver les idées ; 2° la disposition qui les met en ordre ; 3° le style qui les exprime. »

Il ajoute de vive voix cette courte explication (2) : « Il faut trouver des idées, les mettre en ordre et les exprimer avec goût, de manière à réaliser la beauté littéraire. Voilà le but qu'il s'agit d'atteindre.

Horace fait allusion à ces trois phases de la composition, lorsqu'il nous dit dans l'art poétique :

> Cui lecta potenter erit res
> Nec facundia deseret hunc, nec lucidus ordo.

Celui qui saisit puissamment son sujet, trouve des idées abondantes qu'il range dans un ordre lumineux.

1. Notes dictées à l'élève. *Littérature latine*, cote 25.
2. Cahiers du maître. Cote 25. *Ibid*.

*Cui lecta potenter erit res*, voilà la réflexion, une réflexion puissante, présentée comme la condition indispensable et la source des deux autres parties de la composition. *Facundia*, c'est l'abondance de l'expression. *Lucidus ordo*, c'est l'ordre ou la disposition avec sa qualité première : la lucidité ou la clarté. » Ici le professeur ouvre un livre pour donner un exemple à ses élèves ; il choisit les *Oraisons funèbres* de l'aigle de Meaux, et il lit le portrait de Nicolas Cornet.

L'invention est définie. Quelles en sont les conditions ? « La première, répond-il avec les littérateurs (1), c'est de fermer l'oreille aux bruits du dehors, et de ne pas se laisser distraire par d'autres pensées qui pourraient parfois solliciter l'esprit et provoquer une diversion. Car, l'esprit qui effleure tout, n'approfondit rien. »

Ecoutons maintenant le développement oral (2) : L'organe de l'invention, c'est l'âme. Or, l'âme, pour pouvoir jouer son rôle et fonctionner avec aisance, doit être soumise à certaines conditions.

Il faut 1° qu'elle puisse se soustraire aux préoccupations et aux bruits du dehors. C'est une vérité d'expérience ; et l'on peut appliquer à la composition littéraire, prise dans son ensemble, ce qu'Ovide disait de la poésie :

Carmina secessum scribentis et otia quœrunt,
   Me mare, me venti, me fera jactat hyems.

―――――
1. Notes dictées à l'élève.
2. Cahiers du professeur.

Les chants réclament la solitude et des loisirs chez le poëte : et je suis le jouet de la mer, et des vents et des rigueurs de l'hiver. *Trist.* lib. I, ɪ, 41.

2° Comme le corps qui se corrompt alourdit l'âme, et que l'habitation terrestre que nous portons avec nous, déprime l'esprit qui voudrait beaucoup penser, *corpus enim quod corrumpitur et terrena inhabitatio deprimit sensum multa cogitantem aggraval animam. Sap.* IX, 15, il faut essayer de rendre ce poids aussi léger que possible. « Dieu ! que la chasteté produit d'admirables amours ! et de quels ravissements nous privent nos intempérances ! » Joubert, *Pensées.* V, CXI.

3° Quand nous avons rappelé l'âme chez elle et que nous l'avons forcée d'y rester, *animum ad se advocamus, secum esse cogimus, Tuscul.* 1. XXXI, il reste encore un écueil à éviter, c'est de ne pas porter son attention sur différents sujets à la fois. Car, en voulant tout effleurer, elle risquerait de ne rien approfondir.

*Pluribus intentus minor est ad singula sensus.* »

Remarquons la complaisance avec laquelle le professeur mêle les enseignements de la sagesse inspirée avec ceux de l'expérience humaine, et la beauté des citations qui développent sa pensée.

« La seconde condition de l'invention, continuent les humanistes (1), est de se mettre résolûment en face de

---

1. Notes de l'élève.

son sujet, pour en étudier la nature et toutes les diverses circonstances. »

M. Grignard reprend :

« Ces circonstances se trouvent réunies dans un vers technique :

Quis ? Quid ? Ubi ? Quibus auxiliis ? Cur ? Quomodo ? Quando ? »

Il explique au long chacun de ces mots et lit l'exemple du vaisseau battu par la tempête, que donne Marmontel. Je ne le transcris point, de peur de trop allonger ces pages. Le professeur ajoute (1) : « Après avoir passé en revue la somme de nos connaissances, et recueilli, chemin faisant, les idées en rapport avec notre sujet, si nous ne nous trouvons pas assez riches de notre propre fonds, il faut emprunter autour de nous par le moyen de la conversation et de la lecture. » Voilà la troisième condition de l'invention. La leçon orale explique la conversation d'une manière amusante :

« Dans un écrit composé pour donner à la postérité une idée de son éducation, Henri de Mesmes, un des plus illustres magistrats de l'ancienne France, raconte qu'à Paris, son précepteur le menait « quelquefois chez Lazarus Baïfius, Tusanus, Strazellius, Castellanus et Danesius, avec honneur et progrès aux lettres », et qu'à l'université de Toulouse, il avait d'ordinaire avec lui, Hadrianus Turnebus, et Dyonisius Lambinus, et autres

---

1. Cahiers du professeur.

savants du temps. » (Rollin, Traité des Etudes, édit. Letronne, tom. I, p. 158.)

« En cette escole du commerce des hommes, dit à son tour Montaigne (Essais, I, ch. XXV), j'ay souvent remarqué ce vice, qu'au lieu de prendre cognoissance d'autruy, nous ne travaillons qu'à la donner de nous, et sommes plus en peine de débiter nostre marchandise que d'en acquérir de nouvelles. Le silence et la modestie sont qualitez très commodes à la conversation. » Le silence, lorsqu'il faut écouter, et la modestie, lorsqu'on a besoin d'interroger. Notre-Seigneur nous a donné le meilleur exemple à suivre sous ce rapport, lorsqu'il écoutait les docteurs dans le temple et les interrogeait (1). »

La lecture amène un long et savant développement : « Pour lire avec fruit, il est nécessaire : 1° de faire un choix entre les auteurs, et d'élaguer impitoyablement les mauvais. Les poésies d'Archiloque, quelque excellentes qu'elles fussent d'ailleurs, furent bannies de Sparte, comme plus capables de corrompre les mœurs et le cœur des jeunes gens qu'utiles pour former leur esprit. *Ne plus moribus noceret quam ingeniis prodesset.* Val. Max. lib. VI, cap. 3.

2° Les mauvais livres une fois écartés, il faut faire un nouveau choix parmi les bons et ne conserver que les meilleurs. Quand on a à sa disposition l'Ancien et le Nouveau Testament, des poëtes comme Homère, Virgile,

1. M. Grignard indique en note d'autres passages de Montaigne. *Essais*, liv. III, chap. VIII. De l'art de conférer. — L'estude des livres, etc.

Corneille et Racine, des orateurs comme Démosthènes, Cicéron et Bossuet, des historiens comme Plutarque, Tacite et Saint-Simon, etc., on est bien coupable de se livrer à la lecture de livres, dont les pensées sont communes, le plan décousu et le style incolore.

3° Je ne sais jusqu'à quel point le mot de Cicéron est authentique : *Timeo hominem unius libri*. Mais il est certain qu'on peut faire son profit du conseil de Pline le jeune (liv. VIII, epis. 9). *Multum legendum, non multa.*

4° Le choix du livre une fois fait, il faut lire dans le but de recueillir des pensées pour enrichir notre esprit, de saisir l'ordonnance du sujet pour former notre jugement, et surtout de remarquer les expressions pour les faire passer dans notre style. Ne craignons pas de pousser trop loin l'attention sous ce rapport. Quand nous avons entre les mains des écrits qui font autorité, le mot le plus simple en apparence est quelquefois le résultat d'un art exquis par le choix avec lequel il est employé, la place qu'il occupe et le sens qu'il renferme. Macrobe, parlant de Virgile, dans son livre III$^e$, nous dit : *Reperies sæpe profundam scientiam hujus poetæ in unico tantum verbo, quod fortuito dictum vulgus putat.*

5° Mais ce triple but ne peut être atteint qu'autant qu'on lit lentement et posément, parce que l'attention est incompatible avec la légèreté, et parce qu'un effort trop prolongé fatigue l'esprit. »

La dernière condition de l'invention, la plus indispensable de toutes, est la prière. Ici le professeur se heurte aux préjugés d'un siècle incrédule. Aussi lui faut-il de plus amples explications. Analysons-les seulement à cause de leur longueur.

« Les idées, dit-il (1), résident en Dieu le Père, comme dans leur source; dans le Verbe, comme dans leur plus sublime et plus complète expression; dans le Saint-Esprit enfin, comme dans leur dispensateur : *ille vos docebit omnia* (Joan., XIV, 26). Or, Dieu résiste aux superbes et donne sa grâce aux humbles. »

A cette conception chrétienne de la prière, le littérateur joint les préceptes et les exemples des païens : si Dieu répand la vie dans la nature inanimée au moyen des éléments matériels, « qui croira, dit Plutarque, que les êtres vivants ne peuvent pas s'adapter à la force divine, travailler avec cette force, et s'inspirer des mouvements de Dieu, comme la flèche obéit aux Scythes et la lyre aux Hellènes. » Banquet XXI.

« Pour ma part, reprend Cicéron, je ne croirai jamais qu'un poëte puisse composer un poëme vaste et bien ordonné, sans un instinct céleste, ni que l'éloquence puisse couler abondante, et rouler dans ses flots les paroles sonores et les idées fécondes, sans une inspiration supérieure. » Tuscul. I, XXVI,

« M. Villemain insiste sur le caractère profondément religieux de Pindare. Tout lecteur cultivé a présentes à la mémoire les invocations de l'Iliade et de l'Enéide :

Μῆνιν ἄειδε, Θεὰ, Πηληϊάδεω Ἀχιλῆος.
Musa, mihi causas memora.

1. Cahiers du maître.

Avant de devenir de simples formules, les invocations poétiques répondaient à une foi vive et sincère dans le concours de la divinité.

Le même sentiment a dicté les premières paroles de Démosthènes, dans le procès de la Couronne, de l'orateur Lycurgue accusant Léocrate, et de Cicéron défendant Murena. »

M. Grignard parle enfin des auteurs modernes. Il leur applique cette loi constatée par Châteaubriand : « L'incrédulité est la principale cause de la décadence du goût et du génie. » Racine, Voltaire, Buffon, Rousseau, Montesquieu lui en fournissent la preuve. « Un écrivain qui refuse de croire en Dieu, conclut-il avec l'auteur du *Génie du Christianisme*, bannit d'abord l'infini de ses ouvrages. L'immensité n'y est point, parce que la divinité y manque. Ne nous parlez plus des mystères de l'âme, du charme secret de la vertu, de tombeaux, ni de patrie : tous ces enchantements sont détruits. » L'homme religieux associe son foyer à ses autels ; il donne la main à ses pères et à ses enfants, il est planté comme le chêne qui voit au-dessous de lui ses vieilles racines s'enfoncer dans la terre, et, à son sommet, des boutons naissants qui aspirent vers le ciel. Au contraire, « celui qui renie le Dieu de son pays est presque toujours sans respect pour la mémoire de ses pères : les tombeaux sont sans intérêt pour lui, les institutions de ses aïeux ne lui semblent que des coutumes barbares. »

Cette parole savante, imagée, pleine de traits charmants, ravit les humanistes. M. Grignard leur inspira un vif sentiment des beautés littéraires et un profond attachement pour sa personne. « La grande ressource à laquelle il aimait à recourir pour donner plus d'élan aux intelligences, dit le préfet des études (1), c'était de leur offrir, en guise de récréation ou de récompense, quelques beaux passages des œuvres de nos meilleurs poëtes. Après leur en avoir fait admirer la richesse et l'éclat, il encourageait volontiers leur jeune muse, et la dirigeait sagement dans ces sentiers abrupts et souvent rocailleux. C'est ainsi que je pourrais citer tel ou tel de ses élèves qui traduisit en vers français plus d'une des odes d'Horace. »

Le 29 janvier 1885, il reçut comme souhaits de fête, à Fribourg-en-Brisgau, huit pièces de poésie, pleines de délicatesse et d'affection. Je voudrais les placer toutes sous les yeux du lecteur. Je citerai du moins quelques vers de l'une d'elles :

> « Loin des yeux, loin du cœur, »
> A dit un proverbe menteur.
> Vous avez fui, mon bien cher Père,
> Bien loin..., sur la terre étrangère !
> Eh ! bien, je l'ai dit, je le veux,
> Si vous êtes loin de mes yeux,
> Vous aurez du moins l'assurance
> Que mon cœur garde souvenance
> D'un fidèle et savant ami.

Aimé des élèves, il avait aussi l'affection des professeurs. Nous verrons plus loin qu'il se plut, dans les

---

1. *Renseignements.*

fêtes de la maison comme dans les épreuves que traversa l'établissement, à témoigner sa déférence, son dévouement et son admiration au vaillant et vénéré directeur de l'école. Ses relations avec ses collègues s'inspirèrent en toute circonstance des sentiments d'une vraie confraternité. « Il fut, disent nos *Renseignements*, le guide éclairé, le conseiller prudent, l'ami sûr et dévoué des professeurs qui le consultaient ou déposaient dans son cœur une peine légère ou un fardeau pesant. Sa porte toujours ouverte, donnait à tous un libre accès. Personne ne se sentait gêné en sa présence, tant sa cordialité était franche et gaie, tant il savait se mettre au niveau de tous. En un mot, il était si aimable, si bienveillant, si oublieux de lui-même que le plus modeste des professeurs, comme le plus humble des surveillants, trouvait chez lui un accueil des plus gracieux, un conseil des plus utiles, parfois aussi, disons-le, un bon mot qui ne laissait rien d'amer après lui, qui invitait même à revenir faire trêve à des occupations plus ou moins consolantes. »

Quelques Pères de la société de Jésus étaient restés à la maison. Savants, distingués, ils aimaient l'abbé Grignard, recherchaient sa conversation et faisaient avec lui assaut de traits d'esprit. Si subtils qu'ils fussent, ils ne se trouvèrent jamais dans le cas de lui rendre des points. Un jour l'un d'eux, esprit fin, professeur éminent, lui offrit un ouvrage intitulé : *Études sur les auteurs français*, avec cette épigraphe : « A M. l'abbé Grignard, hommage affectueux d'un modeste collègue. »

La réponse du professeur d'humanités fut le sonnet suivant, d'une forme aussi déliée que délicate (1) :

« D'un modeste collègue hommage affectueux, »
Telle est l'inscription, telle est la dédicace,
Dont vous avez orné l'ouvrage qui nous trace
De nos plus grands auteurs un crayon précieux.

Vous êtes mon collègue, et j'en suis fort heureux.
S'il se trouve des gens que votre titre agace,
Qui ne rougissent point d'y voir une menace,
Je suis fils de l'Eglise, et j'en augure mieux.

Mais lorsque auprès de moi, vous vous faites modeste,
Pas n'est besoin d'avoir l'esprit chagrin d'Alceste
Pour chercher dans ces mots un trait un peu moqueur.

Devant ma petitesse, incliner le génie
D'un écrivain doublé d'un docte professeur,
S'appellera toujours une aimable ironie.

Ces relations intéressantes ne lui firent cependant pas oublier de plus anciennes amitiés. Il se plut, pendant les vacances, après avoir payé son tribut d'affection filiale à Thoisy-la-Berchère, à venir se reposer de ses fatigues à Orain, à Meursault, à Renève, à Lamarche, dans d'autres lieux encore où il était sûr de trouver réception cordiale et toit hospitalier. Dans le cours de l'année scolaire, c'est à peine s'il pouvait donner quelques heures aux plus pressantes sollicita-

---

1. Vers français, cote 19. Au R. P. C. C. 27 octobre 1882. Les mss. présentent quelques variantes.

tions. Mais quand il y avait un devoir à remplir, coûte que coûte, il était présent. Ainsi vint-il bénir une chapelle du cimetière de Grignon, le 7 novembre 1883, offrant un juste hommage et payant la dette de la reconnaissance à un inaltérable dévoûment. Un sonnet en marque le souvenir. Au défunt qui repose dans la chapelle, il prête cette parole pleine d'espérance : *Credo quod Redemptor meus vivit* (1).

> Oui, mon Rédempteur vit ! Du fond de la poussière
> Où la mort l'a couché, mon corps se lèvera,
> Et, guidé par une autre et plus vive lumière
> Au jour des grands effrois, Seigneur, il vous verra.

Il revint, le 26 février suivant, guidé par les mêmes motifs, célébrer la sainte messe dans cette chapelle funéraire. Cette fois il commence par une note pleine de tristesse (2) :

> La voix de février mêlait sa plainte austère
> Aux plaintes des cyprès qui gémissaient tout bas ;
> Et parmi les tombeaux où s'égaraient nos pas,
> La mort laissait planer son accablant mystère.

Quand j'ai voulu pénétrer le secret de sa vie intime, à l'Ecole Saint-Ignace, les vénérés directeurs que j'ai consultés m'ont répondu : « M. Grignard était la régu-

---

1. Epigraphe du sonnet dont on lit la première strophe. Voir Cote 19.
2. Première strophe d'un sonnet qui porte l'épigraphe : *Ego sum resurrectio et vita*.

larité même. » Ou bien encore : « C'est un prêtre modèle. » Ces mots suffisent à sa louange, car un pape, Clément VIII (1), a déclaré qu'il n'en demanderait pas davantage pour canoniser un saint. Mais nos *Renseignements* sont plus explicites : « Sa vie intime à l'école est celle d'un vrai religieux. Fidèle à l'heure du lever, il ne l'est pas moins à celle de la prière et de l'oraison qui se font en commun. A tous il donne l'exemple de la régularité la plus parfaite. A six heures, il monte à l'autel. L'action de grâces n'est jamais abrégée ; l'examen particulier le trouve à son poste, et la prière du soir le ramène, comme le matin, comme à midi, aux pieds du tabernacle, où il s'acquitte, avec la piété la plus édifiante, de sa charge de grand *Prieur*. »

Mais telle est sa sévérité pour lui-même qu'il se trouve fréquemment en défaut. Il se reproche les moindres fragilités, ces mille imperfections contre lesquelles le divin Maître nous a mis en garde, quand il a dit (2) : « Veillez et priez, car l'esprit est prompt et la chair est faible. » M. Grignard, pendant ses retraites, se frappe la poitrine, en implorant son pardon, il s'écrie avec le prophète (3) : « *Domine, propitiaberis peccato meo ; multum est enim.* » (4)

> Oh ! que vos jugements inspirent de terreur !
> Mon Dieu ! je vois d'abord l'épouvantable abime,
> Que les anges déchus ont creusé par leur crime,
> Apparaître à mes yeux, dans toute son horreur.

---

1. *Vie du V. B. Joly*, par l'abbé E. B\*\*\*, p. 448. Paris, 1878.
2. Matth. xxvi, 41.
3. Ps. xxiv, 11.
4. En retraite à Dijon, le 2 octobre 1882.

Séduit par le démon, Adam dit dans son cœur :
Enfin je vais du ciel escalader la cîme,
Et nul secret pour moi ne sera trop sublime.
Mais l'insensé trop tard reconnaît son erreur.

Afin de désarmer la céleste vengeance,
Heureux celui qui peut vanter son innocence,
Et l'éclat de vertus qui n'ont jamais failli !

Quant à moi qui figure au nombre des coupables,
J'invoque néanmoins l'indulgence et l'oubli,
Pour mes péchés,... Pourquoi ? C'est qu'ils sont innombrables.

M. Grignard dispense comme autrefois la sainte parole, sans jamais refuser à personne. Il prêche à Thoisy, à Sainte-Reine, à Beurey, à Savilly, à Lamarche, à Saint-Michel de Dijon, chez les Sœurs de Marie-Thérèse ; je ne puis tout énumérer. Il compose des cantiques en l'honneur de saint Valentin et de Notre-Dame du Mont-Carmel : le premier, pour le pèlerinage de Griselles (1), le second pour la paroisse de Chevannay (2). Citons seulement quelques vers :

Vierge, qui du Carmel chérissez la parure,
Abaissez vos regards sur le vallon chéri,
Où Chevannay s'endort, bercé par le murmure
De l'Ozerain qui court sur un gazon fleuri.

A Saint-Ignace, ses leçons de littérature le conduisent au Dieu des sciences, au Verbe qui est le principe

---

1. Cantique imprimé dans le *Manuel du pèlerinage de Griselles*.
2. Vers français, cote 19.

de toute lumière et de toute beauté. Dans ses méditations silencieuses, il se demande à lui-même une perfection croissante ; il voudrait reproduire la splendide image de Jésus-Christ. A l'école et ailleurs, ce qui le charme, ce qu'il aime, ce sont les âmes, hélas! trop souvent dévoyées et déformées, mais qui retrouvent leur route dans les lumières de la foi, et leur beauté dans la pratique des vertus chrétiennes.

## CHAPITRE TREIZIÈME

### Un triennat à Saint-Ignace.

(Suite)

#### ÉTUDES DIVERSES.

Multiples études de M. Grignard à Saint-Ignace. — Travaux historiques imprimés et manuscrits. — Collaboration à divers journaux et à une revue d'histoire et d'archéologie. — Etudes relatives à ses fonctions professionnelles. — Séances littéraires : 1° Le mois de mai et le mois de Marie. — 2° Saint Bernard en Bourgogne. — 3° Un épisode de l'histoire de l'Ecole Saint-Ignace. — 4° Un proverbe esquissé. — 5° Une visite épiscopale. — Mauvais état de santé de l'abbé Grignard.

ONSIEUR l'abbé Grignard resta trois ans à Saint-Ignace. Les grades théologiques ne cessèrent point de hanter ses veilles. Mais, comme il ne voyait pas la possibilité de retourner à Rome, tant que la situation resterait la même, il ajourna la reprise de ses anciennes études. Les livres d'exégèse et de scolastique conti-

nuèrent ainsi de sommeiller dans les rayons de sa bibliothèque. Il le confesse ingénûment lui-même dans dans le *Curriculum*, en ajoutant toutefois qu'il ne fit nullement trève à ses travaux d'érudition : « Je laissai, dit-il, la théologie, mais non l'histoire ecclésiastique, surtout celle de Bourgogne ; et j'avais coutume de lui donner le temps dû au repos. (1) »

De rendre compte ici de toutes les recherches historiques qu'il mena de front, je ne l'essayerai point, tant elles sont étendues et complexes. Il vaut mieux procéder à un nouveau partage. D'après la méthode que nous avons constamment suivie, nous écarterons, pour le moment, les travaux étrangers aux fonctions qu'exerça M. Grignard ; nous retiendrons seulement les études qu'il fit en qualité de professeur. Elles nous aideront d'ailleurs à mieux apprécier la part qu'il prit à l'œuvre commune et au mouvement de l'Ecole.

Il ne s'agit évidemment ni de la préparation des auteurs, ni de la correction des devoirs, ni des cahiers de littérature. Nous ne reviendrons point sur ce qui a été dit dans le chapitre précédent. Ce sont là travaux et occupations que le programme impose. Il est ici question des études libres ; nous les divisons à leur tour en deux séries, celles qui se rattachent aux fonctions professionnelles et celles qui n'ont avec elles aucun rapport.

Nous laisserons ces dernières, pour débarrasser notre récit biographique d'une entrave inutile. Elles vien-

---

1. *Theologiâ quidem relictâ, sed non historiâ ecclesiasticâ, Burgundiæ præsertim, cui tempus otio debitum tribuere solebam.*

dront à leur place, dans la seconde partie de cet ouvrage, quand nous aurons à montrer la magnifique efflorescence d'un esprit aussi brillant que fécond. Marquons ici, néanmoins, les limites des domaines littéraires où il dut se circonscrire, durant le triennat de Saint-Ignace.

Tout en courant à d'autres travaux, M. Grignard continua ses recherches sur la comtesse Mathilde de Grignon, saint Bénigne, la généalogie de saint Bernard, la bibliothèque du clergé dijonnais, et surtout les cartulaires. Il passa de fréquentes et longues heures aux archives départementales pour compléter celui de Flavigny et composer celui de Fontenay. Je cite les *Renseignements* auxquels nous avons fait tant d'emprunts : « Les jours de congé, M. l'abbé Grignard était libre de midi à sept heures ; voici l'emploi de sa soirée : à midi, il déjeûne, *mais le moins possible* (1), afin de pouvoir se livrer immédiatement à ses chères études. Quand une heure sonne, il est aux prises avec une charte ou un manuscrit. » Le même document porte ailleurs : « Chaque fois que les devoirs de sa charge lui laissent quelques heures libres, il se rend aux archives départementales pour y puiser aux sources les plus sûres les renseignements nécessaires. »

Là ne se bornent point ses travaux. Nous voyons surgir à cette époque nouvelles études, autres ouvrages imprimés. Celles-là portent des noms que nous n'avons pas encore vus : *Les mystères en Bourgogne,*

---

1. Ces mots sont soulignés par M. Buisson.

*l'histoire des évéques de Dijon, les offices diocésains.* Ceux-ci sont intitulés : *Nomination d'un curé sous l'ancien régime; saint Bernard en Bourgogne; un épisode de l'histoire de l'Ecole Saint-Ignace.* Quel est l'objet de ces deux derniers imprimés ? nous le dirons un peu plus loin, parce qu'ils rentrent dans notre cadre biographique. Quant aux autres, nous les signalons seulement ici pour mémoire. Il en est de même de la part que l'infatigable écrivain prit alors à certaines publications.

En effet, M. Grignard, à Saint-Ignace, collabora, d'une manière active, à plusieurs des feuilles périodiques qui recevaient déjà ses articles, *la Côte-d'Or, le Catholique, le Franc-Bourguignon*. Remettons à la seconde partie de cet ouvrage, l'examen de ces écrits, comme des nombreux mémoires qu'il fournit au *Bulletin d'Histoire et d'Archéologie religieuses du diocèse de Dijon*. Le premier numéro de cette publication parut le 15 janvier 1883. L'abbé Grignard fut l'un des plus ardents promoteurs et des principaux fondateurs. Le comité de rédaction le chargea de tracer le programme que la nouvelle revue se proposait de remplir. Il le fit d'une manière magistrale, au rapport d'un savant connu par ses travaux historiques, M. Ulysse Chevalier.

Les études dont nous allons donner une courte analyse, se réfèrent toutes, je le répète, à la vie scolaire de Saint-Ignace ; elles s'échelonnent, à des intervalles inégaux, durant ces trois années. Suivons l'ordre chronologique et commençons par la première.

Le 5 juin 1882, les élèves de M. Grignard offrirent à

leurs professeurs et à leurs condisciples une séance littéraire, dont il avait à lui seul fourni les données. Dédiée à la reine des cieux, elle a pour titre : *Le Mois de Mai et le Mois de Marie*. Le président de l'Académie des humanités en résume ainsi l'objet (1) : « Le mois de mai, son histoire dans la littérature sacrée, la place qu'il occupait chez les Grecs et surtout chez les Romains, les fêtes qu'il provoque et les poésies qu'il inspire, dans les temps plus modernes, enfin sa pieuse transformation en mois de Marie, telles sont les idées qui doivent former la trame de la guirlande que nous allons essayer de dérouler aux pieds de la Vierge Mère. »

Après la sortie d'Egypte, Dieu modifia l'ancien comput : le mois de la délivrance devint le premier des mois. Une nuée guida les fils d'Israël dans la solitude de Pharan et les conduisit à la montagne de Sinaï. A la même époque de l'année, Salomon commença la construction du temple, et Simon, frère de Judas Machabée, entra dans la citadelle de Jérusalem, qu'il venait d'arracher aux ennemis de son peuple. Or, la Vierge divine, celle à qui le mois de mai est consacré, l'Eglise ne la compare-t-elle pas à une nuée, quand elle s'écrie ? « Voici que le Seigneur apparaîtra sur un nuage resplendissant (2) ». Ludolphe le Chartreux ne dit-il point ? « De même que le temple de Salomon

---

1. Académies, cote 7.
2. *Officium parvum B. M. V. in adventu. Ad Vesperas.* (Note de M. Grignard.)

était construit d'un marbre très blanc, et orné à l'intérieur d'un or très pur, ainsi Marie jouissait de la blancheur de la chasteté et de l'or de la plus parfaite charité (1). » Enfin les Litanies de Lorette n'assimilent-elles pas la très sainte Vierge à une tour d'ivoire, à la tour de David, *turris davidica ?*

Les étymologies grecques du mois de mai, celles des Romains et surtout l'énumération de leurs fêtes plus ou moins licencieuses se produisent sur la scène avec un grand luxe d'érudition. Le parterre cultivé auquel s'adressent les jeunes acteurs applaudit sans doute ces innombrables réminiscences. Deux traits caractérisent le mois de mai chez les Romains : les plaisirs et les chants ; les plaisirs procurés par des divertissements de toute nature, et des chantés tombés de la lyre de tous les poëtes, pour ne pas dire des lèvres de toutes les muses.

Le croirait-on ? Si la littérature a depuis célébré, pendant dix-huit siècles, les beautés du mois des fleurs, elle n'a pas trouvé un accent pour celle qui est la fleur immaculée des campagnes et le lis de nos vallées (2) ? M. Grignard accumule les citations et les souvenirs, les fêtes et les chants en l'honneur du mois de mai. Le nom de la Vierge ne retentit ni dans les uns ni dans les autres. Les poëtes se complaisent dans les joies de la nature, sans lever les yeux jusqu'à l'idéale beauté. Lisons, par exemple, cette délicieuse chanson de Jean

---

1. *Vita J.C.*, p. 1ᵉ cap. 2, n° 11.
2. Cant., II, 1.

Passerat, l'un des auteurs de la satire Ménippée, sur le premier jour de mai :

> Laissons le lit et le sommeil,
> Ceste journée.
> Pour nous l'aurore au front vermeil
> Est déjà née.
>
> Viens, ami, viens te promener
> Dans ce bocage.
> Entens les oiseaux jargonner
> De leur ramage.
>
> Mais écoute comme sur tous
> Le rossignol est le plus doux,
> Sans qu'il se lasse.
>
> Oublions tout deuil, tout ennuy,
> Pour nous resjouyr comme luy ;
> Le temps se passe.

Pièce remplie d'une grâce exquise, dira-t-on, sans doute. Mais le nom de Marie y manque comme au récit de toutes les réjouissances du mois de mai qu'ont chantées les poëtes. Au dix-neuvième siècle appartient l'honneur d'inaugurer cette dévotion nouvelle. Le monde avait toujours entendu célébrer les louanges de Marie ; mais notre âge a fait plus : il leur a consacré tout un mois. Les fêtes et les cantiques se sont multipliés d'un bout du monde à l'autre, et l'ouvrier a trouvé sur sa lyre des accents qui ont ému le génie. Ecoutez ces vers adressés à la Reine du mois de mai :

> Toi que célèbre aux cieux l'harmonie éternelle
> Des archanges ravis, des séraphins ardents,
> Vierge, accepteras-tu d'une lyre mortelle
> Les profanes accents ?

> Oh ! toujours indulgente envers la créature,
> Tu les accepteras ; mais, pourrai-je jamais
> Exalter dignement, Reine de la nature,
>     Tes immenses bienfaits ?

C'est Reboul, un boulanger de Nîmes, que ravit de la sorte une inspiration sacrée. A cet enfant du peuple Lamartine ne craint pas d'adresser des strophes enthousiastes (1) :

> Ne t'étonne donc pas qu'un ange d'harmonie
>     Vienne d'en haut te réveiller :
> Souviens-toi de Jacob ! Les songes du génie
> Descendent sur des fronts qui n'ont dans l'insomnie
>     Qu'une pierre pour oreiller.

Je n'ai fait qu'effleurer cette intéressante *académie*, suivant le nom qu'on donne à Saint-Ignace, aux compositions de ce genre. Les chants et les fêtes du nou-

---

1. Harmonies, III, XI. Le génie dans l'obscurité. A M. Reboul, à Nîmes. On lit dans le commentaire écrit par Lamartine : « Un jour, passant par Nîmes, je voulus, avant de visiter les Arènes, visiter ce frère en poésie. Un pauvre homme, que je rencontrai dans la rue, me conduisit à la porte d'une petite maison noire, sur le seuil de laquelle on respirait cette délicieuse odeur de pain cuit sortant du four. J'entrai : un jeune homme en manches de chemise, les cheveux noirs légèrement cendrés de farine, était au comptoir, vendant du pain à de pauvres femmes. » C'est à lui que Lamartine avait dédié la xi<sup>e</sup> harmonie du livre III<sup>e</sup>. Elle commence par ces vers :

> Le souffle inspirateur, qui fait de l'âme humaine
>     Un instrument mélodieux,
> Dédaigne des palais la pompe souveraine :
> Que sont la pourpre et l'or à qui descend à peine
>     Des palais rayonnants des cieux ?

veau mois de Marie n'ont pas encore l'abondance de l'antique mois de mai. L'un a succédé à l'autre, et si cette récente littérature est moins riche, tout fait supposer, dit l'épilogue, qu'elle se développera et qu'elle aura le sort de l'hymne dans un temple sonore,

> Qui d'échos en échos croissant et répété
> S'élève et retentit jusqu'à l'éternité (1).

Le 2 août suivant, la distribution des prix devint l'occasion d'une nouvelle séance littéraire. Celle-ci fut intitulée : *Saint Bernard en Bourgogne* (2). Elle s'ouvre par un prologue de circonstance : le président salue la Bourgogne, comme le poëte saluait, autrefois, les rives de l'Italie :

> Salve, magna parens frugum, Saturnia tellus,
> Magna virûm (3).

« Féconde en produits de toute nature, écrit M. Grignard, elle est encore plus féconde en hommes. Mais parmi ces hommes, le plus grand, celui qui les domine tous, parce qu'il a réuni dans sa personne la sainteté du fondateur d'ordre, la doctrine des Pères de

---

1. Cette composition de M. Grignard porte la date du 31 mai 1882.
2. *Ibidem*, cote 7. *Académies.*
3. Georg. II. 173.

l'Eglise, les charmes du bel esprit, l'enthousiasme de l'orateur, la dialectique du philosophe et le génie de l'homme d'Etat, c'est, sans contredit, saint Bernard. »

L'académie renferme trois actes : l'enfant, le religieux, le saint. La première partie se compose aussi de trois pièces. Des vers latins d'abord célèbrent la merveilleuse vision d'Aleth. Puis un dialogue entre saint Bernard, un écolier de l'abbaye de saint Bénigne, Hélirannus, et un page du duc de Bourgogne, Aymon de Vergy, retrace fidèlement les mœurs et les idées de l'époque (1). Suit, en vers français une seconde vision, non moins miraculeuse, celle de saint Bernard à Châtillon. M. Grignard semble la taxer de légendaire, au moins dans quelques détails. Je dois dire que le grand docteur ne douta jamais de la réalité du spectacle. « Encore aujourd'hui, rapporte un de ses contemporains, il proteste avoir été témoin des origines de la Rédemption humaine (2) ». Le second et le troisième acte de la séance littéraire contiennent à la fois un dialogue et un chant lyrique.

Dans le premier dialogue, saint Etienne Harding reçoit les nobles étrangers, qui viennent frapper aux portes désolées de Cîteaux ; dans l'autre, les jeunes humanistes racontent la gloire de saint Bernard en Bourgogne. La première ode jette un regard prophétique sur l'avenir de l'ordre cistercien ; la seconde préconise le vieux castel rajeuni par une nouvelle œuvre de M. de

---

1. *Curriculum*, annexes.
2. Guill. Signiac. *Victa sancti Bernardi*, cap. II.

Bretenières, celle des missionnaires diocésains succédant à ceux de Grignon, mais établis au berceau de saint Bernard :

> Fontaine, assez de pleurs ! tes cloîtres profanés
> Vont surgir du sein des ruines.
> Et de ton saint Bernard des enfants nouveau-nés
> Feront revivre les doctrines.
>
> Comme les anciens preux, ou comme les Feuillants,
> Ces chevaliers de la parole
> Aux regards du fidèle, ému par leurs accents,
> Feront briller ton auréole.

Après la rentrée des classes, M. Grignard composa, pour le 8 décembre, en l'honneur de l'Immaculée-Conception, un cantique qui fut mis en musique et qui se rattache à une autre académie (1).

A l'époque précise où nous sommes, élèves et professeurs étaient plongés dans de mortelles angoisses. Des bruits sinistres avaient circulé. Un orage grondait sur l'établissement. Il se déchaîna tout à coup, et ses ravages furent plus grands qu'on ne les avait craints. Le 12 décembre 1882, M. l'abbé de Bretenières, accusé de s'être prêté à la reconstitution, dans son école, de la Société de Jésus, contrairement aux décrets du 29 mars, se vit de ce chef condamné, par le Conseil académique de Dijon, à la peine de l'interdiction de sa profession,

1. Cote 10.

pendant trois mois (1). Le Conseil ayant ordonné l'exécution provisoire de sa décision, les élèves furent licenciés et l'école se trouva fermée.

Je n'ai rien trouvé dans les manuscrits de M. Grignard sur le moment de la séparation. Les grandes douleurs sont muettes. Les enfants qui demeuraient au loin, disent les *Renseignements*, furent abandonnés à leur malheureux sort. Ceux dont les parents avaient leur domicile à Dijon se réunirent par petits groupes ; les maîtres allèrent leur faire la classe, de porte en porte, d'une extrémité de la ville à l'autre. Le professeur d'humanités donna l'exemple de l'abnégation. Il partait avec les autres, rentrait quelquefois plus tard, toujours modeste dans son dévouement absolu, toujours dévoué dans sa modestie franche et gaie.

Sur ces entrefaites, une grande victoire fut remportée à Paris. M. de Bretenières, certain de son bon droit, avait interjeté appel. Le conseil supérieur de l'instruction publique, reconnut qu'il n'était pas établi que le directeur de l'Ecole Saint-Ignace se fût prêté volontairement à la reconstitution d'une société légalement dissoute. En conséquence, il annula la décision des premiers juges, et déclara M. de Bretenières acquitté des fins de la poursuite. Ce qui fut délibéré et adopté

---

1. *Un Épisode de l'histoire de l'École Saint-Ignace*. Paris, imprimerie Jouaust et Sigaud, MDCCCLXXXIII. Cette brochure n'est pas entièrement de M. Grignard. « Je la mentionne, a-t-il écrit dans le catalogue de ses œuvres annexé au *Curriculum*, parce qu'on y trouve certaines inscriptions latines, qui ont eu l'approbation du P. Angelini. » C'est le nom d'un savant dont s'honore la science épigraphique.

dans la séance du 23 décembre 1882, onze jours après le premier jugement.

A cette nouvelle, les élèves rentrèrent de tous côtés, les premiers jours de janvier. Grande fut la joie du retour. L'abbé Grignard la fit chanter en chœur : (1)

> Bon retour, bon retour !
> Dieu nous garde en son amour.
> Les échappés du naufrage,
> A genoux sur le rivage,
> Se disent avec amour :
> Bon retour, bon retour,
>     Bon retour, etc.
>
> La famille dispersée,
> L'heure de l'exil passée,
> Rentre au paternel séjour :
> Bon retour, bon retour,
>     Bon retour, etc.

L'École emprunta la plume du professeur de seconde, pour offrir à celui qui avait si vaillamment combattu pour elle, le tribut de sa reconnaissance : « Cher et vénéré Directeur, lui dit-elle, nos sentiments d'aujourd'hui ne sont plus seulement ceux qu'en d'autres temps nous aimions à vous exprimer à pareil jour : à la reconnaissance que méritent vos soins assidus, à l'affection qu'a su provoquer votre affection paternelle, s'ajoute un sentiment nouveau, très vif et très profond. Nous avons gravé dans l'esprit pour la vie, le souvenir des

1. *Un Épisode*, p. 29.

travaux pénibles accomplis par vous dans la crise que nous venons de traverser. Cette sagesse toujours maîtresse d'elle-même, cette constance que rien n'ébranle, tous ces trésors de votre grande âme que les difficultés de la lutte ont fait briller à nos regards, nous pénètrent de la plus sincère admiration.

Aussi la joie de rentrer dans cette maison un instant désolée, et d'y reprendre nos chères études avec la perspective d'un avenir assuré, est-elle mélangée d'une fierté bien légitime, en retrouvant à notre tête, grandi par l'épreuve, illustré par la victoire, le chef bien-aimé qu'on voulait nous ravir, vous, cher et vénéré Directeur. »

Ici, comme souvent ailleurs, il faudrait un volume pour tout reproduire. Je laisse des documents qui appartiennent à l'histoire de Saint-Ignace, après avoir montré la main qui en a tracé quelques uns. Le 13 mai suivant, pour la fête de M. de Bretenières, l'abbé Grignard célébra de nouveau, dans une ode latine et une cantate française, le triomphe du 23 décembre et la joie commune. De plus, il écrivit ce qu'il appela *un proverbe esquissé* pour la séance littéraire que réclamait la fête. C'est une petite scène à deux personnages et qui compte deux cent quatre-vingt-seize vers. Chose surprenante ! elle fut composée en un jour. L'auteur lui-même a donné ce détail, pour confesser certains emprunts, et pour excuser sans doute aussi quelques négligences de style. Il l'a fait dans une préface qu'on trouve en tête de la pièce. Je cite ces quelques lignes, non seulement parce qu'elles révèlent la grande variété de ses connaissances, mais encore son inconcevable facilité de travail. Il écrit donc :

« L'idée de cette saynète est empruntée à une œuvre analogue intitulée : *Un proverbe manqué*, par M. Gustave Nadaud (1).

En comparant les deux pièces, un lecteur curieux s'apercevra sans peine que nous avons emprunté à l'auteur, indépendamment de l'idée-mère, quelques incidents, et un certain nombre de vers, transcrits mot pour mot ou légèrement modifiés.

Nous avons également découpé deux passages dans les pièces d'Alfred de Musset (2).

L'aveu de ces larcins ne nous coûte aucune peine : car, il n'y a pas de loi qui ne cède devant la nécessité, et nous n'avions pas la prétention d'improviser, dans l'espace de quelques heures, un morceau de longue haleine, sans utiliser les réminiscences qui pouvaient entrer si facilement dans le cadre que nous nous étions tracé.

Commencé et achevé le vendredi 4 mai 1883, le *Proverbe esquissé* fut joué quelques jours après, le dimanche 13 mai, jour de la Pentecôte, à l'occasion de la fête de M. l'abbé Christian de Bretenières, directeur de l'École libre Saint-Ignace de Dijon. »

De quoi s'agit-il au fond ? D'une petite pièce amusante

---

1. *Saynètes et monologues*, MM. J. de Biez, Chauvin, etc., première série, p. 15. Paris, Tresse, édit., Galerie du Théâtre français, Palais-Royal, MDCCCLXXVII. (Note de M. Grignard).

2. Les deux passages dont il s'agit sont soigneusement indiqués. Ils comprennent vingt-cinq vers.

et récréative, comme on en fait jouer aux écoliers. Deux acteurs se disposent à monter une scène bouffonne. Mais, comme le temps leur manque et la science aussi, ils suppriment successivement tous les éléments de la comédie, et, en dernier lieu, le sujet lui-même. Ils finissent par dire, l'un :

> Et de ce bon public tu t'es pas mal gaussé.

L'autre :

> Cela s'appellera : *Le proverbe esquissé*.

Les élèves de Saint-Ignace renouvelèrent leurs joûtes littéraires en 1884 : une fois, pour fêter encore M. de Bretenières ; une autre, en faveur de la chapelle de l'école Saint-François-de-Sales. M. Grignard fournit une pièce à chacune de ces deux séances (1) : à la première, une ode latine, où il joue agréablement sur le nom du héros de la fête :

> Nomen a Christo trahit, et sodales
> Ipsum nuncupant bene Christianum ;
> Christianus nam ratione vitæ
>     Lucet et ardet.

A la seconde, il offrit un plaidoyer qui réclame les aumônes de l'assistance :

> On voudra bien nous pardonner,
> Si nous commettons l'imprudence
> De venir vous importuner,
> A la fin de cette séance.

---

1. Mss. Cote 10.

Six semaines plus tard, le diocèse était en deuil. Le vénérable patriarche, qui le gouvernait depuis quarante-six ans, était mort après avoir fait, comme a dit l'évêque d'Autun, sa dernière lecture spirituelle et trouvé le sujet de sa dernière oraison, dans un ouvrage sur le Sacré-Cœur. Le jour des obsèques, Mgr Marpot, évêque de Saint-Claude, honora l'Ecole de sa visite. Il y fut reçu avec un docte compliment et avec un sonnet dont voici les derniers vers :

> Un évêque succombe ! oui, mais l'épiscopat
> Pour veiller sur l'Eglise et protéger la France
> Reste toujours debout, toujours prêt au combat.

Les deux pièces étaient de la main de M. l'abbé Grignard (1).

Mais tant d'occupations et d'études avaient porté une nouvelle et grave atteinte à sa santé. Les médecins prescrivirent le repos et surtout le silence (2). MM. les Vicaires capitulaires accueillirent favorablement les demandes qui leur furent présentées. L'ancien candidat aux grades théologiques sentit renaître son espoir. Il quitta Saint-Ignace, avec la résolution bien arrêtée d'aller, cette fois, jusqu'au bout dans la voie qui s'ouvrait enfin devant lui.

1. Mss. cote 10.
2. *Curriculum vitæ*.

# CHAPITRE QUATORZIÈME

## La dernière étape.

### (1884-1887)

Départ pour Fribourg-en-Brisgau, 18 octobre 1884. — Description de la ville. — Mœurs allemandes; curieux détails. — Travaux accablants de l'abbé Grignard. — Gracieuse proposition de M. le docteur Kraus. — Rédaction du *Curriculum vitæ*. — Le Doctorat. — Le Diplôme. — Aggravation de l'état maladif de M. Grignard. — Retour en France, 20 juillet 1885. — Consultation médicale à Paris. — Une noble hospitalité, 1886. — Préparation suprême. — Visite du R. P. Charrasse. — Humilité, piété, résignation des derniers mois. — Arrivée à Thoisy. — Les derniers sacrements. — M. Grignard meurt le 24 avril 1887. — Ses obsèques.

IBRE enfin de poursuivre un but, qui avait si longtemps fui, mais épuisé par un travail excessif et des veilles anormales, M. Grignard se demanda si, dans l'état actuel de sa santé, il pouvait aller à Rome. Des personnes sages lui représentèrent que ce serait marcher à sa perte. « Les chaleurs de l'été, lui

dirent-elles, vous seront funestes. Dans le délabrement où vous êtes, vous n'y résisterez pas. Vous avez besoin de repos, plus que de science. » Mais la science devait dévorer cette nouvelle victime.

Il vit cependant qu'il fallait absolument faire le sacrifice de Rome. C'était dur, mais nécessaire. Il s'y résigna, non sans lutte, ni surtout sans douleur. Il aurait fallu sacrifier aussi les grades. Mais demanderez-vous au soldat, le matin de l'assaut, de rentrer sous la tente? La vue du danger fit-elle jamais reculer un noble cœur? Le marin, qu'a retenu une longue traversée, hésite-t-il au moment de toucher au rivage, quand même il craindrait d'y échouer? Ce doctorat si ardemment envié, l'abbé Grignard voulut en faire la conquête dans une autre université.

Le *Curriculum* nous apprend qu'il ne pensa point à nos facultés catholiques. Après tout, ce qu'il désirait, c'était une marque de renom, qu'il comptait mettre en tête de quelque nouvelle et savante étude (1). Et cette marque, il voulait la demander à l'une ou à l'autre des vieilles universités dont s'honore l'Eglise. Celle de Louvain revint solliciter quelque peu ses désirs. Les conseils qu'il reçut le dissuadèrent encore. On lui fit craindre, à tort peut-être, les brouillards et l'humidité des Pays-Bas. Il fixa définitivement son choix sur Fribourg-en-Brisgau. La douceur du climat, une distance relativement peu considérable, l'éclat de l'université, tels furent les motifs qui le décidèrent (2).

1. M. Grignard le dit expressément dans le *Curriculum*.
2. Cf. *Curriculum*.

Il se mit en relation avec M. le docteur Koenig, qui faisait les fonctions de recteur. Il apprit que les cours reprendraient le 22 octobre, qu'en deux années, même en une, il lui serait possible d'obtenir les plus hauts grades, à la condition de subir les examens requis et de présenter une dissertation scientifique (1).

Cet exode, à la suite duquel M. Grignard devait nous revenir avec une santé irrémédiablement perdue, il sut le couvrir de fleurs et le parcourir avec gaîté. Il quitta Thoisy-la-Berchère le samedi 18 octobre, se reposa le dimanche, dans un château cher à son cœur, repartit le lendemain et arriva le 21 au pays du *ia*. Sa première démarche fut d'aller à la cathédrale, pour remercier Dieu de l'heureuse issue de son voyage. Le Munster avec ses murs en grès rouge, sa flèche élancée, ses admirables verrières et ses tableaux de l'ancienne école allemande, est, dit-on, l'une des plus belles cathédrales de l'Europe. Il étincelle de tant de beautés, et tant de souvenirs s'y pressent qu'il paraît vivant. « Quel admirable monument! écrit notre voyageur (2). Tous les siècles s'y donnent rendez-vous, depuis le onzième. Et dire que nos cathédrales seraient comme cela, si le vandalisme révolutionnaire les avait respectées! »

La ville lui fit bonne impression. « Elle est pleine de jardins encore verts, écrit-il (3); les collines du voisinage bornent son horizon : le soleil d'automne la

---

1. Lettre de M. le D$^r$ Koenig, Freiburg, den 22 septber, 1884.
2. Lettre de M. Grignard à M$^{lle}$ de ***. C. P., et à ses parents, Freiburg, 21 oct. 1884, C. T.
3. *Ibid.*

caresse d'un rayon que le cours de la Dreisam rafraîchit. » Les gens qui viennent de la campagne à la ville n'ont pas, continue-t-il (1), l'air bien riches. En tout cas, ils ont des choux en abondance. Si vous voyiez les charriots rangés le long de la caserne ! Quel volume de choucroûte, que de chopes de bière, que de contentement et de joie tout cela doit procurer ! »

Pour lui, ce qui le charma au suprême degré, ce fut de voir les hommes assister aux offices en grand nombre, non seulement le dimanche, mais la semaine. Il écrivait, le vendredi 24 octobre (2): « L'ordre et l'aisance règnent dans la ville. Les églises sont très fréquentées. Et j'ai remarqué plus d'hommes, ce matin, à la messe de dix heures du Munster, qu'il n'y en a les dimanches à Thoisy. Si la victoire est à ceux qui offensent le moins le bon Dieu, elle n'est pas près d'être à nous. » Une autre fois (3), il constate la quantité des communions d'hommes : « Lundi, je disais la messe pour une association de marchands, jeunes et vieux, jeunes surtout. Le ciboire était moitié plein : mais je n'ai pas eu assez d'hosties pour les contenter tous ; et une douzaine ont dû aller communier à la cathédrale. C'était une joie pour moi de déposer le corps de Notre-Seigneur sur ces lèvres garnies de moustaches brunes ou blanches ; mais c'était un chagrin de penser, qu'en France, les hommes prétendent se passer du bon Dieu. » L'affluence de la Toussaint, qui tombait un samedi et

---

1. Lettre à ses parents, 13 décembre 1884. C. T.
2. A ses parents.
3. 13 décembre 1884. A ses parents.

celle du dimanche, le ravirent encore plus : « J'assistais à la messe, à la cathédrale, samedi, écrit-il (1). Quel carillon! quelle musique! quelle foule et quel recueillement! Le dimanche à une heure, dans la chapelle du cimetière où tout est propre et décent et même riche, des hommes de bonne volonté commençaient le chapelet, d'autres les relevaient au bout d'une heure, et ainsi de suite. »

Au milieu d'un monde si loin d'être hostile, il garda son costume ecclésiastique. Il avait hésité d'abord, car ce n'était pas l'usage (2) : « Je suis le seul qui le porte comme en France. Tous les prêtres sont en habit noir, comme les laïques. Ferai-je comme eux? je n'en sais rien encore. En attendant, je circule par la ville, sans aucun inconvénient. Les enfants viennent me serrer la main. Les soldats portent quelquefois la leur à leur schako. »

Il n'observa pas sans une moindre curiosité les cordiales relations des laïques avec les prêtres. La distance qui les sépare les uns des autres dans nos villes françaises n'existe pas à Fribourg. Ils fréquentent les mêmes cercles, ils fraternisent, dans la véritable acception du mot. Ce qui choquerait nos usages, leur semble tout naturel. Les ecclésiastiques s'assiéent dans les cafés, les concerts, se mêlent aux réjouissances publiques. Que dis-je? on provoque en leur honneur de bruyantes et joyeuses réunions. Une prise de possession, un départ, un anniversaire personnel, tout devient, pour peu qu'ils

---

1. A ses parents, 4 novembre 1884.
2. Aux mêmes, 24 oct.

soient populaires, l'occasion d'une fête dont ils sont les héros. A peine arrivé, M. Grignard fut invité par une société d'étudiants, une sorte de cercle catholique, qui porte le vieux nom d'*Arminia*. « Je ne me suis pas décidé pour cette fois, dit-il (1). J'aurais dû boire de la bière, fumer, entendre des chants auxquels je n'aurais rien compris, crier peut-être *Arminia vivat, crescat et floreat!* Que l'Arminia vive, croisse et prospère! » Mais réflexion faite, il se rendit plus tard à ces réunions; il y porta même, le 16 novembre, un sonnet français qui se termine par l'acclamation latine : *Arminia vivat, crescat et floreat!* Une autre société, tout aussi joyeuse, le Vereins-Haus, l'engagea de même entre deux leçons. Il en fut quitte pour une verre de bière et beaucoup de fumée. « J'y suis allé déjà, je ne sais quel jour, écrit-il (2). Figurez-vous tout un grand séminaire, dans une salle d'auberge, buvant, fumant, chantant, discourant. Le supérieur était là, à droite d'un de ses élèves, le président. J'étais à gauche; on voulut bien trinquer et chanter en mon honneur. » Ce sont là mœurs allemandes et plaisirs d'outre-Rhin. Ils ont du moins cet avantage d'opérer une complète fusion des classes, et de faire circuler dans la vie civile une sève abondante de vie cléricale.

Notre étudiant était logé au Mutterhaus, une maison-mère des Filles de Saint-Vincent-de-Paul ; il s'y voyait entouré des soins les plus empressés : « Des sœurs

---

1. Aux mêmes, 4 nov. 1884.
2. Aux mêmes, 13 décembre 1884.

m'apportent mes repas, dit-il (1) : 7 heures ; 10 heures ;
12 heures ; 4 heures ; 6 heures. On ne vit ici que pour
manger. Je laisse faire : mais, quand j'aurai l'expérience
de la maison, j'indiquerai mes habitudes. » Un des
grands vicaires et le chancelier de l'archevêché demeuraient dans la même maison. Il se lia vite avec eux et
partagea leurs promenades. Il se fit présenter aussi à
M. le docteur Kraus, un de ses professeurs les plus distingués, et pour lequel il témoigna bientôt une profonde
admiration, bien qu'il ne pût entrer dans toutes ses idées.

Il se rendit à ses réceptions, accepta ses invitations et
fut de sa part l'objet d'une protection toute spéciale. Le
prorecteur, M. Koenig, l'accueillit également avec
faveur, se fit un devoir de l'immatriculer à l'université
dès le 23 octobre, et reçut également avec une grande
bonté toutes ses confidences.

Les cours se font en langue allemande. C'était la
grande difficulté. L'abbé Grignard s'y heurta obstiné-
ment; j'allais dire qu'il s'y brisa. Il écrivait, le 24
octobre (2), rendant compte de sa journée de la veille :
« J'ai assisté à trois cours différents, sans y comprendre
grand'chose. Mais je ne me décourage pas, et je travaille la langue allemande depuis le matin jusqu'au
soir. » Telles furent ses occupations du jour et de la
nuit. Car le jour ne suffisait pas à la peine. La théologie,
l'histoire, l'exégèse, l'archéologie, et par dessus tout,
l'étude de la langue allemande, d'abord dans la syntaxe,

---

1. Aux mêmes, 24 oct. 1884.
2. Aux mêmes.

ensuite dans les auteurs et les cours publics ; voilà ce qui réclamait un temps et des heures que le jour ne contenait pas. Jamais un moment de répit ou de détente ; une application continue, une surexcitation nerveuse de tous les instants ; la succession des jours et des semaines ramenant les mêmes efforts et les mêmes travaux.

Les fêtes, les visites et les conversations dont j'ai parlé, devenaient un sujet d'étude de plus. Il n'y voyait effectivement qu'une nouvelle occasion d'apprendre. Deux semaines après son arrivée, il écrit ces mots qui lui paraissent tout simples : « Je commence à me familiariser avec la langue allemande. *Ce n'est pas étonnant.* Les maîtres abondent. J'en rencontre à chaque pas. » Qui va-t-il nommer ? Les professeurs qu'il entend matin et soir, et souvent à plusieurs reprises ? Non ; leurs leçons constituent la première tâche, le travail obligatoire. Il indique les sources secondaires où il va puiser librement : le service des sœurs qui le soignent, les conversations du grand vicaire et du chancelier, les soirées de M. Kraus, les sociétés où il est reçu. Parle-t-il au moins des veillées silencieuses du Mutterhaus, et de ses travaux solitaires où il étudie les règles et approfondit les étymologies ? Non ; il lui semble superflu de mentionner les premières conditions et les éléments primordiaux de son œuvre (1).

Encore, s'il avait pu concentrer toute sa peine sur un travail unique, sans se fatiguer au-delà de toute mesure

---

1. Cf. les lettres précitées.

par la dispersion de ses efforts et une dépense de forces absolument hors de saison. Il s'astreignit à une correspondance accablante et qui déroba des heures précieuses. Des lettres lui vinrent de toutes parts : de Saint-Ignace, de Grignon, de nombreux amis, des savants avec lesquels il était lié. On le consulte sur des points d'histoire; on lui réclame des articles de bibliographie pour recommander de récents ouvrages. Par amitié, par obligeance, il répond à tous. Il écrit lui-même pour solliciter des recherches dans les bibliothèques et les archives. J'ai sous les yeux les renseignements sur divers points d'archéologie, que lui envoyent des personnes dévouées, et la nomenclature des chartes dont le souvenir importune ses nuits. Mais pourquoi tant insister sur un si douloureux sujet? Arrêtons-nous pour déplorer un surmenage intellectuel porté jusqu'au paroxysme. Le cruel axiome de la science, hélas! se réalise une fois de plus? « L'homme ne meurt pas; il se tue. » O vous qui avez suivi cette vie si courte et si pleine, ah! dites-le moi, si vous le savez, pourquoi faut-il qu'il n'ait pas résisté à la passion de la science, au violent désir de tout connaître en un jour? L'esprit, si grand soit-il, a des limites au-delà desquelles il ne peut aller sans fatiguer ses ailes; l'âme dans ses élans finit par briser des ressorts que rien ne repose, et par anéantir la fragile enveloppe qu'elle a reçue de Dieu.

Les professeurs de Fribourg eurent-ils un vague pressentiment de ce qui allait advenir? Je ne sais : mais on le croirait presque, à la proposition qu'ils firent à M. Grignard. L'un d'eux, M. Kraus, l'engagea, non point à poursuivre la succession ordinaire des grades théologiques aux examens et aux dissertations réglementaires, mais à conquérir le doctorat d'emblée, sur la présentation de ses ouvrages imprimés ou manuscrits. Ce conseil, en tout cas, est pour nous la preuve de la haute estime que l'étudiant français avait inspirée. Ses maîtres, après l'avoir entendu parler, jugèrent de la profondeur et de la solidité de ses connaissances. Ils se dirent qu'un professeur, qu'un écrivain qui arrivait avec un tel passé et un tel bilan d'études, méritait, sans plus ample épreuve, le haut grade qu'il sollicitait. Le procédé était simple et décisif; il avait de plus le double avantage d'honorer grandement M. Grignard et de lui épargner des dissertations et des examens qui semblaient superflus.

Trois écrits surtout déterminèrent M. Kraus : d'abord l'opuscule latin sur Flavigny où il vit la marque d'une rare érudition, ensuite deux grands ouvrages où il en trouva les preuves multipliées et poussées jusqu'à l'évidence : *La Vie de sainte Reine d'Alise* et le Traité manuscrit de la Confirmation. M. Grignard fit venir ce dernier de Thoisy, pour le présenter à l'université, dès les premiers jours de novembre 1884. Nous savons par la date du sonnet suivant qu'il offrit, à titre d'hommage, un exemplaire de l'autre à l'éminent professeur :

> Tandis que d'un œil sûr envisageant l'histoire,
> Depuis le jour lointain où naquirent les jours,
> Vous suivez pas à pas l'Église dans son cours,
> Des faits les plus divers évoquant la mémoire ;

Tandis que vous peignez ses revers et sa gloire,
Les tombeaux recueillant dans leurs secrets détours
Tout un peuple tremblant, éperdu, sans secours,
Ou les temples pompeux, gages de la victoire.

Dans un cadre restreint, coucentrant mes travaux,
J'essayais d'ajouter quelques rayons nouveaux
A l'éclat dont l'Auxois entoure sa patronne.

Du vaste monument par vos soins entrepris,
J'ai taillé non sans peine une obscure colonne ;
Mais si vous l'acceptez, elle aura quelque prix.

Pour obtenir l'adhésion régulière de la faculté, il fallait procéder avec ordre. M. Grignard fut chargé de réunir les documents nécessaires en pareil cas. On lui demanda d'écrire un résumé de sa vie, de ses études classiques, et de ses travaux intellectuels, d'y joindre les preuves à l'appui, et de faire le dépôt de ses ouvrages imprimés et manuscrits.

Il rédigea d'abord ce qu'on appelle dans les universités allemandes le *Curriculum vitæ* et l'adressa au prorecteur, M. Kœnig. Il trace une rapide esquisse de ses études littéraires et théologiques, depuis son entrée à Plombières jusqu'à son départ de Rome. Il mentionne les travaux historiques auxquels il s'est adonné plus tard ; il insiste sur le triennat professoral de Saint-Ignace. Ce petit mémoire est un chef-d'œuvre de grâce, de finesse et d'insinuation : « Il me serait difficile de rester ici trois ans, dit le biographe, parce que nous avons un nouvel évêque qui peut me rappeler. La nécessité de rentrer dans le diocèse s'impose. Car notre RR. et SS. évêque François est mort. Depuis, il s'est élevé en

Egypte un nouveau roi, à qui Joseph était inconnu (1) et qui peut presser son retour. »

Il se résume ainsi : « Les études théologiques que l'on exige à Fribourg, je les ai faites ; les épreuves publiques, je les ai subies comme élève et professeur ; les dissertations que l'on réclame, j'en ai fourni un ample équivalent. En conséquence, je sollicite humblement dispense du stage, parce que l'âge me presse et que d'autres travaux m'appellent. Je voudrais m'approprier la célèbre parole de saint Augustin : « *Circulus et calamus fecerunt me doctorem* (2). » C'est-à-dire, en nous conformant aux habitudes de l'école : Les raisonnements que j'ai déduits (3) et les ouvrages que j'ai composés (4), voilà ce qui m'a fait docteur. »

A sa petite odyssée, l'abbé Grignard joignit quatre dossiers. Le premier renferme avec son diplôme de bachelier ès lettres, les preuves de ses études ecclésiastiques et les attestations des différents séminaires où il

---

1. Ex. I. 8. Surrexit interea rex novus super Ægyptum, qui ignorabat Joseph.

2. Parole citée dans le *Curriculum*, d'après le Père Curci. On la trouve également en tête d'un manuscrit de Rome, c. 66. Consulté sur l'authenticité de cet adage, le savant italien a répondu, en date du 16 avril 1889 : « Questo è un detto comune in Italia, attribuendolo a S. Agostino : e vi si allude al systema scolastico d'insegnare le scienze specolative. »

3. *Circulus* s'applique au raisonnement. Il désigne les circuits par lesquels la pensée descend du général au particulier, ou s'élève du particulier au général. Cf. *Josephi Zamœ Mellinii Lexicon, quo veterum Theologorum locutiones explicantur. Coloniæ*, 1855, p. 21-22. Renseignements dus à l'obligeance de M. Guignard, bibliothécaire de la ville de Dijon.

4. *Calamus* désigne, au propre, un roseau destiné à écrire, et au figuré, les ouvrages d'un auteur.

avait passé. Le R. P. Eschbach lui envoya de Rome, sans parler d'une lettre très affectueuse, un certificat particulièrement élogieux.

Le second dossier contient la liste de ses ouvrages, avec un aperçu très succinct de chacun d'eux. Ces ouvrages peuvent se diviser en deux classes, suivant qu'ils sont imprimés ou manuscrits. Aux premiers se rattachent ceux que nous connaissons, les articles publiés dans le *Bulletin*, des mémoires critiques insérés ailleurs et des travaux en cours de publication. Les seconds renferment également des œuvres terminées et d'autres en préparation. Je n'insiste pas, puisque l'ensemble de ces compositions doit faire le sujet de la seconde partie de ce volume.

Le troisième et le quatrième dossier sont une double collection d'appréciations et de diplômes. Ceux-ci lui avaient été délivrés par trois sociétés savantes : la société éduenne des lettres, sciences et arts (1) ; la société bourguignonne de géographie et d'histoire (2) ; et le comité de rédaction du *Bulletin d'histoire et d'archéologie religieuses du diocèse de Dijon* (3). Celles-là lui étaient fournies par la presse ou émanaient, sous forme de lettres, de quelques doctes ou éminentes personnes. Nous reviendrons également plus loin, sur ces appréciations, quand il s'agira des ouvrages qui les ont méritées.

---

1. Le 27 février 1879.
2. Le 27 décembre 1882, probablement.
3. Le 19 septembre 1882.

M. Kraus, en qualité de promoteur, fut chargé de présenter le rapport. L'affaire marcha rapidement. Le 27 février 1885, l'abbé Grignard écrivait au château où il s'était arrêté au sortir de Thoisy : « M. le professeur Kraus vient de m'annoncer *officiellement* que la Faculté avait résolu de me conférer le titre de docteur, à la seule inspection de mes travaux, et sans que j'aie besoin de passer un examen, auquel je me préparais *in silentio et tremore*. A la façon dont il m'a parlé du rapport, je ne doute pas que le diplôme contienne mieux que la mention banale : *cum laude*. » La lettre est signée : Fr. Grignard, Prêtre, Docteur en S. Théologie.

L'espoir de M. Grignard ne fut pas déçu. Il obtint, pour répéter son expression, « mieux qu'une mention banale. » On le servit à souhait. Le diplôme, qui lui fut décerné, l'honore infiniment. Qu'on veuille le parcourir avec attention, qu'on en pèse bien les termes, on s'en convaincra facilement, le prêtre dijonnais, l'ancien professeur de Saint-Ignace, est reçu docteur, relevons soigneusement ces détails, « à cause de son insigne érudition. » Cette science profonde, il l'a montrée jusqu'à l'évidence, le diplôme le dit en termes formels, « dans des dissertations et des livres, soit imprimés, soit manuscrits, qui jettent une vraie lumière sur l'histoire ecclésiastique comme sur l'archéologie sacrée. »

Mais il faut mettre la lettre elle-même sous les yeux du lecteur et lui présenter le document intégral. En effet, le diplôme occupe, dans cette biographie, une place trop importante pour n'y point figurer avec toutes ses lignes. En voici la teneur et la disposition :

QUOD FELIX FAUSTUMQUE SIT

SUB AUSPICIIS

SUMMI PRINCIPIS

# FRIDERICI

MAGNI DUCIS BADARUM DUCIS ZARINGIAE

RECTORIS ACADEMIAE MAGNIFICENTISSIMI

PRORECTORE MAGNIFICO

## IOSEPHO KOENIG

S. THEOLOGIAE DOCTORE EIUSDEMQUE PROFESSORE PUBLICO ORDINARIO ORDINIS LEONIS ZAHRINGENSIS EQUITE

EX AUCTORITATE SENATUS ACADEMICI

EX DECRETO ORDINIS THEOLOGORUM

IN LITTERARUM UNIVERSITATE ALBERTO-LUDOVICIANA

PROMOTOR LEGITIME CONSTITUTUS

## FRANCISCUS XAVERIUS KRAUS

THEOLOGIAE AC PHILOSOPHIAE DOCTOR THEOLOGIAE PROFESSOR PUBLICUS ORDINARIUS

VIRO REVERENDO

## FRANCISCO GRIGNARD

OCTHOSIACENSI EX INCLYTA FRANCOGALLORVM GENTE

PRESBYTERO DIOECESEOS DIVIONENSIS

COLLEGII S. IGNATII DIVIONENSIS OLIM PROFESSORI

PROPTER INSIGNEM ERUDITIONEM LIBRIS ET DISSERTATIONIBUS TUM PUBLICI IVRIS FACTIS TUM MANU EXARATIS HISTORIAM ECCLESIASTICAM NECNON ANTIQUITATES SACRAS ILLUSTRANTIBUS PROBATAM

## DOCTORIS THEOLOGIAE

GRADUM IURA PRIVILEGIA

RITE CONTULIT

ID QUOD PUBLICO HOC DIPLOMATE DECLARATUR

FRIBURGI BRISIGAVORUM DIE XXVI MENSIS FEBRUARII ANNI MDCCCLXXXV

DR. IOSEPHUS KOENIG
H. T. PRORECTOR

DR. A. MAIER
ORDINIS THEOLOG. H. T. DECANUS

L$_x$ S$_x$

DR. F. X. KRAUS
PROMOTOR

TYPIS ACADEMICIS EXCVDEBAT CHR. LEHMANN

Hélas! faut-il le dire? Cette histoire est finie. La lumière qu'avait saluée M. Kraus s'est éteinte à son midi. L'astre qui promettait de briller plus vivement et longtemps encore sur nos pâles horizons, a tout à coup disparu. Et les péripéties de ce triste évènement ont passé comme un songe.

Les examens commençaient à l'Université. Le nouveau docteur profita de l'interruption des cours pour venir se reposer cinq ou six semaines en France. Un épuisement complet le lui commandait, du reste, absolument. Par une attention délicate et qu'il souligna de la manière la plus gracieuse, il rendit sa première visite à celui qui écrit ces pages. Il séjourna quelque temps à Thoisy, revit Grignon, Saint-Ignace, évangélisa Lamarche, en retournant en Allemagne, et reprit, à la fin d'avril, la route de l'Allemagne. Ses amis de France, l'avaient trouvé encore plus fatigué qu'ils ne s'étaient imaginé, et il ne leur avait pas caché lui-même certains pressentiments, mais l'ayant vu, et aussi, par ce besoin de confiance et d'espoir que nous avons tous, ils ne voulurent point s'arrêter à ces tristes pensées.

De retour au Mütterhaus, il s'ensevelit plus que jamais dans la solitude et l'application, mort à tout, sinon aux cours de la Faculté, à l'étude de l'allemand, et à la pensée de se remettre, dès sa rentrée prochaine, à ses ouvrages restés en suspens. Une lettre du 14 juillet annonce son arrivée, mais où? on le devine : à la bibliothèque et aux archives de Dijon (1). « Lundi, s'il

1. Fribourg-en-Brisgau, ce 14 juillet 1885. C. P.

plaît à Dieu, je traverserai le Rhin pour me retrouver en Alsace et puis en France. Arrivé à Dijon, je butinerai à la bibliothèque et aux archives, aussi longtemps que ma main me le permettra. Car, j'ai hâte de me débarrasser de la famille de saint Bernard, des chartes de Fontenay et de Mathilde de Bourgogne. Peut-être ferai-je une pointe sur Langres, pour y consulter les archives d'Auberive et de Morimond, si elles n'ont pas été transportées ailleurs. »

Le 20 juillet, je le vis à Auxonne, à son passage. Il me montra sa main paralysée, en constatant tristement les progrès du mal. Il resta trois mois à Thoisy, dans une inaction à peu près complète : « C'est à peine si j'ai ouvert la bouche, depuis mon arrivée, écrivait-il le 18 septembre (1). Ma plume se repose forcément. J'ai bien corrigé par ci par là quelques épreuves, mais je n'ai pas composé quoi que ce soit depuis la fin de juillet. Bref, je mène une vie toute animale, et ne m'en porte pas mieux pour autant. »

Ces derniers mots font entendre la protestation de l'âme contre la chair qui voulait l'asservir. C'est un cri de détresse, contenu sans doute mais douloureux, en voyant s'évanouir tant de rêves. Au moment de se lancer à pleines voiles dans les hautes mers de la science, il s'aperçut que son navire était hors de service. Le mal s'était aggravé pendant les vacances. Quant aux épreuves dont il s'agit, M. Grignard veut parler d'un mémoire écrit depuis longtemps et qui

---

1. Thoisy-la-Berchère, 18 septembre 1885. C. P.

parut alors dans le *Bulletin,* sous ce titre : Une visite à la chapelle de Fleurey, ou le monument d'Antoine I<sup>er</sup> de Luxembourg et d'Antoinette de Bauffremont (1).

Cependant l'évêché n'était pas au courant de sa vraie position. Il lui offrit une cure importante. Le malade déclina cette faveur, en révélant qu'il n'était malheureusement pas en état de répondre à cette marque de confiance. On le mit en relations avec les célébrités médicales de Paris. Il se rendit auprès d'elles, avec l'assistance d'une sœur de charité qu'une initiative généreuse attacha dès lors à sa personne. Un moment rassuré par la consultation médicale, il vit, après son retour à Thoisy, diminuer son espoir. Il écrivit, le 18 novembre, à une personne, qui devait lui offrir, pendant sa maladie, une si cordiale hospitalité et lui prodiguer, jusqu'à la fin, les marques du plus parfait dévouement : « Je me conformerai à l'ordonnance des princes de la médecine. Mais, entre nous soit dit, je compte encore plus sur vos soins que sur leur science, pour me sortir de la brillante situation, où les circonstances m'ont réduit. »

Deux jours après, il était à Orain. Il eut encore la force, les premières semaines, de surveiller l'impression d'une plaquette qui a pour titre : *l'Abbaye de Flavigny* (2), et dont nous aurons à rendre compte. Hélas ! bientôt la plume ne tint plus dans ses doigts ; sa main droite lui refusa tout service ; ses jambes s'engourdi-

---

1. *Bulletin d'Histoire et d'Archéologie,* 5<sup>e</sup> livraison, 1885. Cf. C. 31.
2. Autun, 1885.

rent : la paralysie progressive s'accentua d'une manière effrayante. Il résista pourtant avec courage ; il lutta contre son mal avec une rare énergie, acceptant tout, se soumettant à toutes les exigences, s'efforçant de briser ces liens d'esclavage. Au premier rayon de soleil, il essayait, toujours suivi par la sœur, de faire quelques pas

> Dans les détours du parc dont le sombre manteau
> Fait du manoir d'Orain l'orgueil et la parure.

Il avait autrefois chanté cette délicieuse résidence, les vieux toits rajeûnis, le parc séculaire et les arbres touffus. Il y avait puisé, au déclin de l'automne, des sentiments qui durent encore faire vibrer son âme, dans ces jours de douleur :

> Tout s'élève, tout monte, et cherche la lumière
> Que l'automne projette à son heure dernière.
> Gazons, arbres altiers, perdez-vous dans les cieux !
> Et comme vous toujours, que notre âme affaissée
> Par le poids des soucis ou par un vide affreux,
> Elève jusqu'à Dieu son cœur et sa pensée !

Il conserva la pleine et parfaite possession de toutes ses facultés intellectuelles. La mémoire seule fit défaut dans les derniers temps. Mais ses vives reparties, sa verve étincelante charmèrent les veillées du château. A l'entendre, on n'aurait jamais dit qu'il avait perdu toute espérance. Ceux qui reçurent ses pensées intimes, apprirent qu'il voyait arriver la mort et qu'il s'y préparait en silence. Son approche ne le troubla point : il était résigné. Parfois cependant il céda à l'accablement. Il se désolait de ne pouvoir plus rien faire, et surtout de ne point participer aux fêtes et aux cérémonies de l'Eglise. Un jour, la procession paroissiale vint à Orain. Debout à la fenêtre de sa chambre, il suivit des yeux les mouvements de la foule. Son cœur s'attendrit, les larmes coulèrent sur ses joues, il s'abandonna un instant à la peine. Puis, reprenant courage, il s'assit pour faire quelques vers sur un sujet si poignant, mais il ne put; l'émotion le vainquit encore.

Il reçut, au mois de juillet, une visite qu'il attendait, sans oser en faire la demande. Un des anciens missionnaires de Grignon, le R. P. Charrasse, auquel il portait une vive affection, apprit par une voie discrète le désir du malade. Il partit d'Orange, malgré de pressants travaux, et vint passer quinze jours avec lui. Ils s'entretinrent longuement. La chambre de l'infortuné reclus et la chapelle du château ont seules entendu leurs secrètes confidences. On vit bien que ces deux amis n'avaient qu'un cœur et qu'une âme, et qu'ils se livraient ensemble aux exercices d'une préparation suprême. L'un, se voyant au seuil de l'éternité, fit une revue générale de sa conscience; l'autre lui prodigua ces consolations qui dépassent déjà par elles-mêmes tout sentiment, mais qui nous saisissent encore davantage quand elles viennent d'une bouche affectueuse. Le malade versa dans le sein du prêtre les effusions d'une âme anxieuse en face du redoutable au-delà de la tombe.

Le prêtre fit descendre sur le malade les grâces qui fortifient pour les derniers combats, et les lumières qui éclairent les horizons de la vie future.

Le Père Charrasse ne devait pas longtemps survivre à celui qu'il assistait avec tant d'amitié. Il mourut subitement, le 29 mars 1889, après avoir éloquemment parlé, la veille, des surprises de la mort. Il prêchait, à Apt, la station quadragésimale. A mesure que sa parole « animée d'une énergie surhumaine, tombait du haut de la chaire, vibrante comme le clairon des batailles qui sonne la charge, un souffle de salutaire terreur passait sur l'auditoire. « Nous qui sommes ici, s'écriait-il, qui sait si nous serons demain ? » Il ignorait que le lendemain la mort devait prendre une victime parmi les êtres vivants que la vieille basilique renfermait ce jour là dans son enceinte, « et que la victime c'était lui (1). »

Ces suprises de la mort, toujours si terribles pour ceux qu'elles frappent, furent du moins épargnées au pauvre patient d'Orain. Il parlait souvent de sa fin prochaine : il regrettait de quitter la vie, non pour lui, mais pour les siens. Il lui arrivait de penser qu'il aurait pu encore servir le bon Dieu et son Église, mais il ajoutait humblement : « Je suis un serviteur inutile; mon Dieu, que votre volonté se fasse et non la mienne. » Il classa ses papiers et prit ses dispositions testamentaires. C'est dans un de ces moments, où l'homme

---

1. *Éloge funèbre du R. P. Charrasse*, prononcé le 8 avril 1889, dans l'église Notre-Dame d'Orange, par M. l'abbé Paul de Terris, ancien vicaire général de Fréjus, p. 33. Avignon, MDCCCLXXXIX.

repasse ses années et où les clartés éternelles viennent illuminer nos ombres, qu'il brûla son journal autobiographique, ne voulant point occuper les autres de ses réflexions intimes et de ses souvenirs personnels. La même pensée le poussa-t-elle jusqu'à détruire son propre testament? La chose est possible, puisqu'il l'a certainement rédigé et qu'on n'a pu le découvrir nulle part, malgré toutes les recherches. Il se dit peut-être que n'ayant rien amassé, il n'avait rien à donner et qu'il pouvait compter, en ce qui concerne son âme, sur les affections qu'il laissait sur la terre. Il est avéré qu'il brûla quantité de papiers avant de quitter Orain ; il est probable qu'il en aurait encore détruit d'autres, s'il les avait eus sous la main. Il essaya, une fois encore, de rimer une poésie. Deux pensées lui vinrent à l'esprit : d'abord celle de la pierre qui allait couvrir sa dépouille mortelle : il voulut, mais en vain, crayonner ces mots : « Roulez la lourde pierre... » Ensuite, il entrevit l'image de sa bien aimée sœur qui viendrait prier sur sa tombe. Il ajouta, sans pouvoir achever non plus : « Elle viendra comme autrefois Marie sur celle de Lazare. »

Dans le courant de l'hiver, on le ramena péniblement à Thoisy. Ses parents n'habitaient plus Maugage, mais une maison récemment achetée, tout près de l'église, et dont il s'était plu à diriger de loin la transformation. C'est là qu'il revenait mourir, non loin des lieux où il était né, et dans les bras de ceux qui lui avaient témoigné, en toute circonstance, une si vive tendresse.

A partir de ce moment, il ne quitta plus ni la chambre, ni le lit. Chaque jour marqua une nouvelle aggravation. La paralysie gagna successivement toutes les parties du corps. Elle le réduisit en peu de temps à un état d'inertie lamentable, plus pénible encore pour ceux qui le voyaient que pour lui. Car il souffrait avec une résignation héroïque.

Il sentit la main glacée de la mort qui, touchant tour à tour les articulations de ses membres, les raidissait l'un après l'autre et comprimait en lui la vie. Désormais sans parole, dans cette cruelle désorganisation de son être, il ne put que jeter les yeux sur Jésus-Christ crucifié, pour dire comme lui, du moins au fond de son cœur (1) : « Mon père, je remets mon esprit entre vos mains. » Cet esprit qu'il avait tant cultivé pour Dieu et pour l'Eglise, et qu'il avait enrichi de connaissances si vastes et si profondes, il voulut le soustraire, le plus longtemps possible, à l'envahissement de la paralysie. Il se fit apporter une relique de sainte Reine, et la plaçant comme il pouvait sur son front, il lui demandait humblement de lui conserver son intelligence. « Chère sainte, lui disait-il dans un langage dont ses lèvres ne prononçaient plus les mots, ô glorieuse martyre, à qui j'ai consacré tant de veilles, priez pour moi, afin que je meure avec ma connaissance, et que je puisse offrir librement à mon Dieu le sacrifice de ma dernière heure. »

M. le curé de Thoisy lui apporta la sainte commu-

1. Luc, XXIII, 46.

nion. Il était juste que, dans ces combats suprêmes, le doux et joyeux aspect du Christ Jésus vînt réconforter son soldat : *Mitis atque festivus Christi Jesu aspectus* (1). Il fallait qu'il se nourrît de la chair et du sang du Sauveur qui a dit (2) : « Celui qui mange ma chair et boit mon sang a la vie éternelle, et je le ressusciterai au dernier jour. » Mais la faiblesse du malade devint si grande qu'on ne put le faire communier aussi souvent que l'aurait désiré sa foi. Ce fut pour le pauvre mourant une privation et une souffrance de plus.

Il subit, le soir du 23 avril, une crise plus douloureuse, plus déchirante que toutes les autres, présage certain d'une mort imminente. M. le curé de Thoisy, qui était à son chevet, lui proposa les derniers sacrements. L'agonisant lui serra la main en signe d'acquiescement. Il reçut l'Extrême-Onction avec une douceur inoubliable, avec cette profonde sérénité qui témoigne de la paix de la conscience. Son père, sa mère, sa sœur, tous ceux qui assistaient à cette triste cérémonie, fondaient en larmes. Lui seul ne pleurait pas. La maladie achevait ses ravages. Il était tout ruisselant de sueur et comme suffoqué par l'agonie (3).

Il y eut ensuite un peu de mieux. Mais le lendemain, dimanche du bon Pasteur, fut son dernier jour. Celui qui prend pitié des mourants et qui entend leurs sanglots : « Venez, Seigneur Jésus (4) », mit fin à cette

---

1. Prières des agonisants.
2. Joan. VI, 40.
3. Lettre de M. le curé de Thoisy déjà citée.
4. Apoc. XXII, 20.

affreuse torture. Au serviteur fidèle, au prêtre irréprochable, il répondit comme à saint Jean (1) : « Oui, je viens à l'instant ! » Le moribond rendit le dernier soupir à une heure de l'après-midi, le 24 avril 1887. Le bon Pasteur le reçut, c'est notre espérance, dans les parvis célestes, en lui répétant la parole qu'il a promise à l'ouvrier laborieux (2) : « Vous avez bien agi, bon et fidèle serviteur : parce que vous avez été fidèle dans le petit nombre de choses qui vous avaient été confiées, je vous en donnerai beaucoup à conduire ; entrez dans la joie de votre Maître. »

L'inhumation n'eut lieu que le surlendemain. Elle fut présidée par M. le curé de Thoisy. Dix-huit prêtres y assistèrent avec la presque totalité de la population paroissiale. Chacun de ceux qui étaient présents, témoigna de sa douleur et de ses regrets. Mais que d'autres ne purent mêler leurs larmes à celles des parents du pauvre défunt et de toute l'assistance ! Un enfant de Thoisy, le plus ancien de ses amis, improvisa une oraison funèbre qui mit le comble à l'émotion générale. M. l'abbé Emery retraça les différentes phases de cette courte existence, mais qui avait suffi, dit-il, pour remplir une longue carrière. Il loua la piété, la grâce de l'enfant, la modestie et les succès de l'élève, le zèle et les vertus du prêtre, la science de l'écrivain et du docteur. Il célébra, comme il convenait, la force de volonté et la passion du travail dont cet ami vénéré avait été le martyr.

1. Ibid.
2. Matth. XXV, 21.

Ceux qui passent aujourd'hui devant l'église de Thoisy-la-Berchère, aperçoivent en face, le château rajeuni des évêques d'Autun, à droite, la nouvelle habitation des parents de M. l'abbé Grignard, et à gauche, à quelques pas de la porte du cimetière, le monument qui recouvre ses restes mortels. C'est là qu'il attend la résurrection. Le rang qu'il occupa sur la terre fut celui des travailleurs et des humbles. Mais il a puisé aux sources du savoir le secret d'une renommée que garderont ses écrits ; et il a trouvé, c'est la consolation de ceux qui le pleurent, dans les trésors de sa piété, le gage d'une meilleure récompense.

DEUXIÈME PARTIE

## ŒUVRES DE L'ABBÉ FRANÇOIS GRIGNARD

# PREMIÈRE SECTION

**Œuvres imprimées.**

# CHAPITRE PREMIER

## Hagiographie.

*Sainte Reine à Grignon. — Vie de sainte Reine d'Alise.*

Les œuvres de M. Grignard sont les unes imprimées, les autres manuscrites. — Cinq sortes d'œuvres imprimées. — Hagiographie : deux études sur sainte Reine. — *Sainte Reine à Grignon.* — Occasion et sujet de cette première étude. — Légendes et monuments. — *Vie de sainte Reine d'Alise.* — Occasion de cet ouvrage. — But que se propose M. Grignard. — Division de son livre, et d'abord les sources. — Les actes du pseudo-Théophile. — Les actes anonymes. — Dernières conclusions. — Les livres liturgiques. — Les historiens de sainte Reine. — Les tragédies qu'elle a inspirées.

'APOGÉE de M. Grignard, le point culminant vers lequel rayonnèrent ses pensées et ses efforts, fut le doctorat en théologie. Ce sommet élevé, il mit vingt années à le gravir ; il y consacra la plus grande partie de son activité intellectuelle ; il y dépensa ses forces physiques. Puis, une fois par-

venu au zénith de sa gloire, si l'on peut employer cette expression, il se coucha sur ses lauriers et s'endormit dans son repos.

Le diplôme qui lui fut décerné à Fribourg, relève admirablement le trait caractéristique de ses travaux littéraires : l'érudition. Il ne s'agit pas seulement d'un savoir remarquable que la foule admire, mais d'une compétence hors ligne et qui s'impose à l'attention d'éminents professeurs. Ceux de l'université de Fribourg l'ont appréciée et jugée. Ils l'ont appelée, nous l'avons dit, une *insigne* érudition.

Il y a plus : elle ne résulte point de ces études didactiques que dirige un maître et dans lesquelles peut rapidement profiter un élève laborieux. M. Grignard l'a trouvée dans des recherches patientes et personnelles, dans les manuscrits, les chartes et les ouvrages de première main. Il s'est enfoncé, seul et sans guide, dans les profonds labyrinthes de l'antiquité pour y découvrir quelques étincelles ; et il a été assez heureux, d'après le mot du docteur Kraus, pour les faire jaillir sur ses œuvres.

Les professeurs de l'étudiant de Fribourg en purent juger de deux manières: d'abord en l'écoutant parler, ensuite en parcourant ses écrits. Cette méthode qui consiste à écouter et à lire, nous en avons fait une première épreuve. En effet, la vie de M. Grignard ne nous a-t-elle pas révélé son rare savoir, ses innombrables connaissances, en un mot, son insigne érudition ? Reste une seconde épreuve, celle qu'a demandée l'université allemande : l'examen des ouvrages. Plus heureux que les professeurs de Fribourg, nous avons entendu notre érudit dans sa chaire de Grignon et de Saint-Ignace. Nous avons étudié les travaux qui se rattachent à ses occupations professionnelles ; nous n'y reviendrons point. Mais nous avons réservé, pour remplir la seconde partie de notre cadre, une ample série d'ouvrages.

Ils se divisent, on s'en souvient, en deux catégories : ils sont imprimés ou manuscrits. Commençons par les premiers.

Ils peuvent se ramener à leur tour en cinq classes : hagiographie, archéologie, bibliographie, mémoires et polémique. Dans les écrits de l'abbé Grignard, ces genres ne sont point absolument distincts. Ils auront au moins l'avantage de servir d'étiquette à des œuvres de même nature, composées sur des sujets analogues ou pour un même recueil. A la polémique nous rattacherons les divers articles qui furent publiés dans les journaux ; aux mémoires, ceux qui trouvèrent place dans *le Bulletin* ; à la bibliographie, les appréciations de certains ouvrages soumis à M. Grignard ; à l'archéologie, les plaquettes imprimées sur Flavigny, Grignon et Lantilly ; enfin à l'hagiologie, les deux ouvrages sur sainte Reine.

Ces deux derniers sont d'une importance très inégale. L'un se présente comme une promesse d'un plus grand travail et comme un simple essai. L'autre est une œuvre magistrale et le fruit d'une longue patience. Prenons d'abord la petite ébauche. Elle a pour titre : *Sainte Reine à Grignon*. Elle fut publiée à Dijon, en 1877. Le

*Curriculum* l'annote ainsi : « Brochure de 40 pages in-12, ornée d'une vieille gravure sur bois (1). »

Cet opuscule est né du pèlerinage de sainte Reine à Grignon.

« Autrefois, dit M. Grignard (2), les pèlerins venaient prier à Grignon, à Alise et à Flavigny. Ils suivaient sainte Reine sur tous les sommets où elle avait laissé quelque vestige de son passage. Pourquoi ne reprendraient-ils point les habitudes d'autrefois, et ne recommenceraient-ils point par venir à Grignon chercher les traces de son enfance, avant de la suivre sur les hauteurs d'Alise, où elle consomma son glorieux martyre, et dans l'église de Flavigny, où repose la plus grande part de son corps? De la sorte, le pèlerinage serait complet. »

Mais quelles traces sainte Reine a laissées à Grignon? Quelles furent ses relations avec ce village? C'est à ces questions que répond le premier travail imprimé. « Ce sont ces relations, écrit l'abbé Grignard (3), que je voudrais établir et mettre en lumière. Loin de moi la pensée de vouloir disputer à Alise-Sainte-Reine ou à Flavigny la gloire dont chacun de ces lieux est fier. Qu'il me soit permis seulement de revendiquer pour Grignon la part qui lui revient légitimement. »

Le *castrum* gallo-romain de Grignon appartenait à Clémentinus, père de sainte Reine. Elle y fut emprisonnée elle-même, au commencement de sa passion. Ces

---

1. Imprimerie J. Marchand, rue Bassano.
2. Cote 2. Article publié dans la *Côte-d'Or*, le 14 septembre 1878.
3. P. 7.

deux faits sont attestés par une tradition constante. Enregistrés par les Bollandistes (1), ils ont été, avant comme après eux, acceptés par la plupart des historiens et consacrés par la légende populaire.

D'après les actes d'Osnabruck, le vieux château aurait même été bâti par Clémentinus. Il remonte certainement au temps de la domination romaine. On a trouvé dans un angle, en démolissant une tour, plusieurs médailles d'Antonin-le-Pieux, qui vivait dans le cours du second siècle de l'ère chrétienne (2). Or, il est probable que Clémentinus appartient à la seconde partie du troisième siècle; et puisqu'il habita le *castrum*, celui-ci date au moins de cette époque.

Il n'y a pas longtemps, la prison se voyait encore dans l'enceinte du château. Un rapport d'experts, du 24 août 1752, déclare « qu'à la prison de sainte Reine, sous la chapelle, il y manque une porte, sa ferrure, serrure et clef (3). » Aujourd'hui cette relique d'un vénérable passé a disparu; mais on en connaît l'emplacement. C'est l'étroite plate-forme à laquelle on arrive en partant du puits du château, et en allant dans la direction du nord, après avoir descendu les quelques marches d'un escalier ruineux, qui s'enfonce sous un reste de voûte encore solide, malgré les ravages que le temps lui a fait subir (4).

Quant à la chapelle qui se trouvait située sur la

---

1. *Acta S.-S. Septembris* III. p. 40, B. C.
2. Courtépée, III, 566.
3. *Sainte Reine à Grignon*, p. 33. Cf. *Sainte Reine d'Alise*, 218.
4. *Ibidem*, p. 34, 35 et 218.

prison, elle était certainement dédiée à la vierge martyre, au commencement du dernier siècle. Un procès-verbal de 1701, dressé par Jean Rollet, le constate (1) : « J'ai reconnu qu'il est nécessaire de réparer en plusieurs endroits les murs de clôture dudit château, notamment une brèche qui joint la chapelle de sainte Reine et du côté du septentrion. » Cette chapelle, qu'on voit délabrée en 1701, remonte assez haut. Un bail du 16 décembre 1583 en fait mention (2). Messire Joachim de Denteville et Haulte et puissante dame, dame Marguerite de Denteville, son épouse, louent leur terre de Grignon à Denis Girard, à la condition de payer chaque année, outre une somme principale de quatre cent cinquante écus d'or, « à l'abbaye de Fontenay cinq escus, au chappelain de la chappelle dudit chastel un escu deux tiers pour quatre services qui seront dicts par chascun an, au temps que lesdits seigneurs et dames ordonneront. »

Deux siècles auparavant, cette même chapelle se trouve encore mentionnée dans les livres de comptes du château, de l'an 1360 à l'an 1379. On lit effectivement ce qui suit : « A Hugues Bebartois, chapelain de la chapelle du château de Grignon, 13 fr. »

La chapelle, la prison, le castrum, voilà trois monuments authentiques qui témoignent des relations de la fille de Clémentinus avec Grignon et du culte qu'on lui rendit dans le cours des siècles. A ces faits certains

---

1. *Sainte Reine à Grignon*, p. 30.
2. *Ibid.* 31.

l'abbé Grignard en joint d'autres qui sont moins sûrs et qu'il donne au reste comme tels. Ainsi, la mère de sainte Reine pourrait être originaire de Grignon (1). Il semble que la vierge-martyre y soit née (2). Il est très probable qu'elle accompagna son père au château et surtout qu'elle assista à des fêtes données en l'honneur d'Olibrius (3). Elle dut sans doute faire quelques excursions dans le voisinage (4).

En consultant la topographie de Grignon, « on trouve, dit notre hagiographe, le long du ruisseau de Reuillon, les prés dits *prés Sainte-Reine* et plus à l'ouest, à gauche du chemin qui conduit à Montigny-Montfort, la combe dite aussi *combe Sainte-Reine*. N'est-ce pas un souvenir de la Sainte qui a illustré Grignon par sa naissance, ses excursions et ses premières épreuves. Elle se plaisait peut-être à égarer ses pas dans cette combe dont l'horizon étroit et circonscrit ne permet aux regards de s'échapper que du côté du ciel, ou le long de ce ruisseau qui coulait en silence au pied du château de son père.

>  Tel en un secret vallon,
>  Sur le bord d'une onde pure,
>  Croît à l'abri de l'aquilon
>  Un jeune lis, l'amour de la nature (5).

---

1. *Ibid.* p. 9, 19.
2. *Ibid.* p. 7, et suiv. *passim*.
3. *Ibid.* p. 14.
4. *Ibid.* p. 28.
5. *Athalie*, act. II, sc. II (Note de M. Grignard, p. 29).

La légende d'Osnabrück favorise quelques unes de ces suppositions. Je cite en abrégeant le plus possible : « Clémentinus fit bâtir le château de Grignon, situé à 2.000 pas, où à une lieue d'Alise. Il épousa une riche demoiselle du pays. Sa femme lui donna pour premier enfant une fille et mourut en la mettant au monde. » A l'arrivée d'Olibrius, le commandant d'Alise, Clémentinus « lui fit le plus grand accueil, le mena à Grignon, sa maison de campagne, où il avait rassemblé toute la noblesse du pays. Il n'y eut point de fête ni de plaisir qu'il ne cherchât à lui procurer (1). »

A propos des Actes d'Osnabrück, l'abbé Grignard donne une gracieuse idée de la légende en général (2). « Ces Actes, il est vrai, dit-il, ne sont qu'une légende. Un des derniers historiens de la Sainte ne craint pas de leur donner cette qualification (3), et les savants auteurs des *Acta sanctorum* se sont bien donné garde de leur ouvrir les colonnes de leur ample et si judicieuse collection (4). Mais la légende, toute légende qu'elle est, n'en a pas moins sa valeur. C'est moins que l'histoire, mais c'est plus que le roman; et si elle emprunte à ce dernier ses ornements et ses couleurs, c'est ordinairement dans la trame de la première qu'elle se plaît à découper les fils plus ou moins flottants, mais toujours indestructibles, de son récit. »

---

1. *Sainte Reine à Grignon*, p. 9, 10.
2. *Ibid*. 11. Ce passage est reproduit, avec quelques variantes, dans la *Vie de sainte Reine d'Alise*, p. 161.
3. L'abbé Tridon, *Manuel*, p. 17.
4. *Die 7 septembris*.

Quoiqu'il en soit, l'auteur conclut ainsi (1) : « Nous avons dans ces quelques pages tout ce que l'archéologue le plus sévère et le plus consciencieux exige pour se prononcer avec certitude sur un point obscur du passé ; je veux dire : la tradition et les monuments. Les traditions expliquent les monuments, et les monuments à leur tour accréditent les traditions, dont ils sont l'appui ; ce sont deux autorités qui se rendent mutuellement témoignage. Quand la parole humaine a cessé de retentir d'une manière assez haute et assez précise, soit qu'elle ait subi de trop fréquentes interruptions, et qu'il se soit produit de trop longs silences, soit que les échos ne l'aient point assez fidèlement répercutée, alors on interroge les monuments ; et si les monuments élèvent la voix, si, selon l'expression évangélique, les pierres elles-mêmes se mettent à crier (2), on peut légitimement faire taire les soupçons et fixer son esprit. Le prophète Isaïe nous apprend que deux séraphins planaient au-dessus du trône du Tout-Puissant et se renvoyaient l'un à l'autre l'expression de la sainteté divine (3) : si je ne craignais de profaner ce grand souvenir, je dirais que les traditions et les monuments sont, dans le domaine de l'histoire, ce que les séraphins sont dans le ciel ; ils se renvoient mutuellement le cri de la vérité qui, grâce à leur concours, retentit plus sonore et plus impérieux. »

Le grand ouvrage de M. Grignard sur sainte Reine a

---

1. *Sainte Reine à Grignon*, p. 37, 38.
2. Luc, XVII, 40.
3. Is. VI, 2-4.

paru, en 1881, chez Picard, à Paris, et chez Grigne à Dijon, sous ce titre : « *La vie de sainte Reine d'Alise, précédée d'études critiques sur ses actes et ses historiens, et suivie de nombreuses recherches sur ses reliques, ses miracles et son culte*, par l'abbé Fr. Grignard. Edition enrichie de pièces justificatives rares ou inédites, et ornée de plusieurs gravures. Le *Curriculum* ajoute : un volume in-8, de XVI-506 pages. L'exemplaire que je citerai, pour rendre compte de cet ouvrage, porte la cote 24 dans les papiers et manuscrits de Thoisy. Il contient de nombreuses corrections en vue d'une seconde édition.

Plusieurs saintes ont reçu le nom de Reine : une des compagnes de sainte Ursule, une nièce de Pépin d'Héristal, qui épousa saint Aubert, une dame romaine dont le corps fut découvert en 1650. « Mais la plus ancienne et la plus populaire, écrit M. Grignard (1), la seule dont le Martyrologe fasse mention, c'est, sans contredit, sainte Reine, la vierge-martyre, dont la vie pure et la mort triomphante ont jeté sur Alise un lustre non moins durable et plus éclatant que le siège fameux qu'elle soutint et les combats sanglants dont elle fut l'enjeu. »

Un jour, la vierge d'Alise se vit attaquée dans son existence historique. C'est à cette occasion que M. Grignard descendit de sa montagne, pour défendre une cause aussi chère à son cœur qu'elle était noble et sainte.

---

1. *Vie de sainte Reine d'Alise*, p. 2.

Un auteur connu par des vues hasardeuses, M. Albert Réville, imagina de prendre à son compte une opinion déjà réfutée sur place. Il fit de sainte Reine un mythe et comme le symbole de la Gaule vaincue par César au pied du Mont-Auxois. « Un curieux rapprochement, dont on ne s'est avisé que de nos jours, écrit-il dans la *Revue des Deux-Mondes* (1), a permis de s'assurer que le pauvre peuple, écrasé par l'armée romaine, conserva pieusement le souvenir de l'héroïque défense d'Alise et en fit une belle légende. Le nom de Sainte-Reine donné à l'Alise du Mont-Auxois, vient évidemment de là. Les vies des saints nous racontent qu'il y a très longtemps, à une époque où un méchant empereur romain persécutait les chrétiens, une jeune vierge d'Alise nommée Régina, alluma les convoitises d'un procurateur, qui fit tout ce qu'il put pour la faire renoncer à sa foi et la séduire. Irrité de sa résistance opiniâtre, il lui infligea les plus cruelles tortures, et enfin il la fit décapiter. Or, ce martyre fut consommé le 7 septembre ; et, pendant des siècles, ce jour-là, les pélerins vinrent par milliers des régions environnantes, honorer la persévérance et la fin tragique de la pauvre Reine. Tout récemment, on comptait près de 17,000 pélerins à la fête d'Alise-Sainte-Reine. C'est précisément l'époque de l'année que, d'après les données des Commentaires, on doit assigner à la reddition de l'oppide gaulois. Ce n'est pas abuser des méthodes usitées dans la critique moderne que de reconnaître, dans cette pieuse légende, la trans-

---

1. Numéro du 1ᵉʳ septembre 1877.

figuration du double martyre de la ville et de son défenseur (1). »

Cette thèse n'avait pas, en 1877, le mérite de la nouveauté. Eclose à Semur dès 1841 et ressuscitée à Avallon en 1858, elle avait été deux fois mise à néant, la première, par M. le chanoine Tridon, la seconde par M. Breuillard, alors curé de Savigny-en-Terre-Plaine. En 1877, ce fut l'abbé Grignard qui releva le gant. « Puisque des prêtres, dit-il (2), ont fait entendre de courageuses protestations contre les premiers détracteurs de sainte Reine, il convient qu'un prêtre réplique aussi à M. Albert Réville, et continue de prouver que les lèvres sacerdotales, gardiennes fidèles de la science (3), sont capables de rabattre les orgueilleux desseins de quiconque s'insurge contre elle (4).

Notre première pensée, ajoute-t-il un peu plus loin (5), était de faire paraître une vive et courte riposte dans le recueil qui avait publié l'attaque, afin qu'il pût, comme la lance d'Achille, guérir les blessures qu'il aurait lui-même causées. » Mais la *Revue des Deux-Mondes* s'y refusa. « Nous avons dû, poursuit M. Grignard, nous adresser directement au public et donner à notre réponse toute l'étendue qu'elle comporte.

Nous l'avons fait d'autant plus volontiers, qu'il est

---

1. *Ibid*. 4, 5.
2. *Ibid*. 5.
3. Malach. 11, 7.
4. II. Cor. X, 4.
5. P. 9.

difficile, pour ne pas dire impossible de se procurer les ouvrages qui traitent de sainte Reine. C'est rendre un vrai service au public chrétien, que de remettre en honneur des productions injustement tombées dans l'oubli, et d'interpréter des commentaires restés inaccessibles au plus grand nombre. »

Il a divisé son travail en six livres : les monuments primitifs et la tradition, la vie de la Sainte et ses reliques, ses miracles et son culte. En résumé, il oppose à ses adversaires trois grandes séries de preuves : les actes du martyre de sainte Reine, les histoires de sa vie et de sa mort, enfin sa survivance dans le cours des siècles. Manifestement, la thèse de M. Réville ne tient pas debout, après trois pareilles charges.

Que faut-il penser des monuments primitifs ou des actes de sainte Reine? Quelles sont les données traditionnelles? A ces questions répondent les deux premiers livres de l'ouvrage. Ce sont les études critiques qu'annonce le titre. Il s'agit des documents originaux sur lesquels repose l'histoire de la Sainte, de ceux qui fournissent les mentions les plus reculées, ainsi que des anciennes et modernes monographies.

Des actes de deux sortes sont arrivés jusqu'à nous. Les uns portent le nom de Théophile, les autres sont d'un anonyme (1). Examinons les premiers.

Les Bollandistes en signalent trois copies. M. Grignard s'en est procuré six autres. Tous ces manuscrits remontent au douzième et même au dixième siècle. La rédac-

---

1. P. 13.

tion primitive n'est pas de Théophile. Bien que ce personnage se donne comme témoin oculaire, son œuvre doit être regardée comme celle d'un paraphraste qui a développé d'autres documents, et non point comme celle d'un auteur qui raconte ce qu'il a vu. Les actes qui portent son nom sont apocryphes, et lui n'est qu'un faussaire. En quel temps a-t-il écrit? après l'époque romaine, sans qu'il soit possible de bien préciser.

Les Bollandistes vont plus loin. Les actes du pseudo-Théophile ressemblent trait pour trait à ceux de sainte Marguerite. Si l'on change les noms propres et si l'on excepte quelques amplifications, le fond est le même. Les Bollandistes établissent longuement le parallèle. Ils font ressortir la conformité manifeste des deux récits et l'expliquent en supposant que Théophile a eu sous les yeux, et copié, plagiaire maladroit, les actes de sainte Marguerite.

Oui, fort maladroit. Car sainte Marguerite vit et meurt dans une ville de Pisidie, à Antioche. Or, Théophile en transportant son récit dans les Gaules, ne manque pas de placer Alise en Asie, et même d'en faire la capitale de la Pisidie. Comment une telle idée, concluent les Bollandistes (1), a-t-elle pu germer dans l'esprit de celui qui se donne comme témoin oculaire, s'il n'a pas copié les actes de sainte Marguerite, martyrisée à Antioche, qui était effectivement la première et la principale ville de la Pisidie? Il est donc évident que les actes de sainte Reine sont calqués sur ceux de sainte Marguerite.

1. Baillet, Longueval, les auteurs de l'*Histoire littéraire de France* raisonnent comme les continuateurs de Bollandus.

Non, répond, M. Grignard, cela n'est pas évident ; il le prouve en examinant les textes. D'abord, les actes de sainte Marguerite ne présentent point Antioche, comme la capitale de la Pisidie, et le paraphraste n'avait point à copier cette phrase, puisqu'elle ne se trouve pas dans les actes. Ensuite les neuf manuscrits de Théophile portent tous, un seul excepté, non point Alise, capitale de la Pisidie, mais Alise, capitale de la présidence. On lit en effet partout : *Alisia* ou *Elesia p̄ma p̄sidie*. Ce qui équivaut à *Alesia prima prœsidiœ*, ou *prœsidii*, ou bien encore, *prœsidentiœ*, et ce qui peut se traduire par Alise, capitale de la présidence, ou la première ville de la présidence. Quant à l'unique exception qui porte *p̄ma pysidie*, les huit manuscrits contraires donnent le droit de n'y voir qu'une faute de copiste. « On serait tenté de croire, dit M. Grignard, qu'à l'exemple du bon Homère, les Bollandistes se sont laissés surprendre par le sommeil, en compulsant leurs manuscrits (1).

Ce n'est pas tout : la comparaison attentive des textes amène une nouvelle révélation. Les actes de sainte Reine sont plus simples, plus précis, plus courts ; ceux de sainte Marguerite, plus diffus, plus enchevêtrés, plus longs. M. Grignard cite quantité d'exemples. Ainsi, pour en donner un, la vierge d'Alise dit simplement en invoquant le secours de Dieu : « Aidez-moi, Christ, et sauvez-moi. » Celle d'Antioche s'écrie avec plus d'abondance : « Allons, aidez-moi et guérissez-moi,

---

1. *La Vie de sainte Reine d'Alise*, p. 28.

Seigneur, ne m'abandonnez pas entre les mains des impies. »

Or, voici l'une des règles les plus sûres de l'hagiologie : les actes les plus simples et les plus courts sont les meilleurs, les plus anciens et les plus fidèles. D'où il faut conclure que les actes de sainte Reine sont préférables à ceux de sainte Marguerite, et que loin d'en être le calque, ils leur ont au contraire servi de modèle. M. Grignard a donc mis les Bollandistes en défaut, au sujet du pseudo-Théophile (1).

Mais alors, dira-t-on, le pseudo-Théophile se trouve justifié. S'il n'a pas copié les actes de sainte Marguerite, pourquoi l'accuser de fraude ? Sans doute, il n'est point coupable de ce méfait, mais il en a commis un autre, un tout semblable, car son manuscrit ne nous donne pas autre chose qu'une paraphrase des actes anonymes. Ici encore, M. Grignard contredit les Bollandistes. Le P. Suysken émet l'hypothèse que les actes plus courts peuvent avoir été tirés des plus longs par quelque homme de bon sens et de jugement (2). Notre auteur les regarde au contraire comme le type des actes allongés et notamment des actes de Théophile. Voici comment il s'exprime :

« Entre ces actes et ceux de Théophile la ressemblance est frappante, plus frappante même que celle qui existe entre ces derniers et ceux de sainte Marguerite. Il suffit de les rapprocher pour se convaincre que toutes

---

1. Cf. *Ibid.* 14-46.
2. *Ibid.* p. 50.

les idées contenues dans les premiers se trouvent reproduites par les seconds, souvent avec les mêmes expressions et dans les mêmes termes. » Toute la différence consiste en ce que Théophile développe ce qui prête à l'amplification, Ainsi, les actes anonymes disent simplement que sainte Reine, après avoir prié, fut amenée sous les yeux d'Olibrius. *Illa, oratione præmissa, conspectui ejus præsentata est.* Théophile sait les paroles qu'elle a proférées dans sa prière, paroles savantes et toutes extraites des livres saints, et il les reproduit tout au long. Ecoutons-le : « La nouvelle servante du Christ se mit à crier et à dire : Seigneur saint, Jésus-Christ, ne m'abandonnez pas ; ne permettez point que mon âme soit chargée de souillures, puisque je suis pure et sans tache ; que ma foi ne soit point corrompue, que ma pensée ne se déprave point ; que mon innocence ne soit point traînée dans la boue comme une perle devant les animaux immondes (1). » Et ainsi de suite assez longtemps encore. M. Grignard donne beaucoup d'autres exemples.

Appliquons la règle que nous connaissons : les actes les plus simples et les plus courts sont les plus anciens et les plus fidèles. Ceux de Théophile ne forment qu'un pastiche des actes anonymes. Le Père Suysken répond : Ils peuvent en être le type. Non, réplique M. Grignard ; car, l'abrégé n'aurait pas omis des détails essentiels, le nom de l'auteur, la mère de la Sainte, sa

---

1. P. 446, d'après le n° 17,002 de la Bibliothèque nationale, qui remonte au dixième siècle.

nourrice, ses premières occupations, les services rendus par Théophile, les recommandations suprêmes de la mourante (1).

Ecartons les actes de Théophile : nous restons en présence des actes anonymes. Que faut-il en penser ? Les Bollandistes en connaissent deux copies. M. Grignard en apporte deux autres à peu près semblables. Cette nouvelle série est-elle authentique ? La plupart des hagiographes ne le croient point. Ainsi Baillet, le Père Suysken, Tillemont, Lelong et les auteurs de l'*Histoire littéraire de France*. La raison qu'on donne pour les rejeter, c'est qu'ils renferment des détails incertains ou fabuleux, comme l'apparition d'une croix et celle d'une colombe qui descend du ciel pour encourager la Vierge. Mais, il y a, je le crains, un motif qu'on ne donne pas, le même que pour les actes de Théophile, c'est-à-dire, la présence de la paraphrase. Elle paraît, en effet, manifestement dans les prières que les actes prêtent à la Sainte. Elles sont trop savantes et trop nourries d'Ecriture sainte pour être indubitablement authentiques, dans la bouche d'une enfant de quinze ans. Ainsi, par exemple, Reine dit en sortant de l'eau : « Le Seigneur a régné, il s'est revêtu de splendeur. Vous m'avez éclairée, mon seigneur Jésus-Christ ; vous m'avez sauvée ; vous avez eu pitié d'une pauvre enfant abandonnée, vous qui êtes béni avant tous les siècles. » Cette prière est entièrement composée de réminiscences bibliques. (2).

1. P. 64.
2. Ps. XCII, 1. — XII, 4. — XXIX, 4. — XXIV, 26. — Rom. IX, 5.

Cette raison, M. Grignard ne la discute pas, puisque les critiques ne l'ont point alléguée. Quant aux faits extraordinaires derrière lesquels ils se retranchent, le rédacteur, répond-il, les a crus réels; il y a vu des miracles qu'il n'était point libre de passer sous silence. Que telles et telles personnes les traitent de fables, c'est leur affaire. D'autres les acceptent comme un évènement surnaturel. Pendant quinze siècles les générations chrétiennes les ont admis sans difficulté. Les bénédictins de Flavigny les ont insérés dans leur office. L'église d'Osnabrück, la collégiale de Beaune, la Sainte-Chapelle en ont également conservé le souvenir (1).

Quoiqu'il en soit, les actes de sainte Reine existaient vers 850, puisque les martyrologes de Raban-Maur et de Wandalbert de Prum, qui sont de cette époque, en font mention. Le monastère de Flavigny et la communauté chrétienne, qui veillèrent sur le tombeau de sainte Reine, gardèrent certainement le récit de son martyre. « Prêtres et peuples, dit notre historien, rivalisaient de zèle à l'égard de ce précieux monument du passé. Et comment pouvait-il en être autrement? Tandis que le reste de l'Église se donnait tant de peine, s'imposait de si grands sacrifices et déployait parfois tant d'énergie pour acquérir et conserver les actes des martyrs, l'église naissante d'Alise et du pays d'Auxois ne pouvait se montrer oublieuse à l'égard de la Passion de celle qui l'avait immortalisée par son triomphe et qui la protégeait encore par son intercession. »

1. P. 70-72.

Pour résumer l'impression qui se dégage de cette étude, nous dirons : voici, d'une part, des actes certainement paraphrasés, ceux du pseudo-Théophile, dont il faut faire le sacrifice ; voici, de l'autre, des actes au sujet desquels on hésite à cause de certains détails, si même on ne les répudie point. Pourquoi ne pas retrancher ces détails, comme l'a fait le propre du bréviaire de Dijon ? Et, pourquoi ne pas supprimer encore ce qui paraît une retouche et ce qui est certainement une paraphrase, je veux dire, quelques détails emphatiques et les longues prières ? Nous serions alors en possession des vrais actes de sainte Reine. Mais cette étude, aussi importante que délicate, reste à faire. De l'ensemble des données fournies par M. Grignard, on est en droit de conclure que nous avons la substance des actes authentiques de sainte Reine, sous les fleurs dont ils sont couverts, ou, si l'on aime mieux, sous les amplifications qui les défigurent.

« L'étude des livres liturgiques, martyrologes, calendriers, nécrologes, bréviaires et missels, nous présente les grands traits de la physionomie de sainte Reine, esquissée, pour ainsi dire, par la main de l'Église (2). » Le premier et le plus ancien martyrologe est celui de saint Jérôme. Les six exemplaires qui le composent, s'accordent tous pour rendre témoignage à sainte Reine. Ils affirment que cette jeune vierge souffrit le martyre, le septième jour de septembre, à Alise, dans le diocèse

---

2. Cote 20. *Chronique religieuse du diocèse de Dijon.* A. B. Cet article est de M. Grignard.

et au territoire d'Autun, qu'ils confondent parfois avec la région limitrophe de Sens. Ces exemplaires manuscrits sont très anciens : quelques uns remontent au commencement du huitième ou du neuvième siècle. Comme le martyrologe de Labbe, qui en fait partie, ils ont été probablement copiés sur des manuscrits antérieurs, contemporains du cinquième, pour ne pas dire du quatrième siècle. Ils touchent ainsi, comme les actes primitifs, presque au temps de sainte Reine.

Ceux de Wandalbert de Prum et de Raban-Maur, je l'ai dit, mentionnent ce qu'ils appellent, l'un et l'autre, « la geste de sainte Reine, » et ce qui désigne évidemment ces actes, *cujus gesta habentur*. Le martyrologe d'Usuard, qui fut commencé vers 863, est plus explicite : « Dans le territoire d'Autun, fête de sainte Reine, vierge, qui, sous le proconsulat d'Olibrius, souffrit les supplices du chevalet, de la prison et des lampes, et finit par être décapitée.» Après les manuscrits du neuvième siècle, M. Grignard signale ceux des siècles suivants, reproduit leurs mentions et arrive aux martyrologes imprimés. Celui de Baronius a été approuvé par le pape Grégoire XIII, le 13 janvier 1584, et consacré depuis par l'usage exclusif de l'Eglise. Or, en ce qui concerne sainte Reine, il adopte, dans son intégrité, la leçon d'Usuard.

Les calendriers contiennent les mêmes mentions, en indiquant simplement le nom du saint ou du martyr, le jour de sa mort ou celui de sa fête. Ceux que nous possédons remontent jusqu'au dixième siècle. M. Grignard cite les anciens calendriers qui parlent de la vierge d'Alise. Le nécrologe d'Hugues de Flavigny, qui est du onzième siècle, porte une note semblable à celle des martyrologes.

Les bréviaires contiennent les leçons de la Sainte depuis le douzième siècle, les uns d'après les actes anonymes, les autres d'après ceux de Théophile. Les missels sont moins anciens ; quelques uns renferment des proses, qui chantent la vie de l'héroïque vierge plus encore qu'elles ne la racontent (1).

Malgré leurs divergences, les livres liturgiques « offrent (2) un fond commun, une trame analogue, qui constitue la vie authentique de la Sainte et son histoire écrite par l'Eglise ou plutôt par le Saint-Esprit lui-même ; car c'est le Saint-Esprit qui pousse en nous des gémissements inénarrables (3) ; c'est lui qui impose à l'Eglise ses demandes, ses vœux, ses cantiques de louange, son enthousiasme et ses soupirs. Il est dans le murmure et la douceur de la voix qui s'échappe de la bouche de l'Épouse (4), et l'Esprit qui vit en elle lui enseigne tout (5), jusqu'à la narration de l'histoire des personnages, qui se sont fait un nom par l'éclat de leur foi et l'ardeur de leur charité (6). »

Ce sujet épuisé, M. Grignard passe aux sources historiques, hagiographiques et dramatiques. Il rencontre, dans le domaine de l'histoire générale, d'abord Vincent

1. Cf. 102.
2. Cf. 102-193.
3. Rom. VIII, 26.
4. III Reg. XIX, 11.
5. Joan. XIV, 26.
6. Eccle. XXXIX, 2.

de Beauvais qui donne les actes anonymes, et saint Antonin de Florence qui résume le précédent, ensuite des auteurs plus récents, comme le baron Henrion et dom Plancher, sans parler d'une foule d'autres. En hagiographie, les historiens abondent : l'abbé Grignard en signale près de quarante. Chose curieuse ! Jacques de Voragine, l'unique auteur cité par M. Réville, n'a point donné place à sainte Reine dans la *Légende dorée* (1). Surius ne prononce pas non plus son nom, quoique en dise Courtépée (2). Mais Pierre de Noëls lui consacre une colonne dans son catalogue terminé vers 1372. Mombritius publie les actes anonymes dans la seconde moitié du quinzième siècle; au dix-huitième, Alban-Butler, traduit par Godescard, fournit une courte notice. Je passe à travers les recueils pour arriver aux monographies (3). La plus ancienne est celle que Jehannes Piquelin donna en vers décasyllabiques ou plutôt en prose rimée, et qui parut en caractères gothiques sous le titre suivant : « *La vie et légende de madame saincte Reigne, vierge et martyre.* » L'auteur s'inspira des actes de Théophile comme le prouve le passage suivant :

> O Jésus christ las ne me laisse point,
> Et ne permetz mon âme estre souillée,
> Mon sens mue du diable par faulx point,
> Mon corps pollu, ne ma foy maculée.

---

1. *La Vie de sainte Reine*, p. 110. Ce qui prouve la perspicacité de M. Réville !
2. *Ibid.* 112.
3. P. 117.

Jurain, maire d'Auxonne, donna, en 1612, le *Voyage de sainte Reine, contenant l'instruction du pèlerin; la vie, mort et passion de cette vierge,* etc. Un an après, parut l'*Histoire véritable de l'excez et martyre de saincte Rheyne, vierge, avec les admirables effets de l'eau de sa fontaine, enrichie de plusieurs saincts discours; le tout à la gloire de Dieu; par Jean-Baptiste Dardault, abbé de sainct Pierre, dignité en l'église cathédralle d'Autun; Conseiller et Aumosnier servant de la Royne Marguerite; et dédiée à la Royne régente. A Paris, l'an de grâce MDCXIII.* A tous ces titres Dardault joignait celui de curé d'Alise et d'assez mauvais poëte, comme il en convient modestement dans l'*Histoire véritable* :

> La fureur d'Apollon ne m'a point animé :
> La poésie est un champ que je n'ai point semé ;
> Aussi je n'en attens la moisson de la gloire (1).

Jean-Baptiste Cadiou, neveu du poëte historien et son successeur comme curé d'Alise, « mit soubs la presse, » en 1629, l'abrégé de la vie de sainte Reine. Cet ouvrage fut plusieurs fois réimprimé et très répandu. Mais il ne gagna pas à suivre le cours des âges. Les gravures dont il était orné, devinrent détestables ; la vie réduite à sa plus simple expression fut dépouillée de tous les enjolivements et artifices de style (2). On jugera de leur

1. *Ibid.* P. 121.
2. P. 126.

richesse par le début de la première édition : « Au duché de Bourgogne, il y a une ville nommée Alize qui a esté et est encore grandement célèbre, non tant à cause de son antiquité, qu'à raison du sang de cette Sainte qui la rend aujourd'huy l'une des plus illlustre Ville de la terre (*sic*). Ce sang la fait fleurir ; de ce sang est émané une fontaine, l'eau de laquelle guérit les malades, rend l'ouye aux sourds, etc. » Les livres ont leurs destins : celui-ci est devenu populaire ; il ne le doit point à son élégance.

Je me reprocherais de passer sous silence une œuvre de mérite : *La Fille héroïque ou sainte Reine martyre*, publiée en 1644, par Méat, bachelier en Sorbonne. « Je n'ai rien adjouté à la substance du fait, dit-il, et, pour l'avoir orné de quelques embellissemens, je n'ai point desguisé la vérité. Quant à ce qui concerne les prodiges, j'imite en ce rencontre les avares, quoyque je n'en possède pas l'humeur ; comme ils ne prestent rien qu'avec caution, je n'avance rien sans garant (1) ».

Le dix-huitième et le dix-neuvième siècles ont vu paraître des monographies très étudiées. Citons, dans le premier, celles de Dom Viole et d'Ansart, et dans le second, celles du chanoine Tridon et de l'abbé Quillot; puis, arrivons aux sources dramatiques de la vie de sainte Reine.

« Le théâtre moderne, dit M. Grignard, se fait un jeu d'outrager aujourd'hui les mystères les plus redoutables. Mais, dans le principe, c'était une des formes à l'aide

---

1. Pages 126-129.

desquelles l'idée chrétienne s'emparait de l'imagination populaire, pour se graver ensuite plus profondément dans les esprits et dans les cœurs (1). Il ne faut donc pas s'étonner que les actes de sainte Reine, si populaires et si touchants, aient tenté plus d'une fois la verve des poëtes dramatiques et servi d'argument (2) à leurs compositions. « Melpomène en pleurs, ajoute poétiquement notre érudit (3), a secoué les plis de sa robe et laissé tomber quelques pièces qui resteront, sinon comme des œuvres d'art, du moins comme l'écho des croyances populaires. » Il relate une dizaine de tragédies.

« Hugues Millotet, que l'on rencontre le premier dans l'ordre des temps est l'auteur d'une pièce singulière et fort rare, intitulée : *Le chariot de triomphe, tiré par deux aigles, de la glorieuse noble et illustre bergère, sainte Reine d'Alise, vierge et martyre* (4). Cette pièce est de 1664. Peu après, Claude Ternet dédia une tragédie en cinq actes à Mgr l'évêque d'Autun. Le Grand, Blessebois, un religieux de Flavigny en composèrent d'autres dans le dernier tiers du dix-septième siècle. Le bénédictin anonyme fait appel à toute sa science et déploie toutes les ressources de son génie. Il met en scène les personnages les plus divers ; on en compte jusqu'à vingt-quatre : un évêque d'Autun,

---

1. P. *Ibid*. Je cite toujours, je le rappelle une fois pour toutes, l'exemplaire corrigé en vue d'une nouvelle édition, cote 24.
2. P. 146.
3. P. 159.
4. P. 146.

un prêtre des idoles, sainte Reine et Olibrius, Théophile et un augure, les chefs gaulois et les princes saxons, en un mot, tous les personnages qui peuvent provoquer les situations les plus tragiques. Enfin, pour mieux dramatiser son œuvre, l'auteur évoque les puissances de l'abîme ; il montre les démons et les furies qui travaillent aux préparatifs du martyre (1).

« Une liasse de tragédies et autres pièces de vers manuscrites et composées à l'honneur de sainte Reine (2), » forme tout le bilan du dix-huitième siècle. Encore est-elle fournie, sans plus ample indication par un inventaire des titres de l'abbaye de Flavigny, rédigé dans le cours de l'année 1748. « Cette liasse fait rêver, dit l'abbé Grignard ; que pouvait-elle contenir ? En tout cas, elle semble perdue. On a publié de nouvelles pièces dans ces derniers temps, mais le chef-d'œuvre qu'attend ce grand drame est encore à faire.

« Il serait à souhaiter conclut M. Grignard (3), qu'un poëte dramatique, plus habile que ses devanciers, s'emparât d'un sujet si souvent traité, et s'inspirant de la foi qui animait sainte Reine et des généreux sentiments qui faisaient palpiter son cœur, en fît jaillir une œuvre nouvelle, qui ravît tous les suffrages, défiât l'imitation et restât comme un monument littéraire impérissable, érigé à la gloire de la vierge-martyre, qui fut l'honneur d'Alise et du pays d'Auxois ; en un mot il serait à sou-

---

1. P. 150-151.
2. P. 152.
3. P. 159.

haiter que, comme Polyeucte, sainte Reine trouvât son Corneille. »

Ces données bibliographiques sur les actes de sainte Reine et sa présence dans l'histoire, aux âges les plus reculés comme à notre époque, suffisent pour montrer qu'on a toujours cru à son existence. Nous en donnerons plus loin d'autres preuves. Oui, sans doute, Alise a vu périr la liberté de la patrie sous les coups meurtriers des Romains. Mais Alise a également vu une jeune fille mépriser leurs fureurs persécutrices, et toute captive qu'elle était, affirmer en mourant une liberté qui survit à tout, la liberté chrétienne.

# CHAPITRE DEUXIÈME

## Hagiographie.

(Suite)

### Vie de sainte Reine d'Alise.

Famille de sainte Reine, époque et pays où elle naquit. — Son enfance, Olibrius et la première rencontre. — Sa prison, ses tortures et sa mort. — Les reliques de la vierge-martyre. — Contestation entre les cordeliers d'Alise et les bénédictins de Flavigny au sujet d'un bras de sainte Reine. — Nombreux miracles opérés par elle. — Son culte dans le diocèse de Dijon, en France et à l'étranger. — Iconographie de sainte Reine. — Pièces intéressantes éditées par M. Grignard. — Les gravures de son livre. — Comment son ouvrage fut accueilli.

A famille de sainte Reine remonterait, si l'on en croit les légendes, à la prise d'Alesia par César. Un chevalier romain qu'il avait laissé pour démolir la place, Lucius Clémentinus, aurait épousé la sœur de Vergasillaunus, un des chefs gaulois faits prisonniers dans la lutte. C'était un Arverne, cousin de

Vercingétorix, et l'un des quatre généraux choisis par les Gaulois pour commander les troupes qu'ils envoyaient au secours d'Alesia (1). Trois siècles plus tard environ, un arrière-petit-fils, également nommé Lucius Clémentinus aurait, d'après les mêmes légendes, fait bâtir le château de Grignon et épousé une riche héritière du pays. De ce mariage serait née la Sainte. Mais les actes anonymes, les plus sûrs, avons-nous dit, se montrent beaucoup moins explicites. Ils mentionnent simplement que sainte Reine était la fille unique d'un païen, nommé Clément, et de condition libre.

On sait aussi par eux qu'elle avait quinze ans, à l'époque de son martyre et qu'elle souffrit au temps de Maximien. Or, ce farouche persécuteur fut associé à l'empire le 1ᵉʳ avril 286. L'abdication de Dioclétien, qui l'avait proclamé César et Auguste, entraîna la sienne en 305. Il essaya, l'année suivante, de reprendre les rênes, et périt enfin d'une manière ignominieuse, en 310. C'est donc quinze années avant l'une de ces dates, probablement l'une des deux premières, qu'il faut placer la naissance de la glorieuse martyre.

Un passage que n'ont point suffisamment remarqué les hagiographes, semble indiquer que sainte Reine mourut à l'époque d'une grande persécution. « Comme elle avait quinze ans, disent les actes anonymes, elle mettait toute sa confiance dans le Seigneur, en apprenant les combats des saints (2). » Les actes de Théophile

1. P. 180.
2. « *Quæ, cum annorum esset quindecim, audiens sanctorum certamina, totam spem habebat in Domino.* » 453.

amplifient, comme d'ordinaire (1) : « Comme elle avait quinze ans, elle se plaisait dans la demeure de sa nourrice. Elle entendait raconter les combats de tous les saints martyrs. Pendant de longs jours à cette époque, le sang des saints fut répandu, à cause du nom de Notre-Seigneur Jésus-Christ. Quant à elle, éclairée par l'Esprit-Saint, elle mettait toute sa confiance dans le Seigneur. »

Au temps de Maximien, il y eut dans l'Eglise, en Occident surtout, deux grandes persécutions suscitées par la haine que ce soldat violent et débauché nourrissait contre Jésus-Christ. L'une sévit particulièrement en 287, et l'autre marqua le commencement de la dixième persécution générale, en 302. Ces dates plus précises permettraient de fixer la naissance de sainte Reine vers 272 ou vers 287 (2).

Quant au lieu où elle vit le jour, il ne peut y avoir de doute. Les actes, les traditions, les monuments sont formels. Dans *Sainte Reine à Grignon*, l'auteur avait produit un passage d'Ansart, duquel il semblait résulter que la Sainte était née au *castrum* de Clémentinus. Mais dans sa *Vie de sainte Reine d'Alise*, il abandonne absolument cette idée, même sur la foi

---

1. *Quum esset annorum quindecim, delectabatur in domibus nutrice suæ. Audiebat vero omnium sanctorum martirum certamina. In illis autem diebus multis, sanguis sanctorum effusus est propter nomen Dni Jhu Xri. Hæc vero sancto Spiritu intuminata omnem spem habebat in Dno.* D'après le mss. 17,002 de la B. N. *Vie de sainte Reine d'Alise*, 445. Cf. 203, 205.

2. Cf. Darras, *Histoire générale de l'Eglise*, VIII, 527, 559.

d'Ansart (1). Il cite les vers suivants de Méat qui expriment l'opinion générale (2) :

> Alize est la source féconde
> Et le Firmament glorieux,
> D'où cet Astre doré se produit à nos yeux,
> Dont le divin éclat brille par tout le monde.

Les actes authentiques ne savent rien de ses premières années. Ceux de Théophile lui donnent une nourrice chrétienne, qui demeurait à quinze stades d'Alise; ils mentionnent la mort de sa mère. Ils ajoutent que la jeune fille se plaisait à conduire dans les champs les brebis de sa nourrice. Ils disent, les uns et les autres, qu'Olibrius aperçut Reine, en venant de Marseille à Alise.

Olibrius est un nom porté par d'autres personnages. M. Grignard en cite deux (3) : le premier, sous Numérius, jeta dans un bûcher saint Juste et saint Abonde; le second revêtit la pourpre, en 472, et succéda à Anthémien en qualité d'empereur d'Occident.

Celui dont nous parlons, arrivait avec le titre de préfet, de président ou de proconsul, car on lui donne indifféremment l'une ou l'autre de ces qualifications (4). Frappé par la beauté de la jeune fille, il la fait immédiatement arrêter dans un sentiment d'ardente con-

---

1. P. 170.
2. *La Fille héroïque*, p. 5.
3. P. 210.
4. Cf. les actes et les martyrologes.

voitise et de brutale sensualité (1). Où cette première rencontre eut-elle lieu ? Les actes sont muets à cet égard. D'après les traditions populaires, ce serait à Jailly, près de la fontaine qui porte encore aujourd'hui le nom de sainte Reine ; ou plutôt, selon d'autres, au pied même du Mont-Auxois, à l'endroit qu'indiquent maintenant les Trois-Ormeaux.

Pressée de questions, Reine déclare qu'elle adore la sainte Trinité (2) et qu'elle est de condition libre. A ces paroles, le persécuteur, qui venait, dit Théophile, pour faire mourir les saints, ordonne de s'assurer d'elle et de la conduire en prison, en attendant qu'il puisse s'occuper de cette affaire. C'est alors qu'elle aurait été conduite à Grignon, dans le *castrum* de Clémentinus qu'on apercevait à quelque distance. Cette captivité fut-elle longue ? On ne le saurait dire. D'après une opinion généralement accréditée, Olibrius serait alors parti soit en Allemagne soit en Belgique. Mais ce fait n'est point appuyé sur les anciens documents. M. Grignard ne se prononce pas.

« A son arrivée à Alise, reprend-il, ou, si l'on aime mieux à son retour, Olibrius commença par se livrer aux pratiques impures de l'idolâtrie pour le salut des empereurs. » Ces paroles tirées des actes de Théophile désignent Dioclétien et Maximien qui régnaient ensemble. Dès le lendemain, le président fait comparaître la jeune

---

1. P. 213.
2. Cette réponse est également celle de saint Vincent, quelques années plus tard. Je la rapproche de la précédente, à cause de l'emploi du mot *Trinité*. Cf. Franzelin, *De Deo Trino*, p. 150.

chrétienne : « J'ai pitié de ta beauté et de ta délicatesse, lui dit-il (1); reconnais les dieux : tu recevras de moi de l'argent en abondance, et tu seras la plus heureuse de toutes les filles de ton âge. Si tu refuses, tu seras chargée de plaies et tu subiras les châtiments les plus rigoureux. »

Reine demeure insensible aux menaces comme aux promesses. Olibrius ordonne de dépouiller sa victime, de l'étendre sur un chevalet et de la frapper à coups de verges. Le sang coule à flots de ses chairs meurtries et entamées, tandis que l'héroïque enfant priait : « Seigneur, murmurait-elle, j'ai mis en vous ma confiance, je ne serai point confondue (2). » Le barbare proconsul était présent. Il commande alors de la déchirer avec des ongles de fer. A la vue des sillons tracés sur un corps si tendre et des lambeaux sanglants d'une chair palpitante, les assistants fondent en larmes. Le préfet lui-même, vaincu par l'émotion, se couvre le visage de son manteau (3). Il fait détacher la jeune martyre et donne l'ordre de la reconduire en prison.

Tels sont les deux premiers actes de cette lugubre tragédie : d'abord la rencontre de l'innocente enfant, ensuite une affreuse succession de tourments. Le troisième sera encore plus terrible.

Pendant la nuit, un inconnu vient apporter à Reine « du pain et de l'eau pour sustenter sa pauvre vie (4). »

1. Actes anon. 454. Cf. 226.
2. *Ibid.*
3. *Ibid.*
4. Cf. 232.

Les actes allongés lui donnent le nom de Théophile : ils marquent qu'il s'acquitta de sa mission avec l'abnégation d'un frère. Selon d'anciennes traditions, il aurait été plus tard martyrisé comme la Sainte. Ses reliques, nous le savons par un titre du onzième siècle, reposent à côté de celles de la jeune fille, dans l'abbaye de Flavigny, avec la mention de saint Théophile, martyr et serviteur de la vierge d'Alise (1). On voit maintenant pourquoi le paraphraste dont nous avons parlé, a pris le nom de Théophile.

Dès le matin, Olibrius fait ramener la victime, et la voyant toujours aussi résolue : « Dépouillez-la de nouveau, dit-il, remettez-la sur le chevalet, et qu'on lui applique sur les côtés des torches ardentes. » Après ce supplice, les bourreaux la plongent, les pieds et les mains liés, dans une cuve d'eau froide, afin de la suffoquer. Mais ses liens se brisent ; elle sort de l'eau en louant et en bénissant Dieu. A ce spectacle, quatre-vingt-cinq personnes, hommes et femmes, se convertissent. Olibrius, irrité, ordonne de lui trancher la tête (2). C'était le sept septembre ; les anges de Dieu reçoivent son âme dans les cieux.

« Deux fois Rome, observe M. Grignard (3), s'était mesurée contre la vieille cité des Mandubiens ; et Vercingétorix, vaincu par le génie de César encore plus que par la valeur et la discipline des légions, avait lui-même proclamé son vainqueur. Mais trois siècles après, Alise

1. P. 245, 246.
2. P. 455, 241.
3. P. 244.

prend une revanche éclatante : une faible enfant, seule et sans armes, triomphe de la majesté des faisceaux et de la puissance d'Olibrius. Car, il ne faut pas se le dissimuler, la victoire est restée du côté de sainte Reine. Ah ! sans doute, elle a souffert ; elle a passé par des angoisses indicibles et la mort est venue brusquement terminer sa courte carrière ; cependant le monde, d'accord cette fois avec l'Eglise, lui décerne la palme et cloue son adversaire au pilori de la honte et du ridicule. La conscience publique retrouve sa droiture pour flétrir le persécuteur et rendre hommage à la victime. »

L'histoire des hommes, même les plus fameux, se termine après leur vie ; celle des saints se prolonge après leur mort (1). Leur tombeau, comme celui du Christ, devient glorieux. L'Eglise conserve soigneusement leurs reliques ; souvent elles opèrent d'éclatants miracles, et les peuples accourent autour d'elles, comme auprès d'un palladium vivant et sacré.

Aussi bien, quand même les actes de sainte Reine feraient défaut, ou seraient complètement dépourvus d'authenticité, ses reliques suffiraient pour proclamer son existence (2). D'après dom Viole (3), « les chrestiens d'Alize, enterrèrent » le corps de la Sainte « assez à la haste au bas de la montagne, et enfouyrent aussi auprès d'elle la chaîne de fer qui avoit esté un des plus rudes instruments de son Martyre. » C'était, si l'on se rappelle, vers l'an 287 ou l'an 302, suivant les données des actes.

1. P. 247.
2. P. 287.
3. P. 248.

Les reliques ne restèrent pas très longtemps dans cette sépulture ignorée, elles furent rapportées au bourg et mises dans un cercueil de pierre. On fit plus tard chaque année la fête de cette première « élévation » du corps de sainte Reine. Une église fut érigée sur ce deuxième tombeau; elle reçut, vers 430, la visite de saint Germain d'Auxerre. Elle fut probablement reconstruite ou du moins embellie dans la suite avec une certaine magnificence, car le testament de Widerade, au commencement du huitième siècle, l'appelle une *basilique*, en ajoutant ces paroles remarquables que « la précieuse Sainte y repose corporellement elle-même (1). »

On dit dans la *Chronique* de Hugues, abbé de Flavigny (2) : « L'an de l'incarnation de Notre Seigneur 864, le corps de sainte Reine d'Alise, vierge et martyre, fut transféré de la cité d'Alise dans le castrum ou couvent de Flavigny, dont relevait alors la ville et qui était gouverné par Egil, devenu plus tard archevêque de Sens. » Cette translation eut lieu les 21 et 22 mars : elle fut signalée par de nombreux miracles ; la chaîne fut apportée avec les précieux ossements ; les reliques furent placées sous le maître autel de l'église de l'abbaye.

Des actes certains constatent leur présence en 1271 et en 1409. On les déposa sur le maître-autel du monastère, tantôt dans une châsse d'argent, tantôt

---

1. *Ad Basilicam Domnæ Reginæ, ubi ipsa pretiosa requiescit in corpore*, p. 252.
2. P. 263.

dans une simple châsse de bois, suivant la piété et l'indifférence des âges, ou plutôt suivant la prospérité ou les malheurs des temps. Une visite de 1481, rédigée plus explicitement, ne trouva que la majeure partie du corps de la Sainte (1). Qu'étaient devenus les autres ossements ? M. Grignard incline à croire, malgré les Bollandistes (2), qu'ils avaient été donnés par Charlemagne à l'église d'Osnabrück, suivant les traditions et les titres dont se prévaut cette église (3).

On dressa plus tard d'autres inventaires : sans avoir l'importance de ceux qui précèdent, ils attestent du moins la perpétuité de la tradition. En 1792, la révolution trouva les reliques de sainte Reine dans de belles châsses d'argent. Quelques malfaiteurs s'adjugèrent ce qui flattait leur cupidité, mais ils laissèrent aux habitants de Flavigny sinon la totalité, du moins la plus grande partie des ossements vénérés depuis tant de siècles. La perte de l'argent n'était rien, mais on eut à déplorer celle d'un os du bras de la vierge, et celle de la vertèbre que le glaive avait frappée (4).

L'année suivante, le 25 mai 1793, la municipalité organisa une procession solennelle, pour transporter les saintes reliques du monastère « des ci-devant Bénédictins à l'église paroissiale. » Elles furent canoniquement reconnues, le 18 juillet 1804 ; Mgr Rivet les vérifia de nouveau les 27 et 28 août 1851.

1. *Majorem partem corporis sanctæ Reginæ*, p. 270.
2. P. 294.
3. P. 303-310.
4. P. 279.

Au sujet des reliques de sainte Reine, la révolution apaisa une grande querelle. En 1648, un des négociateurs du traité de Westphalie, le duc de Longueville, ayant appris que l'église d'Osnabrück possédait des ossements de la vierge d'Alise, fit des instances pour en obtenir. On crut lui donner un grand fragment du *radius* de la Sainte. Il fut bientôt entre les mains des Cordeliers d'Alise qui l'exposèrent à la vénération publique, avec l'assentiment de l'évêque d'Autun. Les Bénédictins de Flavigny réclamèrent. Une commission fut nommée (1). Un médecin et un chirurgien des plus experts, assistés de dix-huit témoins, « visitèrent la châsse des Reliques de cette saincte Vierge et Martyre, où entre autres ils remarquèrent deux bras d'égale grandeur et grosseur, deux couldes et deux rayons pareils, qu'ils firent joindre et joüer dans leurs emboîtements, jugeant qu'ils étoient d'une fille qui pouvoit être âgée de quinze à seize ans. » Nous avons les reliques authentiques de sainte Reine, dirent les Bénédictins : ils le prouvèrent dans plusieurs mémoires d'une manière irréfutable. Les Cordeliers firent valoir leur autorisation canonique, les traditions et les titres de l'église d'Osnabrück.

Des recherches minutieuses ont permis à M. Grignard de jeter un grand jour sur une question vivement débattue. Quand on remit le fameux *radius* au duc de Longueville, on puisa dans une châsse qui renfermait, non les reliques de sainte Reine d'Alise, mais

1. P. 292.

celles de sainte Reine de Cologne. D'où résulte cette première conclusion, qu'il y eut méprise, et que le bras apporté à Alise n'est certainement point celui de la victime d'Olibrius. De plus, les reliques contenues dans la châsse qui fut alors ouverte, n'y sont point étiquetées, mais toutes « en confusion ». D'où l'on peut conclure encore que c'est tout au plus si le *radius* appartient à sainte Reine de Cologne (1).

A Alise comme à Flavigny, les reliques de sainte Reine ont été de tout temps fécondes en miracles. Un auteur anonyme du neuvième siècle en signale la succession glorieuse et en décrit quelques-uns avec les noms des personnes qui furent guéries. Les martyrologes manuscrits attestent également la croyance des âges suivants. Jehannes Piquelin les énumère ainsi (2) :

> Miracles grans de jour en jour tu fais
> Tu as guary ladres, pourriz, meseaulx,
> Boiteux, muetz, aveugles, contrefaictz;
> Par quoy le monde y accourt par monceaulx.

L'abbé Grignard donne des récits détaillés d'un certain nombre de miracles plus récents. Il cite les témoignages des évêques et des savants (1). En 1661, Mgr d'Attichy, bénit Dieu de l'institution d'un hospice dans le bourg d'Alise, « n'y ayant point de lieu en France qui

1. P. 314.
2. P. 325.
3. P. 326-335.

eût tant besoin de cette saincte institution que celuy-là, à cause du grand concours de pauvres pèlerins malades, qui y abbordent de tous costez de la France, voire des nations étrangères, et des secours et guérisons miraculeuses que Dieu opère journellement en eux. » Le savant Père Papebrock écrivit l'année suivante : « A l'entrée de la chapelle, on trouve une fontaine, qui jaillit à l'endroit même où on croit que (la vierge) souffrit le martyre : son eau est très recherchée ; la multitude des ex-voto et des boutiques où se vendent des images, des chapelets, des médailles et d'autres objets de ce genre, atteste le nombre des miracles et celui des pèlerins. » M. Grignard fait justice, en passant, de l'absurde prétention de certains médecins qui attribuent les guérisons merveilleuses à l'efficacité des eaux de la fontaine, plutôt qu'aux mérites de la Sainte dont elle porte le nom. Les allégations des prétendus esprits forts sont tout à fait contradictoires. D'ailleurs les guérisons se réfèrent à des maladies de tous genres ; elles se sont souvent produites loin de la fontaine et par la seule intercession de la glorieuse martyre (1).

Alise et Flavigny sont restés les deux principaux foyers de son culte. Alise eut le bonheur de recouvrer quelques reliques de la Sainte. Anne d'Autriche lui envoya le métacarpe qu'elle avait reçu de l'abbaye de Flavigny (2). Les pèlerinages amenèrent annuellement jusqu'à soixante mille personnes, pendant le cours du seizième siècle. Au dix-septième, les visiteurs accoururent aussi

1. P. 340-348.
2. P. 353.

nombreux et par toutes les routes. Un évêque d'Autun, Mgr de Roquette, écrivit en 1669 (1) : « On sçait qu'il y en vient sans cesse de tous les endroits de l'Europe une multitude incroyable, et cela va, selon le calcul que l'on en a faict jusqu'à 60,000 par an, dont beaucoup s'en retournent guéris par l'intercession de cette sainte vierge et martyre, et par la bénédiction que Dieu donne aux eaux merveilleuses, qui se trouvent devant la chapelle bâtie en son honneur. » C'est pour répondre à cette extraordinaire affluence que les Cordeliers s'établirent en 1648 et qu'on résolut, quelques années plus tard, de fonder un hôpital. Aujourd'hui, la fête de sainte Reine, qu'une procession historique rend particulièrement attrayante, attire encore plusieurs milliers de personnes (2).

Autrefois, Flavigny célébrait trois fêtes solennelles en l'honneur de sainte Reine. Celle qui rappelait la translation des reliques, le 22 mars, voyait une immense procession se dérouler sur le penchant de la montagne et prendre le chemin d'Alise. Aujourd'hui, les fêtes se font avec moins d'éclat, mais elles ont chacune leur procession qui, pour rester dans la ville, n'en est que plus pieuse et plus recueillie (3).

L'abbé Grignard passe en revue les divers lieux du diocèse où sainte Reine a des chapelles ou des pèlerinages. Jailly-les-Moulins s'est, de temps immémorial, placé sous son vocable. Grignon et Thoisy-la-Berchère se

1. P. 358.
2. P. 363.
3. P. 374.

glorifient de posséder quelques-unes de ses reliques. Notre-Dame de Beaune et la Sainte-Chapelle de Dijon ont jadis récité son office. Maintenant le diocèse entier jouit de ce privilège.

Nombre de nos diocèses ont des confréries, des chapelles, des pèlerinages en l'honneur de sainte Reine : Autun, Besançon, Langres, Nancy, Châlons-sur-Marne, Nevers, Paris, Nantes, Reims et Cambrai. L'Angleterre, la Belgique, l'Allemagne ont depuis longtemps offert à la vierge de l'Auxois le tribut de leur vénération (1). « Si sa vie s'épanouit dans un cadre restreint dont Alise fut le centre, dit M. Grignard (2), son culte a rayonné dans toute la France. Il a traversé les mers et pénétré jusqu'au cœur de l'Angleterre ; l'Allemagne elle-même en a goûté les douceurs, et des rives de la Meuse à celles du Weser, les peuples en ont savouré les bienfaits. »

Un culte si populaire doit avoir son iconographie. Le dernier chapitre de *La Vie de sainte Reine* donne quelques renseignements sur ce point. M. Grignard énumère les images, gravures et statues, dont il a connaissance. Il n'oublie ni les tapisseries, ni les verrières, ni les estampes, ni les lithographies, de forme plus ou moins rustique ou correcte. « Sans doute, conclut-il (3), ces productions n'ont pas grande valeur, et sauf les deux petites verrières de M. Didron (4), les

---

1. P. 375-416.
2. P. 349.
3. P. 428.
4. Dans la chapelle du château de Thoisy-la-Berchère.

gravures d'Autran et d'Humbelot, celles d'Israël Silvestre et de Marcelat, la statue du château de Grignon, il n'en est peut-être pas une qui soit, je ne dirai pas un chef-d'œuvre, mais une œuvre d'art. »

Il assigne aussi les caractéristiques de la Sainte. Indépendamment de celles auxquelles peuvent donner lieu les récits légendaires, voici les principales : une tour pour rappeler les horreurs de la prison ; les chaînes dont elle fut chargée par ordre d'Olibrius ; les verges, les peignes de fer, les torches et la cuve d'eau dont parlent les actes ; le glaive qui lui trancha la tête ; la couronne qui symbolise si bien son nom et la royauté dont elle fut investie ; enfin les trois ormeaux, des pèlerins et une chapelle, pour indiquer le culte dont elle est l'objet (1).

On trouve aux pièces justificatives deux documents assez curieux. L'un est la passion de sainte Reine par Théophile : j'en ai parlé ; l'autre donne les leçons du propre bénédictin de Flavigny, au jour de la fête commémorative de la translation de 864. Ansart l'avait déjà publié On trouve aussi dans ce petit recueil la première vie française de l'héroïque enfant de Clémentinus par Jehannes Piquelin, dont il n'existe qu'un exemplaire connu, et un petit poëme flamand du treizième siècle traduit par un des professeurs de l'université de Louvain.

Plusieurs des gravures insérées dans l'ouvrage ne sont pas sans mérite. La lettre initiale qu'on remarque

1. P. 430.

à la page 367 figure la partie du vieux château de Grignon avec un bénédictin penché sur le seuil, afin d'unir le présent au passé. On voit aussi la fidèle image de la prison de sainte Reine, la fontaine miraculeuse, la chapelle des Cordeliers et le panorama de Flavigny avec les restes de l'ancienne abbaye où furent transférées les reliques de la vierge-martyre, et le clocher de l'église Saint-Genès où elles reposent depuis la révolution (1).

Les journaux du département de la Côte-d'Or saluèrent l'apparition de cet ouvrage avec une faveur marquée (2). *Les semaines religieuses de Paris* (3) *et de Sens* (4), *le Courrier des Enfants* (5) lui prodiguèrent leurs éloges. Les revues savantes, comme le *Polybiblion* (6), la *Revue des questions historiques* (7), la *Bibliographie catholique* (8) lui consacrèrent également des articles très flatteurs. Celui de la Bibliographie est signé de dom François Plaine; en voici le début :

« C'est un livre savant, d'une érudition étendue et du meilleur aloi que celui de M. l'abbé Grignard. Il fera grand honneur au clergé de Bourgogne, et contribuera, dans une large mesure, nous l'espérons, à maintenir

---

1. P. 503.
2. Les articles publiés alors sont réunis sous la cote 20 : *La Chronique*, 7 février 1881 ; *Le Progrès*, 25 février et 21 avril 1881 ; *La Côte-d'Or*, 15 avril 1881.
3. *Ibidem*, 27 août 1881.
4. 6 août 1881.
5. 10 septembre 1881.
6. 2ᵉ liv. février 1882.
7. 1ᵉʳ juillet 1882.
8. Octobre 1882.

longtemps encore, au milieu des populations déjà travaillées par l'esprit révolutionnaire, les sentiments de piété et de vénération envers leur admirable patronne, qui ont fait leur gloire pendant un passé de plus de quinze siècles, et dont elles ne se sont pas départies jusqu'à présent.

M. Grignard s'est proposé un double but en composant son ouvrage : le premier, de faire complète justice d'une sotte idée, éclose assez récemment dans la cervelle de quelque libre penseur, et qui consistait à prétendre que sainte *Reine et son culte* n'étaient autre chose qu'un souvenir vague, une allégorie, en un mot, un mythe, pour nous servir de l'expression favorite des adversaires de la foi chrétienne.

Le second but de l'auteur, était de raviver et de reproduire en partie les travaux de divers genres, souvent fort rares, et fort difficiles à se procurer, dont la patronne de la Bourgogne a été l'objet à travers les siècles.

Or, nous aimons à constater que M. Grignard a parfaitement atteint ce double but : tant il a apporté de zèle et de talent à venger une mémoire si digne de respect et de vénération, à mettre en lumière la vie et les miracles de sainte Reine ainsi que les hommages de culte religieux dont elle a été l'objet. »

Après avoir succinctement analysé l'ouvrage, dom Plaine termine ainsi : « Quant au style, il ne manque ni de pureté ni d'élégance, de même qu'on y remarque aussi une heureuse variété de ton en rapport avec les circonstances. »

Mgr Rivet confia l'examen du manuscrit de la *Vie de sainte Reine d'Alise* à M. Garnier, archiviste du département de la Côte-d'Or. L'éminent érudit se plut à proclamer hautement le mérite de l'ouvrage (1). Il fit un rapport motivé et conclut en ces termes :

« Si Baillet avait eu ce ms. sous les yeux, il se serait montré moins sévère et surtout moins affirmatif pour nier l'authenticité des actes de la passion de sainte Reine. De leur côté, les Bollandistes, au lieu de prendre le parti peu compromettant de renvoyer le prononcé du jugement au sentiment du lecteur, auraient très vraisemblablement accepté les actes anonymes comme *acta sincera* et les eussent compris, sans plus de commentaires, dans leur magnifique collection. »

D'autres savants et plusieurs évêques adressèrent également leurs félicitations à l'abbé Grignard (2). Celles qui lui furent le plus sensibles lui vinrent de Rome, de notre saint Père le pape Léon XIII, qui s'est toujours montré si profondément ami des études ecclésiastiques.

« L'année dernière, écrivait du Vatican, le 16 mai 1883, Mgr Boccali, Mme la princesse Falconieri a eu l'honneur de déposer aux pieds de Sa Sainteté Léon XIII un exemplaire de votre ouvrage intitulé « La Vie de sainte Reine d'Alise », et la lettre qui l'accompagnait. Mme la Princesse vous a déjà appris que le Saint-Père reçut avec bienveillance cet hommage de votre dévouement

---

1. Dijon, le 14 novembre 1879.
2. Cote 58.

et de votre profonde vénération. Maintenant, je suis heureux de vous exprimer de nouveau ces sentiments bienveillants du Souverain Pontife à votre égard, et de vous transmettre la bénédiction apostolique que Sa Sainteté a daigné vous donner, comme témoignage de sa bonté paternelle et comme gage de toutes les faveurs célestes. »

# CHAPITRE TROISIÈME

## Archéologie.

*Notitia chronologica. — L'abbaye de Flavigny.*

La fondation de l'abbaye de Flavigny. — Celle des prieurés qui en dépendaient. — Eglises ou chapelles auxquelles nommaient l'abbé et les moines. — Les chartes de Flavigny. — La Chronique de l'abbé Hugues. — Les manuscrits des Bénédictins de la congrégation de Saint-Maur. — Le siège d'Alesia d'après le récit de la translation des reliques de sainte Reine en 864. — Les leçons de la fête de sainte Reine, d'après l'ancien bréviaire de l'abbaye de Flavigny.

ES ouvrages imprimés de M. Grignard, en dehors des articles fournis à la presse, sont au nombre de huit. Nous en avons apprécié deux en parcourant sa biographie, parce qu'ils se rattachent plus étroitement à son histoire, et qu'ils font, pour ainsi dire, partie intégrante de son passage à Saint-Ignace. Les chapitres précédents nous ont fait connaître ceux

qu'il composa sur la vierge d'Alise. Le premier n'était qu'un essai, une sorte de préparation; le second fit sensation dans le monde savant. Comme *sainte Reine à Grignon*, deux des quatre brochures qui nous restent à voir, se rapportent à ce grand ouvrage. Les astres ont leurs satellites. De même, *La Vie de sainte Reine d'Alise* entraîne dans son orbite quelques œuvres de moindre importance.

Les deux plaquettes dont il s'agit ont été tirées à part; mais elles ont d'abord paru dans des revues d'histoire, l'une en Allemagne, l'autre en France. La première a pour titre : *Notitia chronologica de exordiis cum veteris abbatiæ Sancti Petri Flaviniacensis, ordinis Sancti Benedicti, diœcesis Eduensis, tum ejus prioratuum et de anno collationis uniuscujusque ecclesiæ ipsi subjectæ.* Comme le titre l'indique, cet opuscule est rédigé en latin. Voici la traduction des lignes que l'on vient de lire : *Notice chronologique sur l'origine de l'ancienne abbaye de Saint-Pierre de Flavigny, de l'ordre de Saint-Benoît, au diocèse d'Autun, sur celle de ses prieurés, et sur l'année de la collation de chacune des églises qui en dépendaient.* La *Notitia* fut publiée à Brünn, en 1881. Les études connues sous le nom de *Die Wissenschaftliche Studien aus dem Benedictiner-Orden*, lui ouvrirent leurs colonnes. L'autre plaquette fut insérée dans *Les Mémoires de la Société éduenne*, en 1885 (1).

M. Grignard a consacré sa *Notitia* à l'étude de trois

---

1. Tome XIV, 24.

questions chronologiques; voici la première : En quelle année l'abbaye de Flavigny fut-elle fondée?

Le testament de Widerade porte expressément : « J'ai construit un monastère à mes dépens et sur mes fonds, dans un lieu nommé Flavigny, et j'en ai délégué la possession régulière à l'abbé Magoaldus ainsi qu'à ses moines. » D'où venait l'abbé Magoaldus? Il importe peu de le savoir; puisque Widerade dit qu'il a construit le monastère, cela suffit : c'est à l'époque du testateur qu'il faut chercher l'origine de l'abbaye. Le testament est daté de l'année 606, et la première du roi Thierry.

L'an 606, Thierry II régnait en Bourgogne, mais ce n'était point sa première année. Il avait été porté sur le pavois dès 596. La date du testament de Widerade a donc subi une interpolation.

C'est à la rétablir que l'abbé Grignard a consacré quelques pages d'une érudition solide et ingénieuse.

Widerade a dédié son monastère à saint Prix. Or, saint Prix succéda, comme évêque de Clermont, à Gérivold, en 670. Il tomba sous les coups du saxon Rodbert, au plus tôt, en 674 (1). Ce fait recule sensiblement le testament de Widerade.

Nous voyons que, lorsqu'il le fit, il possédait des biens d'église, ceux de saint Andoche de Saulieu, de sainte Reine d'Alise et de saint Forjeot. Mais la spoliation qui fit passer les biens d'église entre les mains des laïques, remonte au gouvernement de Charles-Martel, de 714 à 741. Nous arrivons forcément au huitième

---

1. Cf. *Histoire générale de l'Eglise,* par l'abbé Darras; saint Prix.

siècle, et cette observation exclut encore Thierry III qui régna de 678 à 691.

Enfin le premier roi dont fassent mention les tables de l'abbaye, est Thierry IV, dit de Chelles. Ces tables contiennent à partir de lui la série de tous les noms de nos rois jusqu'à Robert. De plus, nous n'avons pas d'autre Thierry. Il faut donc s'arrêter à celui-ci. Or, il fut roi de 720 à 734.

Comme la fondation de l'abbaye est de la première année de son règne, il faut donc se reporter à l'an 720 ou 721. M. Grignard dit même 721 ou 722, sans doute, parce que les auteurs qu'il a suivis donnent inexactement 721 comme l'année de l'avènement de Thierry de Chelles (1).

La seconde question chronologique élucidée par M. Grignard est celle de la fondation des quinze prieurés qui relevaient de l'abbaye.

La fondation du prieuré de Sainte-Reine-en-Auxois serait le fait de Widerade lui-même, et remonterait au plus tard à l'année de sa mort, en 747.

Le prieuré de Saint-Pierre-de-Corbigny fut projeté, en 776, par l'abbé Manassès, mais commencé seulement en 864.

Celui de Saint-Martin-de-Chichée serait, non de 795, comme dit Courtépée, mais de 965. Celui de Saint-Prix-dans-le-Vermandois vient-il de Flavigny ? Une charte de Reginaldus le suppose ; mais Ansart dit

---

1. *Notitia chronologica*, 1-6.

le contraire, en assignant la date de 986 comme celle de la fondation de ce monastère.

Le prieuré de Précy-sous-Thil fut donné à l'abbaye par Milon, comte de Thil. Courtépée produit la date de 1005; mais l'abbé Grignard n'en a pas trouvé trace.

Celui de Saint-Georges-de-Couches remonte au roi Pépin; mais il ne fut cédé à l'abbaye que la trentième année du roi Robert, en 1026.

Ceux de Notre-Dame-de-Semur et de Notre-Dame-de-Baulieu furent acquis par l'abbé Amedeus, entre 1010 et 1038. Le premier avait été fondé par le fameux Girard de Roussillon et le second était une propriété de Widerade.

Aymon donna celui de Saint-Germain-la-Feuille en 1004. Celui de Saint-Jean l'Evangéliste de Grignon ne semble pas antérieur à 1149.

La plus ancienne charte qui fasse mention du prieuré de Sainte-Colombe-de-Rimaucourt, comme dépendant de Flavigny, est de 1176. Celui de Saint-Sulpice-de-Fontaines, au pays d'Attouar, lui vint à peu près vers 1300.

Le lieu saint de la Rochepot, qui forma plus tard un prieuré, appartenait à Flavigny dès 1107. Celui de Saint-Georges, au pied du mont Auxois, paraît n'avoir pas eu de prieur avant 1388. Enfin la Celle de Bagnot était également du ressort de l'illustre abbaye (1).

La plupart des prieurés commencèrent par être des fermes appartenant aux monastères. On envoyait

1. 6-17.

quelques religieux, parfois jusqu'à douze, à Corbigny, par exemple, pour présider à la culture, tout en vaquant à leurs offices claustraux. Celui qui avait autorité sur les autres recevait le nom de prieur. Les serviteurs de la ferme, les hommes de peine, s'établissaient aux alentours. Ainsi se formèrent des hameaux, des villages, qui devinrent des paroisses placées quelquefois sous la juridiction des religieux. A Précy, les localités environnantes leur furent confiées, dès le premier jour. Il y avait là seulement trois religieux : le premier administra Précy, le second Vic-sous-Thil, et le troisième Montigny-Saint-Barthélemy.

Saluons en passant ces foyers de travail agricole et de vie religieuse. Saintes oasis des curés de villages, avez-vous disparu pour toujours ? De grands esprits vous regrettent, de nobles cœurs vous désirent. Il viendra peut-être un temps où vous serez de nouveau nécessaires. Puissiez-vous ressusciter avec les laborieuses occupations et la pitié fervente de vos cénobites ! Vous avez vu l'épanouissement de la foi du moyen-âge ; fasse Dieu que vous la voyiez refleurir au milieu de nous, en reparaissant au soleil du dix-neuvième ou du vingtième siècle !

Autrefois les évêques cédèrent souvent aux abbayes le droit de désigner les titulaires des paroisses dont elles possédaient les églises, en se réservant néanmoins toujours la provision canonique. Tantôt le monastère entier fut pourvu du droit de patronage ou de présentation, tantôt l'abbé le reçut pour lui seul.

En 865, Isaac, évêque de Langres, remit à Égil, abbé

de Flavigny, les églises de Dampierre-sur-Vingeanne, d'Arceau et de Fontaine-Française. Un siècle après, en 965, Achardus, autre évêque de Langres, donna celle de Saint-Martin de Chichée au monastère; et en 977, Walterius, évêque d'Autun, en fit autant pour celle de Saint-Genès de Flavigny.

En 992, l'abbaye reçut dix-neuf églises : Haute-Roche, Jailly-les-Moulins, Villy, Chanceaux, Poiseul-la-Ville, Magny-Lambert, Fontaine-en-Duesmois, Pouillenay, Massingy-les-Semur, Marcilly-les-Vitteaux, Cessey, Fain-les-Montbard, Blessey, Vesvres, Darcey, Vitteaux et trois autres dont les noms ne sont pas sûrs.

Un recensement de Philippe I énumère encore, en 1085, parmi les dépendances de Flavigny : Couches, Semur-en-Auxois, Beaulieu, Glanon, Saint-Jean-l'Évangéliste d'Autun, l'église de Précy et la chapelle du château de Thil.

En 1149, une charte cite Saint-Jean-l'Évangéliste de Grignon; une autre de 1154, Sainte-Marie de Rimaucourt. Le pape Alexandre III nomme, de 1159 à 1181, Saint-Prix de Seigny. Un capitule de 1273 mentionne Saint-Germain de Venarey.

Enfin un pouillé du quatorzième siècle désigne Auxey, Boussey, Boux, Dracy-les-Vitteaux, Saint-Germain-la-Feuille, Montigny-Saint-Barthélemy, Vic-sous-Thil, et Lucenay-le-Duc. « Ajoutons avec Courtépée, dit M. Grignard, l'église de Clichy près Chablis avec la chapelle des Granges-sous-Grignon, et nous aurons épuisé, sauf erreur, la série des églises qui dépendaient de l'abbaye de Flavigny. »

Cet opuscule finit par une malicieuse citation de Saint-Julien de Balleure : « Et si quelqu'un trouve mauvais que j'aye entrepris chose qui ne satisface à l'espérance qu'il en avoit, je luy supplie ne blasmer mon essay que premièrement il n'aye monstré combien il scaura mieux faire (1). »

La seconde brochure, celle qui fut éditée par la Société éduenne en 1885, est le seul ouvrage que l'abbé Grignard ait publié depuis son doctorat. Aussi en porte-t-elle mention : « *L'abbaye de Flavigny, ses historiens et ses histoires*, par le D<sup>r</sup> Fr. Grignard. »

L'auteur se propose uniquement d'étudier les ouvrages consacrés à l'histoire de l'abbaye, et de signaler certains travaux, dont les uns ont affronté le grand jour de la publicité, tandis que les autres, restés manuscrits, sont à peine connus d'un petit nombre d'initiés (2).

Parmi les anciens titres, il indique les copies d'un cartulaire primitif, qui fut, pense-t-il (3), rédigé par l'abbé Hugues à la fin du onzième siècle. L'original a disparu, mais il en existe deux transcriptions, l'une à Châtillon-sur-Seine, l'autre à la bibliothèque nationale. Je reviendrai sur ce point, mais je puis dire ici que cette découverte inspira de bonne heure à M. Grignard l'idée de compléter la collection. Tâche immense, ardue, à laquelle il s'appliqua longtemps. En 1885, il avait l'espérance de la mener à bonne fin. « Peut-être pour-

---

1. *Ibidem*, 17-21.
2. *L'abbaye de Flavigny*, 1, 2.
3. P. 19.

rons-nous offrir un jour au public, lit-on dans *l'Abbaye de Flavigny* (1), un cartulaire patiemment reconstruit à l'aide de titres originaux ou de rares copies, conservés dans les archives de Paris et des départements. »

Hugues a composé plusieurs ouvrages : *La Chronique* de Verdun, un *Nécrologe* et la *Série des abbés* de Flavigny. Il écrivit de l'an 1097 à l'an 1101 ; car, à cette dernière date, il quitta le monastère. Sa *Chronique* est appréciée diversement. Tandis que le Père Labbe la nomme un *trésor incomparable,* Dom Bouquet déclare que dans ce qui précède l'année 919, le nombre des fautes égale celui des mots, et que pour le reste Hugues a suivi Flodoard et Glaber. Le manuscrit est probablement aujourd'hui à Middlehill, mais il a été plusieurs fois publié.

Les Bénédictins de la congrégation de Saint-Maur s'établirent à Flavigny en 1644. Entre cette date et celle du départ de Hugues la distance est grande. M. Grignard ne signale aucun ouvrage dans ce long intervalle. Peut-être faut-il accuser ceux qui dépouillèrent, en 1642 et vers 1669 (2), les archives du monastère au profit de la caisse de la communauté, en vendant les manuscrits, « les livres de chœur et les légendes écrites en parchemin et vélin. »

Quoiqu'il en soit, les nouveaux hôtes de l'abbaye travaillèrent à son histoire depuis leur arrivée jusqu'à leur suppression. La série de leurs travaux commence

---

1. P. 1. *Ibid*.
2. P. 57, 58. Cf. 25, 27.

par un manuscrit conservé aux archives départementales de la Côte-d'Or (1) : Il est intitulé : *Livre contenant les choses notables, depuis nostre establissement dans ce mon$^{re}$, qui fut l'an* 1644. Un manuscrit contemporain signalé comme l'*Histoire de l'abbaye de Flavigny* et dont la trace semblait perdue, a été retrouvé par M. Grignard dans la bibliothèque de Châtillon, sous le titre suivant : *De la fondation de l'abeïe de Flavigny* (2). Un écrivain laborieux, dom Daniel-Georges Viole a consacré deux de ses ouvrages au même sujet. L'un a été imprimé et a eu de nombreuses éditions : C'est la *Vie de sainte Reine vierge et martyre* dont nous avons parlé. Elle contient « une apologie pour prouver que l'abbaye de Flavigny, au diocèse d'Autun, est en possession du sacré corps de cette Sainte. » L'autre est resté manuscrit : il a pour titre : *Histoire de l'abbaye de Flavigny*. La bibliothèque de la ville de Semur-en-Auxois en possède une copie (2). Indiquons rapidement la *Chronique de l'Abbaye de Flavigny* (4), dont M. Grignard a pu découvrir l'auteur, frère Pierre des Dames, en déchiffrant les initiales F. P. D. D., sous lesquelles il s'était caché ; un *Abrégé de l'Histoire du monastère de Saint-Pierre de Flavigny et de ses abbés* (5), dont l'auteur anonyme écrivait en 1692 ; et les travaux plus connus de dom

---

1. N° 139.
2. 82 pages in-4, mss. Cf. 15.
3. N° 73.
4. Archives du dép de la Côte-d'Or, n° 135.
5. Bibliothèque de Semur-en-Auxois, mss. n° 73.

Amiens et d'Ansart. L'un a fait l'*Histoire de Flavigny* (1), restée manuscrite ; l'autre a mis au jour l'*Histoire de sainte Reine d'Alise et de l'abbaye de Flavigny* (2) avec quantité d'autres ouvrages.

D. Viole a publié la translation des reliques de sainte Reine de l'oratoire d'Alise dans l'église de l'abbaye de Flavigny, en 864. Ce récit fait par « un autheur du mesme temps, écrit le savant bénédictin, renferme quelques lignes qui se rapportent au siège d'Alise par César. *L'Abbaye de Flavigny* les a rééditées pour montrer que le professeur du cloître d'Auxerre, le moine Heiric, n'était pas le seul, au neuvième siècle, qui ait rappelé ces épiques souvenirs. Quoiqu'en dise le docteur de Bouriane, « MM. de l'Institut » ont eu raison de couronner cet humble pionnier de l'histoire, qui dans des vers obscurs peut-être, mais en tout cas véridiques, « assied commodément Alesia à côté de son cloître, sur le plateau de Sainte-Reine en Bourgogne. » Auxerre est loin d'Alesia, que M. de Bouriane l'apprenne, mais il en est encore moins éloigné qu'il ne l'est lui-même de la vérité (3).

En rendant compte de la *Vie de sainte Reine,* dom Plaine avait exprimé le regret de ne pas voir figurer parmi les pièces justificatives les textes des offices de la

---

1. Mss. de la Bib. de Semur-en-Auxois, n° 75.
2. Paris, MDCCLXXXIII. Ansart quitta l'ordre de Saint-Benoit, vers 1774, pour devenir prieur conventuel de l'Ordre de Malte. C'est ce que signifie cette signature énigmatique : M. A. P. C. D. O. D. M., c'est-à-dire, M. Ansart, etc., p. 43.
3. P. 48.

vierge-martyre, « avec leçons, antiennes et répons, tels qu'ils se célébraient autrefois à l'abbaye de Flavigny. Il y avait là, ajoutait-il, un argument des plus probants en faveur de l'authenticité au moins substantielle des actes de sainte Reine (1). » L'abbé Grignard comble ici cette lacune. Il donne les deux leçons de la fête, en les faisant précéder de celles de la vigile. Les antiennes et répons ne s'y trouvent cependant pas. Malgré cette omission, le lecteur a sous les yeux, pour employer les expressions du savant compilateur, « le prologue et le récit de la vie de sainte Reine, tels qu'ils furent, pendant des siècles, répétés par les Bénédictins de l'abbaye de Flavigny. »

La publication de ce travail avait été encouragée par un autre héritier des traditions bénédictines, le R. P. Piolin, prieur de l'abbaye de Solesmes. L'ouvrage lui fut dédié, et il parut avec une lettre, où le docte éditeur du nouveau *Gallia Christiana* disait à M. Grignard (2) : « Je suis sûr que tous ceux qui le liront, jugeront comme moi que vous avez fait une œuvre d'une solide érudition et d'une réelle utilité. »

---

1. *Bibliographie catholique*, 4 octobre 1882.
2. Lettre datée : Solesmes, 28 octobre 1885, et signée : F<sup>re</sup> Paul Piolin. M. S. B.

# CHAPITRE QUATRIÈME

## Archéologie.

(Suite)

*Note sur une divinité gauloise et un amulette chrétien découverts à Lantilly. — Nomination d'un curé sous l'ancien régime.*

Découverte d'un dieu gaulois à Lantilly. — Attributs de cette idole. — Statues similaires auxquelles on peut les comparer. — Ce qui est certain et ce qui paraît douteux au sujet de ce monument. — Un dé du moyen-âge. — Gravures dont il porte l'empreinte. — Leur interprétation. — Usage problématique de ce dé. — Une nomination nulle. — Deux provisions régulières. — Une prise de possession en bonne et due forme.

ous réunissons dans ce chapitre les deux dernières plaquettes de M. Grignard. Elles parurent d'abord toutes les deux dans les *Mémoires de la Société éduenne* (1). Elles se rapportent également toutes les deux aux lieux où il exerça le ministère pastoral, l'une à Lantilly, l'autre à Grignon. Le sujet

1. Tome X, 1881, et tome XII, 1884.

en est toutefois bien différent. Celle-ci s'occupe de la nomination d'un curé sous l'ancien régime, et ressort à l'ancien droit canon; celle-là, purement archéologique, traite de deux vieilles trouvailles: une idole gauloise et un dé chrétien.

En 1878, un maçon de Lantilly rencontra sous sa pioche, à trois ou quatre mètres de la fontaine Saint-Martin, un bloc de pierre qui se fendit en deux, lorsqu'il essaya de l'arracher du milieu des décombres. Les morceaux appartenaient au tronc d'une statue, dont l'ouvrier ne put, malgré ses recherches, retrouver la tête. Ils sont aujourd'hui déposés à Autun, dans le musée de l'hôtel Rolin. La statue, décapitée comme elle est, mesure 0$^m$,45, depuis la plante des pieds jusqu'à la naissance du cou. Quant au travail, les formes, tantôt lourdes et grossières, tantôt maigres et disproportionnées, accusent une main peu savante et mal habile (1).

Cette statue représente un homme assis; les attributs qui la caractérisent font penser à un dieu gaulois. La main gauche tient un raisin, et la droite un animal assez volumineux, dont la tête est aussi brisée, mais dont le corps se termine par une queue munie d'écailles. La statue s'élevait à côté d'une fontaine, sur des collines boisées : circonstances à noter, vu la coutume des Gaulois de représenter les bois et les eaux et de leur offrir des sacrifices.

M. Grignard compare la statue dont nous parlons à celle du dieu d'Ampilly. Mais la *Revue celtique* (2)

---

1. *Note*, p. 5, 6.
2. 1882, p. 405.

n'admet point cette assimilation. Car les attributs de ce dernier, une grappe et un oiseau, présentent une simultanéité que ne donne pas la statue de Lantilly.

Une idole découverte à la Perrière, près Autun, montre deux serpents ou dragons à écailles, avec tête de bélier. Le bas-relief de Dennery donne un personnage imberbe, qui tient de la main gauche une corne d'abondance, et offre de la main droite une sorte de gâteau à un serpent. A Beauvais et à Montluçon, le dieu porte d'une main une bourse, et de l'autre, un dragon. Toutes ces statues se rapprochent beaucoup de celle de Lantilly. Quel nom leur donner? César fournit la réponse : « Le dieu que les Gaulois adorent est surtout Mercure : ils le représentent de différentes manières. *Deum maxime Mercurium colunt; hujus sunt plurima simulacra.* Les archéologues ne balancent pas : à leurs yeux, ces idoles, les dernières surtout, sont évidemment des Mercures. Dans cette catégorie il faut donc classer le dieu de Lantilly.

En ce qui concerne le premier attribut, une chose certaine, c'est le rôle du serpent dans les anciennes religions. Il y paraît et s'y affirme sous des formes multiples. Aussi rien d'étonnant qu'on le voie figurer dans la religion des Gaulois, et qu'on en retrouve une preuve de plus à Lantilly.

Mais quel est le sens de cette caractéristique? Retrace-t-elle des traditions bibliques sur le dragon dévorant, l'antique serpent qui a séduit notre race? Impossible, dans l'état actuel de la science, de répondre à cette question.

Quant au raisin, qui constitue un second attribut, il offre l'équivalent du gâteau, de la bourse, de la corne d'abondance. Ces symboles annoncent un dieu, principe générateur au physique et au moral, dispensateur des richesses, et en particulier du raisin que les habitants de Lantilly récoltaient sur leurs collines.

*La Revue celtique* termine sa courte notice par cette remarque : « Comme la fontaine de Lantilly est, de temps immémorial, connue sous le nom de Saint-Martin, » M. l'abbé Grignard suppose avec vraisemblance que c'est « à l'apostolat de ce grand saint dans les environs d'Autun qu'il faudrait attribuer le renversement et la décapitation de ce dieu gaulois (1). »

En 1876, on découvrit encore à Lantilly, parmi les décombres et les gravois, un petit cube ou dé de pierre, qui mesure trois centimètres de haut, cinq de large et six et demi de long (2). Le temps auquel il remonte est facile à déterminer, car il porte le monogramme du nom de Jésus et les armes des ducs de Bourgogne. Les formes gothiques de l'un indiquent le moyen âge, et le blasonnement des autres désigne les ducs héréditaires de la maison de Valois, qui gouvernèrent la Bourgogne de 1363 à 1477.

Ces figures recouvrent deux des petits côtés du cube. Les quatre autres ont également leur empreinte. Sur le premier, on trouve le mot *amen* ; sur le second, une étoile dans un cercle ou plutôt un fleuron à six pétales, avec une clef à droite, une échelle ou une herse à

---

1. *Note*, 7-16.
2. *Ibid.* 16.

gauche. Le troisième porte un fleuron à huit pétales avec une ornementation de sépales et de points ; enfin le quatrième offre, dans un champ semé de points, un losange dont le centre est occupé par une fleur de lis, le sommet par une croix et la base par un carré. A droite de la fleur, on voit encore la pointe d'une lance. Sur toutes les faces, les figures sont interverties.

« Telle est la description de cette pierre, qui a coûté, dit M. Grignard (1), trop de soins, pour ne pas dire trop de peines à son auteur, pour n'être qu'un objet de caprice ou de pure fantaisie. Nous sommes donc en droit de nous demander quel en est le but et à quel usage elle a pu servir. »

Voici l'explication qu'il donne. Le monogramme de Jésus rappelle ce nom béni, dont l'invocation préserve de tout mal (2). La clef et la herse, si c'en est une, peuvent être considérées comme la traduction en style lapidaire d'une des grandes antiennes de l'Avent. « O clef de David, vous ouvrez, et personne ne peut fermer ; vous fermez, et personne ne peut ouvrir. » Les lis font murmurer le mot du Cantique : *Ego flos campi et lilium convallium* (3), ou rêver à la noble nation qui le porte dans ses armes. Dans leur ensemble, ces figures rappellent la pensée de Dieu, celle du prince : l'un fermera le ciel aux parjures, le second porte le glaive pour les punir.

« En somme, conclut l'archéologue, la pierre de Lan-

1. P. 19.
2. II Tim. 11, 19.
3. 11, 1.

tilly est un amulette chrétien. Il servait de sceau, grâce à l'empreinte laissée par l'écu; les figures gravées sur les cinq autres faces étaient en harmonie avec les idées religieuses du moyen âge, qu'elles avaient pour but de réveiller dans les esprits des témoins ou des personnes intéressées au maintien de l'acte. »

Sans aller aussi loin, ne pourrait-on point présenter une interprétation plus simple et qui conserverait à ce dé son caractère héraldique et religieux? C'est l'opinion d'un savant de grande autorité, M. Anatole de Barthélemy. En félicitant M. Grignard au sujet de sa dissertation, il ajoutait à propos de la destination du dé : « Cette pierre n'aurait-elle pas servi à faire des empreintes, soit sur des vases, lorsque la terre est encore molle, soit sur certaines petites pâtisseries? J'ai vu des espèces de mandrins en buis destinés à cet usage, et certains petits gâteaux qui en avaient reçu les empreintes (1). »

Ces sortes d'études ouvrent, en effet, carrière à différentes hypothèses. M. Grignard ne donnait ses idées, dans cette conjoncture, qu'avec une grande réserve : « Pardonne, ami lecteur, dit-il avec Chifflet (2), à un pauvre aveugle qui, privé de documents et plongé dans les ténèbres, court après des conjectures ou des ombres ; et puisque la certitude fait défaut, ne refuse pas de faire bon accueil à des vraisemblances. »

Quoiqu'il en soit, une revue allemande, l'*Annuaire théologique* de Leipsick, a déclaré cette double des-

---

1. Lettre datée de Paris, le 28 avril 1882.
2. P. 23.

cription « intéressante (1) » et l'auteur que nous avons cité, M. A. de Barthélemy assure qu'il a trouvé cette dissertation « très judicieusement faite (2). »

De l'ancien Lantilly et du moyen-âge où nous étions avec l'idole gauloise et le dé, nous passons à Grignon et au dix-huitième siècle pour constater que *la nomination d'un curé sous l'ancien régime* (3) n'était pas chose si simple qu'on pense. Sous ce nouveau titre, M. Grignard raconte plaisamment les angoisses de maître Léauté, un de ses prédécesseurs à Grignon.

C'était en 1736. Le dernier titulaire venait de trépasser. Deux candidats se disputaient sa succession. L'un était patronné par « les dames de Dijon » ; l'autre, Jean Léauté, avait l'appui des religieux de Flavigny et du prieur de Grignon. C'est à ce dernier qu'appartenait la présentation, en vertu d'un ancien privilège. Mais il résidait alors au monastère de Saint-Robert de Cornillon, dans le diocèse de Grenoble. Jean Léauté, qui était curé de Massingy, donna sa démission, obtint une lettre de nomination de dom Perche, procureur général et spécial du prieur absent, et partit à Autun pour demander l'institution canonique.

Il revenait joyeux, quand il apprit que son rival contestait la valeur de la procuration de dom Perche. Il fallut en demander la copie. « C'est de la fière chicane », lui écrivit-on, en la lui expédiant. Malheureusement, M. Demanche, chanoine d'Autun, à qui maître Léauté

---

1. *Theologischen Jahresbericht* 2 band. 1882.
2. Même lettre.
3. Autun, 1884.

confia la défense de ses intérêts, ne fut pas de cet avis : « Je suis bien fâché, lui manda-t-il, que vous vous soyez démis de votre cure de Massingy; car vous ne tenez point celle de Grignon. La nomination que vous avez de dom Perche ne vaut absolument rien. Sa procuration est vicieuse dans tous les points : *primo*, elle est surannée ; *secundo*, elle n'est que pour le temporel ; *tertio*, elle n'est point insinuée. » M. Demanche que je cite en abrégeant, développe toutes ces raisons (1).

Que faire en cette fâcheuse extrémité ? Comme cette parole malicieuse retentissait tristement aux oreilles de maître Léauté : « Vous vous êtes démis de votre cure de Massingy, et vous ne tenez point celle de Grignon ! » M. Demanche trouva deux moyens de sortir d'embarras : recourir directement au prieur de Grignon jusqu'en Dauphiné, et se pourvoir en cour de Rome.

C'est le cas, ou jamais, remarque M. Grignard, de répéter avec la Fontaine :

> Deux sûretés valent mieux qu'une :
> Et le trop en cela ne fut jamais perdu.

La première démarche demandait du temps. Le procureur de Flavigny écrivait en vain : « Dans douze jours, j'aurai réponse. » Maître Léauté s'impatientait. « Monsieur, répondait-il, j'ai compté les jours. Je ne suis point tranquille depuis ce moment. Rendez-moi la

---

1. *Nomination d'un curé sous l'ancien régime*, p. 10.

tranquillité en me mandant si vous avez reçu de bonnes nouvelles ; faites-moi cette grâce. »

Le second moyen exigeait plus de temps encore. Il fallait agir par de nombreux intermédiaires, et Rome était loin. « J'ai recommandé l'affaire comme il faut ; tout est, Dieu merci, bien en règle. Il faut vingt jours, disait expressément le bon M. Demanche, du jour du départ d'Autun, pour avoir date en cour de Rome. »

Enfin la provision arriva du Dauphiné. Je laisse à penser la joie qu'il y eut au cœur de maître Léauté. Le procureur de Flavigny, en lui mandant la bonne nouvelle, le railla bien un peu : « Monsieur, *sat funeri, sat lacrimis, sat est datum doloribus*. Voici l'accomplissement de la promesse et de l'espérance que je vous avais donnée : *Noli tardare*. Partez pour Autun, et vous faites expédier un *visa*. Je me réjouis avec vous de votre tranquillité. »

Maître Léauté ne prit point garde à toutes ces pointes. Il se hâta de se faire mettre en possession. Le 15 mars 1736, avant midi, un notaire royal mit « ledit sieur Léauté, à ce requérant, en la possession corporelle, réelle et actuelle de ladite cure de Grignon ; ensemble des honneurs, prérogatives, prééminences, fruits, revenus et droits en dépendant, sans aucune chose à réserver ; par l'entrée qu'il a faite en ladite église, revêtu du surplis, prise d'eau bénite, prière au grand autel, chant du *Veni Creator*, bénédiction du saint Ciboire, touché du Missel, séance en la place rectorale et en la chaire, son des cloches, ouverture des fonts baptismaux, entrée en ladite maison curiale et autres cérémonies en pareil cas requises et accoutumées ; après laquelle présente prise de possession et pendant icelle, personne ne s'est présenté pour y faire opposition. »

Dans l'après-midi du même jour, la même cérémonie se faisait à Seigny, parce que ce village dépendait alors, à titre d'annexe, de la cure de Grignon. C'était, comme on le voit, une victoire sur toute la ligne, et maître Léauté tenait à en prendre acte.

Mais un tel succès ne fut point sans sacrifice. Indépendamment des frais que tout bon notaire réclame, il fallut encore en payer d'autres, et ceux-ci bien inutilement. Car la provision de Rome vint à son tour. Elle coûta la somme assez rondelette de quatre-vingt-seize livres (1). Tant il est vrai qu'il n'y a point de roses sans épines.

1. *Ibid.*, 13.

# CHAPITRE CINQUIÈME

## Mélanges littéraires.

Trois sortes d'articles. — 1° Fêtes religieuses. — Une semaine de fêtes en Bourgogne. — Mgr Mermillod. — 2° Articles de polémique. — *Les loups des environs de Villel.* — Les pseudonymes de l'abbé Grignard : F. de Maugage, Guy Robin. — Un poëte irrité. — Voltaire et Piron. — 3° Bibliographies. — *La Théorie de la Dévotion au sacré Cœur de Jésus.* — *Etudes sur les auteurs français des classes supérieures.* — Les règles de la critique littéraire. — *Mémoires pour servir à l'histoire de la ville de Montbard en Bourgogne.* — Etymologies et blasons rectifiés. — Généalogie de Buffon. — *Monographie de l'abbaye de Fontenay.* — Une inscription en vers iambiques. — *Histoire de l'hôpital d'Auxonne.* — *Notes sur les livres liturgiques des diocèses d'Autun, Chalon et Mâcon.*

E voudrais rappeler sous ce titre général : *Mélanges littéraires*, les divers articles que l'abbé Grignard fit imprimer dans les journaux, en réservant pour un dernier chapitre ceux qu'a publiés le *Bulletin d'Histoire et d'Archéologie.* Je ne puis guère donner qu'une nomenclature, car ces articles sont assez

nombreux et plusieurs ont une certaine étendue. On peut les ramener à trois séries : récits de fêtes religieuses, polémiques et bibliographies (1).

Organisateur du pèlerinage de sainte Reine à Grignon, M. Grignard en fut aussi le poëte et l'historien. Je l'ai dit; je n'y reviens pas. Le 28 août et le 4 septembre 1880, *le Catholique* inséra des articles qui furent très remarqués. Le titre : une semaine de fêtes en Bourgogne en indique l'objet; la signature : F. de Maugage rappelle l'enfant que nous avons vu naître à la ferme de Maugage en 1846, et qui reçut à son baptême le prénom de François. Quantité d'articles sont signés de même.

Cette semaine de fêtes comprend d'abord la réception de M. le Président de la République à la gare de Dijon, le 28 août 1880, puis les fêtes annuelles en l'honneur de saint Bernard, enfin celle de sainte Chantal à Bourbilly.

C'est à cette dernière que s'arrête à peu près exclusivement le panégyriste. Citons quelques extraits de son récit, pour montrer que si les arides recherches de l'archéologie n'ont point diminué sa grâce, ses études historiques lui fournissent par surcroît une ample moisson d'idées :

« Dans un étroit vallon que le Serain baigne de ses eaux transparentes, à l'ombre des vieux chênes et des pins toujours verts, sous un ciel constamment imprégné par la fraîcheur du soir et les rosées du matin, s'élève le

---

1. Cotes 2 et 9 B.

château de Bourbilly. Les murs de Thèbes se construisaient, dit-on, d'eux-mêmes aux accords puissants de la lyre d'Amphion ; par un prodige analogue (1), l'antique maison-forte restaurée dresse, comme autrefois, sa masse imposante et ses tourelles légères. Le passant contemple, d'un œil rêveur, ce paysage « d'un aspect mélancolique et doux ; » l'archéologue admire cet épanouissement de l'art gothique, qui fait honte à la trivialité de l'architecture contemporaine ; l'historien évoque le souvenir des mœurs féodales, les grands coups d'épée des chevaliers et des barons, les vertus domestiques des châtelaines et la respectueuse familiarité des vassaux ; le littérateur se rappelle

> Sévigné de qui les attraits
> Servent aux grâces de modèle ;

« Sévigné, dont la plume, tour à tour raisonneuse ou frivole, plaisante ou sublime, » esquisse avec tant d'aisance les grandeurs et les travers du dix-septième siècle. Mais, ce jour-là, toutes les préoccupations littéraires ou historiques disparaissaient ; il n'y avait plus à Bourbilly que des chrétiens, réunis pour fêter sainte Jeanne-Françoise Frémyot de Chantal. »

L'ornementation de la chapelle, les vieilles tapisseries

---

1. Allusion peu voilée au célèbre facteur de pianos dont l'immense fortune a relevé le vieux manoir du baron de Chantal.

et les fières devises des anciens maîtres du château inspirent ces généreuses pensées à M. Grignard :

« Echappant une seconde fois au sentiment de la réalité qui l'étreint et qui l'oppresse, l'imagination se reporte à ces âges, où les croisés, assistant au sacrifice eucharistique, suspendaient leurs boucliers près de l'autel, comme une défense et une parure. Sans doute, ceux dont les armes frappaient les regards des pèlerins de Bourbilly, sont depuis longtemps couchés dans la tombe ; mais la noblesse contemporaine n'a pas oublié les traditions de ses ancêtres ; elle ne monte plus la garde aux barrières du Louvre ; mais elle veille toujours près du sanctuaire ; et, s'il est vrai, comme le déclare Vico, dans ses *Principes d'une science nouvelle*, qu'un des grands signes qu'un peuple est sur le point de finir, c'est quand les nobles méprisent la religion nationale, il faut en conclure que la France commence à se relever, puisque les familles patriciennes se rallient plus nombreuses et plus ferventes que jamais au pied des saints autels. »

L'abbé Grignard décrit poétiquement la procession qui se déroule sous les frais ombrages du château, en portant les reliques de celle qui sanctifia ces beaux lieux, et les cérémonies de la messe pontificale où l'on entend, dit-il, « la voix de l'hiérarque s'entretenant avec son Dieu, dans cette langue de l'Eglise, qui forme, pour ainsi dire, une transition et un anneau entre la langue des hommes et celle des anges. »

La messe finie, le prédicateur prend la parole. C'est l'illustre évêque d'Hébron, Mgr Mermillod. Il montre comment sainte Chantal fit successivement de Bourbilly le sanctuaire de l'amour conjugal ; le sanctuaire de l'organisation domestique et de la charité ; le sanctuaire du veuvage et des oracles. Il termine par un mouvement d'éloquence saisissante où il conjure la Sainte de faire surgir partout des Bourbilly en Bourgogne et de multiplier dans la France et dans le monde « les logis de la paix, de l'honneur et de la civilité. »

Les vêpres finies, nouveau discours. Mgr l'évêque d'Hébron dit que cette demeure a fait, de sainte Chantal un cœur tendre, un cœur fécond et un cœur ferme. Un cœur tendre, car c'est là que Dieu l'a pétri dans la douleur et la solitude, un cœur dont la fécondité franchit le cercle restreint de la famille et suscite une pléiade d'intelligences, une phalange de cœurs très simple, très gracieuse ; un cœur ferme dans les obstacles, plus ferme encore dans les succès, qui ne se laisse point intimider par la souffrance ni par la mort. »

M. Grignard est sous le charme de cette parole chaude et lumineuse, il est subjugué par les accents de cette haute éloquence ; voici comment il résume ses impressions : « J'ai eu le bonheur d'entendre pour la première fois Mgr Mermillod, à Rome, à Saint-André *della Valle*, dans une chaire où l'évêque de Poitiers venait d'exalter saint Hilaire, où Mgr Bertheaud, le pieux évêque de Tulle chantait, dans une langue qui n'appartenait qu'à lui, les magnificences du Verbe incarné et les privilèges de son Vicaire. Dix ans se sont écoulés depuis ; c'est toujours la même fraîcheur d'imagination, la même délicatesse d'esprit, les mêmes élans du cœur. »

Le Sauveur a dit à ses disciples (1) : « Je vous envoie comme des agneaux au milieu des loups. » Ces paroles d'éternelle prophétie caractérisent aussi les deux manières de combattre ; d'un côté, la douceur et de l'autre la violence ; d'une part, les agneaux, de l'autre, les loups. Descendu dans l'arène avec les premiers, l'abbé Grignard se distingue par une grande réserve de langage. Si quelque mot sévère lui échappe, c'est le stigmate qui flétrit le vice ou l'impiété ; c'est le plus souvent la plainte de la victime que le loup dévore. Une fois, il est vrai, il contrefit la voix du loup. Ce n'était point au figuré. Il s'agissait des vrais loups des environs de Vittel, qui se félicitaient de la révocation d'un homme de cœur, leur grand ennemi, M. Bouloumié, lieutenant de louveterie (2).

> Ses chiens étaient vigoureux,
> Prêts à nous donner l'alerte ;
> Et des compagnons nombreux
> Avaient juré notre perte.
>
> Mais halte-là ! c'en est fait !
> Nous allons être tranquilles ;
> Un arrêté du préfet
> Renverse ces plans hostiles.

Il y a vingt strophes sur ce ton. A ce petit pasquin, nous en joignons deux autres du même genre, où les

---

1. Luc, X, 3.
2. Le *Vosgien* du 31 octobre 1879. Discours de félicitation d'un vieux loup des environs de Vittel, au sujet d'un arrêté de M. le préfet des Vosges qui révoque M. Bouloumié. Signé : A.Z., sténographe de Lycopolis.

loups, cette fois, sont au figuré. Il s'agit de ceux qui se jettent au bercail, ravissent les brebis et dispersent le troupeau (1). Ces deux pièces, rédigées sous une forme plaisante, s'attaquent à de puissants adversaires : l'une, à celui qui prononça cette parole néfaste : Le cléricalisme, voilà l'ennemi (2); l'autre, à ceux qui expulsèrent les Dominicains de leur couvent de Flavigny (3). Elles sont signées : Guy Robin ; nouveau pseudonyme employé par l'abbé Grignard au souvenir d'un homme assez querelleur et qui fut, il y a près de deux siècles, l'un de ses prédécesseurs à Grignon.

Deux articles en prose sont suivis du même nom. Ils visent des personnalités contre lesquelles notre auteur, égaré par instants dans les sentiers de la polémique, parut faire campagne à la suite de Triboulet (4). Car vraiment ce genre lui était étranger. Il faut laisser aux enfants du siècle le maniement de pareilles armes. Si les fils de la lumière se baissent parfois pour les ramasser sur le champ de bataille, que ce soit seulement pour les rejeter à la face de leurs adversaires.

Ceci s'applique encore à deux autres articles où reparaît le nom de F. de Maugage. L'un s'intitule: Les poches des Capucins et celles de Gambetta (5); et l'autre est une vive riposte à une sotte plaisanterie contre sainte Reine (6). Au dire de F. de Maugage, les Capucins n'ont

---

1. Joan. X, 12.
2. *Catholique*, 19 mars 1881.
3. *Ibid.*, 25 novembre 1882.
4. *Ibid.* 20 novembre 1880 et 14 mars 1881.
5. *Catholique*, 30 octobre 1880.
6. *Ibid.* septembre 1881.

pas du tout seize poches; d'ailleurs Gambetta en eut bien davantage, et surtout, il sut mieux les remplir. Quant à sainte Reine, il prend son trop mince adversaire en flagrant délit d'ignorance et le cloue au pilori du ridicule.

Il envoya, sous le voile de l'anonyme, au *Franc-Bourguignon* du 8 avril 1884, une critique littéraire, dont un prétendu poëte se trouva grandement offensé. Quand Pégase reçoit les étrivières, il lance, dit-on, une terrible ruade. Celui-ci n'était pas de sang, et la preuve, c'est qu'au lieu de regimber, il envoya seulement au journal une feuille de papier timbré. Ce qui lui valut quelques mots de réponse dont il dut se contenter (1).

Une dernière attaque, signée de F. de Maugage et dirigée cette fois contre une des grandes idoles de l'impiété moderne, mérite un compte rendu moins sommaire. Je l'emprunte à une annexe du *Curriculum* (2) :

« M. Clément-Janin, dit l'abbé Grignard, venait de publier un recueil de lettres inédites de l'auteur de la Métromanie. Je m'en suis emparé. » Après avoir prouvé que, comme Clément « l'inclément » et le président de Brosses, Piron n'avait pas été dupe de la réputation de Voltaire, l'auteur voulut montrer ce qu'il fallait penser de l'homme et de l'écrivain.

S'il faut en croire Piron, le fils du sieur Arouet, greffier porte-clef du Parlement, n'avait aucune des qualités

---

1. M. Grignard rédigea un nouvel article, mais il ne fut pas inséré. Cote 9 B.
2. Cote 58.

dont il aimait à faire parade; et son cœur était comme l'égout auquel venaient aboutir, par une pente naturelle, tous les vices du dix-huitième siècle (1). On ne saurait croire avec quelle véhémence Piron juge ce vilain homme : « Excepté la paresse, on pourrait dire que les péchés mortels sont ses muses. Impie, superbe, envieux, furieux, avide, etc... tout est marqué de ces jolis coins-là. »

Les œuvres de Voltaire, Piron les compare à des enfants nés avant terme. « Mais qu'on y prenne garde ! ces mots si flatteurs en apparence ne renferment pas seulement le secret de la force de Voltaire ; ils indiquent aussi une des principales causes de sa faiblesse. Ce qui fait sa force, c'est la vie qui règne dans ses pages, le mouvement qui les anime, l'esprit qui pétille et étincelle, la passion qui déborde, l'imagination qui ne cesse pas de se donner carrière ; un style toujours clair, alerte et coloré. On ne peut se dissimuler néanmoins que ces enfants, *nés avant terme*, mourront avant le temps. Non seulement Piron signale trop de précipitation dans les œuvres de Voltaire, à différentes reprises, il en dénonce les plagiats multiples et les imitations serviles. Il indique les auteurs qu'il a pillés et ceux dont il convoite les trésors. Il prend et sabrenaude, s'écrie le terrible censeur. « Tel est et tel fut toujours son savoir, depuis *OEdipe* jusqu'à *Rome sauvée*. M. d'Armentières fait les collections et lui le reste. Corneille, Racine, Crébillon même et M. de Sully ont été les munitionnaires

1. Voltaire et Piron, *Catholique* du 19 avril et 26 avril 1884.

de ses quinze ou vingt volumes admirés de la génération présente : Dieu sait ce que dira l'autre. Ses ouvrages seront une table des matières de ceux d'autrui. »

On connaît le président de Brosses et ses démêlés avec Voltaire. Quant à Clément, il était fils d'un procureur de Dijon. « Sa verve railleuse et impitoyable réussit plus d'une fois à provoquer le courroux de Voltaire et à lui arracher des cris de rage : preuve que le philosophe n'était pas aussi indifférent qu'il affectait de l'être aux critiques de « l'impudent écolier, » qui coassait » du fond de son bourbier (1). »

L'abbé Grignard a composé sept articles bibliographiques pour *la Côte-d'Or*, *la Chronique religieuse*, *le Bien Public* et *le Franc-Bourguignon*. Ils annoncent tous l'apparition de nouveaux ouvrages; les uns en rendent compte rapidement, les autres en présentent une critique détaillée et savante. Une de ces notices se rapporte à un ouvrage de théologie, deux autres à des études littéraires et les quatre dernières à des travaux historiques.

Celle qui traite de théologie fut composée à Fribourg-en-Brisgau (2). L'auteur de ces lignes lui doit un souvenir spécial, parce qu'elle est consacrée à l'un de ses ouvrages : *La théorie de la dévotion au sacré Cœur de Jésus, d'après les documents authentiques et les sources originales* (3).

---

1. *Catholique*, 19 avril 1884.
2. *Franc-Bourguignon*, 27 novembre 1884.
3. Chez Desclée, de Brouwer et C<sup>ie</sup>, Lille et Bruges (Belgique). In-12 jésus, de XVI-536 pages.

Les deux bibliographies littéraires annoncent deux éditions d'un même travail : *Etudes sur les auteurs français des classes supérieures* par le P. Caruel, de la Compagnie de Jésus (1). La première édition est de 1883 (2), et la cinquième parut en 1885 (3). Le premier article, après avoir esquissé l'ouvrage, se résume ainsi : « En somme, et quoiqu'il paraisse n'avoir travaillé que pour ses élèves, le Père Caruel a fait une œuvre utile à tous ces lettrés qui sont bien aises de jeter de temps à autre un coup d'œil d'ensemble sur les objets les plus habituels de leur admiration et de leur culte. Les *Etudes sur les auteurs français* fournissent un guide attrayant et sûr, dans lequel l'auteur a mis, nous ne craignons pas de le dire, toute son expérience et son talent souvent même tout son esprit et son cœur. »

L'abbé Grignard écrit en signalant la cinquième édition : « Il y a deux ans à peine, nous annoncions les *Etudes sur les auteurs français*, par le Père Camille Caruel, de la Compagnie de Jésus ; et nous croyions pouvoir prédire à l'auteur et à l'ouvrage un légitime succès. Les événements ont justifié nos espérances : la cinquième édition des *Etudes* vient de paraître. Cinq éditions ! quel triomphe, et combien d'ouvrages, parmi les meilleurs, n'ont dépassé la première que grâce à des artifices dont la librairie n'est pas seule coupable ? »

1. *Bien Public*, 6 mai 1883 et 18 février 1885.
2. Dijon, Renaud, 2 vol. in-8°, ou 2 vol. in-12.
3. Tours, A Cattier, 2 vol. in-12.

Un peu plus loin, notre bibliographe entre dans de hautes considérations sur la critique littéraire. Je cite ce passage un peu plus au long, comme une des plus belles pages sorties de sa plume :

« La critique littéraire oublie trop volontiers les exigences d'une critique supérieure, basée sur les dogmes et la morale de la religion chrétienne. Qu'on nous permette une comparaison. Chaque fois qu'Elva abandonnait « le fluide d'or, » où « il nageait puissamment, » pour se rapprocher de l'abîme et des infernales séductions, il sentait son cœur se troubler et son regard s'obscurcir. Il en est de même de l'Aristarque, lorsqu'il déserte les sphères surnaturelles, pour parcourir les régions hantées par la littérature contemporaine; il est difficile qu'il ne se laisse pas séduire par les splendeurs de la forme et qu'il ne se montre pas, plus « cicéronien que chrétien ». L'auteur des *Etudes* échappe à cet écueil, et des sommets lumineux et purs de la théologie où il est maintenant installé (1), il continue d'applaudir au style, à la verve, au génie; mais il se montre plus sévère pour les transgressions de l'ordre moral ou religieux. Ce n'est pas seulement Pascal, qu'il accuse d'avoir établi « une alliance peut-être indestructible entre le mensonge et la langue du peuple franc; » Voltaire, auquel il répète le mot de Vauvenargues : « Il faut avoir de l'âme pour avoir du goût; « c'est Boileau, pour qui il réédite les paroles de Bossuet : « Poëtes et beaux esprits

---

1. En 1885, le R. P. Caruel avait quitté l'enseignement, à Saint-Ignace, pour étudier la théologie en Angleterre.

reviennent au paganisme. La religion n'entre non plus dans le dessein et la composition de leurs ouvrages que dans ceux des païens. » Ce disant, qu'on ne croie pas au moins qu'il obéit à de vieilles rancunes ; il a compris que la théorie de l'art pour l'art a fait son temps, et que l'art, comme toute autre chose, doit fléchir devant une autorité supérieure et divine. Il a fait de ce principe la règle de ses jugements, et nous ne saurions trop l'en féliciter, dans l'intérêt de la littérature elle-même. Car, si jamais cette doctrine entre dans les habitudes d'un siècle ; si jamais les écrivains prennent le parti de subordonner l'éclat du style, la vivacité du coloris, la vigueur de l'esprit et la délicatesse de sentiment aux lois de l'esthétique chrétienne, c'est alors, mais alors seulement, que l'on pourra mesurer toute la portée du beau titre inscrit par Chateaubriand au frontispice d'un de ses ouvrages : *Le Génie du Christianisme.* »

Cette doctrine magistrale résume à la fois le présent et le passé. Elle rappelle l'enseignement élevé que donnait précédemment le professeur d'humanités, et elle est tout à l'honneur de la reine des sciences, la théologie, à laquelle l'abbé Grignard comme le Père Caruel, consacrait alors ses labeurs et ses veilles.

Si nous passons aux dernières bibliographies qui concernent des ouvrages historiques (1), nous trouvons, en premier lieu, une notice sur la *Vie de sainte Reine d'Alise*, et publiée sous les initiales A B., autre pseudonyme de M. Grignard. Inutile de nous y arrêter,

---

1. Cotes 2 et 9 B. Cf. Cote 20.

puisque nous l'avons signalée, en analysant le grand ouvrage dont il s'agit. Vient ensuite une critique étendue des *Mémoires pour servir à l'histoire de la ville de Montbard en Bourgogne*, d'après le manuscrit inédit de Jean Nadault (1). Il y a des écrivains, dit notre auteur, qui, s'entourant de tous les éléments d'information possibles, se gardent bien d'initier le public à ces recherches préliminaires, et lui livrent le résultat de leurs études dégagé de tout fatras d'érudition. Jean Nadault est de cette école. « Semblable à l'ouvrier qui, après avoir élevé sa construction, grande ou petite, jette à bas l'échafaudage dont il fait disparaître ensuite jusqu'aux moindres traces, l'écrivain a cru devoir dissimuler l'appareil et les documents de toute nature, avec lesquels il a composé des Mémoires qui portent, à chaque page, l'empreinte d'un travail réel et consciencieux. »

L'abbé Grignard rectifie quelques-unes de ses assertions. Montbard ne vient point de *Mons bardorum*, ou *bardûm*, mais bien de *mons barrus*, ce qui signifie : montagne rougeâtre ; ou bien encore de *mons barrium*, *mons barra* par allusion à l'enceinte dont la montagne est couronnée, ou aux entraves, à la barre qu'elle apporte au cours de la Brenne. De même, la vallée des Laumes ne tire pas son nom de *vallis lacrymarum*, mais de *vallis lammarum*, ou *lamarum* pour indiquer les fondrières et les bourbiers produits par la jonction de l'Oze et de l'Ozerain avec la Brenne.

---

1. *Côte-d'Or*, juin et juillet 1882. Cet ouvrage a été publié par MM. Louis Mallard et Nadault de Buffon.

L'*Armorial*, qui suit les Mémoires, renferme aussi quelques inexactitudes. Ainsi, le blason de l'abbaye de Flavigny n'est point *d'azur à un saint Etienne d'or*, mais bien *d'azur à trois tours d'argent, posées deux et une*. Les armes de Virieu sont également indiquées d'une manière fautive. Cette noble famille porte, il est vrai : *d'azur à trois vires d'or*, mais, elle y ajoute de temps immémorial les armes de l'illustre maison de Beauvoir. Leur écu se blasonne ainsi : « *Ecartelé : aux 1 et 4, d'azur à trois vires d'or, qui est de Virieu ; au 2 et 3, contrécartelé d'or et de gueules, qui est de Beauvoir.*

C'est surtout au sujet de la généalogie de Buffon que l'*Armorial* aurait besoin de quelques éclaircissements. L'abbé Grignard indique ceux qu'il possède. Il le fait, non sans plaisir, car il amène à Grignon l'ascendance du célèbre naturaliste. Georges-Louis Le Clerc, comte de Buffon, naquit, le 7 septembre 1707, à Montbard, de Benjamin-François Le Clerc, seigneur de Buffon et d'Anne-Christine Marlin. Les père et mère de Benjamin-François sont Louis Leclerc escuyer, procureur du roi, et Catherine d'Espoisses. Louis est fils de Charles Le Clerc, chirurgien à Grignon et de Marguerite Pasquier. Charles, bisaïeul du grand écrivain, se fixa à Montbard, vers 1634, et mourut jeune. Il était issu de Jean Le Clerc, chirurgien, et de Jacquette Montluot. Or, le trisaïeul de Buffon était certainement de Grignon, et ses ancêtres aussi. Car, dans son testament, daté du 27 août 1625, il « veut et entend être inhumé dans l'église de Grignon, en la place et lieu où *ses prédéces-*

*seurs* sont inhumés, qui est la chapelle des douze apôtres. » De plus, son fils Charles naquit à Grignon, comme le prouve son acte de baptême qui se conserve dans les archives communales. En voici la teneur : « Le seizième mars (1609), Charles, fils de M$^{re}$ Jean Le Clerc, chirurgien, et de Jacquette Montluot, ses père et mère de Grignon. »

Quant au père du chirurgien Jean Le Clerc, on ne peut le nommer d'une manière certaine, faute de documents catégoriques. Il en est ainsi de ses ancêtres, les *prédécesseurs* qu'il veut rejoindre dans leur tombeau. L'abbé Grignard a des raisons de croire qu'un Le Clerc avait épousé la sœur de Perrin Perreault, le fondateur de la chapelle des douze apôtres en 1554, et de plus, que les anciens Le Clerc se rattachent aux Le Clerc de Ruffey dont un des aïeux, Jean Le Clerc, fils d'Etienne le Clerc, fut anobli par lettres patentes du mois de février 1344.

La *Monographie de l'abbaye de Fontenay, seconde fille de Clairvaux* (1), par l'abbé J. B. Corbolin, donna lieu à une nouvelle notice (2). L'histoire commence le 29 octobre 1118 et finit le même jour en 1790, après une durée six cent soixante quatorze ans. M. Grignard aime à comparer ces deux points extrêmes. Quel contraste entre ces deux époques ! D'un côté, les anciens chevaliers, à la pesante armure, qui joûtent vigoureusement contre un adversaire, mais qui se montrent tendres et miséricordieux envers les petits, qui croient

---

1. Cîteaux, 1882, in-8 de 245 pages.
2. *Franc-Bourguignon*, 21 et 22 mai 1883.

en Dieu et à Notre-Dame de Fontenay ; de l'autre, une armée de pillards qui renversent les autels, qui font main basse sur le mobilier de l'abbaye. Leur rapacité est telle que le maire de Marmagne, Edme Bressonnet, se voit obligé de dénoncer leur chef, l'administrateur même du district.

C'est dans cette bibliographie que l'abbé Grignard a rétabli la forme et le sens d'une inscription en vers, que les traducteurs prenaient pour de la prose et qui avait fait le désespoir de M. Théophile Foisset (1). Les vers se présentent sous une forme régulière. Ils sont ïambiques, trimètres. Les voici :

> Quid hic, viator, inspicis, moræ inscius?
> Nomen requiris conditum nantis domùs.
> Aqua super recondita neque hic locus nat ;
> Sed scias viros nantes hâc in domo.
> Habebit ergo nomen et reconditum,
> Hoc fonte net si quis mundi mali.

La remarque de notre sagace littérateur n'est pas inutile : « Car elle permet de rectifier la ponctuation et par suite la traduction de M. Foisset. Sans doute, la différence n'est pas grande, mais elle mérite néanmoins d'être signalée :

« Que cherches-tu par ici, voyageur qui ne connais pas de retard? Tu songes au nom mystérieux qui donne à croire que cette maison nage. Cependant l'abbaye ne nage pas sur une nappe d'eau cachée. Mais sache

---

1. *Curriculum.* Note de M. Grignard.

qu'elle renferme des hommes qui nagent. Et quiconque fuit un monde pervers, pour venir nager à cette fontaine, portera pareillement le nom mystérieux. »

Ce nom mystérieux, que la traduction ne donne pas, l'auteur a eu l'art de le placer dans ses vers. L'inscription n'est qu'un ingénieux développement de l'idée qu'il exprime ; elle repose, on le voit, tout entière, sur un jeu de mots.

Une quatrième notice (1) rend compte de l'*Histoire de l'Hôpital d'Auxonne,* par M. l'abbé Bizouard (2). Ce livre, dit le bibliographe, est une belle page des annales de la charité chrétienne. Il embrasse un intervalle de plus de cinq siècles. D'ailleurs, à travers cette longue suite de malades et de garde-malades, rayonnent des figures plus hautes et qui se rattachent de plus près à l'histoire générale : l'officier d'ordonnance, Napoléon Bonaparte, le cardinal di Piétro, le comte d'Artois, le duc d'Angoulême. « Nous ne pouvons, conclut M. Grignard, que rendre hommage au choix du sujet, au goût avec lequel il est conduit, à l'intérêt qui renaît à chaque page et sous les formes les plus variées. Comme l'âme de l'hôpital s'échappe avec bonne humeur de cette érudition cordiale, qui fait de M. l'abbé Bizouard, un compatriote de Courtépée et un digne continuateur de son œuvre (3). »

1. *Franc-Bourguignon,* 24 et 25 juin 1884.
2. H. Grigne, Dijon, 1884.
3. Cette dernière phrase est empruntée à Emile Montégut, *Souvenirs de Bourgogne,* p. 223, note 1 : « Comme l'âme de la Bourgogne s'échappe avec bonne humeur de cette érudition cordial qui fait de l'abbé Courtépée un digne compatriote de Bernard de la Monnoye et de Charles de Brosses ! »

Un compte-rendu semblable, mais plus sommaire, fut inséré, sous la même signature, dans le *Bulletin d'Histoire et d'Archéologie* (1). Il était suivi d'un autre, où l'abbé Grignard signalait aux érudits une très intéressante publication faite sous la signature de « M. Pellechet. » Je veux parler des recherches intitulées : « *Notes sur les livres liturgiques des diocèses d'Autun, de Chalon et Mâcon*, avec un choix de leçons, d'hymnes et de proses composées en l'honneur de quelques saints spécialement honorés dans ces diocèses (2). Dans la première partie, l'auteur de ce recueil donne les renseignements bibliographiques les plus sobres, mais les plus exacts et les plus précis sur deux cent vingt-six ouvrages manuscrits ou imprimés. » Dans la seconde, il indique une multitude de pièces rares et curieuses, parmi lesquelles figurent le *Legendarium Belnense*, manuscrit sur vélin du quinzième siècle, les *Horæ Sedelocenses*, aussi du quinzième siècle, et l'*Evangéliaire* de l'église Saint-Andoche, qui est du douzième.

Ces notices insérées au *Bulletin* nous amènent à d'autres études dans lesquelles l'abbé Grignard s'est particulièrement distingué.

---

1. Juillet-août 1884, p. 164.
2. Paris, H. Champion. Autun, Dejussieu, 1883. Grand in-8 de XII-540 pages.

# CHAPITRE SIXIÈME

## Collaboration

*au Bulletin d'Histoire et d'Archéologie religieuses du diocèse de Dijon.*

Le programme du *Bulletin*. — Raisons pour lesquelles on l'a fondé. — Cadre qu'il doit remplir. — Recommandation épiscopale. — *L'instruction publique dans une petite ville de province avant la révolution :* Les écoles primaires de l'abbaye de Flavigny depuis le douzième siècle. — Un externat d'études secondaires dirigé par les Bénédictins. — Un pensionnat ruiné. — *Dom Antoine Guyard : sa vie et ses œuvres.* — Son esprit rigoriste. — *Conjectures sur la famille d'Halinard.* — Une généalogie de la fin du dixième et du commencement du onzième siècle. — *Deux inscriptions de l'église de Villargoix.* — L'une d'elles réputée indéchiffrable et déchiffrée. — *Une visite à la chapelle de Fleurey.* — Le monument d'Antoine Ier de Luxembourg et d'Antoinette de Bauffremont. — Dernier vœu de M. Grignard.

A première livraison du *Bulletin d'histoire et d'archéologie religieuses du diocèse de Dijon* parut le 15 janvier 1883. Elle s'ouvre par un article intitulé : A nos Collaborateurs, a nos Lecteurs, dont la seconde partie fut remise au numéro suivant, et dont M. Ulysse Chevalier a appelé l'ensemble, nous

l'avons dit, « un programme magistral. » La rédaction de cette pièce importante avait été confiée à la plume de l'abbé Grignard.

D'abord, l'auteur énumère les raisons qui ont déterminé la fondation du *Bulletin*; puis, il décrit le cercle dans lequel cette nouvelle publication doit rayonner.

La révolution renferme une splendide épopée ; mais, tant que dura la tempête, les muses firent silence. L'histoire elle-même se contenta de noter au jour le jour les faits merveilleux qui remplissaient le monde. L'orage apaisé, la poésie, l'érudition, l'éloquence prirent leur essor. Chateaubriand, Lamartine, Victor Hugo, Villemain, Thiers, Berryer, Lacordaire, pour ne citer que les plus grands noms, enrichirent notre littérature et jetèrent sur la première partie du dix-neuvième siècle un éclat comparable à celui des époques les plus fameuses. A côté d'eux, mais plus dans l'ombre, d'infatigables ouvriers reprirent des œuvres interrompues par la tourmente, comme les *Acta sanctorum* et le *Gallia christiana,* ou bien publièrent de nouveaux et volumineux travaux comme l'*Histoire de l'Église* de l'abbé Rorhbacher, ou celle de l'abbé Darras.

Mais un tel mouvement ne se produisit point sans déterminer une profonde secousse, et sans porter au loin des impulsions plus ou moins vives. A ne considérer que l'histoire et l'archéologie locales, un immense besoin de connaître le passé et d'en étudier les monuments s'empara des intelligences. Ces recherches nécessaires parfois, le plus souvent curieuses, mais toujours profitables, trouvèrent d'ardents champions dans tous les rangs de la société. Les archives des départements, les bibliothèques des villes, tout jusqu'aux retraites silencieuses de la campagne, fut utilisé dans cette guerre d'un nouveau genre, que déclara notre époque aux préjugés, à l'ignorance et au mensonge. Isolés ou réunis, ces soldats ont généralement arboré le drapeau de la vérité et de la justice. On a vu paraître, depuis plus de trente ans, une foule de monographies qui réveillent mille souvenirs éteints; on a créé des revues de toute nature qui vulgarisent la science du passé. Les sociétés d'histoire et d'archéologie se sont constituées sur toute l'étendue du territoire, aux chefs-lieux des départements et dans la plupart des villes de quelque importance. Ainsi, pour la Côte-d'Or, nous les voyons établies à Dijon, à Beaune, à Châtillon et à Semur.

Moins nombreux ont été les comités ecclésiastiques. Dans la nécessité où l'on était de faire face aux œuvres de restauration matérielle et morale dont l'urgence éclatait aux yeux, la science n'est venue qu'ensuite. Il y a sans doute des exceptions aussi honorables que nombreuses, mais je parle de l'organisation des sociétés savantes au point de vue purement religieux. *La société historique de Gascogne* publie à Auch, depuis 1860 seulement, un recueil d'abord trimestriel, ensuite mensuel, et c'est la première, je crois, par ordre de date. L'*académie de Sainte-Croix* d'Orléans ne vient qu'en 1863. *Le Bulletin d'histoire ecclésiastique et d'archéologie religieuse du diocèse de Valence* paraît en 1880. L'année suivante le cardinal Guibert organise, à Paris, *un comité diocésain d'histoire et d'archéologie.* Celui de Dijon se forme en 1882 : il s'affirme, au mois de janvier suivant, par la publication dont nous esquissons le premier article.

Assurément dom Plancher et Courtépée ont fidèlement décrit nos monuments et raconté notre histoire locale, mais après les riches moissons qu'ils ont faites, on peut glaner encore. Que dis-je? ils sont loin d'avoir tout recueilli ; l'héritage qu'ils laissent peut satisfaire bien des ambitions. Une étude plus approfondie de la mission de saint Bénigne, les origines religieuses de notre diocèse, les phénomènes de sa vie historique dans les diverses parties dont il se compose, sa formation récente, ses évêques, ses séminaires, ses belles églises, les prêtres éminents qui l'ont servi ou qui lui ont fait honneur, les saints qu'il a vus naître ou qui l'ont illustré par leurs miracles ou par leurs vertus, voilà des sujets dont la grandeur attire, qui présentent tous un vif intérêt et dont la plupart attendent encore une plume érudite et habile. Qui connaît nos onze collégiales, si l'on excepte la Sainte-Chapelle de Dijon et la Chapelle-aux-Riches, dont M. Jules d'Arbaumont a fait l'histoire? Qui se doute aujourd'hui de ce qu'étaient les Méparts, même parmi les personnes les plus instruites? Et cependant la plupart de nos villes possédaient des institutions de cette nature. Dijon seul en comptait cinq: Notre-Dame, Saint-Michel, Saint-Nicolas, Saint-Philibert et Saint-Pierre. Et surtout, quels trésors d'édification pourrait nous donner l'histoire de nos vieilles abbayes? Ah! qu'ils viennent ceux qui voudront méditer sur les ruines de nos monastères, parcourir leurs chartes et leurs manuscrits et montrer ce qu'ont fait de grand et de beau les moines de notre pays ! Nous bénirons leurs travaux, parce qu'ils nous apporteront de nobles exemples et de sublimes leçons. Que de lieux sanctifiés par les moines ? Je vois les Carmes à Dijon, à Saint-Jean-de-Losne, à Pagny, à Semur; les Augustins à Bouilland, à Châtillon, à Oigny, à Bonvaux, à Pontailler, à Seurre; les Bénédictins à Saint-Bénigne, à Bèze, à Moutiers-Saint-Jean, au Val-des-Choux; les Chartreux à Dijon, à Beaune, à Lugny; les Cisterciens, les Franciscains, les Frères-Prêcheurs, les Hospitaliers de Saint-Antoine et du Saint-Esprit, les chevaliers de Saint-Jean-de-Jérusalem sur une foule de points du diocèse. Qui comptera les ordres plus récents, les établissements de femmes, les ermitages, les confréries, les écoles, les institutions de bienfaisance, enfin toutes les œuvres auxquelles la foi de nos pères a donné la vie et qui n'ont pas encore trouvé leur historien?

« On voit, conclut M. Grignard (1), que l'histoire du diocèse est vaste. L'archéologie, en portant ses efforts sur les lieux saints, les édifices religieux, leur ornementation et leur mobilier, aura de quoi défrayer également, pendant de longues années, les pages du *Bulletin* : elle lui permettra de réaliser d'une manière constante son second titre, aussi bien que le premier. »

La cinquième livraison, celle de septembre-octobre 1883 (2), inscrivit en tête de ses pages une note du

1. 2ᵉ *livraison*, p. 44-45.
2. P. 169.

même auteur. D'une part, Léon XIII avait mis, par un acte retentissant (1), à la disposition des travailleurs, les incomparables trésors de la bibliothèque vaticane, afin de permettre à l'historien de poursuivre l'erreur sur le terrain des faits, comme il voulait que le théologien la combattît dans la région plus élevée des principes de l'école. D'un autre côté, Mgr Rivet profita de la retraite ecclésiastique pour recommander, par l'organe de M. l'abbé Joly, vicaire général, le *Bulletin* naissant à l'attention des prêtres de son diocèse. Heureux de signaler ces deux faits aux lecteurs d'une publication qui lui était chère, l'abbé Grignard leur répétait le beau mot de saint Ignace d'Antioche aux fidèles d'Ephèse : « Il faut que vous soyez d'accord avec votre évêque et avec le pape, comme l'évêque et le pape sont d'accord avec le Christ, et le Christ avec Dieu. Par conséquent, inférait-il, quiconque travaille; sous l'inspiration de l'autorité ecclésiastique, à dégager la vérité historique des nuages qui l'obscurcissent, travaille en dernière analyse, pour le Christ et pour Dieu. »

Non content d'indiquer la voie, M. Grignard donna l'exemple. Les mémoires qu'il fournit au *Bulletin*, indépendamment de son programme et des deux bibliographies mentionnées plus haut, concernent les institutions, les personnes et les monuments. Ces articles ne sont qu'au nombre de cinq. Il en tenait d'autres en

---

1. Lettre de Léon XIII aux Eminentissimes cardinaux de Luca, Pitra et Hergenroether, 18 août 1883.

réserve ; mais la mort a brisé sa plume, à son retour d'Allemagne, sans lui laisser le temps de les revoir.

Quand le *Bulletin* fut fondé, l'abbé Grignard était professeur à Saint-Ignace. Les questions d'enseignement le touchaient d'autant plus. Dans son premier article, il revendique pour l'Eglise l'honneur d'avoir devancé depuis longtemps le mouvement pédagogique, qui tourmente la génération contemporaine (1). « Il semble, s'écrie-t-il, que la lumière date de la fin du siècle dernier, ou du commencement du nôtre. Mais, à dire vrai, elle n'a pas attendu si tard pour se produire; lorsque l'on interroge l'histoire locale, on n'est pas peu surpris de voir les premières clartés de la science rayonner sur les points les plus divers, avec une persistance et une force inattendues. Les villes les plus humbles, aussi bien que les centres les plus renommés, participaient à ce bienfait, et c'est pour en donner une preuve que nous allons dire un mot de l'instruction publique dans une petite ville de Bourgogne avant la Révolution. »

Il s'agit de Flavigny. Il n'est pas probable que les premiers bénédictins aient oublié l'exemple de leur père, que les fresques de Saint-Benoît-sur-Loire nous montrent en devoir d'enseigner les éléments des lettres humaines aux enfants groupés autour de lui. S'ils avaient eu ce malheur, le concile de Chalon-sur-Saône, en 813, leur aurait renouvelé l'ordre de Charlemagne, d'établir une école. *Oportet etiam ut, sicut dominus*

---

1. 1883, 6ᵉ livraison, p. 222.

*imperator Carolus præcipit, scholas constituant.*
Une charte de 1199, constate l'existence d'une école à l'abbaye de Flavigny. Viardus Goliarz et sa femme s'engagent à faire observer une donation par Pierre, leur fils, alors aux écoles de Flavigny, *qui tunc, in scolis Flaviniaci morabatur.* Cette école subsista, sans grande modification, jusqu'au milieu du dix-huitième siècle, comme le prouvent les actes des âges suivants. L'un d'eux nous apprend aussi qu'en 1665, « les filles vont à l'escholle chez les Dames Ursulles (1). »

Le 1ᵉʳ janvier 1755, dom Pageault, récemment venu de Bèze avec son obédience, ouvrit, « à la sollicitation des parents et de l'agrément de la communauté », un externat d'études secondaires. Cette œuvre réussit à souhait. Chaque année, à la fin des exercices scolaires, les élèves donnèrent une représentation qui leur attira les applaudissements et les « grands battements de mains » de l'assistance, mais qui surtout témoigna de l'étendue et de la force de leurs études. Car, ils ne se contentaient pas de jouer une pièce du Père du Cerceau ou même de Voltaire : ils expliquaient, à livre ouvert, d'après un programme fort chargé, les poëtes latins depuis Phèdre jusqu'à Térence (2).

Cinq ans plus tard, à la rentrée de 1759, dom Pageault établit un pensionnat, sans avoir peut-être assez médité ce passage de l'Evangile (3) : « Quel est celui d'entre vous qui voulant élever une tour, ne suppute

1. *Ibid.* 222-225.
2. *Ibid.* 225-230.
3. Luc, XIV, 28-30.

pas auparavant à loisir la dépense qu'il faudra faire ? »
Dom Pageault bâtit, agrandit, embellit. Les représentations continuèrent. Mais les profits manquèrent à l'appel ; la discipline se relâcha, les études languirent, les dettes s'accumulèrent. Dom Pageault fut désavoué par ses supérieurs. En vain essaya-t-il, le 2 octobre 1766, de ramener la confiance, en tirant un superbe feu d'artifice, auquel l'abbé commendataire, M. de Piolenc, voulut bien mettre la main : il ne réussit, hélas ! qu'à mieux éclairer la ruine du collège (1).

Sans doute, cette tentative avortée démontre que dom Pageault avait mal combiné ses plans ; mais elle prouve aussi que les enfants de saint Benoît ne se désintéressaient pas des questions scolaires. Du reste, l'existence séculaire de l'école de Flavigny indique que l'Eglise a travaillé de tout temps à propager l'instruction primaire.

L'abbé Grignard s'est occupé dans le *Bulletin* de deux personnes : un moine et un archevêque. Je ne sais pourquoi, le moine dom Guyard ne semble pas très sympathique (2). A voir sa raideur et sa sévérité, je le soupçonne d'une teinte de jansénisme. Il naquit à Saulieu, le 25 janvier 1692, d'une famille bourgeoise. Il s'engagea dans la Congrégation de Saint-Maur, et prononça ses vœux, à vingt ans, dans l'abbaye de Vendôme. Il fit séjour à Paris, aux Blancs-Manteaux, vint à Flavigny, à une époque qu'il est difficile de préciser,

1. 1884, 1re livraison, 9-24.
2. 1884, 3e livraison, 108-118.

quitta l'abbaye en 1719, malade et perclus, pour demeurer à Saint-Bénigne de Dijon. Il y mourut l'année suivante « fort regretté des gens de Lettres, dit Tassin, et de quelques amis. »

C'était effectivement un savant : voici la liste de ses ouvrages. Le premier porte un titre assez singulier : « Entretiens d'une dame de qualité sur les modes du siècle, et en particulier sur les paniers, dont elle prend la défense, avec son directeur qui les condamne et les proscrit (1). » Il paraît qu'il fit très bien voir le ridicule et le superflu de l'habillement des dames. Un tel écrit, venant d'un monastère, doit être inspiré par un esprit chagrin. Le second ouvrage (2) traite du mauvais usage que font la plupart des abbés commendataires de leurs bénéfices : ils laissent tomber en ruine les bâtiments, dégradent les bois, etc. Au fond, dom Guyard n'avait pas tort : la plupart des abbés commendataires méritaient ses invectives. Il y avait pourtant d'honorables exceptions, témoin l'exemple que donna plus tard l'abbé même de Flavigny, Jean de Piolenc. La grêle ayant ravagé les récoltes de 1755, il fit venir les habitants et leur dit : « Ne vous affligez point ; j'ensemencerai vos terres à mes dépens ; je vous nourrirai de ce qui me restera. » Ansart, qui rapporte ce trait, ajoute que la dépense absorba deux ou trois années du revenu de l'abbé (3).

1. Sans lieu ni date, in-12.
2. 1738, in-12. Voici le titre exact : Réflexions politiques et intéressantes sur la régie du temporel des bénéfices.
3. *Bulletin*, 1883, 6ᵉ liv. p. 228. Article de M. Grignard.

Après avoir essayé de réformer les modes des dames et les abus des commendes, dom Guyard voulut régenter l'Eglise. Il demanda la suppression des honoraires de messes et de tous les droits curiaux. L'ouvrage qu'il publia dans cette vue, parut sans nom d'auteur en 1748 (1). Les journalistes de Trévoux l'attaquèrent vivement. Dom Guyard répondit avec aigreur dans une seconde édition. Il se flattait vainement « d'une approbation, disait-il, presque universelle; » car son livre fut mis à l'index.

Il fit enfin l'*Histoire du culte et pèlerinage aux reliques de sainte Reine d'Alise* (2). On y rencontre des renseignements précieux au point de vue des documents; mais on y trouve aussi le même rigorisme. L'auteur ne recule point devant des énormités comme celles-ci : « Avouons-le de bonne foi, (car la piété et la religion n'ont besoin pour s'établir et règner sur les cœurs, ni du secours des conjectures, ni de celui de l'invention et du mensonge); avouons-le, dis-je, de bonne foi, nous n'avons aucun témoignage authentique et capable de nous guider sûrement au sujet de la naissance et de la vie de sainte Reine, non plus que de la manière dont elle a été martyrisée. » — « C'est aller bien vite en besogne, ajoute l'abbé Grignard (3); et si, comme le déclare Ansart : « Dom Viole, dans sa vie de

---

1. In-8° de XVI-327. Quelques-uns l'attribuent par erreur à D. J. Cottet, chanoine de Sens.

2. Cet ouvrage conservé au moins dix ans manuscrit parut à Avignon, en 1757.

3. 3ᵉ liv. 1884, p. 117-118.

sainte Reine, a montré trop de crédulité, dom Guyard, dans l'*Histoire* de son culte, n'en a pas assez. »

La figure de l'archevêque est bien différente. Plein de savoir et d'éloquence, Halinard eut par surcroît l'humilité des saints et la ferveur des anges. Il n'a rien écrit, sinon quelques lettres, qui témoignent de la douceur de son caractère et de la politesse de son style (1). Waltérius, évêque d'Autun, après l'avoir tenu sur les fonts du baptême, prit soin de son éducation. Il embrassa, malgré ses parents, la règle de saint Benoît au monastère de Saint-Bénigne dont il devint abbé. Il refusa l'archevêché de Lyon en 1041 ; mais Grégoire VI l'obligea de le recevoir, après une nouvelle vacance, non en 1052, comme le dit M. Grignard, mais en 1046 (2). Il se trouvait à Rome avec l'empereur Henri III, lorsque mourut le pape Clément II. Les Romains joignirent leurs instances à celles de l'empereur pour lui faire accepter la tiare, mais sans pouvoir ébranler sa modestie.

A quelle famille appartenait Halinard ? La Chronique de Saint-Bénigne répond qu'il sortait de nobles aïeux, que son père faisait partie de la cité de Langres, et sa mère de celle d'Autun. Le renseignement, il faut l'avouer, est loin d'être précis (3).

Un ingénieux rapprochement de textes a permis à l'abbé Grignard d'émettre sur ce point des conjectures

---

1. Histoire générale des auteurs ecclésiastiques, par D. Ceillier, t. xx, p. 303-307.
2. *Ibid.*
3. *Bulletin*, année 1884, 5ᵉ livraison, p. 202.

qui ne paraissent pas sans fondement. C'est d'abord un fragment du Nécrologe de l'abbaye de Saint-Bénigne où on lit : « Le xi° jour avant les calendes de novembre, mourut Istiburgis, notre amie, la mère de notre abbé. C'est la femme de Warnerius de Sombernon. » Ces paroles : « notre abbé » semblent désigner Halinard : d'abord, parce qu'il est d'origine bourguignonne comme Warnerius ; ensuite, parce que les familles des autres abbés que l'on pourrait mettre en cause, sont étrangères à la province, à l'exception de celle d'Adalbéron qui n'est pas connue ; enfin parce que si ce dernier avait appartenu à la Bourgogne par sa naissance, le chroniqueur n'aurait pas manqué de le dire.

Une charte de 1020 donne les noms de Warnerius et d'Istiburgis, avec ceux de Walterius et de ses frères Aymon et Hugues, ainsi que ceux d'Uvalon et de sa femme Judith. M. Grignard suppose que ce Walterius est l'évêque d'Autun dont nous avons parlé, et qu'il avait pour sœur Istiburgis. Or, Uvalon, leur père, sortait de la famille de Vergy. De plus, le même acte ne donne que des filles à Warnerius et Istiburgis : Anna, qui épouse Humbert de Mailly, et Addita dont la trace est perdue.

Cette hypothèse, qu'une charte autorise, a l'avantage d'expliquer pourquoi Walterius, parrain d'Halinard, prit soin de son enfance, et pourquoi aussi ses père et mère, voyant leur maison tomber en quenouille, s'opposèrent à sa vocation monastique. S'il en est ainsi, l'illustre archevêque serait tout ensemble une des gloires de la maison de Sombernon et de celle de Vergy.

Les monuments qui nous restent à voir, pour épuiser la série des articles insérés au *Bulletin*, ont été observés par l'abbé Grignard dans l'église de Villargoix et la chapelle de Fleurey (1). Il signale à Villargoix deux inscriptions oubliées par Courtépée et M. Baudiau (2). L'une, assez insignifiante au point de vue épigraphique, est en lettres majuscules romaines, avec la date de 1651. L'autre, véritable hiéroglyphe pour un grand nombre de curieux, mérite d'être transcrite tout au long :

« A celtuy autel cy devant le cure de ceans doibt une messe le jor de la visi nre dame du service dicelle et avant la messe ung salut de nre dame le vsot colete et après la messe ung respont des trespace cogregati toutes les annuelle feste avant la messe et apres vespres le dit salut tous les dimanche avant la messe perrochalez ledit salut les collette et vsot selo le temps et por fondacion diceluy service messire urbain coillard pbre a baille au dit cure de ceans une secture et dymy de pre que ce appelle le curtil machereaul et tous les auditeurs dicelle messe et salut cofez et repentans pour chacune foiz gaigne xl jours de vrays perdon dône M$\overset{c}{v}$xix. »

La forme des caractères gothiques, les abbréviations, les surcharges et l'absence de toute ponctuation faisaient passer généralement cette inscription pour indéchiffrable (3).

---

1. Année 1885, 4ᵉ liv. p. 196. — 5ᵉ liv. p. 209.
2. *Le Morvand*, 2ᵉ édit. t. III, p. 332.
3. Le *Curriculum* dit à ce sujet : « Inscription réputée indéchiffrable et déchiffrée. »

Après l'avoir lue, comme on vient de voir, l'abbé Grignard en donna l'explication suivante :

A l'autel placé devant l'inscription, le curé de Villargoix devait anciennement une messe, le jour de la Visitation de Notre-Dame. Par le service d'icelle, il faut entendre une messe de la sainte Vierge. Ung salut de Notre-Dame signifie un *Ave Maria*. La messe était précédée de cet *Ave Maria*, avec le verset et la collecte de la fête ; elle était suivie du répons *Congregati*, de l'ancienne liturgie pour les trépassés. L'*Ave* se répétait, à toutes les fêtes de l'année, avant la messe et après les vêpres. De même, chaque dimanche, mais avec le verset et l'oraison du jour. La fondation était l'œuvre d'un prêtre : Messire Urbain Coillard. Le courtil Machereault où il cédait une soiture et demie de pré, n'a pas changé de dénomination. Enfin une indulgence de quarante jours était accordée à tous ceux qui, s'étant confessés avec contrition, entendraient la messe et l'*Ave*.

L'inscription est datée de 1519. Elle porte comme signature dans un écusson final les trois lettres V. C. P., qui désignent évidemment le fondateur : Urbain Coillard, Prêtre (1).

Fleurey est un hameau de Mont-Saint-Jean. Courtépée en signale l'ancienne chapelle. M. Grignard y découvrit, en septembre 1884, un bas-relief où se trouvent certainement les plus anciens portraits des Luxembourg et Bauffremont. L'étude qu'il composa sur ce

---

1. 4ᵉ livraison, 1885, p. 196-201.

sujet, a pour titre : « *Une visite à la chapelle de Fleurey, paroisse de Mont-Saint-Jean, ou le monument d'Antoine I de Luxembourg, comte de Brienne, etc., et d'Antoinette de Bauffremont* (1).

Elle est très savante comme fond, très soignée comme forme, traitée avec une ampleur magistrale, et j'ajoute, avec une grande liberté d'allure. Je ne voudrais pas dire que l'auteur y a mis une certaine coquetterie, mais une recherche pleine d'art, sans doute en vue d'honorer la signature qui parut pour la première fois, et hélas ! aussi pour la dernière, au *Bulletin* : D[r] Fr. Grignard : car, elle ne fut achevée qu'à son retour d'Allemagne, en 1885 (2).

Après avoir feuilleté les pages d'un vieux missel cistercien qui remplit son âme des vieux souvenirs de Cîteaux et de la Bourgogne, l'abbé Grignard aperçut un groupe en pierre formant rétable derrière l'autel. Il représente la Mère de douleur assise sur le Calvaire et pressant contre son cœur le corps inanimé de son divin Fils. Cette *piéta*, comme on l'appelle en Italie, n'est pas sans intérêt : le bas-relief qui la soutient attira toute l'attention du visiteur.

La forme est celle d'un parallélogramme, long d'un mètre cinq centimètres, haut de vingt-neuf centimètres. Deux pilastres le divisent en trois compartiments. Celui du milieu, de beaucoup le plus grand, renferme un écusson porté par deux anges. A droite et à gauche,

---

1. 1885, 5ᵉ livraison, p. 209.
2. Cotes 6 A et 21.

deux personnages, un homme et une femme, en costume du quinzième siècle, à genoux, les mains jointes et le visage tourné vers l'écusson.

Quels sont ces personnages? à quelles familles appartiennent-ils? La parole est à la science héraldique; car l'écusson qu'ils regardent l'un et l'autre donne manifestement la réponse. Il se trouve, par malheur, en assez mauvais état, le temps lui ayant infligé ses ravages surtout par l'altération des couleurs. Mais comme il se compose de quantité de pièces, on peut en interroger la combinaison, en toute sécurité et de préférence aux émaux.

D'abord, il est *parti* : au premier, d'*azur au lion d'or*, armé *lampassé, couronné de gueules, la queue nouée, fourchée* et *passée en sautoir*. Les émaux exceptés, c'est le blason des Luxembourg : le personnage, placé à *dextre* en face de son écu, appartient à cette maison. Or, dans les écus *partis*, les femmes ont le leur à *senestre*, comme dans le cas où nous sommes. Lisons-le : nous connaîtrons la famille, et son alliance avec celle qui précède, nous révèlera les noms des personnes.

M. Grignard trouve *à senestre :* d'abord, écartelé ; au premier et quatrième, vayré de sable et de gueules ; au deuxième et troisième, d'azur à trois quintefeuilles d'or, posées deux en chef et une en pointe; ensuite chargé d'un *écusson d'azur à trois écussons d'or*. Mais le premier et le quatrième rappellent les armes des Bauffremont *vayrées d'or et de gueules*. Les *trois quintefeuilles d'or sur champ d'azur* sont de Vergy.

Enfin l'écusson chargé de trois autres écussons brochant sur le tout, est de Charny qui porte de gueules à trois écussons d'argent. D'où il faut conclure que nous sommes en présence d'une héritière des trois grandes familles féodales de Bauffremont, de Vergy et de Charny.

Tout le problème se ramène à cette seule inconnue : quel est celui des Luxembourg qui épousa cette héritière? L'histoire répond : Le 15 mars 1472, à Maële, près de Bruges, Antoine I de Luxembourg a épousé Antoinette de Bauffremont. Dans une note annexée à l'article du *Bulletin* (1), M. Grignard a dressé la généalogie de cette noble dame : Antoinette est la fille aînée de Pierre I, comte de Charny et de Marie de Bourgogne. Elle a pour aïeux Henri de Bauffremont et Jeanne de Charny, et compte parmi ses trisaïeux, à la huitième génération, Hugues de Mont-Saint-Jean et Elisabeth de Vergy. Ainsi avons-nous l'explication de nos blasons : Bauffremont, Vergy et Charny.

Quant à Antoine de Luxembourg, il est connu. Tout le monde sait qu'il était le troisième fils du fameux connétable de Saint-Pol, décapité en place de grève, par ordre de Louis XI, l'an 1475.

Le bas-relief dont il s'agit n'avait été que par occasion déposé dans la chapelle de Fleurey, Il provient de la démolition de l'église du prieuré de Glanot. C'est là que les seigneurs de Mont-Saint-Jean avaient leur sépulture ; c'est là que voulut reposer Antoinette de Bauffremont, quand elle se sentit mourir, dans son

1. P. 226-229.

manoir de Mont-Saint-Jean, le 10 juillet 1488 ; c'est là qu'un monument, dont l'une des pièces a été si heureusement reconnue par l'abbé Grignard, rappelait son nom et sa mort prématurée. Antoine de Luxembourg avait fait décorer l'église de Glanot de deux grandes verrières, où il fit placer l'image de cette femme bien-aimée, la sienne et celles de plusieurs autres princes et princesses de sa maison. Un document précieux nous l'apprend ; le reçu du peintre-verrier lui-même. Il a été communiqué à la société éduenne par un des héritiers de cette illustre famille : le prince Eugène de Bauffremont-Courtenay (1). On conçoit quel intérêt l'ancien bas-relief de Glanot avait pour ceux qui portent un pareil nom. Je ne surprendrai personne en ajoutant qu'ils ont voulu l'acquérir et qu'il est aujourd'hui sous leurs yeux, dans leur château de Brienne.

A la fin de son étude, l'abbé Grignard formule un dernier vœu. En abordant la chapelle, il avait vu, non sans regret, un manifeste électoral affiché sur la porte ; avant de sortir, il fit la revue du lieu. Il remarqua une statue de saint Antoine qui peut-être, elle aussi, rappelle les deux nobles personnages dont le grand anachorète était également le patron ; il observa aussi deux peintures sur bois, avec de pieuses inscriptions et la date de 1667. Les pensées se pressèrent dans son esprit. « Tandis qu'en dehors de l'humble chapelle de Fleurey, dit-il, (2), les électeurs se disputent pour faire sortir

1. Mémoires de société éduenne, tome XIII, p. 552.
2. *Bulletin*, *ibid.* p. 225.

de l'urne municipale des noms qui ne tardent pas à retomber dans l'oubli, à l'intérieur tout respire le calme et la paix ; tout présente le spectacle d'une immortelle durée. Le suffrage populaire a ses caprices : l'autel demeure entouré des monuments qui le rattachent au passé et garantissent l'avenir. » Puis, après avoir rappelé comment les peintures du dix-septième siècle marquent la date de l'apogée de la France chrétienne, et le bas-relief d'Antoine de Luxembourg celle de la vaillance et de la piété des anciens sires de Charny et de Mont-Saint-Jean ; comment la statue de saint Antoine perpétue le souvenir des triomphes de la charité catholique au moyen-âge, et le missel de Citeaux celui d'un ordre qui a exercé sur le monde une puissante influence, il termine par ces mots :

Un jour, peut-être, le bon sens français comprendra que les agitations de la rue et les violences de la place publique ne suffisent pas pour faire vivre un peuple. Alors, il prendra le parti de se réfugier dans le coin de quelque chapelle, sous la voûte de quelque vieille église ; et c'est là, qu'en présence des grandeurs du passé, il préparera la grandeur de l'avenir. »

Ainsi, le savant ne faisait point taire en lui le prêtre et le citoyen français : l'érudition n'éteignait point le zèle de l'apôtre. L'abbé Grignard aima toujours à dire que pour relever la patrie et assurer son avenir, il fallait avant tout la ramener à Dieu et ranimer dans les cœurs la vieille foi du passé.

# DEUXIÈME SECTION

Manuscrits

# CHAPITRE PREMIER

## Traité de la Confirmation.

Les manuscrits de M. Grignard. — Comment on peut les classer. — Le *Traité de la Confirmation* (1). — Comment il est divisé. — Une objection préliminaire à propos de l'onction verticale : cette onction est-elle distincte de celle qui se fait sur le front dans la confirmation ? — Les trois chapitres du livre premier. — Théorie générale des sacrements. — Place de la confirmation dans les sacrements de la Loi nouvelle. — Une objection de saint Thomas. — Les préludes de la confirmation dans l'Ancien Testament. — Synthèse de ces applications mystiques. — Erreur des protestants. — L'existence de la confirmation dans le Nouveau Testament est un fait certain. — Quand a-t-elle été instituée ? — Progrès de la révélation chrétienne.

ous avons achevé la série des ouvrages imprimés ; occupons-nous maintenant des manuscrits. Nous en connaissons déjà un certain nombre : ceux qui se rapportent à la vie de M. Grignard, comme professeur, curé, vicaire, élève. Les autres manuscrits, les seuls qui nous restent à voir, ne font

---

1. Cotes 18 A et B.

point partie intégrante de ses études professionnelles. C'est la raison pour laquelle, on s'en souvient peut-être, nous les avons réservés pour la fin de ce travail.

On peut les classer de différentes manières. Ils roulent, comme les ouvrages imprimés, sur des sujets d'histoire, d'archéologie et de littérature. L'histoire contient, à elle seule, de nombreuses et intéressantes études. Les autres parties sont moins chargées. Il faut joindre à cet ensemble un traité de théologie et plusieurs collections de chartes et d'offices liturgiques. Nous trouvons ainsi plus ample carrière; la route que nous avons à parcourir ouvre des horizons, sinon plus étendus, du moins plus variés.

Parmi ces manuscrits, les uns n'ont pas vu le jour, parce qu'ils ne sont point terminés; les autres, bien qu'achevés, ne se sont point produits à la lumière pour des raisons diverses : ceux-ci, parce que M. Grignard voulait choisir son heure; ceux-là, parce qu'ils n'auraient pas intéressé un assez grand nombre de lecteurs.

Nous devons à la mémoire de notre docte et laborieux ami de les signaler tous à la sympathique attention des personnes qui lui conservent le culte du souvenir.

Au point de vue de l'importance de la composition, il y a trois œuvres qui priment toutes les autres : le traité de la confirmation, la monographie de Grignon et les cartulaires.

C'est l'ordre que nous suivrons, en rattachant à ces travaux les études qui s'y rapportent d'une manière plus ou moins directe. Et puisque la théologie marche à la tête de toutes les sciences, commençons par le grand travail dont l'a enrichie M. Grignard.

*Le traité de la Confirmation* est d'ailleurs, au point de vue chronologique, son premier ouvrage. J'ai dit à quelle occasion il se mit à l'œuvre. Le charme qu'il y trouva et le désir aussi, pourquoi le tairais-je? de se rendre utile à quelques-uns, le firent aller jusqu'au bout. Il dit lui-même, dans la préface (1) :

« La triple science de l'écriture, de la théologie et de la liturgie est plus spécialement du ressort des prêtres (2). C'est donc à eux que ce livre est plus spécialement destiné. « Que porterons-nous à l'homme de Dieu, disait Saül à son serviteur ? Le pain manque dans nos panetières; nous n'avons pas de sportule à donner à l'homme de Dieu, ni quelque autre chose que ce soit. » Le serviteur répondit : « Voici que se trouve dans ma main la quatrième partie d'un statère d'argent; donnons-la à l'homme de Dieu (3). » Je me trouve dans le même embarras. La doctrine substantielle et vigoureuse me fait défaut; je n'ai point à ma disposition les paroles éloquentes ni les ressources du langage. A mes frères du sacerdoce, je ne puis guère offrir que quelque menue monnaie, que des enseignements puisés dans les mines abondantes de l'Ecriture et de la Tradition, et des paroles sans grâce et sans artifice. Mais je les leur offre volontiers dans l'espérance de faciliter leur noble tâche et de leur aider, lorsque l'occasion se présente

---

1. Pages III et IV.
2. Malach. II, 7.
3. I Reg. IX, 7-8.

d'expliquer à leurs ouailles les richesses du sacrement de Confirmation et ses admirables effets (1). »

On remarquera ces dernières paroles. M. Grignard ne vise à fournir ni un traité complet, ni des déductions rigoureuses, mais plutôt un sujet de méditations et d'homélies. Il ne suit point non plus la méthode scolastique : il ne procède ni par thèses ni par syllogismes en forme. Il marche par voie inductive, indiquant les aperçus, développant progressivement ses idées, et s'acheminant pas à pas, sans aucun empressement, jusqu'à la conclusion finale.

Il a divisé son travail en trois parties. On ne sera pas fâché de voir comment il s'y est pris (2) : « Dans l'une de ces assises solennelles où l'Eglise convoque et rassemble toutes les puissances de sa hiérarchie, dans le concile de Trente, les règles de la foi concernant les sacrements en général ont été formulées de la manière la plus nette et la plus précise. Voici celles qui regardent plus particulièrement la Confirmation :

« Si quelqu'un dit que la Confirmation des baptisés est une vaine cérémonie, plutôt qu'un sacrement dans le sens véritable et propre du mot, ou bien qu'elle n'était anciennement qu'une sorte de catéchèse, par laquelle ceux qui touchaient à l'adolescence, rendaient compte de leur foi devant l'Eglise, qu'il soit anathème.

« Si quelqu'un dit que c'est faire injure au Saint-Esprit que d'attribuer au chrême de la Confirmation quelque vertu, qu'il soit anathème.

1. *Catech. Conc. Trid.* XVI.
2. 28, 29, 30.

« Si quelqu'un dit que le ministre ordinaire de la sainte Confirmation n'est pas l'évêque seul, mais n'importe quel simple prêtre, qu'il soit anathème (1). »

« Par ces trois canons et ce triple anathème, l'Eglise se proposait sans doute et en première ligne d'éliminer les erreurs et d'extirper les hérésies, qui avaient cours à l'époque du concile, soit qu'elles fussent le renouvellement d'erreurs et d'hérésies plus anciennes et plus anciennement condamnées, soit qu'elles fussent écloses récemment du cerveau de quelque novateur en délire (2). Mais rien n'empêche de croire qu'elle voulait aussi frayer la voie à ceux qui tenteraient désormais d'explorer ce domaine, et qu'elle avait à cœur de servir par là de guide au simple fidèle et de phare au théologien.

Dans cette persuasion, j'ai cru devoir partager ce travail en trois livres, dont le premier traitera de l'existence du sacrement de Confirmation, le second, de ses effets, et le troisième, du ministre qui le confère, après en avoir auparavant consacré la matière en bénissant le chrême. »

Par rapport à la science chrétienne, les trois idées générales, auxquelles l'auteur s'arrête en ce qui concerne la Confirmation, se développent dans des domaines divers. L'abbé Grignard l'observe justement (3) : « L'étude de ses origines nécessite une excursion dans le champ des Ecritures, dont la lettre est si fertile en

1. *Conc. Trid.* sess. vii, can. 1, 2, 3.
2. *Ibid.* sess. vii, *Proemium.*
3. Préface, iii.

enseignements et dont l'esprit est plus riche et plus opulent encore.

Le développement de ses effets met l'intelligence en commerce avec les vérités les plus sublimes de la théologie.

L'exposition des cérémonies et des rites que comporte son administration, donne une faible idée de la pompe et du symbolisme catholique. »

D'après ce que nous venons de voir, ces livres seront plus exclusivement appuyés, le premier à l'exégèse, le second à la théologie, et le troisième à la liturgie. Une même pensée, j'espère en donner la preuve, les anime tous, l'amour de la science sacrée, un amour véhément, profond, qui se complaît dans des applications parfois un peu mystiques, souvent ingénieuses, mais toujours pleines de charme et de grâce.

L'abbé Grignard se pose une question préliminaire. Quelques détails à ce sujet ne seront point superflus. La vie chrétienne commence et finit par une onction. Au baptême, l'huile du salut imprègne d'abord la poitrine de l'enfant, pour nous apprendre que Dieu demande avant tout notre amour; elle coule ensuite sur nos épaules, pour montrer que nous aurons à porter le joug des commandements. Au soir de la vie, lorsque le chrétien voit ses tristes journées

Décliner vers leur penchant,

l'huile des malades vient toucher ses paupières, ses lèvres, chacun de ses membres, pour remédier aux maux qui ravagent le corps, comme aux péchés qui jettent la désolation dans l'âme (1).

Entre ces deux séries d'onctions qui consacrent nos premiers et nos derniers jours, il en est d'intermédiaires, « celles qui résultent du chrême du salut, empreint d'abord sur le sommet de la tête, par la main du prêtre, et plus tard sur le front par la main de l'évêque (2). »

La première, qu'on appelle d'un seul mot l'onction *verticale*, n'a-t-elle point avec la seconde une certaine corrélation? De graves auteurs l'ont pensé. Quelques-uns, comme Raban-Maur, Amalaire, sont allés jusqu'à dire que l'onction verticale a pour but de suppléer au défaut de la Confirmation et qu'elle est destinée à en tenir lieu (3). Mais il n'en est rien. Une étude plus approfondie prouve qu'au lieu de subordonner l'onction verticale à la Confirmation, il vaut mieux la rattacher au baptême dont elle a pour but d'exprimer les conséquences. Le baptême rompt les premiers nœuds dont le serpent infernal étreint ses malheureuses victimes. L'onction verticale met en relief ce premier effet. Le prêtre qui la confère, dit : « Que le Dieu Tout-Puissant qui t'a régénéré et qui t'a accordé la rémission de tous tes péchés, t'oigne lui-même du chrême du salut ! » De plus, le baptême nous procure des biens précieux : il enrichit nos âmes de la grâce qui nous sanctifie et nous

---

1. 1.-6.
2. 6.
3. Raban-Maur. *Lib. I, De instit. cleric.* cap. 28, 29. Cf. Witasse, *De Confirmatione*, édit. Migne, 615, etc.

fait enfants de Dieu. L'onction verticale atteste ce nouvel effet. Raban-Maur le reconnait lui-même (1) : « Le fidèle baptisé est marqué du chrême sur le sommet de la tête par le prêtre, pour signifier que l'Esprit-Saint descend en lui, afin d'y consacrer une demeure à Dieu, de sanctifier et d'illuminer par sa visite ce sanctuaire qui sera désormais le sien. » Le baptême enfin nous incorpore au Christ, comme à notre chef, il nous associe à sa royauté et à son sacerdoce. Mais l'onction verticale ne marque-t-elle point toutes ces conséquences ? Ouvrons le cathéchisme du concile de Trente (2) : « Le prêtre inonde le sommet de la tête du baptisé avec le chrême, afin qu'il comprenne qu'à partir de ce moment il sera uni au Christ, comme le membre à la tête, et qu'il lui empruntera son nom de chrétien, comme le Christ lui-même a emprunté le sien au chrême et à l'onction spirituelle qu'il a reçue. » Ecoutons les anciens docteurs : ils viendront nous dire avec saint Chrysostome (3) et saint Ambroise (4) que l'onction verticale nous fait participer au sacerdoce comme à la royauté du Sauveur. Elle nous sacre comme des prêtres et des rois ; elle fait de nous, d'après le mot de saint Pierre (5) : « Une race choisie, un royal sacerdoce, une nation sainte. *Genus electum, regale sacerdotium, gens sancta* (6).

---

1. *Ibid*.
2. *De baptismo*, n° 4.
3. Chrys. *in II Cor. hom. III*.
4. Ambr. *De Myst. cap. VI*.
5. I Pet. II, 9.
6. *Traité de la Confirm. p.* 7-25.

Toutes ces explications ont pour but de montrer, bien que notre auteur ne le dise point, que la Confirmation n'est nullement, comme le prétendent les Luthériens, une des cérémonies du baptême. L'onction verticale écartée, M. Grignard s'arrête immédiatement à celle de la Confirmation : il se trouve ainsi au centre de son sujet, parce qu'il regarde cette dernière onction comme la matière du sacrement. Ce point admis sans discussion et sans distinction, il examine sous toutes ses faces le fait historique de l'existence même de la Confirmation. Il la considère à trois points de vue généraux : 1° dans ses rapports avec les autres institutions sacramentelles ; 2° dans ses préludes figuratifs avant Notre-Seigneur Jésus-Christ ; 3° dans les paroles et les actes qui l'ont pleinement établie et réalisée depuis. De là trois chapitres intitulés, le premier : Notions préliminaires sur les sacrements ; le second : La Confirmation dans l'Ancien Testament ; le troisième : La Confirmation dans le Nouveau Testament.

Un sacrement en général se définit, dans le sens large : « Le symbole d'une chose sacrée. » A ce titre, toutes les manifestations du culte extérieur, depuis le sacrifice qui en est la plus auguste et la plus répandue, jusqu'au rite le plus simple, à la moindre des cérémonies, tout cela mérite et reçoit parfois le nom de sacrement (1). Dieu se promène dans l'Eden, il se montre à Moïse, à Elie, aux patriarches et aux prophètes. Toutes ces théophanies se produisent sous des symboles, qui

---

1. P. 33. *Conc. Trid. sess. XIII, c. III.*

cachent ce qu'il y a de plus saint et de plus mystérieux : la nature divine. Ils constituent des sacrements éphémères sans doute, mais vrais néanmoins, dans le sens large du mot ; saint Augustin n'hésite pas à leur donner ce nom (1). Que dis-je ? Toute parole qui procède de la bouche de Dieu forme un sacrement, puisque, derrière cette parole, se dérobe une des faces de la pensée divine (2). Mais les pensées de Dieu ne sont pas nos pensées. Il n'est pas réduit à les exprimer par des paroles : il les manifeste aussi par les créatures qu'il appelle à l'existence et les évènements qu'il dirige. Il faut regarder chaque être comme un sacrement, sous le voile duquel Dieu demeure caché, dit le Père Faber ; et nous savons par Tertullien et les anciens interprètes que les types de l'ancienne loi peuvent être des sacrements (3).

Dans le sens strict du mot, un sacrement désigne quelque chose de plus : il n'est pas seulement le symbole d'une chose sacrée, c'est aussi la forme visible dont se revêt la grâce invisible (4). Aux esprits angéliques Dieu se manifeste d'une manière toute spirituelle. Sa grâce leur arrive dépouillée des symboles et des formes visibles. Mais, nous avons un corps ; c'est une des lois de notre nature complexe de nous élever des choses matérielles et sensibles aux choses intelligibles et spirituelles. Pourquoi Dieu ne pourvoirait-il pas aux

1. P. 35. *Cf.* Aug. *De Trinit. lib. II, n° 35,*
2. P. 33.
3. Faber, *Progrès*, ch. XXIV, p. 473. Tertul. Cont. Marc. lib. IV, c. I, V.
4. *Conc. Trid. ibid.*

besoins de ses créatures, selon les conditions et les lois de leur être? Serait-il indigne de sa sagesse de nous aider à faire notre salut par des moyens en harmonie avec notre nature, par des signes corporels et sensibles, qui nous apporteraient les lumières et les grâces de l'éternité? Il y a plus. L'homme est un être déchu. Son péché l'a soumis aux choses corporelles. Mais ne faut-il pas appliquer le remède là où est le mal? Pourquoi donc notre compatissant médecin n'aurait-il pu préparer un remède spirituel avec un signe matériel? En nous présentant des choses spirituelles toutes nues, n'aurait-il point compromis son œuvre? Notre esprit, livré comme il est aux choses sensibles, aurait-il été capable de recevoir une médication si pure (1)? Enfin, le restaurateur de l'humanité, Notre-Seigneur Jésus-Christ, visible par son corps, n'est-il pas invisible par son âme, plus invisible encore par sa divinité? Pourquoi n'aurait-il point imprimé à son œuvre sacramentelle le double caractère qui le distingue lui-même? S'il constitue dans sa personne, comme le dit saint Paul, un grand sacrement de piété, *magnum est pietatis sacramentum* (2), pourquoi l'auteur des sacrements de la nouvelle alliance ne les aurait-il pas faits à son image et à sa ressemblance, cachant, comme lui, des choses spirituelles et insaisissables sous des formes matérielles et visibles (3)?

L'abbé Grignard expose la doctrine de plusieurs

1. P. 36 et suiv. Cf. *Summ. Theol*, III p. q. 60, a 1. c.
2. 1 Tim. III, 16.
3. P. 40-42.

théologiens sur la possibilité des sacrements, dans l'état d'innocence. Alors l'homme, tout maître qu'il fût de ses puissances inférieures, n'était point soustrait aux conditions normales de sa nature. Comme l'activité de l'esprit restait subordonnée à celle des sens, de même, la vie de la grâce pouvait s'alimenter au moyen de quelque élément sensible (1).

Sous la loi de nature, l'homme déchu ne pouvait, d'après les mêmes auteurs, ni sortir du péché originel, ni se purifier des fautes actuelles qu'à la condition de joindre à ses sentiments de foi et de repentir des prières et des sacrifices. Or, ces actes ne sont-ils pas des sacrements, au sens large du mot, comme encore les oblations et les dîmes de cette époque, ainsi que le sacrifice de Melchisédech (2) ?

L'enseignement devient unanime, quand on passe à la loi mosaïque. Elle comporte, le fait est certain, des institutions sacramentelles. Les auteurs énumèrent la circoncision, l'initiation des prêtres, les expiations, l'agneau pascal, les pains de proposition. Ces différents sacrements et d'autres encore peut-être avaient pour objet de signifier et d'opérer instantanément la justice légale, en faisant disparaître toutes les souillures qui empêchaient de participer aux cérémonies du culte. En outre, ils signifiaient, sans la produire d'eux-mêmes, la grâce qui devait seule opérer la justice intérieure et la sanctification des âmes (3).

1. P. 43.
2. P. 44, 45.
3. P. 46, 47.

Mais, sous la loi nouvelle, les figures font place à la réalité; aux ombres anciennes succède le demi-jour du Testament Nouveau. Les vrais sacrements apparaissent dans les paroles et les faits évangéliques. Ils se recommandent par un triple caractère: ils sont à la fois symboles d'une chose sacrée, formes visibles d'une grâce invisible et causes efficaces de la grâce qu'ils signifient.

On en compte sept, et ce nombre s'harmonise avec les besoins du peuple chrétien, comme avec les attributs du Christ. Il s'adapte aux sept grandes transformations de la vie individuelle et sociale, ainsi qu'aux sept modifications de la lumière et de la parole. Le chrétien renaît par le Baptême, se fortifie par la Confirmation, et se nourrit par l'Eucharistie. Il se guérit par la Pénitence, il sort de toutes ses langueurs par l'Extrême-Onction. Ces cinq sacrements entretiennent ou développent la vie individuelle. Les deux autres se rapportent à la vie sociale; l'Ordre, en perpétuant au sein de l'Eglise un ministère divin; le Mariage, en purifiant les sources des générations chrétiennes. Et l'auteur des sept sacrements ne les a-t-il pas encore établis à son image, puisqu'il est l'essence même de la lumière, *lumen de lumine*, et la première et éternelle parole, *in principio erat Verbum?* Est-ce que la lumière ne se diversifie pas en sept rayons, comme la parole en sept notes différentes (1)?

Trois sacrements perfectionnent directement la vie individuelle : le baptême la donne, la confirmation la

---

1. P. 48-56.

complète, l'eucharistie l'alimente. Ces sacrements passent avant ceux qui la touchent d'une manière indirecte, en neutralisant des influences pernicieuses et délétères. Comme l'unité est antérieure à la pluralité, les cinq sacrements dont il s'agit, ont le pas sur l'ordre et le mariage, puisque ces deux derniers se réfèrent à la vie sociale. On voit ainsi que la Confirmation se place dans la première catégorie des sacrements et qu'elle y vient au deuxième rang. (1).

Ces explications nous conduisent au deuxième chapitre, un des plus curieux du traité. L'abbé Grignard y recherche, malgré saint Thomas, les préludes de la Confirmation dans l'Ancien Testament. En effet, le docteur angélique ne veut absolument pas que la Confirmation ait été, comme d'autres sacrements, le baptême et l'eucharistie par exemple, figurée à l'avance sous la loi de Moïse. « Elle est, dit-il, le sacrement de la plénitude de la grâce : il n'a pas été possible qu'il y eût, dans l'Ancien Testament, quelque chose qui lui répondît, parce que la loi n'a mené à rien de parfait (2). »

Cela est vrai, répond l'abbé Grignard ; la synagogue était incapable de rien conduire à sa perfection. Mais ne faut-il pas voir en elle, avec saint Paul, une pédagogie et une sorte d'acheminement vers le Christ, comme dans l'Eglise une préparation et une étape vers le ciel (3) ? La loi n'avait que l'ombre des biens futurs et

---

1. P. 57.
2. 3ᵉ p. q. 72, a 1, ad 2.
3. P. 58, et surtout 128. Cf. Heb. XII, 22 ; VII, 19. Gal. III, 24.

non l'image des choses (1). D'après cette parole de l'Apôtre, ne faut-il pas distinguer dans les biens futurs, l'ombre qui en accuse les contours, l'image qui en retrace les principaux linéaments et la réalité qui les constitue ? Or, l'ombre est propre à l'ancienne loi ; l'image se trouve dans l'évangile, la réalité réside dans les cieux (2).

Cette ombre, l'abbé Grignard veut la dégager en ce qui concerne la Confirmation. Il ne prétend point montrer des figures expresses et caractéristiques, mais signaler seulement des allusions et des vestiges appréciables. Il suit en cela Witasse et recueille avec lui les enseignements mystiques de la tradition chrétienne. Il les trouve dans le Pontifical romain, dans Tertullien, saint Optat, saint Isidore de Séville, mais surtout dans Raban-Maur, Rupert, le moine Job et Innocent III.

Il signale, si je ne me trompe, jusqu'à trente huit préludes de ce genre. Je nommerai, par exemple, l'Esprit de Dieu porté sur les eaux à la naissance du monde (3), la colombe rapportant un rameau d'olivier après le déluge (4), Jacob bénissant Ephraïm et Manassès les mains croisées (5), la nuée qui guidait les Hébreux dans le désert, l'onction faite par Moïse sur Aaron et ses fils (6), la réconciliation du Nazaréen (7), les nombreux

---

1. Heb. X, 1.
2. P. 59. Cf. Franzelin, *De sacramentis in genere*, th. II, p. 11.
3. Gen. I, 2.
4. Gen. VIII, 11, *Adde* XXI, 27.
5. Gen. XLVIII, 13. *Adde* Job I, 2. Exod. XIII, 21 ; XXV, 37. Levit. 19 ; IV, 3.
6. Levit. VIII, 6-12 ; XIV, 2, etc., Num. XXVII, 18.
7. Num. VI, 9. *Adde* Deut. XXXII, 13.

textes des psaumes où l'huile est associée au pain et au vin qui figurent l'eucharistie (1), les raisins de Chypre dans les vignes embaumées d'Engaddi (2), les sept dons du Saint-Esprit, annoncés puis décrits par Isaïe (3), enfin la prophétie de Joël appliquée par saint Pierre au miracle de la Pentecôte (4).

Une des interprétations les plus subtiles est celle qui résulte de la réconciliation du Nazaréen, lorsqu'il a vu mourir subitement une personne. Il offrait, d'après la loi, le huitième jour, deux tourterelles et deux petites colombes au prêtre, à l'entrée du tabernacle. Or, dit Rupert (5), le Nazaréen figure Notre-Seigneur qui, le huitième jour après sa résurrection, donne le Saint-Esprit, gage d'une double charité, l'une envers le ciel, l'autre envers la terre. Il le donne à l'entrée du tabernacle, c'est-à-dire, à l'entrée du ciel dont il a ouvert les portes jusque-là fermées. Et, comme il y avait deux offrandes, l'Esprit-Saint fut également donné deux fois : la première fois, pour la rémission des péchés, la seconde, pour allumer dans les cœurs la flamme d'une inextinguible charité.

Joël avait magnifiquement annoncé les merveilles de l'avenir (6) : « Vous aurez un jour un banquet qui

---

1. Ps. IV, 8 ; XXII, 5 ; CIII, 14 ; XLIV, 7 ; CIV, 15 ; CXXXII ; CXL, 5. *Adde* III Reg. 1, 38. Prov. IX, I. Eccl. X, 1. Cant. 1, 2.
2. Cant. 13.
3. Is. IV, 1 ; XI, 1. *Adde* XXV, 7, justa 70 ; Ezech. XL, 22 ; XL, 5 ; Os. II, 19.
4. Joël II, 28. *Adde* Zach. IV, 1 ; IX, 8. Habsc. III, 13.
5. Rupert. in Num. lib. I, cap. XIII.
6. Joël II, 26-29.

vous rassasiera pleinement ; et vous louerez le nom du Seigneur votre Dieu qui a fait pour vous des choses merveilleuses, et mon peuple ne sera point livré à une confusion perpétuelle.

« Et voici ce qui arrivera ensuite : je répandrai mon esprit sur toute chair ; je le répandrai sur mes serviteurs et sur mes servantes, et je ferai paraître des prodiges dans le ciel et sur la terre. »

La première prophétie annonce évidemment, quoique sous une forme obscure, le sacrement de l'eucharistie. Quant à la seconde, saint Pierre l'applique résolûment à la confirmation des apôtres (1) ; il s'en autorise pour repousser les indignes accusations des Juifs : « Ces gens-ci ne sont pas ivres, s'écrie-t-il mais vous voyez l'accomplissement de ce qui a été annoncé par le prophète Joël : Je répandrai mon esprit sur toute chair ; je le répandrai sur mes serviteurs et sur mes servantes ; je ferai paraître des prodiges dans le ciel et sur la terre. »

Après avoir étudié isolément ces divers préludes (2), l'abbé Grignard les groupe et les condense, comme en un foyer, pour en mieux faire ressortir la lumière (3). Dans la nouvelle loi, la Confirmation vient après le baptême ; de même, dans l'ancienne, les préludes de l'un succèdent aux figures de l'autre. Ainsi, par exemple, la colombe rentre dans l'arche après avoir égaré son essor sur les flots du déluge. La Confirmation est un

1. Act. II, 15.
2. P. 58-117.
3. P. 117-127.

acheminement vers l'eucharistie. Cette marche est encore indiquée par les préludes. Quand la colombe eut rapporté le rameau d'olivier, Noé ne tarda point à sortir de l'arche et à planter la vigne qui figure le vin mystérieux. Le Sauveur reçoit l'onction par excellence, tous les dons de l'Esprit-Saint reposent sur lui, mais c'est pour nous communiquer de sa plénitude et nous faire participer à sa royale consécration. Le parfum qui coule sur la tête du pontife, descend jusque sur la frange de ses vêtements. L'onction qu'a reçue celui qui est notre chef, imprègne tous les membres de son corps mystique. Son nom est comme une huile répandue. Tous, nous le portons comme un titre glorieux ; et tous, nous avons part aux dons qu'il signifie.

La Confirmation s'opère au moyen du chrème qui est un mélange d'huile et de baume. L'huile a pour préludes les mille applications des antiques onctions ; le baume se retrouve dans ces compositions précieuses dont il est dit (1) : « Nous courrons à l'odeur de vos parfums. » L'onction se fait par l'imposition des mains et avec un signe de croix. Moïse a imposé les mains à Josué, et Jacob a croisé les siennes sur Ephraïm et Manassès. Les sept dons du Saint-Esprit apparaissent à chaque instant dans le nombre septenaire des aspersions du sanctuaire, des colonnes de la demeure de la Sagesse, des chandeliers d'or et des dons prophétiques.

Ces explications achevées, M. Grignard passe à l'institution de la Confirmation dans le Nouveau Testament.

---

1. Cant. I, 3.

Ni le Christ, ni les apôtres n'ont établi rien de pareil, disent les protestants. Les évangiles ne contiennent aucun passage qui indique, même de loin, une institution semblable. Les apôtres n'ont écrit nulle part que le Christ leur ait donné l'ordre de conférer un tel sacrement (1). Mais ces audacieuses négations sont démenties par les évangiles et les épîtres des apôtres. L'existence de la Confirmation dans le Nouveau Testament est un fait certain.

L'abbé Grignard en donne deux sortes de preuves, les discutant les unes et les autres et les appuyant sur l'interprétation traditionnelle. Elles offrent pourtant cette différence que les unes sont plus formelles en elles-mêmes, tandis que les autres ne contiennent à la rigueur qu'une allusion plus ou moins claire. Mais les textes qui les accompagnent ne permettent pas de douter que ces divers passages n'aient été entendus de la Confirmation par les anciens interprètes. Ce n'est plus l'ombre antique, mais l'image véritable de la loi nouvelle. Elle se retrouve dans la descente du Saint-Esprit sur Notre-Seigneur après son baptême (2), suivant saint Cyrille, Bède et Raban-Maur; dans l'imposition des mains faite aux petits enfants (3), d'après Auréolus, Ludolphe et saint Thomas; elle est au moins promise dans la dernière cène (4), suivant le docteur angélique; on voit à plusieurs (5) reprises dans les Actes que les

---

1. Ant. de Dominis, lib. V, cap. V. *De Republicâ ecclesiasticâ*.
2. Matt. III, 16.
3. *Ibid.* XI, 13, 16.
4. Joan. XVI, 7.
5. Act. VIII, XVIII, XIX.

Apôtres la confèrent aux premiers chrétiens, selon saint Augustin, saint Isidore de Séville, saint Chrysostome, le vénérable Bède, saint Cyprien, saint Cyrille et saint Jérôme (1).

Ces passages et plusieurs autres (2) sont décisifs. Dans ceux qui suivent, notre théologien cherche seulement des allusions plus ou moins directes à la Confirmation, mais en ayant soin de les étayer sur l'exégèse sacrée. Voici les textes principaux : « Avez-vous reçu le Saint-Esprit, depuis que vous avez embrassé la foi (3)? — Dieu nous a sauvés, en nous faisant renaître par le baptême et en nous renouvelant par le Saint-Esprit, qu'il a répandu sur nous avec abondance par Jésus-Christ, notre Sauveur (4). — C'est Dieu qui nous confirme et nous affermit avec vous en Jésus-Christ, qui nous a oints de son onction ; qui nous a aussi marqués de son sceau, et qui, pour arrhes des biens qu'il nous a promis, nous a donné le Saint-Esprit dans nos cœurs (5). — Il est impossible que ceux qui ont été une fois éclairés (par le baptême), qui ont goûté le don du ciel (c'est-à-dire la sainte eucharistie), qui ont été faits participants du Saint-Esprit (par l'imposition des mains), et qui après cela sont tombés, il est impossible, dis-je, qu'ils soient renouvelés par la pénitence (6) : » non pas d'une manière absolue sans doute, mais cela

---

1. Pour les textes des saints Pères, Cf. Wittasse.
2. Matth. III, 11 ; Luc, XXII, 39 ; Joan. XX, 22 ; Act. I, 3.
3. Act. XIX, 2.
4. Tit. III, 5.
5. II. Cor. 1, 22.
6. Heb. VI, 4 ; Cf. VI, 1.

est très difficile, à cause de leur ingratitude et de la dureté de leurs cœurs.

La Confirmation apparaît ainsi manifestement au premier âge de l'Eglise. Quand fut-elle instituée ? C'est par inadvertance qu'Alexandre de Halès répond : au concile de Meaux, qui se tint en 845. Le cardinal Franzelin traite justement cette opinion d'énorme absurdité (1). Scot se trompe aussi, d'après M. Grignard (2), en indiquant le jour de la Pentecôte. « Car, dit notre auteur, ce n'est pas à partir du moment où il est remonté aux cieux que le Christ a institué les sacrements, c'est pendant qu'il était encore sur la terre. » A quel fait particulier, à quelle parole se rattache l'établissement de la Confirmation ? Les exégètes ne sont point d'accord sur ce point. Mais, conclut M. Grignard (3), « une circonstance de temps, qui nous échappe, n'est pas de nature à faire nier la substance d'un fait certifié par l'infaillible autorité de l'Eglise, déclarant que tous les sacrements ont été institués par Jésus-Christ. »

Si l'ombre de la Confirmation se dresse sur les livres de l'ancienne loi, son image resplendit à travers les pages de la loi nouvelle (4). Indiquée d'une manière obscure par quelques passages, elle se rapproche et s'éclaircit dans les autres, sans atteindre toutefois le rayonnement et la pleine lumière qui sont le privilège de la vie future (5). Ici-bas l'image reste et doit

1. *De sacramentis in genere*, 181.
2. P. 139, 172.
3. P. 140.
4. P. 128.
5. P. 169.

rester l'image : les signes et les symboles cachent à nos yeux les réalités radieuses que nous contemplerons un jour. Ce n'est pas à dire qu'il n'y ait point de progrès dans les vérités de la révélation. Mais suivant la belle parole d'Albert-le-Grand (1) : « Il y a plutôt progrès du fidèle dans la foi que progrès de la foi dans le fidèle. » En d'autres termes, et pour invoquer une distinction chère à la philosophie contemporaine (2) : « Le progrès est plutôt subjectif qu'objectif. Il ne roule pas sur la somme des vérités révélées, qui restera toujours la même, mais sur la connaissance de ces vérités précieuses, qui d'implicites qu'elles étaient, se développent et deviennent plus explicites, qui d'obscures arrivent insensiblement à la lumière, qui d'incertaines qu'elles paraissaient, acquièrent plus de force et de consistance. »

1. P. 170. Cf. Alb. Magn. 3 dist. 25, a. 1. ad 1.
2. P. 178. Cf. Franz. *De divinâ Tradit.* p. 241.

# CHAPITRE DEUXIÈME

## Traité de la Confirmation.

(Suite)

Objet du second livre : les trois effets généraux de la Confirmation et la démonstration des deux premiers par les faits historiques. — I. Nature de l'Esprit-Saint. — En quel sens il nous est donné. — Puisque nous le recevons au baptême, comment pouvons-nous le recevoir encore à la Confirmation ? — II. Deux sortes de grâces, et d'abord la grâce sanctifiante. — Deux trilogies qui se correspondent. — A. En quel sens la grâce sanctifiante agit sur l'essence de l'âme. — B. En quel sens les vertus et les dons agissent sur les facultés de l'âme. — Comment se définissent les dons ; à quels vices ils sont contraires ; à quelles vertus ils correspondent. — C. Dernière application des deux trilogies : comment la grâce sacramentelle agit sur les actes de l'âme. — Les grâces *gratis datœ*. — III. Caractère de la Confirmation. — IV. Les preuves de ce troisième effet. — Celles des deux premiers. — Quelques digressions.

'EXISTENCE du sacrement établie, l'abbé Grignard annonce qu'il laissera de côté, dans le second livre, le signe pour la chose signifiée, le vase pour la liqueur, et qu'il se propose uniquement, à cette heure, de mettre en évidence les dons et les effets de la Confirmation (1). Dons multiples, effets merveilleux ! Autrefois,

1. P. 175.

la prière des apôtres et l'imposition de leurs mains faisaient descendre le Saint-Esprit d'en haut, elles le communiquaient aux ardents néophytes avec une puissance divine. Aujourd'hui, les évêques, successeurs des apôtres, l'appellent et le confèrent avec la même force et la même abondance à nos générations attiédies.

Pour rattacher à leurs causes générales les diverses conséquences dont il s'agit, et pour en réunir les preuves sous un coup d'œil d'ensemble, l'auteur divise ce sujet en quatre chapitres. Le premier traite du Saint-Esprit; le deuxième, de la grâce; le troisième, du caractère; le quatrième enfin de la démonstration des effets de la Confirmation par les exemples de Notre-Seigneur Jésus-Christ et des apôtres. Nous passerons en revue chacun de ces chapitres, très rapidement, malgré l'intérêt qu'ils présentent.

Dans une sphère élevée, le nom d'esprit se donne aux anges; mais quand il est accompagné de la qualification de saint, il s'applique plus spécialement à Dieu. Car, Dieu est esprit et sa sainteté fait l'admiration des séraphins, qui se renvoient éternellement le cri trois fois répété de leur mutuelle adoration, Or, la nature divine et ses attributs se retrouvent dans chacune des trois personnes de la sainte Trinité; chacune de ces trois personnes est cette chose, c'est-à-dire, la substance, l'essence ou la nature qui est seule le principe de tout (1). De là, résultent deux conséquences merveilleuses. D'abord, le Père et le Fils sont l'un et l'autre esprits,

---

1. P. 178.

et l'un et l'autre saints. « En effet, dit saint Augustin, le Père est esprit et le Fils est esprit ; le Père est saint et le Fils est saint (1). » Ensuite, le Saint-Esprit, étant commun auxdeux autres personnes, peut prendre, pour son nom de personne, ce qu'elles ont toutes deux de commun. Il est juste de réserver le nom d'Esprit-Saint pour celle des trois personnes qui procède du Père et du Fils et qui reçoit d'elles la spiritualité et la sainteté.

Comme Dieu, le Saint-Esprit est en nous avant le sacrement de Confirmation, puisque tout est en Dieu et qu'il est lui-même en tout, en vertu de son essence infinie et de ses puissants attributs. Or, Dieu est en nous, comme en tous les êtres, par son essence, sa connaissance et son opération. Si donc le Saint-Esprit réside en nous déjà, comment peut-il y venir encore par la Confirmation ? Evidemment, il n'y descend point par un mouvement local ou par un rapprochement qui aurait lieu dans l'espace. Y viendrait-il par une nouvelle communication de son essence ? Pas davantage. Et pourquoi ? Parce que son essence, considérée en elle-même et abstraction faite de ses attributs comme de ses opérations, ne peut avoir deux manières d'être différentes. Elle se trouve nécessairement partout et toujours de la même manière. Restent la connaissance et l'opération divines : deux attributs inséparables, parce que ni la connaissance n'est inerte, ni l'opération aveugle. « Dieu fait du bien à ceux qu'il connaît ; il connaît ceux à qui

---

1. De Trin. lib. v, c. 11.

il fait du bien (1). » C'est par cette communication simultanée d'une lumière et d'une action surnaturelles que le Saint-Esprit nous saisit et nous dirige. Il réside en nous d'une manière plus intime, plus affectueuse, plus vibrante. Il est plus présent à notre pensée et à nos actes, il nous fait mieux sentir son influence et ses bienfaits. Il se donne à nous, non pas en ce sens qu'il nous appartienne, mais en ce sens que nous goûtons la joie de lui appartenir, de l'aimer et d'être aimé de lui (2).

Sans doute, au baptême, nous le recevons déjà, puisqu'il est dit qu'il faut renaître de l'Esprit-Saint pour entrer dans le royaume des cieux. Comment peut-il venir encore ? La réponse est facile. Dieu touche inégalement les êtres. Il y a des différences dans la manière dont il fait sentir son influence à ses créatures intelligentes et inanimées. De même, au point de vue surnaturel : autre est la manière dont il se donne dans le baptême : autre est celle dont il se communique dans la Confirmation. « L'Esprit-Saint qui descend sur les eaux du baptême, dit un ancien texte (3), fait trouver à cette fontaine la plénitude de l'innocence, tandis que dans la Confirmation il procure un accroissement de grâce. » Mais une plus ample étude de la grâce que confère ce sacrement donnera toute évidence à cette première réponse (4).

---

1. Eccli. XII, 1.
2. 185 et suiv.
3. Attribué au pape S. Melchiade, *De Consecrat.* dist. V.
4. 190-193.

Une comme la nature divine dont elle émane, la grâce se divise en deux espèces distinctes : la grâce sanctifiante, et la grâce gratuitement donnée. La première a pour but de nous élever au-dessus de notre nature et de nous rendre justes et agréables à Dieu ; la seconde nous laisse dans notre situation native ; elle ne nous est pas donnée dans notre intérêt propre, mais en vue d'améliorer les autres (1).

La grâce sanctifiante agit sur l'âme. De quelle manière ? Ah ! sans doute, les voies de Dieu sont impénétrables. L'Esprit souffle où il veut ; la grâce aussi. La science sacrée a pourtant trouvé les lois de l'ordre surnaturel. Il y a trois choses à distinguer dans la grâce sanctifiante ; c'est d'abord la grâce elle-même, considérée dans sa nature propre, ou dans son lumineux et puissant foyer (2). Ensuite, les vertus et les dons forment comme le rayonnement de la grâce sanctifiante, ou l'irradiation de sa substance. Enfin la grâce sacramentelle porte à toutes les tangentes les lumières et les forces qui s'échappent de ce foyer. « Elle ajoute, dit Saint-Thomas (3), à la grâce des vertus et des dons un secours divin qui nous aide à arriver à la fin pour laquelle les sacrements sont institués. »

Mais l'âme offre aussi sa trilogie. Il faut distinguer dans l'âme l'essence qui la constitue, les facultés ou les puissances qui la servent et les actes qu'elle opère.

---

1. 194.
2. 2ª q. 110 a. 1-4.
3. 3ª p. q. 62, a. 2, c. Cf. Grignard, 199, 314 *et passim*. *Traité de la Confirmation*, livre II.

Chose curieuse autant qu'admirable ! Ces deux trilogies se correspondent, ou plutôt elles sont faites l'une pour l'autre, comme la lumière du jour s'harmonise avec nos yeux. L'essence de la grâce agit sur l'essence de l'âme. Le rayonnement de la grâce, c'est-à-dire les vertus et les dons, se reflète sur les facultés qui sont aussi comme le rayonnement de l'âme. Enfin, la grâce sacramentelle apporte son précieux contingent aux divers actes de l'âme.

Approfondissons une doctrine si éminente. D'abord, en quel sens la grâce sanctifiante agit-elle sur l'essence de l'âme ? Elle surajoute en nous un être à celui que nous tenons de notre nature, un être par là même surnaturel, un être divin, disent les anciens mystiques (1). Au baptême, elle efface le péché originel, elle nous revêt de justice et d'innocence, elle nous fait enfants de Dieu. A la Confirmation, elle nous aide à triompher des restes du péché originel, elle affermit et développe en nous la justice, elle achève la grande œuvre de la filiation divine. Par la grâce du baptême, nous avons le principe de la vie spirituelle ; nous sommes déjà les enfants de Dieu. Par celle de la Confirmation, nous obtenons l'accroissement de cette vie surnaturelle ; nous nous acheminons vers l'âge viril, qui doit former en nous la parfaite image de Jésus-Christ, le premier-né des enfants de Dieu (2).

Si la grâce agit ainsi sur l'âme pour la purifier, la

1. Cf. II Pet. I, 4.
2. 195-208.

transformer, en faire une nouvelle et meilleure créature, les vertus et les dons s'emparent de nos facultés pour les enrichir, les exalter, les transporter à la hauteur de nos destinées chrétiennes. Comment la Confirmation arrivera-t-elle à ces cimes merveilleuses et produira-t-elle tous ces grands résultats ? En donnant un large développement aux effets du baptême. Celui-ci nous initie aux rudiments de la foi, dépose en nous les germes de l'espérance, allume en nos cœurs les premières étincelles de la charité, nous apporte, en un mot, le principe des vertus théologales. Mais le soleil de la Confirmation les inonde de ses feux. Le Paraclet ne doit-il pas enseigner toute vérité, et illuminer ainsi les intelligences? Ne donne-t-il pas des ailes à notre espérance, en lui montrant le ciel où il nous convie ? Ne lui disons-nous pas : « Remplissez les cœurs de vos fidèles et allumez-y le feu de votre amour? »

Ainsi agissent sur les facultés de l'âme les vertus théologales. Ce serait le lieu de montrer à quel degré nous élèvent les vertus intellectuelles et morales. Mais ces vertus, sont l'effet des dons, et les dons, à leur tour, sont l'effet des vertus théologales (1). Nous restons donc en face de cette question : Qu'est-ce que les dons et comment agissent-ils sur les facultés de l'âme ?

Ces dons, Isaïe les appelle des esprits : « L'esprit de sagesse et d'intelligence, l'esprit de conseil et de force, l'esprit de science et de piété et l'esprit de crainte de

---

1. P. 215. Cf. 2. 2ᵃᵉ, q. 19, a. 9 ad 4 ; q. 68, a. 1 et 8.

Dieu (1). » Ils sont ainsi nommés, parce qu'ils impriment une impulsion, et qu'ils dirigent nos affections et nos pensées par rapport à notre fin surnaturelle. Voilà pourquoi l'apôtre dit, comme l'a remarqué saint Thomas (2) : « Ceux qui sont mus par l'esprit de Dieu, ceux-là sont ses enfants et ses héritiers (3). » Le psalmiste s'écrie de même (4) : « Votre bon esprit me conduira dans la terre des saints. » Le Sauveur dit encore dans l'Evangile (5): « Personne ne peut venir à moi, si mon Père qui m'a envoyé ne l'entraîne. »

La Confirmation nous apporte ces moteurs célestes : « L'effet de ce sacrement, dit le pape Eugène IV (6) consiste en ce que le Saint-Esprit se donne pour être une force, comme il fut donné aux apôtres, le jour de la Pentecôte. » D'après le Maître des sentences (7), nous recevons « une grâce septiforme avec toute la plénitude de la sainteté. » Le pontife invoque sur les confirmands les sept esprits qui, selon le prophète, reposèrent sur le Sauveur et qui doivent également planer sur nous, pour nous rendre semblables à notre chef. « L'humanité sainte du Fils de Dieu incarné, dit l'abbé Grignard (8), est le type surnaturel de la nôtre, et ce que l'Esprit saint a opéré en elle, pour la sanctifier, doit en propor-

---

1. XI, 2, 3, Cf. *Traité de la Conf.* 216.
2. $1 \cdot 2^{ae}$, q 68, a 2.
3. Rom. VIII, 14.
4. Ps. CXLII, 10.
5. Joan. VI, 44.
6. *In decreto ad Armenos.*
7. In 4, d. 7.
8. P. 229.

tion avoir lieu en nous. » Dans l'énumération des dons, Isaïe commence par la sagesse et finit par la crainte de Dieu. Il descend du plus grand au plus petit, pour marquer que rien ne manquait à la plénitude de la perfection de Jésus-Christ. Mais en ce qui nous concerne, nous remontons en sens inverse la route de notre amélioration progressive, à partir de la crainte de Dieu qui est le premier pas dans la carrière, ou, comme dit le psalmiste (1), le commencement de la sagesse.

La crainte de Dieu dont nous parlons, n'est point la crainte servile, mais la crainte filiale. La première vient de ce que Dieu punit et châtie les pécheurs impénitents par des supplices épouvantables. La seconde nous détourne du péché, comme d'une offense à Dieu, que nous respectons et que nous aimons comme un père. Ce don écarte les obstacles qui se dressent sur notre route ; il nous empêche de nous soustraire à l'action de la grâce, il réprime nos inclinations vicieuses. Il a pour défaut contraire cet orgueil naissant qui s'éloigne de Dieu, avant de s'insurger contre lui et de dire, comme le démon : « *Non serviam !* Je ne me soumettrai pas. » Le don de crainte relève de l'espérance, non pas que nous redoutions de ne point arriver au terme de nos désirs, mais en ce sens que nous craignons d'offenser Dieu et de nous rendre indignes de ses grâces. La crainte produit en nous l'humilité, parce qu'elle nous met en garde contre une orgueilleuse suffisance. Et comme elle nous porte à ne nous produire qu'avec

---

1. P. IX, 10.

réserve et à nous abstenir de certaines jouissances corporelles, elle entraîne dans son orbite la modestie, la continence et la chasteté (1).

Le don de piété se pose au-dessus de toutes les affections individuelles et sociales qui se confinent sur la terre, comme l'amour de la famille et celui de la patrie. Il s'élève par de là la hiérarchie des créatures angéliques et béatifiées, au delà des honneurs que nous rendons aux saints et aux esprits bienheureux. Il monte jusqu'à Dieu qu'il nous habitue à révérer, « non seulement comme l'être le plus excellent, comme l'océan sans rivage de toutes les perfections, comme le principe et la fin de notre vie, le régulateur suprême de nos actes, c'est là le rôle de la religion, mais, comme un père qui n'a pas d'égal en puissance, en sagesse, en amour, et comme le roi de l'éternelle patrie (2). Dieu pour père, le ciel pour patrie, voilà l'objet du don de l'esprit de piété (3). »

La crainte écartait l'obstacle ; la piété montre le but. Elle se répand dans les âmes pour en amollir la dureté et l'insensibilité. Elle est opposée par les saints docteurs à l'endurcissement d'un cœur insensible. Fille de la charité puisqu'elle nous apprend à aimer Dieu comme un père, elle enfante à son tour la miséricorde qui entend le cri de la misère, et par suite, la bonté, la bénignité, la mansuétude (4).

---

1. P. 237-248, Cf. 2ᵃ 2ᵃᵉ, q. 19, a. 9, 1, 2, 3, 4, 6, 8, 12 ; q. 41, 68 etc.
2. Venant. Fortunatus : *Rex perennis patriæ*. Hymne pour la conséc. des saintes Huiles.
3. P. 253.
4. P. 250-261. Cf. 2ᵃ 2ᵃᵉ q. 121, a. 1, ad 2 ; a, 2. q. 101. a. 3.

La science que le Saint-Esprit donne, n'est point celle des philosophes qui cherchent la raison des choses dans l'évidence des principes. Ce n'est point non plus celle des théologiens qui appuient la certitude de leurs conclusions au granit d'une autorité infaillible, celle de Dieu même. La science, qui vient de l'Esprit de Dieu, est la science des saints. La fin suprême une fois éclairée par le flambeau de la piété, le don de science y conduit, en indiquant ce qu'il faut croire et faire pour arriver au ciel. Il est à la fois spéculatif et pratique. Excellente pierre de touche, il met à l'essai les doctrines, il éprouve tout et ne garde que ce qui est bon. Règle sûre de notre conduite, il subordonne nos actes à nos croyances.

Son défaut contraire est l'ignorance, qu'il ne faut pas confondre avec la non-science. Celle-ci n'implique aucune faute, et les anges mêmes n'en sont pas exempts. Celle-là suppose l'obligation d'apprendre, et c'est le péché de ceux qui, par paresse ou mépris, refusent d'étudier les vérités de la foi ou qui les ont désapprises. Le don de science est un rayonnement de la foi; il projette ses propres clartés sur la piété et la justice (1).

Il ne suffit pas de connaître les devoirs de la vie chrétienne, il faut avoir le courage de les accomplir. L'Esprit-Saint y pourvoit par le don de force. Quel éclat ce nouveau don a jeté dans l'histoire! Saluons ici les héroïques résistances des martyrs. La force dont ils ont fait preuve empourpre d'un sang glorieux des

---

1. P. 262-273. Cf. 1ᵃ 2ᵃᵉ, q. 76, a. 2; 2ᵃ 2ᵃᵉ, q. 9, a. 1. 3, etc.

pages innombrables, auxquelles les annales des peuples ne peuvent absolument rien comparer. Les saintes énergies qui descendent du ciel, les généreuses immolations se voient encore, de nos jours et partout, dans les écoles chrétiennes, dans les hôpitaux, dans les missions, dans tous les lieux où souffle non l'esprit de crainte, mais l'Esprit de force et d'amour. *Non enim dedit nobis Deus spiritum timoris, sed virtutis et dilectionis* (1).

La crainte est en effet le défaut opposé au don de force, la crainte qui se laisse abattre et décourager par la difficulté de l'entreprise, la peine et le travail. La force dérive de la charité, parce que l'amour est fort comme la mort. Elle fait jaillir elle-même la patience, la constance, la persévérance qu'on appelle aussi la longanimité (2).

La force a besoin de direction. Et comme elle est en nous, elle doit trouver en nous son principe régulateur. Voilà pourquoi Dieu nous a ménagé, dans la puissante organisation de nos facultés intimes, l'assistance d'un don précieux, celui de conseil. Il est à la fois un flambeau qui brille dans la carrière où se déploie la force, et un frein qui règle ses mouvements. A ce don s'oppose la précipitation, qui opère sans consulter la mémoire du passé, l'intelligence du présent, la prévision de l'avenir, la réflexion qui compare, la docilité qui s'instruit. Le flambeau du conseil s'allume à la lu-

---

1. II. Tim. I, 7.
2. P. 273-279. Cf. 2ᵃ 2ᵃᵉ, q. 139, a. 2. etc. q. 123, a. 3, etc.

mière de la foi ; il éclaire, à son tour, la prudence, la rectitude du jugement, et même la bonté du caractère, la bienfaisance et la miséricorde (1).

Les cinq premiers dons tendent tous à l'action. Ils dirigent, ils protègent, ils fortifient. Le sixième, le don d'intelligence, nous fait jouir, dès ce monde, d'un avant-goût de la félicité céleste. Il ouvre la voie de la contemplation, conduit jusqu'à l'essence des choses et remonte aux premiers principes. Notre foi, suivant le mot de saint Anselme, est chercheuse. Elle n'a point de repos qu'elle n'atteigne jusqu'aux régions les plus reculées, mais aussi les plus sereines et les plus lumineuses des vérités surnaturelles. « Tout chrétien, ne craint pas de dire ce grand dialecticien (2), doit s'élever par la foi jusqu'à l'intelligence. S'il peut parvenir à ce but, qu'il se réjouisse ; s'il ne le peut, qu'il s'incline et adore. » Le champ est immense : les vérités révélées, les devoirs de la morale, les mystères, l'apologétique. « Heureux, s'écrie le psalmiste (3), celui qui n'assiste point au conseil des impies, qui ne s'arrête pas dans la voie des pécheurs et qui ne s'assied point dans la chaire de pestilence, mais qui met toute son affection dans la loi du Seigneur, et qui la médite jour et nuit. » Le don d'intelligence se rattache à la foi, comme le fruit à l'arbre qui lui donne naissance. Mais nul ne peut en goûter la douceur que s'il vient avec un cœur pur. Il s'agit de s'élever jusqu'aux régions sereines où Dieu réside, et

---

1. P. 279-285. Cf. 2ᵃ 2ᵃᵉ q. 52, etc.
2. Lib. II, Epist. 41.
3. Ps. I, 1, 2.

cette heureuse contemplation est l'apanage exclusif de ceux dont le regard n'est pas émoussé par les ténébreuses satisfactions des sens. Voilà pourquoi il est dit : « Bienheureux les cœurs purs, car ils verront Dieu (1). »

La sagesse qui vient étendre ses ailes sur les autres dons, habite au plus haut des cieux (2). Elle resplendit dans les magnificences de la création, elle illumine toutes les intelligences, angéliques et humaines. Considérée dans une acception stricte, c'est-à-dire, dans le don suprême que le Saint-Esprit confère, elle nous élève, non plus seulement comme le don d'intelligence à des conceptions particulières, bien que sublimes, mais à la contemplation des idées universelles. Elle s'applique à regarder et à consulter les racines éternelles des choses, et elle en déduit les règles générales des actes humains. Elle contemple Dieu dans les splendeurs de la foi, elle voit en lui la cause irréductible et primordiale de tout ce qui est, la vérité immuable et essentielle qui illumine toutes les intelligences et toutes les sciences, la règle absolue de toute perfection morale, et le parfait idéal de toute beauté.

Faut-il nommer le vice qui lui est contraire ? Saint Grégoire l'appelle la sottise. Qui ne l'a rencontrée, le rire sur les lèvres, le regard dédaigneux, la tenue incorrecte ? Qui ne l'a entendue s'écrier follement : « Il n'y a pas de Dieu ? » Y a-t-il plus grande sottise que de méconnaître la cause suprême qui se manifeste par des

---

1. P. 286-299. Cf. 2ᵃ 2ᵃᵉ q. 8, etc. Matth. V, 8.
2. Eccli. xxiv, 7.

effets si grandioses et se révèle par des phénomènes si nombreux et si surprenants?

Née de la foi, puisqu'elle contemple avec elle les vérités révélées, la sagesse est mère de la droiture et de l'équité dans les jugements. Elle est chaste, dit le docteur angélique, parce qu'elle évite toutes les souillures du péché ; elle est pacifique, parce qu'elle aime la tranquillité de l'ordre ; elle est compatissante, parce qu'elle est pleine de miséricorde et de fruits excellents (1).

M. Grignard expose très amplement toute cette théorie des dons. Il les divise en deux ordres : dons intellectuels et dons moraux. Il les rattache à chacune des béatitudes et des demandes du *Pater*, en suivant purement et simplement l'ordre numérique, et en les comparant successivement depuis le premier don, la première béatitude et la première demande. Mais il est temps de passer à la troisième et dernière application de nos deux trilogies. Nous l'avons dit : la grâce sanctifiante agit sur l'essence de l'âme, en lui surajoutant un être surnaturel et divin. Les vertus et les dons transfigurent à leur tour les facultés de l'âme et leur donnent le pouvoir de produire les œuvres surnaturelles de la vie chrétienne. Il reste à montrer comment la grâce sacramentelle agit sur les actes de l'âme.

Le fidèle se trouve engagé dans une lutte sans cesse renaissante. Trois sortes d'ennemis conspirent sourdement contre lui, ou l'attaquent à visage découvert. Le démon, le monde et la chair ont toujours leurs ruses

---

1. P. 300-310. Cf. 2ᵃ 2ᵃᵉ q. 46. — Epître de saint Jacques, III, 17.

ourdies, quand ils ne montent pas, enseignes déployées, à l'assaut de nos vertus. Contre cette triple armée, nous avons besoin de la grâce sacramentelle de la Confirmation. Notre âme est déjà munie de l'amitié de Dieu et couverte de l'armure de la justice. Déjà nos facultés sont éclairées d'une céleste lumière, dirigées par l'Esprit-Saint et soutenues de sa main puissante. Mais dans l'ardeur de la lutte, comme dans les embûches d'une paix trompeuse, elle a besoin pour se défendre d'un secours spécial qui assure le triomphe de la foi sur tant d'ennemis qui la combattent. Les mille et mille circonstances où nous vivons, où nous parlons, où nous agissons, nous exposent à bien des chutes, et c'est pour nous en préserver que Dieu nous réserve l'assistance de la grâce sacramentelle. Elle nous apporte, en chaque conjoncture, un renouvellement de vigueur et de force qui nous est nécessaire pour soutenir allègrement la lutte, même au péril de notre vie (1).

Avec les dons que l'on vient d'expliquer, les apôtres et les premiers fidèles en reçurent quantité d'autres (2), au jour où le Saint-Esprit descendit sur eux, et quand ils l'appelèrent eux-mêmes sur leurs néophytes. « Il y a diversité de dons spirituels, dit saint Paul (3), mais il n'y a qu'un même Esprit. Il y a diversité de ministères, mais il n'y a qu'un même Seigneur. Il y a diversité d'opérations, mais il n'y a qu'un même Dieu,

---

1. P. 314-327. Cf. 3ᵃ p. q. 62, a. 2 ; 1ᵃ 2ᵃᵉ q. 109, a. 1. Billuart, *de sacramentis in genere*, diss. III, a. v.
2. Act. II, 4 ; XIX, 6.
3. I Cor. XII, 5.

qui opère tout en tous. » Ces dons, distincts des premiers, demandent une mention spéciale.

Les précédents se rattachent à la grâce sanctifiante ; ils nous sont accordés pour notre utilité personnelle. Ceux-ci profitent aux autres, ils n'ont en vue que la sanctification du prochain. Les théologiens les appellent des grâces *gratis datæ*, parce que « le même Esprit, dit encore saint Paul (1), qui opère toutes ces choses, distribue à chacun ses dons, selon qu'il lui plaît. »

Voici comme il les énumère : « Les dons de l'Esprit qui se manifestent au dehors, sont départis à chacun pour l'utilité de l'Eglise. L'un reçoit de l'Esprit le langage de la sagesse ; l'autre reçoit du même Esprit le langage de la science ; un autre, le don de la foi du même esprit ; un autre, la grâce de guérir les malades ; un autre, l'opération des miracles ; un autre, le don de prophétie ; un autre, le discernement des esprits ; un autre, le don des langues ; un autre, l'interprétation des discours. » Le docteur des gentils indique encore, un peu plus loin, le don de l'apostolat et le don de gouverner (2).

Les théologiens classent généralement la première série des grâces *gratis datæ* en trois catégories. Ils les rattachent toutes à la prédication et les divisent suivant les trois conditions qu'elle suppose. Car il faut d'abord posséder parfaitement ce que l'on veut dire : ceci nécessite la connaissance des principes, celle des con-

---

1. *Ibid*. 11.
2. *Ibid*. 28.

séquences et celle des applications particulières. A cette pleine intelligence des choses répondent la foi, la sagesse et la science. Ensuite, les apôtres ont fourni les preuves de leur enseignement en guérissant les malades, en opérant des prodiges, en annonçant l'avenir, en pénétrant le secret des cœurs. Quatre dons nouveaux appelés par saint Paul la grâce de guérir, l'opération des miracles, le don de prophétie, et le discernement des esprits. Enfin, les disciples de Jésus-Christ ont prêché en toutes les langues et interprété l'évangile et les écrits apostoliques. De là les deux dernières divisions : le don des langues et l'interprétation des discours (1).

Ces dons assez fréquents au premier âge de l'Eglise et devenus rares dans la suite, n'ont pas néanmoins absolument cessé. La vie des saints en apporte de nombreux exemples, à travers les siècles et jusqu'à notre époque. Qui ne connaît les prodiges de saint François Xavier et les prophéties de saint Liguori, pour ne citer que ces noms dans le passé ? Et l'Eglise n'a-t-elle pas, de nos jours, canonisé plusieurs saints, après avoir authentiquement établi les miracles qu'ils ont faits ?

Les grâces *gratis datæ* ferment ce grand cercle où nous avons vu se renfermer les biens innombrables du deuxième effet de la Confirmation. Arrivons au troisième, c'est-à-dire au caractère qu'elle imprime dans l'âme. Que faut-il entendre par ce caractère ? La théologie ne le définit point sans difficulté. L'abbé Grignard

1. P. 328-339. Cf. 1ª 2æ, q. CXI, a. 4.

se range à l'opinion commune, sans aborder les controverses. Le caractère est un signe réel, qui survit à la perte de la grâce sanctifiante, car il subsiste, affirme saint Augustin (1), dans les hommes les plus pervers. Distinct de l'âme, parce qu'ils appartiennent l'un et l'autre à deux différents domaines, l'âme à l'ordre naturel et le caractère à l'ordre surnaturel, il imprime dans l'âme, comme un sceau, non point sous une forme matérielle, puisque l'âme est immatérielle, mais en ce sens qu'il est l'impression du sacrement sur l'âme. Le caractère baptismal nous destine à servir Dieu, comme des enfants servent un père ; celui de la Confirmation nous consacre au même service, mais comme des soldats à celui d'un roi. C'est une marque indélébile que l'Esprit impose à ceux qui s'enrôlent sous ses étendards, afin, enseigne saint Chrysostome (2), de reconnaître les déserteurs (3).

Tel est l'enseignement traditionnel de l'Eglise. Le concile de Trente le résume en ces mots (4) : « Si quelqu'un dit que les trois sacrements de baptême, de Confirmation et d'ordre n'impriment pas dans l'âme un caractère, c'est-à-dire, un signe spirituel et indélébile, en vertu duquel ils ne peuvent se réitérer, qu'il soit anathème. » Le concile de Florence s'exprime de même (5). Saint Thomas constatait déjà de son temps que

---

1. Contr. litt. Petil. II, n° 239.
2. In II Cor. Homél. III, n° 7.
3. P. 348-356.
4. Sess. VII, can. 9.
5. *Decret. ad Armenos.*

tous les modernes admettent l'existence du caractère, quoiqu'ils ne s'accordent point sur la manière de l'expliquer (1). Les Pères appliquent généralement à ce signe surnaturel quelques textes de saint Paul, comme le suivant (2) : « C'est Dieu qui nous confirme et nous affermit avec vous en Jésus-Christ; c'est lui qui nous a oints de son onction, qui nous a aussi marqués de son sceau, et qui pour arrhes des biens qu'il nous a promis, nous a donné le gage du Saint-Esprit dans nos cœurs (3). »

Après cette preuve du troisième effet de la Confirmation, l'abbé Grignard, avons-nous dit, démontre les deux premiers, dans un dernier chapitre, par les exemples de Jésus-Christ et des apôtres. Notre-Seigneur reçut la plénitude des dons célestes et de la grâce sanctifiante, dès le premier instant de l'incarnation. Le Saint-Esprit descendit visiblement sur lui, le jour de son baptême, sous la forme d'une colombe. Il ne fut point marqué de l'onction matérielle du chrême, parce qu'il portait en lui, au suprême degré d'excellence, l'éternelle consécration dont celle du sacrement n'est qu'un reflet projeté sur nos âmes, et qu'une image créée par lui pour nous rendre semblables à lui. D'ailleurs, la perfection que la grâce et les dons répandent dans les facultés, les actes et jusque dans l'essence de l'âme, resplendit adorablement sur toute la nature humaine du Sauveur,

---

1. Dist. 4, q. 1, a. 1.
2. II Cor. I, 22. Cf. Eph. IV, 13, et IV, 30.
3. P. 339-347.

dans chacune de ses paroles, de ses souffrances et de ses vertus (1).

La Pentecôte fut, avons-nous également dit, la confirmation des apôtres. Ils avaient déjà reçu le Saint-Esprit, quand leur Maître les envoya prêcher la parole de Dieu et guérir les malades, et surtout lorsqu'il leur donna le pouvoir d'administrer les sacrements de la nouvelle alliance. Mais ils n'avaient pas reçu la plénitude des dons, et particulièrement celui qui fait les forts. Toute cette merveilleuse abondance ne leur fut départie qu'au jour de la Pentecôte. C'est alors qu'ils devinrent d'autres hommes, et que le Saint-Esprit les transfigura. Ils étaient restés jusqu'alors, malgré des leçons divines et d'adorables exemples, incertains de leurs voies, ignorants et faibles. Mais une fois revêtus de la grâce septiforme, ils élevèrent la voix dans les assemblées, ils annoncèrent la rédemption du monde, ils affrontèrent sans peur les persécutions et la mort (2).

Ce chapitre, dont je ne puis donner qu'une courte analyse, renferme plusieurs digressions. C'est d'abord une étude sur la colombe symbolique, qui descendit sur le Sauveur, au sortir du Jourdain. Les anciens mystiques ont trouvé la figure des sept dons dans les qualités et les habitudes de ce gracieux emblème (3). Les cinquante jours qui précédèrent la venue du Saint-Esprit donnent lieu à une dissertation du même genre sur le double septénaire qu'ils renferment, celui des

---

1. P. 358-369.
2. P. 370, 401.
3. P. 362. Cf. S. Chrys. *apud* Ludolph. *I p. cap.* XXI, n° 12.

sept semaines et celui des sept jours. Ce double septenaire s'écoula pour marquer que si le Saint-Esprit comprend sept dons, le total ou la somme de ces grâces se résume dans une harmonieuse unité. Et comme les sept jours se réunissent pour constituer une semaine, ainsi chacun des sept dons se retrouve en un seul (1). Les langues de feu qui parurent au moment de la promulgation de la loi nouvelle, le bruit que l'on entendit au loin, les quinze idiomes que parlèrent aussitôt les apôtres, toutes ces choses et d'autres encore ont exercé la perspicacité des interprètes (2). Ainsi, pour citer quelques-uns de ces ingénieux rapprochements, la multitude des idiomes que l'on entendit parler, figura la prédication universelle. La tempête au milieu de laquelle descendit l'Esprit-Saint, rappela l'ébranlement du Sinaï et annonça la suprême commotion du monde, quand le souverain Juge réclamera la sanction de sa double loi. Les langues de feu symbolisèrent à la fois les lumières que les apôtres allaient répandre et la charité qui embraserait leurs cœurs.

---

1. P. 374. Cf. D. Guéranger, *Temps pascal*, III, p. 375.
2. P. 384, 388, 393. Cf. Innocent. III, IV vol. *col.* 417, 422 ; Ludolph. *Ibid.* Honor. Augustod. *col.* 964; S. August. *serm.* 227. *et alios auct. apud Ludolph. et* D. Guéranger, *loc. cit.*, *sed speciatim* S. Greg. Nazianz. *Orat.* 41, n° 11.

# CHAPITRE TROISIÈME

## Traité de la Confirmation.

(Fin)

Livre troisième : son quadruple objet. — I. Le ministre ordinaire et le ministre extraordinaire de la Confirmation. — II. Consécration du Saint-Chrême. — Eléments dont il se compose. — Symbolisme du cortège qui le présente à l'évêque. — Cérémonies avec lesquelles il est consacré. — III. Sujet de la Confirmation : doit-elle être conférée à tous les fidèles ? — A quel âge peut-on la recevoir. — Conditions morales et matérielles imposées aux confirmands. — Le parrain et la marraine, leurs fonctions et leurs qualités. — IV. Rites de la Confirmation. — Temps et lieu qu'il faut choisir. — Ornements du pontife en cette circonstance. — Cérémonies préparatoires. — Application du Saint-Chrême. — Forme du sacrement. — Soufflet donné par l'évêque. — Cérémonies terminales. — Epilogue du *Traité de la Confirmation*.

ANS les pages qui précèdent, M. Grignard a répondu à ces deux questions générales : La Confirmation est-elle un sacrement ? Et quels en sont les effets ? Celle qui se pose en tête de son troisième livre, est la suivante : comment la Confirmation s'administre-t-elle ? Pour y faire une réponse complète, il l'examine

sous quatre points de vue : 1° Quel est le ministre de la Confirmation? 2° De quelle matière se sert-il pour la conférer? 3° A qui la donne-t-il? 4° Quelles cérémonies doit-il observer?

Sur le premier point, le concile de Trente est formel. « Il lance l'anathème et contre ceux qui disent que le ministre ordinaire de la sainte Confirmation n'est pas l'évêque seul, mais n'importe quel simple prêtre, et contre ceux qui disent que les évêques n'ont pas le pouvoir de confirmer, ou que le pouvoir qu'ils ont, leur est commun avec le reste des prêtres (1). »

Pourquoi ce privilège exclusif en faveur des évêques? Voici les raisons qu'ont données les docteurs. Dans un atelier, les élèves ébauchent l'ouvrage, et l'artiste donne les dernières touches. Dans le gouvernement des hommes, les secrétaires écrivent les lettres, et celui qui a l'autorité les signe. Or, la Confirmation est l'achèvement de la formation de la vie chrétienne. Que les ouvriers inférieurs en travaillent l'ébauche, à la bonne heure! mais c'est au chef à donner la perfection suprême. De plus, chacune de nos âmes ne forme-t-elle pas comme une lettre écrite par les prêtres, sous la dictée de Dieu? « Vous êtes la lettre de Jésus-Christ, disait saint Paul aux Corinthiens (2), écrite par notre ministère, non avec l'encre, mais avec l'Esprit du Dieu vivant. » Qui donc signera cette lettre, si ce n'est l'évêque, en vertu de son autorité souveraine dans

1. P. 408. Cf. sess. VII, c. III.
2. II Cor. III, 3.

l'Eglise ? C'est à lui de la signer, dit le docteur angélique (1), en la marquant du signe de la croix. Le privilège dont il jouit est fondé sur une tradition constante. « La Confirmation, remarque le pape Eusèbe (2), n'a jamais pu, ou n'a jamais dû, d'après ce qu'on lit et ce qu'on sait, être administrée par d'autres que par les apôtres eux-mêmes ou ceux qui tiennent leur place. »

L'évêque est donc le ministre ordinaire, mais ces termes mêmes laissent supposer que l'administration du sacrement peut être confiée à des ministres extraordinaires. Dans l'église grecque, les prêtres confirment habituellement, en vertu de concessions épiscopales. Dans l'église latine elle-même, ils peuvent le faire, avec une délégation du souverain pontife. Saint Grégoire l'accorda aux prêtres de Cagliari, en 594. Les papes la renouvelèrent fréquemment, au seizième siècle, quand les Indes orientales et l'Amérique virent se lever sur elles les premiers rayons de la foi, sans jouir encore des bienfaits d'une hiérarchie complètement organisée (3).

L'abbé Grignard passe ensuite à l'étude qui concerne le Saint-Chrême. Je l'ai déjà noté, notre théologien embrasse, sans souci des controverses, l'opinion d'après laquelle la matière du sacrement de Confirmation consiste dans l'onction du Saint-Chrême. « Ce mot, dit-il avec le cathéchisme du concile de Trente (4), vient des Grecs, et s'emploie chez les écrivains profanes pour

---

1. 3ᵉ p. q. 72, a. 11, c.
2. Cité par saint Thomas, *ibid.*
3. P. 405-418.
4. P. 419.

désigner toute espèce de parfums. Cependant, ceux qui traitent des choses divines se sont fait une habitude de ne l'appliquer qu'au parfum composé d'huile et de baume que l'évêque consacre avec solennité. Ainsi le mélange de deux choses corporelles fournit la matière de la Confirmation. »

Dieu n'a pas choisi l'or ou l'argent, mais des éléments communs comme l'eau et le pain, l'un pour voiler la grâce baptismale, l'autre, le mystère de sa substance. De même, il n'a point demandé aux cèdres du Liban, ni aux palmiers de Jéricho la matière du sacrement des forts, mais à des arbrisseaux sans grâce et sans éclat, ceux qui produisent le baume et l'huile. L'olivier entoure de ses rameaux verdoyants presque tout le bassin de la Méditerranée. Le baume se tire généralement aujourd'hui des Indes ; il fallait jadis le demander à la Judée. L'arbuste qui le distille y croît en abondance ; il y forme, dit-on, des forêts odoriférantes qui enivrèrent de leurs senteurs les troupes de Pompée (1).

Le mélange d'huile et de baume, qui forme la mystique liqueur de la Confirmation, se renouvelle chaque année ; l'Eglise a choisi le Jeudi-Saint pour en faire la consécration. Elle devait donner la préférence à la saison du printemps, où revient ce grand jour. C'est l'heure où la nature secoue son linceul de frimas et de neige. Ne semblait-elle pas nous dire aussi, cette mère si soucieuse de choisir son temps et son heure, que le Chrême renouvelé fait également sortir les

---

1. P. 419-430.

âmes de leur engourdissement, et leur apporte, comme le printemps à la terre, une nouvelle force d'expansion et sa riche exubérance ?

Nous sommes arrivés à ce jour mémorable. On a préparé, dès le matin, trois ampoules qui contiennent l'huile des Catéchumènes, celle des Infirmes et celle du Chrême. Cette dernière est seule recouverte, par une attention spéciale, d'une étoffe de soie blanche. L'Evêque se rend à son trône. Il revêt des ornements qui sont aussi de couleur blanche. Ses assistants l'entourent ; l'archidiacre, et les ministres d'office, puis douze prêtres, sept diacres, sept sous-diacres, un thuriféraire et deux acolytes. La messe pontificale commence. Arrivé à cette prière : *Per quem, Domine, semper bona creas*, le pontife bénit solennellement l'huile des Infirmes. Après la communion, il témoigne sa révérence au sacrement déposé sur l'autel et mis en réserve pour la messe des présanctifiés, et vient s'asseoir, mitre en tête, sur le siège qui l'attend à l'extrémité du *presbyterium*.

Alors, sur la demande de l'archidiacre, la procession s'organise : elle va chercher à la sacristie l'ampoule du Saint-Chrême et celle de l'huile des Catéchumènes. Le cortège revient dans un ordre où tout est mystère. Le thuriféraire marche le premier, avec son encensoir fumant. Les vapeurs aromatiques qui s'en exhalent, figurent les vœux et les soupirs des patriarches et des prophètes dans l'attente du Rédempteur.

Leur prière est exaucée : le Rédempteur s'avance, comme un roi triomphant. Un sous-diacre porte la croix entre les deux acolytes qui tiennent des cierges allumés. Ces flambeaux symbolisent les deux lois, l'ancienne et la nouvelle, l'une et l'autre lumineuses, ou les deux candélabres dressés devant le Seigneur, suivant l'Apocalypse, et qui ont la même signification (1).

Mais on doit chanter sur la voie du Sauveur, parce que sa gloire est grande. *Et cantent in viis Domini, quoniam magna est gloria Domini* (2). Aussi, les chantres suivent-ils avec des diacres et des sous-diacres, rangés deux à deux et formant deux chœurs. Ils chantent alternativement les strophes de l'hymne *O Redemptor*. Le christianisme a sa poésie; la harpe de David n'est pas restée suspendue aux saules des fleuves de Babylone. Des mains des prophètes elle a passé dans celles des saints de la nouvelle alliance. Ah! sans doute, nos hymnes chrétiennes n'ont point l'élégance des odes dédiées à Mécène. Mais celles-ci, en dépit de leur perfection classique, restent aujourd'hui silencieuses, tandis que celles-là, malgré leur forme incorrecte, font retentir les voûtes de toutes les basiliques du monde.

Un sous-diacre porte le baume après les chantres. Le crucifix, précédé de la prière, est suivi par des chants d'allégresse et par une foule qui court après l'odeur de ses parfums. Aussi demande-t-elle, dans ses strophes, que le baume, qui est un symbole de joie, se mêle à l'huile qui est un signe de force, et que cet heureux mélange donne aux chrétiens la force de persévérer

---

1. Apoc. XI, 4.
2. Ps. CXXXVII, 5.

avec joie dans le service du Dieu crucifié. L'hymne célèbre les dons de l'Esprit, qui procède du Père et du Fils, en les comparant aux parfums du baume. Saint Athanase n'a-t-il pas dit : « Le Saint-Esprit est un parfum qui émane de la nature du Fils ? *Hoc unguentum est flagrantia Filii* (1). C'est comme un baume et comme un sceau avec lesquels le Verbe oint et consacre toutes choses. *Spiritus unguentum et sigillum est, in quo omnia ungit et signat Verbum* (2).

Deux diacres suivent, avec le Saint-Chrême à droite, et l'huile des Catéchumènes à gauche ; les ampoules sont à demi recouvertes sous les plis de leurs écharpes. Celui qui tient le Saint-Chrême, le porte du bras gauche et le couvre du bras droit. Il figure le Christ qui porte son Eglise en la pressant sur son cœur, tandis que son bras droit est toujours prêt à la défendre. « Nous tenons son bras gauche, dit saint Bernard, mais nous avons encore besoin de crier : « A l'œuvre de vos mains, Seigneur, étendez votre droite (3). »

Les flancs rebondis de l'ampoule sont remplis d'huile pour signifier que l'Eglise porte dans des vases fragiles les trésors de la grâce et les dons de l'Esprit-Saint, huile invisible dont l'huile visible n'est que l'emblème et la figure (4).

Le vase est couvert d'une écharpe blanche pour sym-

---

1. Epist. III, n° 3, 6.
2. Ibid. I, n° 23, 24.
3. Serm. IV, *in Vigil. nativ. Dom.* n° 8. Cf. Job, XIV. 15.
4. Durand. *Rational.* lib. VI, cap. 74, n° 16. — Honor. August. *De gemma animæ*, lib. III, cap. 114.

boliser la sainteté de l'Eglise, la robe nuptiale du banquet eucharistique, la robe blanche du baptême, et la pureté des confirmands. A demi couverte, comme on a dit, elle figure l'Eglise qui est à la fois visible et invisible. Si tout en elle était lumineux, que deviendrait la foi, la conviction de ce qui ne paraît pas? Et si tout était obscur, comment le monde ferait-il pour la connaître et s'y rallier ? Il faut qu'il y ait en elle assez de lumière, pour satisfaire les exigences de l'esprit, et assez d'ombre pour conserver le mérite de notre adhésion.

Les douze prêtres ferment la marche avec les diacres et les sous-diacres. Les premiers symbolisent les douze apôtres, les autres figurent les disciples. Ils s'avancent deux à deux, comme ceux qui précèdent ; car le nombre deux est le signe de la charité qui préside à toute cette ordonnance. Or, il est répété souvent : il y a deux acolytes, deux chantres, le défilé a lieu sur deux rangs.

Cependant, le cortège arrive au *presbyterium*. Les diacres présentent à l'évêque et déposent sous ses yeux les précieux fardeaux. Le pontife se lève et bénit d'abord le baume : « Dieu qui préparez les mystères célestes et toutes leurs vertus, s'écrie-t-il, de grâce, exaucez nos prières ; rendez cette larme odoriférante, cette sève d'une écorce desséchée, qui coule d'un arbrisseau fertile, et nous enrichit du parfum sacerdotal : rendez-la digne de vos mystères, accordez-lui votre bénédiction et sanctifiez-la.

Après avoir encore prié, il mélange un peu de baume

et d'huile et récite une nouvelle oraison. Alors ont lieu les insufflations mystiques, qu'il fait avec les douze prêtres et qui rappellent celle du créateur, quand il donna à l'homme une âme et celle du Sauveur quand il dit à ses apôtres : « Recevez le Saint-Esprit. »

Ces cérémonies achevées, l'évêque exorcise le chrême, récite une longue préface et mêle l'huile et le baume en disant : « Que ce mélange de liqueurs devienne pour tous ceux qui en seront oints une propitiation et une garde salutaire dans les siècles des siècles. » Enfin, il salue solennellement le saint Chrême. Les douze prêtres s'approchent tour à tour ; ils saluent de même et fléchissent les genoux.

L'évêque procède à la bénédiction de l'huile des Catéchumènes. Le cortège se reforme. On reporte processionnellement les saintes huiles dans le *sacrarium*, où le pontife recommande de les garder avec soin. On chante au retour les dernières strophes de l'hymne, *ô Redemptor*, dont voici la conclusion :

« Que ce jour soit pour nous à jamais un jour de fête, un jour glorieux, et qu'il ne vieillisse point avec le temps.

O Rédempteur, acceptez l'hymne de ceux qui vous chantent en chœur. *O Redemptor, sume carmen temet concinentium* (1).

Sur quels fronts doit couler le Chrême ainsi consacré ? C'est la troisième question que nous avons posée. Voici la réponse : Tous les fidèles sont appelés à rece-

---

1. P. 419-484.

voir le sacrement de Confirmation. Dieu leur destine à tous, sans acception de personnes, la perfection de la vie chrétienne. Or la Confirmation n'est-elle pas le sacrement qui la donne ? « Tous les fidèles, dit le pape Urbain (1), doivent, après le baptême, recevoir le Saint-Esprit, par l'imposition des mains de l'évêque, afin de devenir chrétiens. » C'est ce qui fait dire à Hugues de Saint-Victor qu'il serait dangereux de sortir de cette vie sans la Confirmation, non parce qu'on serait damné, à moins qu'on ne le fît par mépris, mais parce qu'on serait privé de la perfection qu'on aurait dû avoir (2). »

A quel âge peut-on se présenter ? A tout âge, répondent les théologiens. C'était autrefois l'usage de confirmer les enfants, aussitôt que possible, et souvent, immédiatement après le baptême. De nos jours, on agit encore de même en Espagne et dans les Missions étrangères. Le catéchisme du concile de Trente reconnaît qu'on peut le faire, mais il ajoute qu'il est convenable d'attendre que les enfants aient sept ans. En France, on diffère généralement la Confirmation jusqu'après la première communion. Cette pratique est contraire à notre ancienne discipline, comme le prouvent les conciles provinciaux du moyen-âge. Aujourd'hui, cependant, on constate parmi nous un mouvement de retour aux règles antiques, comme à l'ordre des sacrements et à la discipline générale de l'Eglise. Plusieurs statuts diocésains, ceux de Toulouse par exemple, autorisent à pré-

---

1. *De Conserat.* distr. V. *Omnes fideles.*
2. Cité par saint Thomas, 3° p. q. 62, a. 8, ad 4.

senter les enfants avant leur première communion. Un récent concile du Puy va jusqu'à permettre de les amener, avant même qu'ils n'aient atteint l'âge de discrétion (1).

Quand il s'agit de la Confirmation des enfants, comme dans cette dernière hypothèse, la seule chose qu'on puisse exiger d'eux, c'est qu'ils aient préalablement reçu le baptême. Mais, s'ils ont atteint l'âge de raison et surtout s'ils sont adultes, ils doivent présenter des dispositions et remplir des conditions de plus d'un genre.

En ce qui concerne les dispositions, il faut d'abord qu'ils connaissent le symbole de la foi et les éléments de la morale chrétienne, les prières les plus usuelles, comme l'oraison dominicale et la salutation angélique, enfin ce qui regarde spécialement la Confirmation. Peuvent-ils s'approcher d'un tel sacrement, sans une piété sincère? Assurément non. S'ils ont la conscience chargée de quelque faute, qu'ils s'en repentent de tout leur cœur, dit le catéchisme du concile de Trente, et que les pasteurs s'appliquent à les faire confesser auparavant. Mais, ce n'est pas assez de sortir du péché, il faut pratiquer des bonnes œuvres. Voilà pourquoi le Pontifical romain et divers conciles recommandent avec tant d'instance aux confirmands de se préparer par de fréquentes prières, des jeûnes répétés et des aumônes en rapport avec leur condition.

Quant aux exigences matérielles également formu-

---

1. P. 485-500.

lées par l'Eglise, elles sont en assez grand nombre. Comme les fronts doivent recevoir l'onction du saint Chrême, le pape Clément XIV prescrit de se laver la tête, dès la veille de la Confirmation. Aux jeunes gens il recommande de se faire couper les cheveux ; aux jeunes filles il interdit de se farder le visage et de paraître avec une vaine parure. Qu'ils se présentent, les uns et les autres, avec des vêtements simples et modestes ; que leur tenue soit digne et leur extérieur recueilli. Ils se préoccuperont aussi de se choisir un nom nouveau, dans le cas surtout où le leur serait ridicule et messéant pour un chrétien. Ils doivent également apporter un chrismale, c'est-à-dire une bandelette de lin, de couleur blanche pour couvrir ou essuyer la sainte onction (1).

La Confirmation, comme le baptême, demande un parrain. Autrefois les deux sacrements s'administraient l'un après l'autre. La personne qui tenait l'enfant sur les fonts, le présentait aussi à l'onction du saint Chrême. Plus tard, quand ces sacrements furent séparés, on conserva l'usage de venir avec un parrain. L'enfant nouveau-né n'a-t-il pas besoin des soins d'une mère ? Le soldat qui s'initie au métier des armes, n'est-il point confié à des chefs qui l'instruisent et le commandent ? Or le confirmand est encore spirituellement un enfant et un chrétien très faible. Il faut qu'il soit soutenu par

---

1. 500-510. Cf. *Pontifical rom. Catech. conc. Trid. XVI; Conc. Bituricen.* 1584, *Rothomagen.* 1581, V *Mediolan sub sancto Carolo, et specialim Instruct. Clementis XIV.*

quelqu'un pour arriver à la perfection de la vie surnaturelle. Semblable au soldat qui fait son apprentissage, il a besoin qu'on l'instruise à combattre dans les rangs de l'Eglise militante (1).

Il convient qu'il y ait un parrain pour les hommes et une marraine pour les femmes, à cause de la délicatesse des fonctions qu'ils ont à remplir. Debout en présence de l'évêque, ils devraient tenir les enfants sur le bras droit, et présenter les adultes le pied droit sur le leur. Leur nombre n'est pas limité.

Les qualités des parrains se trouvent énumérées dans le Pontifical romain. Il faut qu'ils soient confirmés eux-mêmes et qu'ils aient accompli leur devoir pascal. Le père ou la mère des confirmands, leur mari ou leur femme ne peuvent être parrains ou marraines, en raison de l'affinité spirituelle qui en résulte absolument comme pour le baptême. On exclut également ceux qui ont encouru l'excommunication majeure ou l'interdit, les pécheurs publics et ceux qui ne sont pas instruits des rudiments de la foi (2).

Il ne reste plus qu'à montrer l'ordre de la cérémonie. Les préparatifs sont achevés. Le Chrême est consacré. Voici les confirmands avec leurs parrains. Quels sont les rites de l'administration du sacrement? Dernière question traitée par l'abbé Grignard et à laquelle il consacre près de cinquante pages.

Tenons d'abord pour certain que les rites de la Con-

---

1. *Summ. Théol.* 3ª p. q. 72, a. 10.
2. P. 510-526.

firmation sont convenables. Le concile de Trente frappe d'anathème celui qui oserait les attaquer, et le docteur angélique en a, au préalable, pris la défense contre les sacramentaires. « On doit fermement croire, dit-il à ce sujet, que l'Eglise est dirigée par la sagesse du Christ dans tout ce qu'elle prescrit. » Mais exposons-les avec quelque détail.

La Confirmation peut s'administrer en tout temps. Certains jours néanmoins, comme le Samedi-Saint et la Pentecôte, ont eu la préférence des anciens; on en devine facilement la raison. Quant au lieu, l'évêque peut choisir à son gré l'église ou la sacristie. A Naples, il y avait autrefois un édifice spécialement destiné à cet usage, et qu'on appelait le *Consignatorium* (1).

L'église préparée et le jour choisi, l'évêque revêt ses ornements : le rochet, l'amict, l'étole, la chape et la mitre.

Le rochet figure l'homme nouveau à qui Dieu donne une parfaite justice et qui se distingue par une vie pure. L'amict fait penser au soin avec lequel on doit surveiller sa parole, quand il s'agit de prononcer les formules auxquelles sont attachés de si grands biens. L'étole, joug du Seigneur, joug toujours suave, montre à tous que l'évêque se dispose à travailler dans le champ du père de famille, et faire descendre sur un sol déjà défriché par d'autres ouvriers, la rosée féconde de l'Esprit de Dieu. La chape, symbole d'immortalité, est de couleur blanche, pour figurer le rayonnement et l'éclat

---

1. 3ᵃ p. q. 62, a. 12.

des corps ressuscités (1). Elle présage, à cette heure, que la gloire des élus sera la récompense de leur courage et de leur victoire. L'évêque se couvre de la mitre, dont les deux cornes figurent les deux testaments, parce qu'il doit en avoir la science. « Il faut qu'il les sache par cœur, dit Durand de Mende (2), afin d'en frapper comme avec des cornes les ennemis de la foi. »

Le pontife s'assied, le visage tourné vers le peuple, sa crosse à la main, en signe de son autorité souveraine, parce qu'il est un des princes de l'Eglise et le représentant du Christ. Le peuple se tient debout par respect pour la majesté du sacerdoce. Après diverses monitions sur la Confirmation en général et la cérémonie qu'il vient accomplir, l'évêque ôte sa mitre, parce qu'il va prier ; il se lève, parce qu'il est le chef de l'assemblée ; il se tourne vers les confirmands, parce qu'il doit prier pour eux ; il joint les mains pour marquer l'ardeur de sa prière. Il appelle le Saint-Esprit et la vertu du Très-Haut, soit qu'il considère la Vertu du Très-Haut comme la personne de qui le Saint-Esprit procède (3), soit plutôt qu'il voie en elle la manifestation de la puissance du Saint-Esprit qu'il invoque (4). Il fait le signe de la croix sur lui, pour indiquer qu'il met toute sa confiance dans celui qui a été crucifié pour nous. Les confirmands mêlent leurs voix à la sienne et répondent à ses prières.

---

1. Durand, *Rational*, l. III, c. 1, n° 9-11. *Pontifical romain. Passim.*
2. *Rationale, lib III, cap. XIII, n° 1.*
3. *Rationale, lib. III, cap. XIII, n° 1.*
4. Ita Chrysost. et Greg. M. Cf. p. 539.

Après ces divers préludes, l'évêque étend les deux mains sur les confirmands, et dans des invocations solennelles, que l'assistance acclame en répondant chaque fois *amen*, il appelle successivement les sept dons du Saint-Esprit sur ceux qui les attendent. « Les bénédictions, dit l'abbé Grignard (1), succèdent aux souhaits et les souhaits aux bénédictions; et l'écho des unes et des autres arrivant coup sur coup jusqu'à l'âme, l'ébranlent et la secouent dans ses plus intimes profondeurs. Il est impossible d'assister pour la première fois à cette scène émouvante, sans éprouver je ne sais quel frisson, et sans sentir de douces larmes monter involontairement de son cœur à ses yeux. »

L'heure décisive est arrivée. Le pontife, ayant repris sa mitre, fait l'onction du Saint-Chrême sur le front des confirmands. L'huile est à la fois un symbole de lumière, de nourriture et de force. Toutes ces significations s'harmonisent merveilleusement avec les dons de l'Esprit-Saint. Le baume figure à son tour, soit l'Esprit-Saint lui-même, qui est comme le parfum du Verbe, soit les bons exemples du chrétien qui doivent se répandre comme une agréable odeur. L'onction matérielle représente la grâce sanctifiante, qui se répand dans l'âme pour l'envahir jusque dans son essence, ses facultés et ses actes.

L'onction imprègne le front, afin de montrer hautement que l'Esprit de Dieu descend en nous avec toute sa plénitude, ou bien que le confirmand doit désormais

---

1. Ita Euthymius et Maldonat. *Ibid.*

affirmer sa foi sans crainte et sans honte. L'onction se fait en forme de croix, parce qu'elle nous arme pour le combat dont la croix est l'étendard, ou parce qu'il nous faut maintenant porter à découvert ce signe glorieux qu'on a traité de scandale et de folie.

En faisant l'onction, l'évêque prononce des paroles qui, d'après le sentiment commun, constituent la forme du sacrement. Après avoir interpellé le confirmand par son nom, il lui dit : « Je te marque du signe de la croix, et je te confirme par le chrême du salut, au nom du Père et du Fils et du Saint-Esprit. Ainsi soit-il. » En analysant ces mots, on y découvre trois idées, l'expression de trois faits : 1° L'acte par lequel la croix est imprimée : « Je te marque du signe de la croix » ; 2° le rôle du Chrême et ses effets : « Et je te confirme par le Chrême du salut » ; 3° les divines personnes au nom desquelles agit l'évêque : les trois personnes de la sainte Trinité (1).

Immédiatement après, le pontife frappe le confirmé sur la joue. Suivant Muratori, cette cérémonie serait empruntée aux coutumes de la chevalerie antique. D'abord, c'est un fait qu'avant Durand de Mende, personne ne mentionne le soufflet de la Confirmation (2). Ensuite, les anciens liturgistes lui donnent, dans les deux cas, c'est-à-dire, pour le confirmé comme pour le chevalier, la même signification. Il marque le souvenir de celui qui a conféré le sacrement ou armé le

---

1. P. 559.
2. *Rational.* t. I, p. 417 et 421, note 30. Trad. Ch. Barthélemy. Paris, Vivès.

chevalier, ou bien encore il a pour but d'exciter leur vigilance et de les mettre en garde contre les ennemis de leur profession. L'évêque dit au nouveau chevalier une parole que vise cette dernière interprétation : « Réveillez-vous du sommeil de la malice, et veillez dans la foi du Christ avec une bonne renommée. » (1)

Des rubricistes modernes semblent ne pas tenir compte de ce rapprochement. Les uns disent que le soufflet n'a été dans l'origine qu'un geste de paternelle affection à l'égard du nouveau confirmé. Les autres y voient une leçon où l'on nous enseigne qu'il faut patiemment supporter les affronts et les injures (2). Durand avait aussi trouvé cette explication.

L'évêque dit ensuite aux confirmés : « Que la paix soit avec vous ! » Après quoi, on ceignait jadis leurs fronts du chrismale blanc dont nous avons parlé. C'était un symbole de la royauté spirituelle à laquelle les chrétiens venaient d'acquérir un nouveau titre. Comme le baptême nous revêt de la robe d'innocence, de même, la Confirmation orne nos têtes du bandeau royal. On le portait pendant sept jours au douzième siècle, en souvenir des sept dons ; durant trois jours seulement, au quatorzième, en l'honneur de la sainte Trinité ; vingt-quatre heures au moins au seizième, pour couvrir le Saint-Chrême avec un religieux respect. Aujourd'hui on essuie les fronts des confirmés, aussitôt après l'onction.

---

1. *Pontifical. Rom.*
2. *Catech. Concil. Trid.*

La Confirmation terminée, le peuple reconnaissant exprime sa joie, en chantant une antienne liturgique. Le pontife prie de nouveau pour les confirmés et demande à Dieu leur persévérance. Il prononce enfin sur eux une bénédiction solennelle, qui est comme le sceau de la cérémonie. Toutefois les confirmés ne se séparent point sans réciter leur profession de foi, le *Credo*, et les prières obligatoires, le *Pater* et l'*Ave* (1).

M. Grignard prend congé du lecteur dans un épilogue plein de modestie. Il s'excuse de n'avoir pas su pénétrer plus avant dans les profondeurs du mystère. « N'étant pas capable, dit-il (2), de franchir le seuil du cénacle, j'ai dû m'asseoir à la porte et sous le vestibule, pour recueillir les échos qui s'en échappaient. » Il se recommande humblement aux prières de ceux qui se rendront compte de son travail, « et pour finir, ajoute-t-il (3), par où j'ai commencé, c'est-à-dire, par le nom de celui qui est tout ensemble l'alpha et l'oméga, le premier et le dernier, le principe et la fin, qu'il me soit permis d'emprunter une dernière parole à Innocent III, et de redire avec lui, dans les mêmes sentiments et la même dévotion : « Le livre fini, louange et gloire à Jésus-Christ !

> Finito libro
> Sit laus et gloria
> Christo (4). »

1. P. 569-574.
2. P. 575.
3. P. 577. Je cite en abrégeant.
4. Conclusio libelli de sacro altaris mysterio. Migne, t. IV, col. 913.

# CHAPITRE QUATRIÈME

## Etudes liturgiques et sigillographiques.

Importance de l'ancienne liturgie diocésaine. — Essai de M. Grignard dans ce genre d'études. — Ebauche d'un calendrier de nos anciennes fêtes. — Enumération d'un certain nombre d'offices liturgiques autrefois célébrés dans le diocèse de Dijon. — Neuf sources où l'abbé Grignard a puisé ces offices. — Trois recueils particulièrement remarquables à ce point de vue. — Curieux détails sur les anciennes processions à Dijon. — Découverte d'un fragment d'un ancien office de saint Seine par M. Grignard. — Analyse de ce document. — Autres offices ne se rapportant pas au diocèse de Dijon. — Une étude sigillographique. — La mitre de saint Andoche. — Saint Bénigne était-il évêque? — Raisons pour lesquelles l'abbé Grignard répond affirmativement. — Opinion des Bollandistes.

ES prières liturgiques ne sont pas moins instructives que l'exposition théorique de la foi. Les livres qui les renferment équivalent à des traités de théologie, avec cette différence que les prières sont le langage du cœur, tandis que les thèses s'adressent à l'esprit. L'étude, sans doute, est une prière, mais une

prière sèche et froide. La prière, au contraire, a cela de beau qu'elle est une étude pleine d'ardeur et de feu. Sans insister sur les caractères distinctifs de la prière et de l'étude, les Pères de l'Eglise et les pontifes romains se sont plu à signaler le rapport de l'une avec l'autre. Dès les premiers siècles, on opposait aux hérétiques, pour les confondre, les cantiques des fidèles et leurs prières liturgiques. Le pape saint Célestin proposait la même règle aux évêques des Gaules, en les prémunissant contre les erreurs de Pélage : « Faites attention, leur écrivait-il, au sens des prières sacerdotales qui, reçues par tradition des Apôtres, sont d'un usage universel. Que la loi de la prière établisse la loi de la croyance. » Ces dernières paroles sont devenues comme une sorte d'adage, et Pie IX s'en est autorisé dans la bulle *Ineffabilis* (1). Voilà une première raison pour laquelle la recherche des anciens documents liturgiques est particulièrement chère aux théologiens et aux érudits soucieux des traditions chrétiennes. Ils trouvent dans les prières consacrées par l'Eglise un argument décisif de la foi.

Cette recherche, ils la font avec plus de complaisance encore, quand les livres dont il s'agit leur retracent les vieilles prières qui, par dévotion et privilège, furent spécialement en usage dans leur propre pays. Car, elles nous apportent non seulement l'irrécusable témoignage des croyances antiques, mais les pensées

---

1. Cf. *Théorie de la Dévotion au Sacré-Cœur*, par l'abbé Jules Thomas. Introduct. XIII-XV. Société de Saint-Augustin, Lille, Desclée 1884.

mêmes qui ont touché les âmes de nos pères, l'écho de leurs voix et les hymnes auxquelles leurs cœurs ont tressailli. Ah! sans doute, les siècles ont trop souvent usé ces formules et fait taire ces mélodies ; mais, quand un de leurs débris ou de leurs sons revient jusqu'à nous, ne semble-t-il pas que ce soit l'âme de nos pères qui nous apparaisse, ou qui nous fasse entendre un chant du passé ?

Ces deux idées étaient trop familières à M. Grignard (1), pour ne l'avoir point guidé dans ses investigations sur les anciens offices de notre diocèse (2). Il a, en effet, crayonné la suscription suivante sur un de ses manuscrits : *Offices diosésains*. Cet ouvrage n'est point achevé : loin de moi la pensée de le dire; la mort a glacé la main de l'ouvrier, avant qu'il ait terminé son travail. Je ne puis qu'indiquer les grandes lignes d'une œuvre commencée, en suivant seulement des notes éparses et incomplètes, mais certainement préparées dans un religieux dessein. L'abbé Grignard applaudit de tout cœur, on s'en souvient peut-être, à une publication semblable, qui parut en 1883 sous la signature de « M. Pellechet. » Cet ouvrage, dont nous avons analysé le compte rendu (3), est intitulé : « *Notes sur les livres liturgiques des diocèses d'Autun, Chalon et Mâcon*, avec un choix de leçons, d'hymnes et de proses composées en l'honneur de quelques saints spéciale-

---

1. V. *Bulletin d'histoire et d'arch.*, 1884, p. 165, et 1883, p. 34 et suiv.
2. Cote 4.
3. P. 359.

ment honorés dans ces diocèses. » — « Quand Origène, une des perles de l'église d'Alexandrie, disait notre bibliographe, composait ses commentaires sur la sainte Ecriture, des notaires les recueillaient sous sa dictée, et des libraires et des femmes exercées dans l'art d'écrire les copiaient avec le plus grand soin. Les temps sont changés, mais les habitudes demeurent ; et des mains pieuses continuent de veiller à la conservation des livres liturgiques qui offrent tant de rapports avec les livres sacrés. »

Ce gracieux éloge que l'abbé Grignard adressait à l'auteur des *Notes*, il le mérite aussi ; il a voulu du moins s'en rendre digne. Et, puisqu'il n'a pu terminer son œuvre, qu'il me soit permis d'exprimer ici le vœu qu'un autre la reprenne, et nous donne la joie de respirer les parfums de la piété antique. Qu'il vienne bientôt ce pieux érudit ; nous le regarderons, nous aussi, comme une des perles de notre église !

M. Grignard a dressé le plan de nos anciennes fêtes diocésaines, je veux dire, des fêtes qu'on célébrait jadis, avec un office propre, dans les limites actuelles de notre diocèse. Il a recueilli seulement trente-huit indications (1). Il en aurait trouvé bien d'autres, en achevant

---

1. Voici la liste de ces offices, d'après le calendrier de M. Grignard. La lettre qui suit les noms des saints indique les documents où ces offices ont été copiés ; s'il n'y a pas de lettre, ils viennent du Propre de l'église Notre-Dame de Beaune.

*A* désigne un manuscrit du quatorzième siècle, dont nous parlerons plus loin ;

*B*, le livre du P. Forestier : *Les vies des saints Patrons*, etc. ;

*C*, le livre de saint Grégoire de Tours : *De Gloria Martyrum* ;

son travail. Si l'on compare en effet ce calendrier à celui qu'on trouve à la suite des offices propres du diocèse

*D*, l'ouvrage de M. l'abbé Bougaud, mort évêque de Laval: *Etude sur saint Bénigne;*
*E*, un ouvrage édité par le même auteur: *La Chronique de Saint-Bénigne;*
*F*, les offices de la Sainte-Chapelle de Dijon ;
*G*, les offices propres de Saint-Etienne de Dijon;
*H*, un manuscrit intitulé : *Chapitre Saint-Denis de Vergy.*

### Januarius.

1. Willelmi, abbatis. E.
2. Translatio beatissimi Sequani confessoris. A.
3. Eustadii, abbatis. E.
9. Paschasiæ, V. et M. G.
10. Floridæ, virg. G?
14. Viventii, C. N. P. Sol. EX FUND.
23. Urbani, episc. Ling. D.

### Februarius.

10. Jarentonis, abbat. E.
23. Saronis, abbat. E.

### Martius.

15. Tranquilli, abbat. G ?
26. Bertilonis, Abbat. E.
FERIA 6 ANTE DOM. PASSIONIS, Festum Resurrectionis S. Lazari, episc. et mart.

### Aprilis.

26. Translat. SS. Floscelli, martyr. et Hermœi, abb. Dupl.
30. S. Roberti, abb. DUPL. EX FUNDATIONE.

### Maius.

1. S. Sigismundi, regis et martyris.
11. S. Gengulphi, martyr. DUPLEX EX FUND. DOMINICA INFRA OCTAVAM CORPORIS CHRISTI. Solemnitas SS. Mirabilis Hostiæ. F.

### Junius.

6. Dᵢ Claudii, epi. et confes. Duplum. H. (*sic*)

### Julius.

1. Translatio SS. Hilarii, Quietæ et Paschasiæ. G.
28. SS. Nazarii et Celsi, Victoris, papæ, martyrum et Innocentii, papæ, confess. DUPLEX.

### Augustus.

9. S. Hermæi, conf. abb. DUPL. CUM COM. VIGILIÆ et Romani, mart.
17. Mamantis, mart. Patroni Diœcesis. DUPLEX. F.
23. S. Symphoriani, mart, DUPLEX.

### September.

1. S. LAZARI, EPISC. ET MART. Solem.
7. S. Reginæ, V. et M. SEMISOLEMNE. EX FUNDAT.
17. S. Floscelli, martyris. DUPLEX.
24. SS. Andochii, Thyrsi et Felicis. martyrum. DUPLEX.

### October.

2. S. Leodegarii, episc. et martyr. SOLEMNE EX FUNDAT, CUM COMMEMORAT. OCTAVÆ DEDID. ECCL. Cf. B.
10. Translatio S. Mamantis, martyr. DUPLEX MAJUS. G.
19. Relevatio S. Benigni, martyr. DUPLEX MAJUS. G.
20. Translatio S. Lazari. B.
29. Revelatio reliquiarum S. Benigni. E.

### November.

1. S. Benigni, mart. G.
6. Translatio SS. Nazarii et Celsi, B.
10. Translatio S. Floscelli, martyr. DUPLEX.
24. Inventio et translatio S. Benigni, martyr. E.
Translatio S. Benigni. DUPLEX. MAJUS. G.
28. Hilarii. G ?

### December.

17. Translatio sancti Lazari, episc. et martyr. SOLEM. EX FUNDAT.

édités en 1864, on s'aperçoit d'abord que ce dernier est plus complet et dérive de sources plus nombreuses. Ensuite, on acquiert la conviction que ces sources, explorées dans leurs plus hautes origines, donneraient lieu à de nouvelles et peut-être très intéressantes découvertes. Car il s'agirait d'examiner les divers Propres des diocèses dont le nôtre faisait autrefois partie, et d'y chercher les fêtes célébrées çà et là dans nos villes et nos villages. Il faudrait remonter aux siècles qui précédèrent les réformes du concile de Trente, interroger les manuscrits gothiques de nos bibliothèques et ne pas dédaigner les renseignements perdus jusque sur les feuillets mutilés qui servent de couvertures à des livres plus récents. M. Grignard nous en donnera tout à l'heure un exemple curieux. Le cas n'est pas unique. J'ai sous les yeux une messe d'écriture gothique, en l'honneur de saint Germain, patron de l'église paroissiale de Vitteaux. Elle a été insérée, en 1783, à la fin d'un missel romain de 1680 par un mépartiste fort connu des érudits, M. Pierre Collon, mort curé de Saint-Jean-de-Losne. Qui n'a vu, dans de simples bibliothèques, des parchemins arrachés à de vieux livres liturgiques pour servir de reliure à des ouvrages profanes ?

Si le nouveau calendrier du diocèse de Dijon est plus complet que celui de l'abbé Grignard, en revanche, ce dernier contient des fêtes que l'autre ne mentionne pas. Chose singulière : les deux catalogues se rencontrent seulement douze fois dans leurs séries rétrospectives. De la seule ébauche de M. Grignard, on peut ainsi conclure que les éditeurs de 1864 n'ont pas jugé à propos d'inscrire dans leurs listes vingt-six de nos anciennes fêtes. Ils ont eu, soyons-en sûrs, de très bonnes raisons : respectons-les ; mais souhaitons, une fois de plus, qn'on nous rende tous nos saints. Plusieurs, sans doute, ne furent honorés que dans les abbayes bénédictines, mais ils tiennent aux entrailles mêmes de notre église. Ils l'ont aimée, ils l'ont servie, ceux qui vécurent parmi nous, quelques-uns, jusqu'à l'effusion de leur sang, tous avec une âme ardente. Et ceux dont nous avons reçu les reliques vénérées, ne méritèrent-ils et ne gardèrent-ils point la confiance des peuples par la succession de leurs bienfaits et surtout de leurs guérisons miraculeuses ?

L'abbé Grignard n'a pu même remplir le cadre que son calendrier semble promettre, car il n'a point réuni les trente-huit offices dont il a marqué l'incidence. Ses cahiers en contiennent seulement vingt-trois. Encore y en a-t-il trois qui sont renvoyés à d'autres fêtes, ceux du 28 juillet, du 1ᵉʳ septembre et du 17 décembre (1), et trois qui se rapportent à la vierge d'Alise (2). On en compte huit dont les titulaires voient leurs leçons dans le Propre de 1864 : saint Robert (3), saint Claude (4), saint Mam-

---

1. Les offices de SS. Nazaire, Celse et Victor, martyrs, et S. Innocent pape et confess., 28 juillet ; de S. Lazare, évêque et martyr, 1ᵉʳ septembre ; et de la translation de S. Lazare, évêque et martyr, 17 décembre.
2. Ils sont tirés, le premier des offices propres de l'église de Beaune ; le deuxième, des offices propres de la sainte Chapelle de Dijon ; le troisième, du propre édité, en 1723, par Mgr d'Attichy.
3. 29 avril, dans le Propre de Dijon, et 30 avril, dans l'ancien Propre de Beaune.
4. 6 juin. Le Propre de Dijon ne donne qu'une leçon.

mès (1), saint Andoche et ses compagnons (2), saint Léger (3), saint Lazare (4), et saint Bénigne. L'apôtre de la Bourgogne a deux offices dans notre Propre dijonnais : l'un fixé au dernier dimanche de la Pentecôte, l'autre au 24 novembre. M. Grignard en donne également deux. Les leçons du deuxième nocturne, dans le premier office, celui de la fête principale, sont différentes. Mais le second office emprunte les siennes, dans l'un et l'autre cas et d'une manière identique, au livre de saint Grégoire de Tours, *de Gloria Martyrum* (5). Quant aux offices également communs aux deux calendriers, les leçons de saint Robert présentent seules une corrélation marquée. Toutes les autres ont au contraire une rédaction très différente.

Les offices que le Propre dijonnais n'a point relevés et que notre liturgiste a transcrits, restent au nombre de neuf : 1° la Translation de saint Seine, le 2 janvier (6); 2° la Fête de saint Vivent, le 14 janvier (7); 3° celle de

---

1. 17 août, avec une leçon seulement au Propre de Dijon.
2. 24 septembre.
3. Fixé au 2 octobre, mais remis au 3, à cause de la fête des saints anges.
4. Le 17 décembre, le Propre dijonnais inscrit le *Natalis Lazari*, tandis que celui de Beaune porte au même jour : *In festo translationis sancti Lazari*, en renvoyant à l'office du vendredi avant la passion : *De Beato Lazaro resuscitato*.
5. Le Propre de Dijon inscrit ce titre le 24 novembre : *Inventio corp. Benigni*, tandis que le Propre de la Collégiale de Saint-Etienne que donne M. Grignard, porte au même jour : *In festo Translationis S. Benigni*. La fête de la *Relevatio* de saint Bénigne est marquée au 19 octobre.
6. Fête distincte de celle du 19 septembre. Voir plus loin ce qui est dit de la fête du 2 janvier.
7. Propre de Beaune.

saint Sigismond, roi et martyr, et de ses fils Gistald et Gondebauld, le 1ᵉʳ mai (1) ; 4° celle de saint Gengoult, le 11 mai (2) ; 5° la Solennité de l'Hostie miraculeuse, le dimanche dans l'Octave du *Corpus Christi* (3) ; 6° la Fête de saint Symphorien, le 23 août (4) ; 7° la Translation de saint Mammès, le 10 octobre (5) ; 8° la Fête de la *Relevatio* de saint Bénigne, le 19 octobre (6) ; 9° enfin, celle de la Translation de saint Flocel, le 10 novembre (7).

Le calendrier de M. Grignard renvoie à des documents très divers. Nous parlerons tout à l'heure d'un manuscrit curieux et de trois intéressants recueils. Deux ouvrages autrefois publiés par Mgr l'évêque de Laval, une *Etude historique* sur le premier apôtre de la Bourgogne et la *Chronique de saint Bénigne* ont fourni quelques indications. Saint Grégoire de Tours (8), un manuscrit intitulé : Chapitre Saint-Denis de Vergy (9), et les *vies des saints Patrons* par Pierre Forestier (10) en ont donné d'autres. En somme, le calendrier puise à

---

1. Propre de l'abbaye d'Agaune. Le Propre de Dijon fait mémoire de saint Sigismond, le 1ᵉʳ mai.
2. Propre de Beaune. Le Propre de Dijon fait également mémoire de saint Gengoult, le 11 mai.
3. Propre de la sainte Chapelle de Dijon. On sait par quel horrible sacrilège a disparu la sainte Hostie, pendant la Révolution.
4. Le *Proprium Sanctorum* du Bréviaire fait mention de saint Symphorien, le 22 août. L'office donné par M. Grignard est tiré du Propre de Beaune.
5. Propre de Saint-Etienne de Dijon.
6. Propre de Saint-Etienne.
7. Propre de Beaune.
8. *De gloria Martyrum*.
9. Archives de la Côte-d'Or : H, 21 Cartulaires, n° 110.
10. Dijon, 1713.

neuf sources. L'infatigable liturgiste se proposait de classer d'autres renseignements tirés des ouvrages de Pierre des Noëls, de saint Antonin de Florence et de Vincent de Beauvais. Il aurait ajouté quelques noms à son catalogue et surtout un certain nombre de leçons à sa collection (1).

Les trois recueils dont nous venons de parler, sont les *Officia propria* des insignes églises collégiales Notre-Dame de Beaune et Saint-Etienne de Dijon, et les *Officia Sanctorum*, dont les fêtes étaient célébrées dans la sainte Chapelle de Dijon, soit avec un office propre, soit sous un autre rit (2).

Ce dernier recueil fut imprimé à Dijon, en 1647. On en trouve un exemplaire à la bibliothèque de cette ville, sous le n° 2688. Il se compose de quatre-vingt-huit pages ; il est suivi de quelques pièces rapportées. C'est dans celles-ci qu'il faut chercher l'office manuscrit de l'Hostie miraculeuse. On y voit aussi des leçons de saint Bénigne, ainsi qu'un propre de sainte Reine et de sainte Barbe.

L'impression du recueil de Beaune est un peu plus ancienne ; elle date de 1628. La bibliothèque publique de Dijon en possède également un exemplaire, sous le même numéro. Il se divise en deux parties : la première renferme, entre autres choses, le calendrier des saints qu'on honore à Beaune, un supplément au martyrologe et quelques notes historiques. La deuxième partie contient les offices propres, des *Litaniæ sanc-*

1. Même liasse, cote 4.
2. *Ibidem.*

*torum* particulières à Notre-Dame, et des rubriques spéciales pour cette église. L'abbé Papillon a nommé l'auteur de ces *Officia propria;* c'est Guillaume Pasquelin, un érudit beaunois, qui fut professeur de grec à Milan et qui mourut dans sa ville natale, en 1632 (1), après avoir été pourvu d'une prébende à la collégiale.

Les offices propres de l'insigne collégiale Saint-Etienne de Dijon (2) ont été publiés par Chifflet, en 1657, et catalogués aussi sous le n° 2688, à la bibliothèque publique de Dijon. La première partie, paginée en chiffres romains, relate l'histoire de Saint-Etienne. L'auteur revendique pour cette église le titre de cathédrale à une époque, ne l'oublions pas, où le siège épiscopal était à Langres. Chifflet donne ensuite un détail qu'il est bon de retenir : la pierre miraculeuse, où les pieds de saint Bénigne furent scellés avec du plomb fondu, était conservée comme un des plus précieux souvenirs de ce vénérable sanctuaire. Elle fut malheureusement brisée, en quatre morceaux, par la chute de la voûte, dans l'incendie de 1137. On recueillit religieusement les fragments et on les mit aux angles du grand autel. La seconde partie porte des chiffres arabes ; elle renferme d'abord les offices propres, puis les offices communs, mais entremêlés de rubriques qui n'en forment pas le moindre attrait.

Celles qui concernent les anciennes processions ont

---

1. V. *les auteurs beaunois*, etc., par L. Gautheret-Comboulot, 1887. V. Guillaume Pasquelin.

2. *Officia propria insignis ecclesiæ collegiatæ S. Stephani Divionensis.* Le recueil compte en tout 250 pages.

été, en grande partie, copiées par M. Grignard. Si j'en parle ici, ce n'est point pour comparer avec les nôtres les habitudes religieuses du temps passé, mais pour montrer quelle piété excitaient alors les offices de l'Eglise. Cinq ou six processions par an nous suffisent aujourd'hui. Faut-il ajouter qu'ainsi réduites elles inquiètent encore ceux qui n'y assistent pas? Y craignent-ils un reproche en ce qui les concerne, ou bien un danger pour les autres, ou bien encore une menace pour l'avenir? je n'en sais rien. Mais les anciens dijonnais seraient bien surpris, s'ils revenaient parmi nous, de voir de pareilles terreurs ou de tels fantômes hanter l'esprit de leurs arrière-neveux. Parmi les mille sujets d'étonnement que leur offrirait la civilisation contemporaine, la suppression complète des manifestations publiques de leur foi, je veux dire, l'absence totale de ces défilés religieux, si fréquents à leur époque, les ébahirait outre mesure. Car ils avaient des processions à peu près tous les mois, et plutôt deux fois qu'une.

Processions à jours fixes : le 22 janvier, pour la fête de saint Vincent; le 23 avril, pour celle de saint Georges; deux jours après, pour celle de saint Marc; le 1er mai, pour celle de saint Philippe et de saint Jacques; le 28 mai, pour la réduction de la ville; le 25 juillet, pour le vœu de sainte Anne; le 15 août, pour la fête de l'Assomption; le 29 septembre, pour la fête de saint Michel; en octobre, au jour fixé par le clergé de la ville, procession d'action de grâces pour les fruits de la terre; le 2 novembre, pour la commémoraison des fidèles trépassés.

Processions réglées d'après l'ordre des fêtes mobiles. D'abord, deux fois par semaine, les lundi et mercredi, depuis Quasimodo jusqu'aux Rogations, toutes les fois qu'elles n'étaient point en occurence avec d'autres processions déjà prescrites. Ensuite, le cinquième dimanche après Pâques voyait s'ouvrir une suite continue de processions, celles des trois jours des Rogations et celle de la fête de l'Ascension.

D'autres fêtes mobiles avaient également les leurs : les dimanches de la Passion et des Rameaux, les mardis de Pâques et de la Pentecôte, enfin la solennité du *Corpus Christi*, celle que l'on appelle communément la Fête-Dieu.

On partait le plus souvent de Saint-Etienne, on faisait station dans l'une ou l'autre des églises de la ville, quelquefois en plusieurs, et il y avait généralement, dans le parcours de la procession, une messe et un sermon. On s'arrêtait, suivant l'usage, à Saint-Michel, à la sainte Chapelle, à Notre-Dame ; quelquefois à Saint-Bernard, à Saint-Jean, à Saint-Pierre, à Saint-Médard, à Saint-Bénigne, ou bien dans une chapelle des communautés religieuses. Le jour de saint Georges, on allait à Larrey, et l'on bénissait les espérances de la récolte, à la chapelle de Saint-Jacques dans les vignes (1).

Plusieurs de ces processions se faisaient en chapes, comme celles du 28 mai, du 25 juillet, du 15 août, du 29 septembre et du *Corpus Christi*. La plupart sont

---

1. *Benedictio et aqua lustralis ad capellam S. Jacobi in vineis.*

inscrites comme « processions générales » ; quelques-unes, celles de saint Marc et des Rogations, par exemple, portent de plus cette mention : « procession avec nos quatre paroisses (1) » c'est-à-dire, Notre-Dame, Saint-Michel, Saint-Nicolas et Saint-Pierre.

Quel élan, quel enthousiasme supposent, pour se soutenir seulement, tant de manifestations périodiques de foi et de piété ! Comme il était beau de voir passer ces religieux cortèges ! Comme il était doux de partir avec eux, en chantant l'*Exurge Domine*, de semer sur son parcours, les supplications des Litanies des saints ou de la sainte Vierge, de faire vibrer dans les églises où l'on s'arrêtait les antiennes et les hymnes en l'honneur des saints titulaires, et de rentrer, comme dans les semaines qui suivaient Pâques (2), en répétant les strophes de l'*O filii et filiæ*, avec ses *Alleluia !* Pieuses fêtes de nos pères, qu'êtes-vous devenues ? O saintes processions d'autrefois, pourquoi ne nous prêtez-vous plus vos notes joyeuses et vos religieux tressaillements ? Beaux jours du passé, ne reviendrez-vous pas, en ramenant avec vous la foi antique, les espérances immortelles et les fraternelles réunions sur lesquelles plane la charité chrétienne ?

Il nous reste à signaler un manuscrit découvert, à Dijon, par l'abbé Grignard, en 1882. Il rentrait à Saint-Ignace, après les vacances de Pâques, lorsqu'il acheta

---

1. *Quatuor parochiæ, cum quatuor nostris parochiis.*
2. Voir pour tous ces détails les rubriques des *officia propria* de Saint-Etienne.

chez un libraire une grammaire latine, dont la couverture en parchemin était chargée de caractères gothiques. Il y reconnut immédiatement une pièce liturgique qui se rapportait à saint Seine. La couverture soigneusement détachée du livre présenta une feuille double, écrite de part et d'autre. Les quatre pages étaient divisées chacune en deux colonnes, encadrées l'une et l'autre par des traits carmins, et chacune avec vingt-neuf lignes séparées par des traits semblables. Les lettres en grande partie à l'encre noire ou rouge offraient aussi quelques caractères au minium ou en bleu, avec une légère enluminure d'or (1).

Le docte professeur y lut d'abord les secondes vêpres de la Circoncision, puis il y rencontra ces lignes: EN LA TRANSLATION DE SAINT SEINE, CONFESSEUR (2). L'office commence par les premières vêpres de saint Seine et va jusqu'aux premiers mots de la seconde leçon du premier nocturne. Ravi de sa trouvaille, notre liturgiste en fit un relevé qu'il inséra dans ses offices diocésains. Puis, il rédigea un mémoire latin qu'il adressa aux *Etudes bénédictines autrichiennes*, pour attirer sur son précieux document l'attention des érudits les plus spéciaux.

Consignons ici les principales conclusions d'un travail qui est vraiment remarquable (3). Ce fragment

---

1. Cote 4, ms. latin.
2. *In transla(tione) beatissimi Sequani cõfessoris.*
3. Le mss. que j'analyse a été soigneusement revu et corrigé par un des rédacteurs des *Etudes bénédictines*.

d'office de saint Seine ne sort point du Propre d'une église particulière, puisqu'il vient à la suite d'un office commun à l'Eglise universelle, celui de la Circoncision. C'est évidemment une feuille de bréviaire. Il y a plus : il s'agit d'un bréviaire conventuel, le texte le démontre, et d'un bréviaire bénédictin, la forme du premier nocturne le prouve aussi.

Mais d'où peut-il venir ? Du monastère de Saint-Seine, répond M. Grignard. Quel autre cloître en revendiquerait plus justement la propriété, puisque c'est la mémoire d'une translation de reliques qu'on vénère précisément là. D'ailleurs, si le texte ne le dit pas expressément, il le laisse assez entendre. A quelle époque remonte cet office ? Au quatorzième siècle : l'orthographe et la forme des caractères en témoignent. Comment s'est-il perdu ? Sur ce point, on est réduit à des conjectures. On peut supposer avec notre érudit que ce manuscrit ne servant plus à rien, depuis l'impression des livres liturgiques, fut vendu, comme d'autres manuscrits du même genre, par quelque prieur à court d'argent. En tout cas, cet office de la Translation de saint Seine ne se trouve nulle part : ni dans la vie du Saint ou les Propres qui lui sont consacrés, ni dans les collections de Mabillon ou des Bollandistes, ni dans les archives de Dijon ou de la paroisse de Saint-Seine l'Abbaye (1).

Il y a, dès le début, des paroles qui ne manquent pas de grandeur ; elles rappellent un mot d'une hymne de

1. P. 1-12.

saint Jean de Réaume (1) : « Salut, étoile glorieuse, *ave stella gloriosa!* » Saint Seine était son disciple ; on

1. Voici, dans toute son étendue, la teneur de l'office de saint Seine :
In transla[tione] beatissimi Sequani cōfessoris. Ad Vs̄[peras].
℟. Sancte Sequane, xp̄i confessor, audi rogantes servulos, et impetratā celitus tu defer indulgētiam. V̄[er]sus. O sancte sequane, sydus aureum, d[omi]ni gr[ati]a, servor[um] ge[m]itus solita suscipe clementia. Et Ipetratā. V̄[er]sus. Os justi.
Ad Mag[nifica]t. ā. Psallat mater eccl[esi]a dulcia xp̄o cantica; pro sue prolis gl[ori]a, patris scilicet sequani, quē nos ipsius ovile, flagitem[us] p[re]cipue, ut tuis fulti p[re]cibus jungamur celi civibus.
P[ost] Magnificat. O[rat]io. Beatissimi sequani confessoris tui sacrosancta festivitas tue nos, domine, q[uesumu]s, conciliet pietati, in qua sanctitatis ejus merita venerantes tua in sanctis omnibus mirabilia predicamus. Per. Eodem die in nat[a]l. sc̄ti Macharii abb[at]is.
℣. Justus germinabit sicut lilium. Orō. Intercessio nos q̄s.

Ad mat[utinum].

Invitatoriū. Adsūt p[at]ris solennia sequa[n]i celeberrima, p[er]sonemus hymnizantes hymnos xp̄o unanimes. P̄. Venite.
Y[m]n[us]. Cujus o xp̄e. In 1° n° ā. Preventus sacer sequanus gra[tia] s[anc]ti sp[irit]us, genetricis in utero, virtutū fulsit titulo. Ps̄. Beatus vir. ā. Postq[uam] puer egregius ab infa[n]tie cultibus elapsus est, davidicis exornat sese canticis. P̄. Quare fremuerunt. An̄. Vacabat atque adeo dulci psalmorum jubilo, ut nullus ei similis tu[n]c his inc[ss]et studiis. P̄. Cum invocarem. ā. Secessit dei famulus non longe a parentibus, ut remotus a s[e]c[u]lo, sociaretur domino. P̄. Verba mea. An̄. Cepit sanctus interea membra domare tenera, molles artus jejuniis macerando acerrimis. P̄. Domine dominus nr̄. Antiph[ona]. Tuūm agnoru[m] cultib[us] devotus pr̄ sequanus, sic parcitati studuit, ut os sibi, p[rœ] macie cutis her[ere]t undique. In Domino. V̄[er]s[us]. Amavit.

L[e]c[ti]o p̄ma.

Erat enim tūc tp̄ris in magnimontensi opido presbiter moribus et etate nomine Eustadius vir deo dignus atque sanctissimus, que[m] p[ar]entes b[ea]tissimi sequani ad tondendum eum cum letitia adduxerunt. ℟. Incliti p[at]ris sequani devotione celebri celebrem[us] solennia, cujns etas tenerrima elegit vite monita. V̄sus. Celeste[m] cernens p[at]riam mu[n]di contempsit gl[ori]am, anhelans ad sublimia. Elegit.

Lectio secūda.

Qui cum venisset, precibus deo p[ro]fusis ejus capi.... [Cœtera desiderantur.)

l'invoque de même : « Ecoute, ô confesseur du Christ, tes humbles serviteurs qui te prient. Demande leur pardon, et, du haut du ciel apporte-le. O saint Seine, tu brilles comme un astre d'or. »

L'antienne qui précède *Magnificat* se compose de huit vers octosyllabes et rimés. Le répons du premier nocturne est du même style. L'invitatoire également rimé contient quatre vers semblables. D'après les rites encore en usage dans l'ordre de saint Benoît, il y a six psaumes inscrits au premier nocturne. Ils sont aussi précédés d'une strophe rimée. Ces antiennes poétiques reproduisent peut-être avec l'invitatoire une ancienne hymne en l'honneur de saint Seine, comme les deux strophes octosyllabes pourraient bien être des débris d'une prose aujourd'hui perdue.

La première leçon répond, trait pour trait, sauf quelques légères variantes, à la vie de saint Seine, telle qu'on la trouve dans le Père de la Rovère et Mabillon. De même, les premiers mots de la seconde. Mais il faut ici baisser le rideau, puisque la suite fait défaut dans le manuscrit.

L'abbé Grignard a aussi colligé d'autres offices qui n'appartiennent pas à notre diocèse. Ce n'est qu'un travail commencé ; je l'indique seulement pour mémoire, en citant, comme exemples, des extraits de Pierre des Noëls qui paraîtront peut-être singuliers, car il s'agit de saint Charlemagne (1), et des saints Roland, Olivier et autres soldats martyrs (2).

---

1. *De sancto Carolo magno imperatore. Catalogus sanctorum, lib. XI.*
2. *De sanctis Rothlando et Ulivero et aliis militibus martyribus, cap. CXX.*

Une étude sigillographique nous ramène au diocèse : elle nous conduira même jusqu'à ses plus lointaines origines (1).

Un habitant de Saulieu signalait à notre érudit, dans le cours de l'année 1880, deux sceaux provenant de l'ancien chapitre de cette ville. Ils mesurent l'un et l'autre 0$^m$,034 de diamètre, mais ils sont d'une gravure très différente. Le plus ancien représente les trois martyrs sédélociens, saint Andoche, saint Thyrse et saint Félix, suspendus à un arbre, les mains liées derrière le dos et les pieds attachés à de lourdes masses qui augmentent la rigueur de leur supplice. L'exergue porte cette inscription : † S. CAPITVLI. ECCLESIÆ. SEDE-LOCENSIS, c'est-à-dire : *Sceau du chapitre de l'église de Saulieu*. Il remonte au moins à l'an 1500, comme le prouve un titre de cette époque (2).

L'autre, plus moderne, pose une question difficile : saint Andoche était-il évêque ? M. Grignard a reproduit l'empreinte des deux sceaux ; voici comment il décrit la seconde (3) :

« Sur un fond tout uni se détache à l'arrière-plan le buste d'un personnage revêtu d'une chape et la tête couverte d'une mitre. Le reste de son corps est dissimulé par une vaste draperie semée de fleurs de lis, et chargée d'un glaive et d'une crosse passés en sautoir. Les extrémités en sont relevées par deux énormes nœuds. Deux personnages placés au premier plan et assez éloi-

1. Cote 27.
2. P. 1-9.
3. 10 et 11.

gnés l'un de l'autre pour laisser apercevoir le troisième, d'une main portent une palme et de l'autre soutiennent une couronne impériale surmontée du globe et de la croix. Le personnage de droite est orné d'une étole, celui de gauche n'a rien qui le distingue du reste des fidèles.

L'exergue, parfaitement conservé, contient cette inscription : Le Chapitre royal de Saulieu. »

Les trois personnages représentés par les deux sceaux sont évidemment les mêmes. Dans celui-ci comme dans celui-là, il s'agit de saint Andoche, de saint Thyrse et de saint Félix, diversement caractérisés.

Ruinée par les Sarrazins en 731, l'antique abbaye de saint Andoche fut rétablie et dotée par Charlemagne, qu'elle honora toujours comme son véritable fondateur. C'est le souvenir du grand empereur que rappellent d'abord la draperie en forme de manteau impérial, ensuite la couronne impériale qui la surmonte, enfin l'épée victorieuse qui se croise avec la crosse abbatiale.

Saint Thyrse paraît à droite : on le reconnaît à son étole; saint Félix est à gauche : ils tiennent l'un et l'autre la palme qui symbolise leur martyre (1).

Saint Andoche est orné d'une mitre. Ce n'est point la première fois qu'elle figure sur sa tête. « En effet, dit M. Grignard (2), lorsque, le 21 décembre 1119, le pape

1. 37, 41.
2. P. 11.

Calixte II consacrait en personne l'église de Saulieu, le chef du martyr fut « déposé dans un magnifique reliquaire d'argent, en forme de buste, avec une mitre, enrichie de pierreries, et soutenue par huit anges de même métal (1). »

Or, la mitre est un attribut de l'épiscopat. Faut-il en conclure que saint Andoche était évêque? Notre auteur incline à le croire. On pourrait lui objecter deux choses : la première, que la mitre comme la crosse se réfèrent, dans le sceau qui nous occupe, aux insignes de l'abbaye. Car, on n'ignore pas que les abbés obtinrent, à partir du douzième siècle, le privilège de porter la mitre et la crosse, et que les monastères les gravèrent ensuite dans leurs armes. La seconde objection n'est pas moins grave. On donne toujours à saint Andoche le titre de prêtre, et jamais celui d'évêque. Ainsi, par exemple, le nouveau Propre de Dijon annonce en ces termes la fête des martyrs de Saulieu, le 24 septembre : *S. S. martyrum Andochii presbyteri, Thyrsi diaconi et Felicis hospitis*.

Voici la double réponse de l'abbé Grignard : d'abord, en ce qui concerne l'usage de la mitre, le premier exemple que l'on en cite est celui d'un abbé de Cava qui reçut ce privilège en 1091. Or, vingt-huit après, en 1119, le buste de saint Andoche à Saulieu porte le même insigne. Cet intervalle est trop restreint pour qu'un usage semblable se soit universellement répandu dans l'Eglise, ou du moins, pour qu'il ait eu le temps de

---

1. Baudiau, *Le Morvand*, t. III, p. 232.

passer de l'Italie au cœur même de la France. L'abbaye de Flavigny, dont la fondation est contemporaine de celle de saint Andoche, et qui était bien autrement importante, n'obtint le privilège de la mitre pour ses abbés qu'en 1444, sous le pontificat d'Eugène IV (1).

Ensuite, par rapport au titre de prêtre, « les plus anciens martyrologes, ceux qui portent le nom de saint Jérôme, ne donnent pas plus le titre de « *presbyter* à saint Andoche que celui de *diaconus* à saint Thyrse. Tous les exemplaires sont unanimes à comprendre les deux saints, avec leur hôte saint Félix, sous l'appellation commune de martyrs (2).

Le martyrologe de Bède est le premier qui attribue à saint Andoche l'épithète de prêtre, *presbyter*. » Mais autrefois le mot prêtre, qui désigne étymologiquement plutôt l'ancienneté que la dignité, fut souvent appliqué aux évêques. La sainte Ecriture et les saints Pères l'ont employé dans ce sens (3). Saint Jérôme n'a-t-il pas dit? *Idem est presbyter, qui et episcopus* (4).

Les documents liturgiques relèvent l'éminente dignité du sacerdoce de saint Andoche. Les uns l'appellent (5): « *O sacerdotum nobilissime* ; les autres : *gloriose princeps*. Ils vont jusqu'à lui donner un titre équivalent à celui d'évêque : *Præsul insignis, martyr Andochi*. Enfin le saint apôtre marche toujours accompagné de

---

1. P. 13. Cf. *Gall. christ.* IV, col. 463, C.
2. P. 13. Cf. *Acta S. S.* tom. VI sept. *Comment. prævius*, n[ls] 1, 2.
3. Act. Apost. XX, 17, 28; Tit. I, 5, 7.
4. *In Epist. ad Tit. ad cap.* I, 5, 7.
5. Leçon VII du bréviaire éduen de 1480, publié par M. Pellechet.

son diacre, absolument comme les évêques des premiers siècles (1).

Telles sont les principales raisons de M. Grignard. Mais cette thèse en évoque une autre qui lui est tout-à-fait corrélative. Si l'on peut supposer que saint Andoche a reçu la consécration épiscopale, comme semble l'indiquer cette mitre sigillaire, n'y a-t-il pas lieu de croire que saint Bénigne, le grand apôtre de la Bourgogne, le chef de la mission à laquelle appartenaient saint Andoche et saint Thyrse était aussi revêtu de la même dignité ? Comme dans le premier cas, nous nous heurtons ici à des idées communément reçues. Les leçons du bréviaire et l'indication de la fête de saint Bénigne lui donnent seulement le titre de prêtre. De même, une inscription de son tombeau qui est de la fin du neuvième siècle ; je la cite parce qu'elle est peu connue (2) : HIC REQUIESCIT CORPUS S. BENIGNI PRBT ET MARTYRIS. A l'opinion commune, l'abbé Grignard oppose des raisons qui, sans être péremptoires, prouvent du moins que la question mérite d'être examinée (3). Ces raisons nouvelles, en ce qui se rapporte plus spécialement à saint Bénigne, essayons de les condenser et dégageons-les, pour les mieux saisir, des discussions où s'arrête notre auteur.

Premièrement, on peut dire que saint Bénigne est aussi représenté avec une mitre. Nous connaissons deux

---

1. P. 13"-22.
2. *Epigraphie bourguignonne. Eglise et abbaye de Saint-Bénigne de Dijon*, par Gabriel Dumay, Paris et Dijon, MDCCCLXXXII, p. 189.
3. P. 39.

anciennes figures de l'illustre martyr. Elles ont été longtemps conservées l'une et l'autre dans l'église bâtie en son honneur par le vénérable abbé Guillaume et reconstruite par Hugues d'Arc. Gravées par Dom Plancher, elles reproduisent certainement l'image du saint, et la plus remarquable, avec les insignes de l'épiscopat, ou du moins avec deux choses qu'on peut prendre, l'une pour une crosse, l'autre pour une mitre. « Elle appuïe sa main droite, dit le savant historien (1), sur un long bâton pastoral, dont le bout d'en bas est pointu et porte à terre ; de sa main gauche abaissée et posée sur le milieu du bâton pastoral, elle tient une palme dont la tige s'élève jusqu'au haut de l'épaule. Cette figure est chaussée et porte en tête un bonnet semblable à celui de la figure qui représente S. Grégoire, évêque de Langres. » — « Or, le bonnet de saint Grégoire de Langres, ajoute M. Grignard, ne peut être qu'une mitre, dont on distingue du reste parfaitement la fente et les deux parties. Mabillon appelle cette espèce de mitre : *mitra humilis ;* il prétend qu'elle n'a commencé à être en usage « que vers le onzième siècle (2). »

Cette première figure était placée au milieu du portail. La seconde appartenait à un bas-relief du vestibule de l'église. Elle représente le martyre de saint Bénigne; elle porte, selon toute apparence, une mitre semblable (3) ; elle remonte d'ailleurs à la même époque. Les deux figures sont contemporaines de l'abbé Guil-

---

1. Histoire générale et partic. du duché de Bourgogne, p. 502.
2. *Ibid*. 511.
3. Etude sigillographique, 30 A et suiv.

laume et certainement antérieures à la concession de la première mitre abbatiale dont il a été question. Quant au monastère de saint Bénigne, il n'obtint pareille faveur qu'à la fin du quatorzième siècle. L'artiste du onzième a-t-il devancé les temps par une sorte de divination ? Le penser seulement serait pure chimère. S'il a décoré de la mitre la tête de l'apôtre de la Bourgogne, c'est qu'il le croyait évêque.

Secondement, l'auteur anonyme de la *Chronique de Saint-Bénigne* nous apporte un autre témoignage du courant d'idées qui entraînait le vieil artiste. Il vivait, a dit Mgr l'évêque de Laval (1), à la belle époque de l'abbaye, sous le vénérable abbé Guillaume et sous Halinard son successeur. L'école monastique était florissante ; partout on copiait, on enluminait, on composait : « C'est dans ce milieu doux, recueilli et ardent que l'auteur de la *Chronique* passa toute sa jeunesse. Il en conserva un souvenir profond qu'il a consigné en un mot charmant, dès les premières lignes de la *Chronique*. *Nos hujus sacratissimi monasterii a parvulo habitatores et amatores.* » Il trouva dans la bibliothèque de l'abbaye et surtout dans ses traditions les vestiges d'un passé qu'il a recueillis et enregistrés avec soin. Si donc il suppose que saint Bénigne était évêque, c'est parce qu'on le supposait autour de lui, et sa parole est l'écho des grands abbés qu'il avait connus (2). Ouvrons la *Chronique* et demandons-lui ce qu'elle sait de nos

---

1. *Etude historique*, p. 180. Cf. *Étude sigillographique*, p. 33.
2. P. 34.

premiers apôtres. Elle raconte, sans distinguer entre saint Andoche et saint Bénigne, qu'ils reçurent de Zacharie, évêque de Lyon, la puissance d'accomplir toutes les fonctions du culte divin, apparemment les plus éminentes (1), puisque d'après les actes, saint Bénigne et saint Andoche étaient déjà prêtres : « Les témoins du Christ, dit-elle, après avoir été longuement encouragés par le bienheureux Zacharie, afin qu'ils eussent le courage d'annoncer à tous la parole de Dieu et le nom du Christ, reçurent de lui la bénédiction et la puissance d'accomplir toutes les fonctions du culte ecclésiastique et divin. Après quoi, ils se dirigèrent sur Autun (2). » M. Grignard a soin de faire remarquer que le mot *bénédiction* est employé dans ce passage comme synonyme du mot *consécration*. Gratien lui donne le même sens (3).

Troisièmement, il est curieux de rechercher ce que les anciens documents racontent du ministère de saint Bénigne. Au nombre des traits sous lesquels le comte Térentius le dépeint à Marc-Aurèle, on voit qu'il bat en brèche le culte des dieux, lave le peuple avec de l'eau et lui fait une onction avec du baume. *Aqua abluit et balsamo linit.* Voilà ce qu'on lit dans les actes et ce que répète une vie en vers saphiques du dixième siècle. Il s'agit évidemment du baptême et de la confirmation.

---

1. P. 38 ᶜ.
2. *Benedictione etiam et potestate omnis ecclesiastici et divini cultûs peragendi ab eo acceptâ.* Chronique, p. 5.
3. Décret, *dist.* LXXV. Cf. *Etude sigill.* p. 37.

La strophe qui suit ne laisse aucun doute :

> Ad fidem plures convolant,
> Quos Benignus sanctissimus
> Sacris mergebat fontibus,
> Liniebat et Chrismate,
> Pontificis sub schemate.

L'apôtre administre la confirmation, non par délégation, mais en qualité d'évêque, puisqu'il en revêt les ornements, *Pontificis sub schemate*. De plus, il fonde et consacre les églises, la *Chronique* le dit expressément. Or, l'évêque seul, Durand le remarque, peut dédier les églises et les autels. Ces paroles : *Ecclesias in aliquibus sacravit locis*, prouvent donc que saint Bénigne n'était pas un simple prêtre. Mais que penser de celles-ci : *Sacerdotesque ac ministros ad divinum cultum instituit* ? Comment le saint apôtre aurait-il pu conférer le sacrement de l'ordre, s'il n'avait pas reçu lui-même la plénitude du sacerdoce ? De l'aveu de tous, l'ordination des prêtres n'a-t-elle pas toujours été réservée à l'évêque (1) ?

Quatrièmement enfin, « la même *Chronique*, parlant de l'église Saint-Jean de Dijon, consacrée, disait-on, par saint Bénigne, raconte qu'un certain nombre d'évêques de Langres y choisirent le lieu de leur sépulture, apparemment par dévotion pour le saint, et dans le but de se rapprocher après leur mort de celui dont

---

1. P. 22-28.

ils avaient tenu la place de leur vivant : *Ut quem sequebantur ordine sacerdotii, eadem quâ ille humo cuperent sepeliri.* Or, saint Urbain, saint Grégoire de Langres, saint Tétric, qui sont spécialement cités jouissaient de la plénitude du sacerdoce. Donc, saint Bénigne devait en jouir pareillement. Car, dans l'hypothèse contraire, ces prélats l'auraient précédé et non suivi dans l'ordre du sacerdoce (1).

J'ai cité tout au long ce dernier argument que les Bollandistes invoquent à leur tour dans leur récente étude de saint Bénigne. Celui qui l'a rédigée, le R. P. van Hooff, s'est vivement défendu depuis d'avoir contesté le caractère de saint Bénigne ; voici ses paroles (2) : « Je n'ai jamais contesté à saint Bénigne son caractère. Je fais même mon possible pour faire admettre le caractère épiscopal de saint Bénigne. » Et pour le prouver, il renvoie à divers passages des *Acta sanctorum*. Il dit en effet après avoir cité le texte de la *Chronique* au sujet de la sépulture des évêques de Langres : « L'auteur avait la conviction que saint Bénigne était évêque ; ces paroles l'indiquent clairement (3). » L'inscription de la *Passio secunda* qu'il apporte à l'appui de la même thèse, est assurément fautive en ce qui concerne le siège attribué à notre apôtre, mais « elle ne confirme pas moins, dit le docte écrivain, l'opinion de sa dignité épiscopale (4). » Un passage de la *passio sexta* tend

---

1. P. 29.
2. *Polémique relative à saint Bénigne*, par l'abbé J.-B. Lucotte, p. 8. Dijon, Damongeot, 1888.
3. *Acta sanctorum*, t. I de novembre, p. 154 note A.
4. P. 153. *Passio sancti Benigni Carnotensis episcopi.*

également à le faire croire (1), ainsi qu'un texte du moine Raoul (2). Enfin toute hésitation cesse devant un extrait du *Liber miraculorum,* comme le prouve cette note : « Ici saint Bénigne manifestement apparaît évêque. *Hic sanctus Benignus manifeste apparet episcopus* (3). »

Il ne faut pas le cacher, le R. P. van Hooff s'entoure de quelques réticences sur ce qu'il pense lui-même. Il donne l'opinion de ceux qu'il cite plutôt que la sienne. Il procède par insinuation : « Si ces choses-là sont vraies, dit-il, elles confirment l'opinion que saint Bénigne était évêque (4). » Ou bien encore : « Si j'admettais l'authenticité des actes, je ne douterais nullement qu'il ne fut évêque (5). »

Mais le savant bollandiste n'entend point du tout ébranler la tradition. De ce que deux ou trois textes lui paraissent douteux, il ne rejette point ceux qui sont certains, et si quelques personnes peuvent douter, il ne contredit pas celles qui veulent croire. Il semble même se ranger à leur suite, car il dit de celui qui lira attentivement les passages auxquels il renvoie dans son œuvre (6) : « Celui-là sera peut-être d'avis que l'opinion favorable à l'épiscopat de saint Bénigne a sa raison d'être. »

1. P. 165, note B.
2. P. 176.
3. P. 174, note C.
4. P. 176, note E.
5. P. 139, n° 32 F.
6. Polémique déjà citée, p. 8.

# CHAPITRE CINQUIÈME

## Fragments de Poésie et d'Histoire

RELATIVES A LA BOURGOGNE

Raison de ce chapitre. — Ce que l'on entend par les anciens drames liturgiques.— Leur raison d'être, d'après M. Grignard. — Plan d'une étude sur les mystères en Bourgogne. — But de l'auteur. — Dates de quelques anciennes représentations. — Fragments de deux ou trois pièces. — Une scène émouvante. — Indications historiques. — Manuscrit de M. Fertiault. — *Bibliothèque du clergé dijonnais.* — *Notes sur les évêques et l'évêché de Dijon.* — La création et la première organisation du diocèse. — Les cinq premiers évêques. — Leurs successeurs jusqu'à Mgr Rivet. — Conclusion de l'abbé Grignard.

ous réunissons dans ce chapitre et sous le titre qu'on vient de lire un certain nombre de manuscrits de genres tout à fait divers, pour ne pas dire absolument disparates. Ces manuscrits n'ont d'autre lien que de se rapporter à la Bourgogne et d'autre ressemblance que de se trouver tous à l'état de fragments. Si nous les avions passés sous silence, les amis de

l'abbé Grignard qui les connaissent, nous eussent reproché justement d'avoir laissé dans l'ombre plusieurs éléments de notre sujet. Et si nous les avions séparés pour en faire autant d'études spéciales et de chapitres distincts, des Aristarques, soucieux de la brièveté, nous eussent accusé, non sans raison peut-être, d'avoir trop longuement insisté sur des travaux restés incomplets. Parmi ces documents, les uns touchent aux choses liturgiques ; les autres appartiennent à notre histoire locale. Ils forment ainsi dans leur ensemble comme une transition naturelle entre les sujets dont nous avons parlé et ceux que nous avons encore à présenter au lecteur. Voilà pourquoi il nous a semblé que nous pouvions lui offrir ici cette gerbe de glanures.

S'il faut distinguer dans la poésie trois phases successives, la poésie lyrique, la poésie épique et la poésie dramatique, il n'est pas moins juste de remarquer qu'il y eut au moyen âge deux genres simultanés de drames. Les uns étaient destinés à édifier le peuple, tout en l'amusant ; les autres, à l'amuser sans prétendre à l'édifier. Ce dernier comprend les sermons joyeux, les fêtes burlesques, les moralités bouffonnes, et jusqu'à ces farces rimées qui terminaient les représentations. Au premier genre appartenaient les drames liturgiques, ainsi nommés de ce qu'ils étaient nés des fêtes religieuses dont ils offraient une innocente parodie. C'est ce qu'en poétique on appelle proprement « les mystères. » Pour tout dire en un mot, les mystères sont une représentation figurée, et sous forme de jeu, de quelques-uns des principaux faits de l'histoire religieuse. L'Ancien Testament, le Nouveau, la vie des saints, tout a fourni matière à ces pièces qu'on recherche aujourd'hui volontiers et qui forment déjà un très volumineux répertoire. La Nativité de Notre-Seigneur, sa Passion et sa Résurrection ont été les sujets les plus populaires et ceux qu'on retrouve en plus grand nombre.

Comment expliquer ces jeux bizarres, grossiers, souvent même indécents ? Voici la réponse de notre littérateur (1) : « La grâce suppose la nature, mais elle ne la détruit pas. L'homme le plus grave se déride par moments ; et, si la gaîté délicate ou grossière sommeille à certaines heures, elle ne tarde pas à se réveiller avec des éclats d'autant plus bruyants qu'ils avaient été plus longtemps comprimés. Un vieil auteur nous compare à des tonneaux mal cerclés, dans lesquels fermente un moût généreux, et il en conclut qu'il faut ménager une issue au rire, pour éviter une explosion désastreuse. Le moyen âge qui avait un sentiment si profond de la nature de l'homme et le prenait tel que Dieu l'a fait, avait admis le grotesque partout, dans les arts, dans les mœurs, dans les lois et jusque dans les églises. « Nous le voyons ordonner, dans chaque ville de la catholicité, quelqu'une de ces cérémonies singulières, de ces processions étranges, où la religion marche accompagnée de toutes les superstitions, le sublime environné de tous les grotesques (2). » Et pour nous en tenir au sujet qui nous occupe, le drame liturgique, sérieux, grandiose et presque divin, voit naître et se

---

1. *Les mystères en Bourgogne*, cote 13, p. 10.
2. V. Hugo, Cromwel, Préface, p. 25, (citation de M. Grignard.)

développer à côté de lui un élément ridicule et comique, dont la fête des Innocents et celle des Fous sont restés comme l'impression la plus connue et la plus familière. Tels, dans les forêts du Nouveau-Monde, un arbre puissant laisse échapper des branches qui retombent vers le sol où elles s'enracinent, et d'où elles s'élancent en jets parfois vigoureux, et parfois bizarres. Ou, pour nous servir d'une comparaison plus en rapport avec le sujet, de même que la tragédie antique ne marchait pas sans le cortège obligé de la satire, dont le cyclope d'Euripide est resté comme le seul débris, ainsi le drame liturgique ne se développe pas sans être accompagné de farces ni de mascarades. »

Ces réflexions nous indiquent que l'abbé Grignard avait serré de près son sujet. Comment voulait-il le traiter, et quel était son but? Il s'est expliqué catégoriquement sur les deux points. Il entend faire une étude originale et complète de ces drames et de ces jeux, mais en se restreignant à la Bourgogne. Son titre : *Les Mystères en Bourgogne,* en est déjà la preuve. De plus, en annonçant son travail à l'université de Fribourg, il s'exprime ainsi dans le *Curriculum :* « C'est une revue d'ensemble de tous les mystères ou drames chrétiens joués en Bourgogne. Les uns sont inédits; les autres sont rares et peu connus. J'ai réuni tous les matériaux. Les mystères constitueront une œuvre littéraire et historique qui manquait à la Bourgogne (1). »

1. Cf. *La Représentation d'un Mystère de saint Martin à Seurre, en* 1496, par E. Serrigny. Dijon, 1888.

Voici la division qu'il veut suivre (1) : « Nous commencerons, et c'est justice, dit-il, par étudier d'abord les drames religieux, et si nous nous appesantissons, et à juste titre, sur le côté sérieux, nous ne dédaignerons pas le côté comique et plaisant.

Nous passerons ensuite à l'étude du drame à la cour des ducs.

La Mère-Folle et les sociétés similaires attireront également notre attention.

Et nous terminerons par quelques recherches sur le théâtre scolaire.

Malgré le zèle des érudits, observe-t-il, bien des œuvres ont disparu ; et nous aurons le regret d'entrevoir dans le lointain des terres sur lesquelles il ne nous sera pas permis d'aborder. Mais les régions accessibles ne seront peut-être pas sans intérêt pour le lecteur qui aime son pays, et qui, non content de vivre de sa vie présente, veut encore s'initier aux manifestations les plus diverses de sa vie dans une époque qui a précédé la nôtre, et qui malgré toutes les déclamations et toutes les haines, n'en restera pas moins incomparablement grande et belle jusque dans ses derniers replis. »

Ces dernières paroles cachent la véritable intention de M. Grignard. La curiosité ne le guide pas seule. Soldat de l'Eglise, il la défend en tout et partout. Ecoutons-le parler (2) : « Lorsque Balac, le roi de Moab,

---

1. *Ibid.* P. 12 et 13.
2. *Ibid.* 13 et 14.

entendit que le prophète Balaam bénissait le peuple d'Israël, au lieu de le maudire, il l'emmena dans un autre endroit, espérant que, quand il ne verrait plus qu'une partie du peuple dont il avait jusque-là contemplé l'ensemble, ses bénédictions se changeraient forcément en malédictions. Mais son espoir fut déçu, et le prophète continua de bénir (1).

Le scepticisme contemporain procède de la même façon. Il détourne les regards du spectacle majestueux que présente l'Eglise, dans sa marche à travers les déserts de la vie. Il s'attache de préférence à ses petits côtés, et se flatte de la trouver ainsi plus facilement en défaut. Mais souvent ses prévisions sont déjouées par les faits. Un esprit juste et sincèrement impartial, ne peut s'empêcher de proclamer, malgré lui, la grandeur de cette divine institution qu'il avait d'abord l'intention de critiquer.

Tel sera, nous n'en doutons pas, le résultat des études faites pour mieux connaître le théâtre éclos au moyen âge sous les inspirations du sens et du génie chrétien. Nous serions trop heureux si ces modestes pages, consacrées au théâtre religieux en Bourgogne, pouvaient y contribuer dans une certaine mesure. »

Mais pourquoi faut-il nous contenter de ces promesses? Les manuscrits s'arrêtent ici. Les matériaux qu'avait recueillis l'abbé Grignard ont-ils été dispersés? Ou bien avait-il seulement en vue les sources où il devait les prendre? Je ne sais, mais c'est à peine si ses

---

1. *Num.* XXIII, 13.

cartons renferment quelques indications et deux ou trois fragments.

L'ancien théâtre, avons-nous dit, comprenait deux sortes de pièces, les unes édifiantes, si l'on veut, les autres assurément fort grotesques. Au premier genre appartiennent les représentations bourguignonnes dont voici la date :

« Le dimanche 29ᵉ jour d'octobre, l'an MCCCCXXXVII, certains religieux de l'ordre des frères du Carmel avec certains prestres et aultres gens laiz jouèrent à Dijon, au champ de Morimont, sur certaines loges ou chaffaulx illec dressiez et levez, le mistère et representacion de la vie de monsieur saint Eloi, duquel mistère estoit meneur et conduiseur messire Jehan Montbelliard, prebstre, et par dedans ledit mistère y avoit certaine farse meslée par manière de faire resveiller ou rire les gens (1). »

Une autre représentation eut lieu dans la même ville, quelques années plus tard : « Un mystère, ou jeu du Saint-Esprit (probablement la mise en scène de la descente du Saint-Esprit) fut joué à Dijon, peu de temps avant le 7 juin 1453. Une pièce d'un procès criminel, laquelle est datée de ce jour, fait mention d'un certain « *Picard* qui *fut Dieu, quand l'on joua le jeu du Saint-Esprit dernièrement* (2).

Auxerre eut également ses fêtes joyeuses : « La vie

---

1. Cité d'après M. L. Petit de Julleville, *Histoire du Théâtre en France, les mystères*, t. II, p. 19. — Communication particulière de M. Garnier.
2. *Ibid.* p. 23-24. Même communication.

et les miracles de saint Germain, » en 1452, et dix ans plus tard, « Le mistère de la Passion de Nostre-Seigneur. » Autun vit jouer le mystère de saint Lazare en 1484, et Mâcon celui de la Passion, l'année suivante.

En même temps, la Bourgogne avait ses fêtes absolument grotesques : à Autun, en 1411, celle des fous, la même à Auxerre, au grand scandale de Gerson, et à Chalon sous Cyrus de Tyard ; la même encore à Saint-Etienne de Dijon, en 1494, malgré les anciennes prohibitions du synode de Langres. On sait combien la Mère-Folle, établie en 1454, devint populaire dans la capitale de la Bourgogne. Ce fut comme le prolongement de la fête des fous que le Parlement abolit définitivement en 1552. Personne n'ignore qu'à cette populaire et tumultueuse fête des fous l'on conduisait un âne et que l'on chantait en chœur en guise de refrain :

Hé ! sire Ane, hé, hé.

Ceci rappelle la fameuse strophe que cite aussi l'abbé Grignard :

Orientis partibus
Adventavit asinus
Pulcher et fortissimus
Sarcinis aptissimus.
Hé ! sire Ane, hé, hé !

Laissons le bon vieux temps et son gros rire. Passons aux fragments recueillis par notre auteur : je ne parle pas de la « Levée du siège de Saint-Jean-de-Losne (1) », qu'une muse de cent ans célébra en patois des bords de la Saône, parce que cette pièce historique est trop récente et n'appartient réellement pas au cycle des mystères. Mais, je signalerai le manuscrit de l'hôpital de Dijon qui porte ce titre : « Représentation de la naissance de Notre-Seigneur Jésus-Christ et l'Adoration des Rois. »

La première partie nous montre l'Enfant-Jésus adoré par les bergers et les bergères. Elle forme une série d'églogues assez médiocres. Les anges avertissent ces pauvres paysans qui s'en vont *bailler de belles obades*

De los hobois et de los fiajeulets.

La seconde partie est composée de dialogues aussi faibles de fond et de forme. Les bergers y reparaissent. L'un d'eux querelle assez mal à propos le mage éthiopien :

Qui a ce peut charbouillet ?
Quai alle recurai sai regardure
Et fair peu à l'enfant d'aiveu sai rebelure.

Le roi, au teint basané, répond à ce rustaud :

Les plus noirs sont les meilleurs, quand ils ont l'âme bonne.

Tandis qu'Hérode s'apprête à massacrer les innocentes victimes de sa colère, un ange vient avertir Joseph. Les

---

1. Voir *La Belle Défense de Saint-Jean-de-Losne en* 1636, par l'abbé Jules Thomas. Dijon, 1886. P. 41-43.

fugitifs prennent le chemin de l'exil et la pièce se termine par ces mots ; Marie dit à son chaste époux :

> Joseph, ne parlons plus :
> Mon doux Jésus sommeille.
> Dormez, dormez Jésus !
> Que rien ne vous réveille !
> Mais pendant qu'en silence
> Sans bruit nous marcherons,
> Avec grande révérence
> Nous vous adorerons.

L'abbé Grignard a copié quelques extraits d'un mystère inédit d'Andrieu de la Vigne, qui fut représenté à Seurre, en 1496, « à la louenge, gloire, honneur et exaltacion de Dieu, de la vierge Marie et du très glorieux patron de ceste ville de Seure, Mon seigneur sainct Martin. » Il y a environ dix mille vers et cent cinquante-deux personnages. On y voit figurer « Luciffer, Sathan et toute la déablerie », des brigands aux noms pittoresques : « Soul d'ouvrer, Courte oreille, Sote trogne. » Lucifer entre le premier en scène, « faisant cris et hurlemens orribles. » La pièce comprend trois journées ; toute la vie de saint Martin y passe. La scène la plus hardie est empruntée à Sulpice-Sévère qui la raconte ainsi :

« Auprès du monastère de Saint-Martin était une chapelle qu'on avait érigée sur le tombeau d'un prétendu martyr. La dévotion attirait un grand concours de peuple en ce lieu ; mais l'évêque ne crut point légèrement à la sainteté des reliques qu'on y vénérait. Les informations qu'il prit auprès des anciens de son clergé augmentèrent encore ses doutes. Il se rendit au lieu dont il s'agit avec quelques-uns de ses religieux. Etant sur le tombeau, il pria Dieu de lui faire connaître qui avait été enterré en cet endroit ; puis, se tournant à gauche, il vit un spectre hideux, auquel il commanda de parler. Le spectre dit son nom, et le saint évêque comprit que c'était un voleur supplicié pour ses crimes. Il fit démolir l'autel et par là mit fin à la superstition. »

L'auteur du drame a rendu ce récit plus frappant encore. Aux paroles du saint, le spectre sort de terre et s'écrie, comme le moine de Le Sueur :

> Je suis damné
> Et mys à tourmens exécrables.

Parmi ceux qui concoururent à cette représentation, le registre cite « premièrement les conducteurs : Monsieur le maire de Seurre, Guyot Berbis, sire Guenin Drutt, contre registreur, sire Robin Jolycueur, Pierre Goillot, Pierre Loiselleur. » Deux Bossuet figurent au nombre des bourgeois qui furent chargés des rôles. On sait que la famille de l'aigle de Meaux habitait Seurre avant de s'établir à Dijon.

Je ne reviendrai point sur les pièces rimées de M. Grignard (1). Je laisse également une étude critique sur

---

1. Cote 30.

la poésie dans les cloîtres au dix-septième siècle (1). Les manuscrits renferment quelques notes historiques sur lesquelles je n'insisterai pas non plus. Il suffira de mentionner la nomenclature des bénéfices de l'évêché de Dijon et celle des mépartistes de l'église Saint-Urse de Montbard. Ces données et d'autres semblables ont été réunies sans doute en vue d'une étude à faire, mais elles ne renferment, dans l'état où nous les avons, aucune idée personnelle.

Tout autre est l'introduction qui devait précéder « l'histoire de la déportation de treize prêtres dont un appartenait au diocèse de Saint-Claude, trois à celui de Chalon-sur-Saône et neuf à celui d'Autun (2). »

« Nous avons sous les yeux, dit l'abbé Grignard, une abondante moisson de notes manuscrites recueillies par François Fertiault, l'un de ces dignes et vénérables prêtres. Ces notes forment un petit volume in-octavo, de cent cinquante pages, suivies d'une espèce d'abrégé en guise de table des matières. »

Notre auteur eut l'idée de publier ce document. La préface rédigée dans ce but rappelle les relations du même genre qu'on a fait imprimer ailleurs ; elle montre l'intérêt qui s'attache aux actes de nos nouveaux martyrs. Malgré ce travail préparatoire, le manuscrit de M. Fertiault n'a pu voir le jour. Il est, toutefois, resté sous bonne garde : il appartient à la bibliothèque des Bénédictins du monastère de la Pierre-qui-vire.

---

1. Cote 11 bis.
2. Cote 11 bis, p. 5.

M. Grignard caressa longtemps la pensée de suivre l'abbé Papillon dans une voie où ce dernier s'était couvert de gloire, celle de la bibliographie. En effet, un des ouvrages qui honore le plus le célèbre chanoine de la Chapelle aux Riches est sa *Bibliothèque des auteurs de Bourgogne* (1). Il a réuni sous ce titre tout ce qui peut intéresser l'histoire littéraire de notre province, après avoir multiplié les voyages et fouillé les recoins les plus cachés des bibliothèques monastiques. « Nous devons l'avouer, disent les éditeurs de la *Galerie bourguignonne*, nous avons fait souvent plus que le consulter, nous l'avons copié. On nous pardonnera en songeant que si nous avons voulu faire plus que le savant historien des auteurs de Bourgogne, nous n'avons jamais espéré faire mieux. »

On a souvent remarqué combien notre érudit avait de goût pour ce genre de recherches. Il voulut continuer le travail de Papillon, mais en le restreignant aux écrivains ecclésiastiques et aux limites actuelles du diocèse. Son manuscrit est intitulé : « *Bibliothèque du clergé dijonnais* (2). » Il contient un peu plus de cent noms, quelques-uns répétés plusieurs fois, avec la liste plus ou moins complète des ouvrages. On y trouve les indications ordinaires, titres des auteurs et des livres, année et lieu de l'impression, quelquefois des remarques critiques ou des appréciations sommaires pres-

---

1. Dijon, Philippe Marteret, 1742, in-fol. 2 vol. Il existe une seconde édition en 2 vol. du même format. Dijon, François Desventes, à l'Image de la Vierge, MDCCXLV.

2. Cote 5.

que toujours empruntées à quelque auteur accrédité. Si l'idée d'achever cette « Bibliothèque, » tentait un jour un esprit laborieux, les pages inachevées de M. Grignard pourraient, croyons-nous, être consultées avec profit. Et nous pensons aussi qu'un tel recueil serait bien accueilli de ceux qui travaillent.

Un fascicule de moindre importance, si l'on compte le nombre des pages, mais d'un intérêt plus général, si l'on envisage le sujet, concerne l'histoire des évêques de Dijon, jusqu'à l'arrivée de Mgr Rivet. Le manuscrit contient des documents de différente nature : pages soigneusement rédigées, indications prises à la hâte, pièces à consulter ; le tout réuni sous ce titre : *Notes sur les évêques et l'évêché de Dijon* (1). Quelques feuilles manquent, mais ce que l'on a suffit pour donner une idée des renseignements recueillis par l'écrivain.

Dijon faisait anciennement partie du diocèse de Langres : saint Grégoire y séjourna souvent. D'anciens évêques y tinrent leurs synodes. Cette ville devint le siège d'un archidiaconé dont Hélie, Rathier et Theudo furent les titulaires, au neuvième et au dixième siècles. En 1575, les habitants et les trois ordres de Bourgogne demandèrent l'érection d'un évêché. L'instance, trois fois renouvelée sans résultat, aboutit en 1725, grâce au crédit des princes de Condé. Mais la mort de Benoît XIII arrêta l'expédition des bulles : elles ne furent signées par Clément XII que le 9 avril 1731.

Aujourd'hui l'évêché de Dijon renferme des parties

---

1. Cote 12.

plus ou moins considérables des anciens diocèses de Langres, d'Autun, de Chalon et de Besançon. En 1731, il fut seulement formé d'un démembrement de celui de Langres. Il devait comprendre cent quatre-vingt-dix paroisses, mais l'évêque de ce diocèse, Mgr de Gondrin d'Antin en réserva soixante. Ainsi mutilé le nouvel évêché ne comprit que neuf doyennés : Dijon, Bèze, Saint-Seine, Minot, Is-sur-Tille, Mirebeau, Sombernon, Champlitte et Autrey (1).

Le plus considérable de tous, le doyenné de Dijon se composait des sept paroisses de la ville et de treize paroisses suburbaines. L'église Saint-Etienne prit le nom de cathédrale en restant dédiée au protomartyr.

Le premier évêque fut Jean Bouhier, d'une famille distinguée du Parlement de Dijon. Désigné par le roi, le 25 décembre 1725, et préconisé seulement le 9 avril 1731, il prit d'une main vigoureuse l'administration du diocèse dont il fut vraiment le fondateur. M. Colas a dit de lui qu'il était « un homme d'un vrai mérite, d'un caractère vif et entreprenant, très capable de conduire un grand projet à sa fin, et réunissant talents et vertus, franchise, brusquerie même et loyauté (2). » Il fut chargé, en 1741, d'organiser le diocèse de Saint-Claude qui venait aussi d'être créé. Mais il refusa de quitter Dijon ; il se démit même de son siège, en 1743, et mourut deux ans après.

---

1. Le savant M. Gabriel Dumay a rectifié, comme nous les donnons, les indications recueillies par M. Grignard. Lettre du 8 décembre 1888.
2. Mss. publié par M. l'abbé Ph. Voillery, *Bulletin d'Histoire et d'Archéologie du diocèse de Dijon*, 1883, p. 16.

Son successeur et son parent, Claude Bouhier, publia les statuts arrêtés dans le synode du 3 mai 1743, avant sa promotion. Ce sont les statuts de Langres légèrement modifiés. En les promulguant, le nouvel évêque écrivait aux membres de son clergé : « Il n'y a rien ajouté que vous n'ayez approuvé, et il ne vous a rien proposé que vous ne trouviez appuyé des autoritez les plus respectables, qu'il a eu l'attention de faire mettre sous vos yeux à chaque article. » Il s'occupa de la liturgie et donna le *Propre des offices de l'église cathédrale et de tout le diocèse de Dijon* (1).

A sa mort, arrivée le 19 juin 1755, il fut remplacé par Claude-Marc-Antoine d'Apchon de Courjenon, doyen de la Chapelotte et vicaire général du diocèse depuis plusieurs années. Il abandonna la liturgie romaine. Un nouveau Propre supplanta celui de Mgr Claude Bouhier. Le bréviaire et le missel de Dijon furent rédigés sur le modèle de ceux de Paris. Un catéchisme parut aussi sous le nom du nouvel évêque ; il est resté longtemps en usage dans le diocèse. Mgr Dubois le fit réimprimer : « Nous nous sommes contentés, dit-il, d'y ajouter une courte leçon ou sommaire du symbole et de faire sur le sacrement de Pénitence quelques légères additions qui nous ont paru utiles (2). » On peut dire de Mgr d'Apchon qu'il fut les délices de sa ville épiscopale et de son diocèse. Il les quitta pour l'archevêché d'Auch en 1776.

François de Vogüé lui succéda, sans résider beau-

---

1. *Proprium officiorum Ecclesiæ cathedralis et totius diœcesis Divionensis*, Dijon, Antoine de Fay, 1753.
2. P. 20-23.

coup et sans laisser grande trace de son administration. Il mourut près des siens, à Aubenas, en 1787, au moment où il voulait se fixer définitivement à Dijon, afin de gouverner par lui-même.

Le diocèse fut alors confié à Mgr René des Monstiers de Mérinville qui fut député aux Etats-Généraux, en 1789. Il tint résolûment tête à l'orage révolutionnaire et à l'intrus Volfius. Forcé de prendre le chemin de l'exil, il se retira à Carlsruhe, où il garda, autant qu'il put, la direction de son diocèse et où il écrivit des mandements empreints de la plus touchante éloquence. A l'appel de Pie VII, il signa sa démission, le 2 décembre 1801, le cœur brisé, mais fléchissant sous le joug de l'obéissance. Il administra pendant quelque temps le diocèse de Lyon, au nom du cardinal Fesch ; il fut nommé, en 1803, à l'évêché de Chambéry, mais il ne le garda point. Il devint chanoine-évêque du chapitre de St-Denis, en 1806, et mourut à Versailles, en 1829, dans la quatre-vingt-huitième année de son âge.

Cinq évêques avaient successivement occupé le siège de Dijon, depuis 1731, en fournissant ensemble une période de soixante-dix ans. Au dix-neuvième siècle, on compte aussi cinq évêques, avant Mgr Rivet dont l'abbé Grignard n'a point esquissé la vie ; mais ils n'ont guère rempli que la moitié des années de leurs devanciers. Le premier cependant, Mgr Henri Raymond est resté assez longtemps, de 1802 à 1820. Il fallut d'abord s'occuper de l'établissement et de la circonscription des cures et des succursales. Les tournées de confirmation ne recommencèrent qu'en 1804. L'évêché de Dijon comprenait alors les départements de la Côte-d'Or et de la Haute-Marne. Après avoir hérité de cette grande charge, le successeur de Mgr Raymond, Mgr Jean-Baptiste Dubois fit rééditer le catéchisme et les livres liturgiques. Il s'occupait activement des séminaires et méditait de vastes projets lorsqu'il fut tout à coup arrêté par la mort, en 1822. Cet évènement permit de pourvoir le siège épiscopal de Langres rétabli par le concordat de 1817.

Sur ces entrefaites, Mgr Jean-François Martin de Boisville prit la direction du diocèse. Il acheva les œuvres commencées par son prédécesseur, en ce qui concerne la liturgie et les séminaires. Son épiscopat, qui dura sept ans, fut marqué par la célèbre mission que l'abbé Rauzan prêcha dans l'église cathédrale, en 1824, par l'établissement des retraites ecclésiastiques et la fondation de plusieurs maisons religieuses vouées à l'enseignement ou à la charité. On aime à rappeler le courage et la piété avec lesquels le vénérable évêque, accablé par la souffrance, se rendit dans sa chapelle, en habits sacerdotaux, se prosterna au pied de l'autel pour y faire le sacrifice de sa vie, et reçut pour la dernière fois son Dieu au milieu du clergé et des fidèles qui fondaient en larmes.

Mgr Jacques Raillon vint à la fin de 1829 avec le prestige d'une éloquence qui s'était plus d'une fois distinguée dans les chaires de la capitale, et celui des vertus qu'avait éprouvées la tourmente de la Révolution. Il fut transféré à l'archevêché d'Aix dès le commencement de 1832.

Son successeur, Mgr Claude Rey se présenta sous des auspices moins heureux ; ni ses débuts ni les suites de son administration ne lui gagnèrent les sympathies. Il déploya toutefois un grand zèle, en parcourant les diverses paroisses du diocèse, « dont plusieurs n'avaient jamais vu au milieu d'elles leur premier pasteur, et d'autres étaient privées de cette visite depuis vingt et trente ans (1). » Il créa, en faveur des prêtres âgés, une caisse diocésaine dont il émit la première idée pendant la retraite ecclésiastique de 1834 (2). Grâce à lui, les religieuses de la Providence, alors établies à Flavigny, reçurent une existence légale et furent autorisées comme congrégation indépendante de l'établissement de Portieux (3). Mgr Rey, n'ayant pu se concilier l'affection de ses diocésains pria le souverain pontife d'agréer sa démission, comme nous l'apprend une lettre pastorale du 8 mai 1838.

« Ici s'arrête notre tâche, dit en terminant l'abbé Grignard (4). En somme, dix évêques ont occupé le siège de Dijon avant Mgr Rivet. Nous disons dix : car, jamais il ne viendra à l'esprit d'aucun catholique de ranger l'intrus parmi les pasteurs légitimes.

Il ne nous appartient pas de dire quel a été le plus grand. En essayant de trancher la question, nous craindrions de manifester simplement nos préférences personnelles. Nous nous contenterons de remarquer que

---

1. Lettre pastorale du 30 mars 1837.
2. Lettre du 8 octobre 1834.
3. Ordonnance du 31 mars 1835. Cf. *Notes sur les évêques*, p. 39.
4. *Ibid.* p. 43-46.

chacun vint à son heure et accomplit le rôle que la Providence lui avait tracé dans ses impénétrables desseins. Les uns organisèrent le diocèse ; d'autres jouirent en paix du fruit des travaux de leurs prédécesseurs. Celui-ci pleura, comme Jérémie, sur les ruines du temple ; celui-là, comme Zorobabel, mit généreusement la main à l'œuvre, pour lui rendre sa splendeur et son premier éclat : tous ont tracé leur sillon. »

## CHAPITRE SIXIÈME

### Histoire de Grignon.

*L'histoire de la paroisse et du village de Grignon.* — Les monuments religieux. — Les anciens revenus de l'église et des chapelles. — La cure et le prieuré. — Leurs titulaires et leurs revenus. — Quelques figures originales. — La dîme du prieur. — Fin de l'histoire de la paroisse. — Histoire du village. — Les seigneurs de Grignon. — Leur château féodal. — Leurs anciens vassaux. — Les prévôts et leurs grands jours. — Les redevances du seigneur. — L'histoire contemporaine. — La population. — Le hameau des Granges. — Le château d'Orain et les différentes familles qui l'ont illustré. — Les écarts. — Lieux détruits. — Personnes notables. — Usages particuliers à la paroisse. — Les messes des morts. — Vues, sceaux et armoiries.

E *Traité de la Confirmation* et les recherches liturgiques se rattachent aux travaux par lesquels l'abbé Grignard se préparait au doctorat. Sa monographie de Grignon fait suite aux études historiques où l'avait engagé la *Vie de Sainte-Reine*. Ces deux derniers ouvrages, en le familiarisant avec les documents anciens et particulièrement avec les chartes, lui frayèrent une nouvelle voie, celle de l'archéologie.

Voilà pourquoi l'*Histoire de la paroisse et du village de Grignon* se place ici comme une transition naturelle entre les manuscrits théologiques et les cartulaires. Cette histoire se compose de deux volumes. Le premier porte le titre qu'on vient de lire et renferme six cent soixante-douze pages ; le second, beaucoup moins considérable, est un recueil de chartes et de pièces diverses. Il n'a pas de titre ; l'introduction manque ; les pages ne sont plus numérotées à partir de la cent quatre-vingt-quatrième ; des titres et des notes ont été intercalés après coup : on sent que l'auteur n'avait pas dit son dernier mot.

Le premier volume, le seul dont nous voulons nous occuper dans ce chapitre, se divise en deux parties : d'abord, l'histoire de la paroisse, ensuite celle du village. M. Grignard commence par la description des monuments religieux. Il passe successivement en revue l'église paroissiale avec les différentes parties qui la composent : le chœur, la chapelle des Douze-Apôtres, celle de saint Sébastien, la nef, le clocher, les reliques, les pierres tumulaires et les donations; puis les chapelles bâties en dehors de l'église : celles de sainte Reine et de Notre-Dame des Ermites, à Grignon ; celles des Granges, Notre-Dame, qui est maintenant ruinée, et celle du château d'Orain qui n'a jamais connu de plus beaux jours ; enfin les monuments funéraires du cimetière et les croix parsemées dans toute l'étendue de la paroisse (1). Nous avons déjà parlé de l'église et

1. P. 3 — 8 D.

des chapelles, ou tout au moins de quelques-unes ; nous n'y reviendrons point. L'auteur les a décrites je ne dis pas seulement avec amour, mais avec un vif sentiment de l'art et de la religion. Témoin ce court passage où il s'agit de l'ornementation de la chapelle des Douze-Apôtres (1) : « Du sommet de chacun des chapiteaux partent et s'élancent quatre nervures principales, qui s'entrecroisent et dont les points d'intersection sont ornés de pendentifs représentant les quatre évangélistes, sous la forme de quatre animaux symboliques. Il y a là l'homme de saint Mathieu, le lion de saint Marc, le bœuf de saint Luc et l'aigle de saint Jean (2). Tous ont des ailes, parce que l'évangile vole en un clin d'œil jusqu'aux contrées les plus lointaines et parce que les évangélistes eux-mêmes, élevant vers la divinité le regard de leur âme, ont été emportés par l'essor de la contemplation (3). A la clef de voûte, du sein d'un nimbe ovale, formé par des rayons alternativement droits comme des flèches et contournés comme des flammes, se dégage la grande figure du Christ, assis et bénissant, de la droite, le globe qu'il tient dans sa gauche. C'est bien la place de celui qui soutient le monde par la vertu de sa parole et sera toujours la clef de voûte de l'ordre naturel et surnaturel. »

Maigres sont aujourd'hui les revenus des églises rurales, et nulles, ou à peu près, les ressources des chapelles. Autrefois, elles étaient dotées, les unes et les

---

1. P. 21.
2. *Ration.* G. Durandi, vii, 43; I, 3.
3. Greg. 8. *De Expositione super Ezech.* iii, 1.

autres, même dans les plus petits villages. A Grignon, l'entretien du chœur de l'église se trouve à la charge du prieur (1). Depuis 1244, la lampe brûle au sanctuaire, grâce aux pieuses libéralités de Willon et de sa famille (2). Dès cette époque reculée, l'église est assez riche pour acquérir des immeubles (3). Elle achète ou on lui donne plus tard des vignes censéables « et subjectes à fournir le vin que l'on fournit chaque année, dit un vieux titre, aux paroissiens communiants au temps de Pasques. » On posait au milieu de la nef une table garnie d'une nappe et de bouteilles de vin, pour ceux qui, après la communion, auraient eu besoin de se fortifier contre le jeûne. C'était aussi l'usage à Semur (4). Les Le Clerc et d'autres familles établissent des fondations. Ainsi, par exemple, Bonaventure Robert et Claudine Lallement donnent, par acte du 13 juillet 1663, trois ouvrées de vigne, à charge de faire célébrer deux « messes haultes avec les vigiles et *libera* par an perpétuellement. »

En 1790, les revenus de la chapelle des Douze-Apôtres montent à 187 livres (5); ceux de la chapelle Saint-Sébastien à 64 livres (6) et ceux de la chapelle Notre-Dame des Granges à 325 livres, 15 sols et 6 deniers (7). Dotations considérables, si l'on a égard, d'un côté, au

1. P. 8.
2. P. 44.
3. P. 47.
4. Conf. Courtépée, III, 474.
5. P. 18.
6. P. 29.
7. P. 65.

peu d'importance de ces chapelles, et de l'autre, au prix de la journée de travail et de la vie à cette époque. Les chapelles castrales ont également leurs rentes fixes; celle d'Orain ne s'élève pas à moins de 500 livres (1).

L'abbé Grignard a cherché dans les chartes la date de l'établissement de la paroisse de Grignon, où si l'on aime mieux, la première organisation du ministère pastoral dans ce village. En 1149, l'église appartenait à l'abbaye de Flavigny. A cette date, elle était même déjà desservie par un prêtre séculier, choisi par l'abbé et pourvu par l'évêque d'Autun. Mais après l'établissement du prieuré, entre 1171 et 1189, la cure de Grignon se trouva placée sous le patronage du prieur. Celle de Seigny y fut réunie, à la même époque, bien qu'elle ait eu précédemment des titulaires. A partir de ce moment, Seigny cessa d'être paroisse; il ne resta qu' « un secours », comme on disait alors. Mais il fut desservi par un vicaire résident, qui succéda même plus d'une fois à son curé.

Malgré des recherches opiniâtres, M. Grignard n'a pu reconstituer la liste de ses prédécesseurs, non plus que celle des prieurs de Grignon. Il en signale un très grand nombre, mais la trame fait défaut à plusieurs reprises. Parmi les curés, il y a plusieurs figures originales, Guy Robin et Didier Poindrel, par exemple. Le premier gouverna la paroisse de 1667 à 1710, non sans donner maintes et maintes preuves d'une humeur tracassière et processive. Il semble, dit son arrière successeur (2),

---

1. Archives d'Orain.
2. P. 173.

avoir pris pour devise, le mot de la comtesse de Pimbèche (1) :

> Mais vivre sans plaider est-ce contentement?

Arguant de l'ordonnance du 29 janvier 1685, il plaida notamment pour la portion congrue, pour le traitement de la succursale de Seigny, pour la décharge des décimes et des taxes imposées au clergé, et contre les prétentions du curé de Champ-d'Oiseau, qui voulait lever la dime des terres enfruitées par ses paroissiens sur le territoire de Grignon. Excellent homme au reste que maître Guy Robin! Fort réglé et assidu dans sa paroisse, dit un procès-verbal de Touillon : « Il y fait son devoir et contente ses paroissiens. »

Quant à Didier Poindrel, il inaugura son ministère en 1743, pour le continuer jusqu'à sa mort arrivée en 1774. « Son souvenir, dit notre historien (2), est encore vivant dans le pays; les vieillards racontent comment un jour, accompagné de son acolyte, et debout sur les remparts du château, il conjurait les nuages menaçants. Les prières se pressaient sur ses lèvres : sa droite armée du goupillon multipliait les signes de croix et répandait l'eau sainte à grands flots; c'était la lutte de l'homme contre les éléments dans toute sa grandeur; c'était la toute puissance morale et surnaturelle aux prises avec les forces révoltées de la nature, et la légende

---

1. Racine, *Les Plaideurs*, act. I, sc. 7.
2. P. 204.

ajoute que celles-ci durent céder et porter ailleurs leurs ravages. »

Les revenus de la cure et du prieuré ont naturellement varié avec les siècles. M. Grignard énumère ainsi ceux que possédaient ses prédécesseurs en 1790, le casuel non compris (1) : « Le curé jouissait d'une portion congrue de 700 livres, du presbytère et d'un jardin ; de neuf journaux de terres labourables ; douze ouvrées de vignes, trois quartiers de pré, une chenevière et un principal de rente de cent soixante livres au denier vingt. Tous ces fonds produisaient annuellement avec la rente cent-vingt-cinq livres dix sols, auxquelles il fallait joindre trente six autres livres pour services, payées par différents particuliers. Mais les revenus étaient grevés de différents services payables en argent, de onze grands services avec messes et de six messes basses, évaluées quarante-quatre livres cinq sols et de soixante-dix-neuf livres dix sols de décimes. Il ne lui restait donc à vrai dire que sept cent une livres quinze sols, » non compris les trente-six livres des particuliers.

Le prieuré payait une partie du traitement du curé de Grignon et la portion congrue du vicaire de Seigny. L'acquit des fondations, les décimes et autres impositions épuisaient ses ressources. Un compte du 12 mars 1718 établit même un budget en déficit. Les revenus montent à 555 livres, 8 sols, 4 deniers et les dépenses à 562 livres, 14 sols. Le prieur Jean-Baptiste

1. P. 206.

Despierres, n'ayant pu obtenir une diminution des charges, résigna son bénéfice (1). On dut faire des arrangements et chercher le moyen de vivre.

Un bail du 30 mars 1750 contient des renseignements précieux sur la dîme qui constituait la meilleure partie des recettes. La dîme! quel épouvantail aujourd'hui! et de quelles doléances cet ancien impôt est devenu le thème? Quoiqu'il en soit, ceux qui le payaient jadis ne semblent pas s'être tant apitoyés sur leur malheureux sort. Témoin ce texte du décret de Gratien (2) : « Nos ancêtres avaient tout en abondance, parce qu'ils donnaient la dîme à Dieu et payaient le tribut à César. De nos jours, la dévotion envers Dieu s'est ralentie, mais les exigences du fisc se sont augmentées ; nous ne voulons plus donner la dîme à Dieu, et l'on nous prend tout ; ou, du moins, le fisc réclame tout ce qu'on refuse au Christ. *Hoc tollit Fiscus quod non accipit Christus*. »

La dîme des grains se percevait « à raison de 30 gerbes l'une dans toute l'étendue de la prévôté de Grignon (3), et de 25 gerbes l'une dans quelques climats (4). » Le prieuré l'avait affermée, et le revenu total qu'il tirait de là, y compris « les droits de raport sur les finages de Menetreux, des Laumes et autres lieux, y compris encore l'amodiation de douze journaux et d'environ huit soitures de pré », le tout, dis-je, ne s'élevait pas, en 1750, au delà de 396 livres (5). La location était

1. P. 137.
2. *Causa* XVI, q. VII. *Majores nostri.*
3. P. 143.
4. P. 144.
5. P. 145. Bail du 30 mars 1750. Cf. p. 487.

portée à 600 livres, en 1776. Malgré cette augmentation, nous pouvons conclure avec M. Grignard : « La dîme n'était donc pas aussi onéreuse ni aussi accablante qu'on se plaît à le dire et qu'on voudrait le faire croire. »

La liste des prieurs se termine avec dom Mestral qui se vit dépouiller successivement de son revenu et de son capital par les premiers décrets de la révolution. Celle des curés se poursuit jusqu'à nos jours. L'auteur relève les noms des recteurs d'école sous l'ancien régime et ceux des instituteurs qui leur ont succédé. Il passe ensuite aux associations et aux confréries auxquelles il a lui-même prêté son concours, pendant son ministère à Grignon, et dont nous avons précédemment parlé. Il n'oublie ni les fabriciens, ni les missionnaires diocésains, ni la nouvelle congrégation bénédictine qui vint, sous ses yeux, raviver les souvenirs du vieux prieuré (1).

Après la paroisse, le village, ou ce que nous appelons maintenant la commune. Au village de Grignon se rattachent le hameau des Granges, le château d'Orain, d'autres écarts et des habitations maintenant disparues. M. Grignard, ayant achevé l'histoire de la paroisse, embrasse ce nouveau champ d'études et le divise en quatre parties : Grignon, les Granges, les écarts et les lieux détruits. Il reconstitue cette seconde histoire avec les chartes et les titres de propriété, citant les documents, les noms, les dates, avançant pas à pas et péniblement, comme dans une route pleine de rocailles,

---

1. P. 235-283.

où le pied se heurte à tout instant. Marchons à sa suite, en nous tenant aux grandes lignes.

C'est à la langue celtique qu'il faudrait demander le sens du mot Grignon, puisqu'il s'agit d'un village gallo-romain. Mais qui pourrait se flatter de donner sur ce point une étymologie certaine ? Situé en face d'Alise, le promontoire vit les troupes de César ; peut-être y établirent-elles un poste, à cause de l'élévation du lieu. Les fils des conquérants s'y fixèrent, comme l'indiquent le *castrum* de Clémentinus et les médailles d'Antonin-le-Pieux. Des monnaies carlovingiennes, trouvées entre le *Castrum* et le Châtelot, font aussi supposer que Grignon continua d'être habité dans les siècles suivants, sans qu'on puisse dire par qui ni dans quelles conditions (1).

L'an mille, Aymon de Vergy périt sous les murs du *Castrum*. Le château devint, s'il ne l'était déjà, le centre d'un comté dont les titulaires ne sont pas inconnus dans l'histoire de Bourgogne. Un autre Aymon, petit-fils de Manassès, comte d'Auxois, Ponce qui tua un serviteur de l'abbaye de Flavigny, Helirannus Fergannus qui signa, comme témoin, dans une donation d'un oncle de saint Bernard, portent tous, dans les chartes, le titre de comtes de Grignon (2).

Cette seigneurie appartenait, en 1136, au duc de Bourgogne Hugues II. Il s'en dessaisit en faveur de Raymond, l'un de ses fils, qui fut le père de la fameuse

1. P. 284-294.
2. P. 295-304.

comtesse Mathilde. Nous raconterons plus loin l'histoire de ses quatre mariages et la série de ses libéralités envers les églises et les monastères. Elle eut pour héritier son fils Eudes ; mais, après ce dernier, le domaine se trouva divisé. Le comté fut transmis aux enfants d'Eudes, tandis que le *castrum* passa dans la famille de Guy de Nevers, le second époux de Mathilde. Eudes III, duc de Bourgogne, les réunit de nouveau dans les mêmes mains, en 1212 (1).

Aux comtes de Grignon succédèrent les ducs de Bourgogne, comme propriétaires, non comme habitants du château. Ils le confièrent à des capitaines chargés de le défendre. Notre monographe en a retrouvé quelques-uns : Perrin Bruley de Vieux-Château, en 1332, Pernot de Coulmiers en 1362, Jocelin de Langres, Pierre d'Aligny et d'autres encore. Eudes III et son fils Hugues IV agrandirent leurs domaines de Grignon, déjà très considérables. Après eux, la possession de cette terre subit diverses alternatives, allant d'une branche à l'autre de la famille ducale. Quand elle s'éteignit, en 1361, avec Philippe de Rouvres, Grignon avait fait retour au dernier représentant de la première race (2).

On sait comment, deux ans plus tard, la Bourgogne devint l'apanage de Philippe-le-Hardi, qui fut la souche de la deuxième race de nos ducs. Jean de Montaigu, son délégué, vint visiter Grignon en 1364. La duchesse de Bourgogne s'y rendit en personne dix ans après. On

---

1. P. 305-320.
2. P. 321-355.

comprend qu'on fit des préparatifs. Ordre fut donné de nettoyer les « dongeon et belle dudit chastel, du commandement de l'ostel de Madame. Et fust Madame à Grignon la voille de quaresme prenant. » L'abbé Grignard cite ce mot de Golut à propos de Marguerite de Flandre. « Elle était une princesse généreuse, mal endurante et d'un naturel vraiment gaulois. » Mais l'histoire, ajoute-t-il, ne nous dit pas si les habitants de Grignon eurent à se plaindre de son caractère ou à s'applaudir de sa générosité (1).

Quoiqu'il en soit, ils ne tardèrent pas à changer de maître ; le château passa des mains de Philippe-le-Hardi dans celles de Guillaume de la Trémouille. Jeanne sa petite fille le porta, en 1424, dans « la noble et puissante maison de Chalon, une des plus distinguées entre toutes celles de la comté de Bourgogne, dans les cours des empereurs, des rois de France et des ducs de Bourgogne (2). » Les Chalon comblèrent le village de marques d'attention : Antoine de Chalon, évêque d'Autun donne une relique de la vraie croix et enrichit d'indulgences la confrérie de Saint-Jean l'Evangéliste, Jean de Chalon, époux de Jeanne de la Trémouille, résiste aux prétentions de l'abbaye de Fontenay, au sujet d'un droit dans les bois d'Eringes. Bernard de Chalon, leur fils, accorde aux habitants de Grignon le droit de chasse et de pêche. Thibaud, leur petit-fils, fait établir des foires. De plus, ils rebâtirent le château et lui don-

1. P. 349.
2. D. Plancher, II, p. 366.

nèrent ces proportions grandioses dont nous admirons aujourd'hui les ruines (1).

Thibaud mourut sans postérité. Son testament, daté du 9 octobre 1511, lègue la seigneurie de Grignon à Charlotte, sa cousine, qui épousa Adrien de Sainte-Maure. Edmée-Barbe, leur fille, porta de nouveau son domaine dans une autre maison, celle de Jaucourt de Dinteville. Antoine, son mari, mourut à Milan, en 1515, des suites des blessures qu'il avait reçues dans la fameuse bataille de Marignan. Jehan, son fils, périt lui-même au siège de Metz en 1552. Joachim de Dinteville, qui recueillit l'héritage paternel, confia la défense du château au capitaine La Quinte (2), pendant les guerres de la Ligue; il mourut sans postérité en 1607 (3).

Quelques années après, Charles de Clugny acquit des héritiers de Joachim « les terres et baronnie de Grignon », moyennant la somme principale de 36,000 livres et 200 livres pour les meubles qui s'y trouvaient. Il s'installa au château que les Dinteville ne semblent pas avoir habité. Ses descendants s'y fixèrent comme lui : d'abord Barthélemy, son fils, qui mourut jeune ; puis la veuve de ce dernier, Magdeleine de Menoux, femme, dit Bouchu, « fort vertueuse et sage ; » enfin Louis de Clugny, qui n'attendit pas sa majorité pour reprendre de fief la baronnie, en 1673, et qui vingt ans plus tard était complètement ruiné. Il vendit succes-

---

1. P. 357-368.
2. Nom de guerre de Nicolas Girard qui n'a rien de commun avec le fameux brigand La Quinte.
3. P. 369-379.

sivement ses propriétés à François-Joseph de Bretagne, seigneur d'Orain, mais en se réservant l'usufruit de quelques terres et l'habitation du château de Grignon, sa vie durant (1).

Autrefois, c'était la richesse, le faste et la grandeur. Aujourd'hui, c'est l'habitation des pauvres, la ruine, la misère. De l'état du *castrum* au temps des comtes et des ducs, il ne reste pas même un souvenir. Les débris qui sont maintenant sous nos yeux, les dénombrements établis au dix-septième siècle, des expertises d'ouvriers et d'anciennes gravures nous donnent une idée de la forme que prit le château féodal à l'époque de sa reconstruction. Il se composait d'un grand corps de bâtiment, avec deux pavillons et deux tours, l'une au levant, l'autre au couchant. « Le château-fort, assis sur une montagne, dit Charles de Clugny, est accompagné d'une basse cour où il y a ung pont-levis et ung dormant. » Cette basse cour ne doit point faire penser aux constructions secondaires du château, comme les granges, les écuries et les étables qu'on voyait au sud, mais à une enceinte féodale qu'on appelait bayle ou *ballium*(2). On arrivait à cette plate-forme, après avoir franchi la porte qui se dresse encore avec son ogive béante, les rainures où glissait la herse et la masse imposante de la tour du guet. Un passage couvert et solidement voûté conduisait au donjon où l'on trouvait un bayle intérieur. Les deux esplanades étaient précédées l'une et

1. P. 380-396.
2. On se souvient du « belle » qu'on fit nettoyer, en 1364, pour recevoir Marguerite de Flandre.

l'autre d'un pont-levis et d'un pont dormant, et le château se trouvait défendu par un fossé creusé dans le roc et protégé lui-même par une palissade. Outre les différentes pièces du rez-de-chaussée, on distinguait la grande salle, la salle d'honneur, la chambre sur le pont-levis et la chambre de Monsieur. Ce qui reste de ces appartements en atteste la magnificence (1).

« Aujourd'hui, quand le voyageur égare ses pas vers le sommet de l'espèce de cap ou de promontoire qui s'élève entre le ru de Veau et celui de Reuillon, il se heurte d'abord au glacis et aux bords extérieurs des fossés. Ces fossés sont remplis de décombres et transformés en une espèce de forêt où pullulent les mousses et les buissons ; où les pins, sans cesse agités par les vents, semblent se plaindre et murmurer encore les légendes d'autrefois et les histoires des siècles passés. La nature, toujours jeune et toujours prodigue, jette un constant défi aux œuvres plus ou moins caduques et éphémères de la main des hommes (2). »

Les seigneurs suzerains, qui se succédèrent dans cette forteresse, attirèrent autour d'eux des vassaux de moindre renom, mais dont la noblesse ne fait pas doute. Leurs demeures entouraient le donjon et leurs fiefs étaient parsemés dans le voisinage. Ainsi, par exemple, Aymon-le-Brun jouissait, dès 1110, du titre et des prérogatives de chevalier du Châtelot de Grignon. D'autres, comme Poincet, Geoffroy et Guillaume, sont qualifiés de

1. P. 397-412.
2. P. 409.

sires de la Motte de Grignon. Mais il ne faut voir qu'une seule et même maison dans la Motte et le Châtelot. Au douzième siècle, nous voyons également Pierre Uldrey et Letbald de Grignon. Le premier avait des propriétés à Seigny et le second à Eringes, à Benoisey et à Courcelles (1).

Les prévôts rendaient la justice au nom des seigneurs. Les anciens titres signalent leur présence dès 1169. Les premiers noms que l'on rencontre sont ceux de Silvestre, de Galamrus, de Herardus, de Jean de Montrivellon et de Girard Jobelin. En 1502, Louis XI reconnaissait que Thibauld de Chalon, seigneur de Grignon et des Granges, avait « toute justice, haute, moyenne et basse, » auxdits lieux. La prévôté comprenait, au quatorzième siècle, Grignon, les Granges et Seigny. On tint plus tard au chef-lieu ce qu'on appelait « des grands jours de la Terre, Seigneurie et Baronnie de Grignon. » Mais il y a loin de ces grands jours, dit M. Grignard, à ceux dont Fléchier a retracé le tableau d'une plume si fine et si spirituelle. On ne trouve ici ni M. le président Novion « si à cheval sur la présidence, et dont la conduite ne paraît pas de tout point aussi conséquente qu'elle pourrait l'être; » ni « le redoutable, l'irréprochable M. Talon qui ne veut pas lâcher sa proie; » ni M. Nau, d'humeur justicière » et tant d'autres sur le compte desquels le doux railleur parvient à nous égayer. Ici les personnages sont en rapport avec l'exiguité du cadre, et tout au plus dignes du pinceau d'un Téniers.

1. P. 412-449.

Les procès-verbaux manquent absolument tous avant 1720; ceux que nous avons, à partir de cette époque ne donnent qu'une idée sommaire de ces assises microscopiques (1).

Outre les impositions dues au fisc, nos pères avaient à payer au seigneur des redevances assez lourdes. Ils étaient taillables et corvéables à merci ; personne ne l'ignore; mais leurs descendants le sont aussi, quoique sous d'autres noms. La taille et la corvée ont disparu ; elles sont remplacées par l'impôt et les contributions. Les redevances dont il s'agit, s'élevaient, tout compte fait, pour les villages des Granges et de Grignon, à mille six cent cinquante-deux livres quinze deniers (2).

En somme, les impositions et les redevances dues à l'Etat et au seigneur, réunies aux dîmes dont nous avons parlé précédemment, ne montaient pas à cinq mille francs, en 1781. En 1880, quand M. Grignard consignait ces chiffres, les habitants de Grignon payaient dix mille sept cent onze francs d'impôts. Le Trésor, comme on dit aujourd'hui, n'oublie pas ses droits (3).

Après avoir rappelé les opérations des anciens « collecteurs » d'impôts qu'on appelait aussi « les asséeurs », notre monographe donne le nom des percepteurs modernes qui leur ont succédé. Il mentionne également les anciens notaires établis à Grignon et ceux qui sont autrefois venus pour y instrumenter. Il signale les

1. P. 454-471.
2. P. 487.
3. P. 480-494.

syndics et les maires, les praticiens et les médecins, qui ont prodigué leur dévouement aux habitants de la commune.

Les grands événements de la révolution et de ce siècle ont eu leur contre-coup jusque dans les plus humbles hameaux. M. Grignard raconte les divers changements qu'ils ont produits dans l'état du village et dans son administration. Les fêtes révolutionnaires, les réquisitions de la première république, la liste des suspects, la chute de Napoléon, le passage des alliés lui fournissent des pages pleines d'intérêt et de couleur locale. Je choisis un passage où personne n'est en cause. Il s'agit des parodies religieuses qu'imposait la Terreur (1) :

« Le comble du genre, ce fut sans contredit la fête de l'Etre Suprême, rêvée par Robespierre et célébrée le 20 prairial an II. L'agent national requit tous les joueurs d'instruments et les hautbois, fit déblayer la place, qui entourait les arbres de la liberté, et préparer des couronnes de chêne pour ces arbres et pour ceux d'égalité. Au jour fixé, la caisse et les instruments de musique annoncent au peuple « le réveil de la nature et son bonheur. » Les habitants se rassemblent près de l'arbre de la liberté de Grignon, pour entendre lecture des droits de l'homme et sentir « la majesté de la fête. » Trois jeunes filles et trois jeunes femmes représentent le printemps et l'été ; trois hommes mûrs et trois vieillards l'automne et l'hiver. Tous sont parés de

1. P. 510.

ceintures ou de rubans tricolores, ornés de couronnes et munis des attributs caractéristiques de la saison qu'ils figurent. Accompagné des autorités, le pompeux cortège se dirigea vers le temple de l'Etre Suprême. Les maisons étaient pavoisées de fleurs, de feuillages et de rubans tricolores ; et les sons de la musique alternaient avec le chant des hymnes à la divinité. Tel fut le rituel de cette fête calquée sur le plan fourni par le district. »

Qu'aurait dit l'austère Guy Robin, s'il avait vu de pareilles saturnales ? De son temps, les habitants de Grignon n'étaient pas savants, mais ils vivaient dans la crainte de Dieu et respectaient ses lois. Un procès-verbal de 1690 reconnaît qu'il n'y avait pas alors chez eux de vice notable. Quelques années après, Guy Robin certifiait à l'évêque d'Autun qu'il ne reconnaissait dans sa paroisse aucun défaut dont il dût l'informer. Cent ans plus tard, les mœurs avaient bien changé ! (1).

Au commencement du dix-septième siècle, Grignon renfermait soixante-dix feux. C'est l'époque la plus florissante de ce petit village. La population a diminué depuis. Au dénombrement de 1876, le nombre des feux descendait à cinquante-neuf. Anciennement il était encore moins considérable. « La cerche des feux du baillage d'Auxois » de 1461, n'en donne que dix-neuf. De même, en 1397. (2).

Les habitants se sont livrés de tout temps à la

---

1. P. 240.
2. P. 450.

culture et à l'élevage. La situation topographique s'y prête admirablement : d'un côté, la riche vallée des Laumes où le blé rend cent pour un ; de l'autre, la montagne où les troupeaux peuvent errer à l'aise. Dans ses lettres patentes du mois de décembre 1502, Louis XII reconnaît que les lieux de Grignon et des Granges « sont assiz en opulent et fertil pays où croist et habonde grant quantité de blez, foings, avoines et autres choses. » (1).

Les collines, que domine le village, sont aussi tapissées de vignes de temps immémorial. L'acte par lequel Ponce de Grignon confirme, en 1224, la donation faite par Villon son frère, mentionne la plante de Reuillon ; la reconnaissance de Jehan Michelin des Granges, datée de 1313, cite les vignes des Vigneux, de la Lampe, de Tavanes, etc. (2).

Le hameau des Granges a presque toujours été plus populeux que son chef-lieu. L'étymologie n'est pas difficile à trouver. Ces mots désignent un ensemble de bâtiments destinés à recevoir les récoltes. On les trouve dans les chartes dès 1142. Les constructions se développèrent assez rapidement, puisque le rôle de 1397 constate l'existence de trente-cinq feux. Au commencement du dix-septième siècle, elles formèrent un petit « bourg fermé de murailles, qui avait les privilèges et qualité de ville. » Ces fortifications semblent remonter à l'époque où plusieurs localités voisines s'entourèrent

1. P. 537.
2. P. 539.

également de murs. Il s'agit du temps de la ligue et l'on assigne même celui qui va de 1575 à 1579.

Les Granges appartinrent toujours aux seigneurs de Grignon. Quelques nobles familles y possédèrent une demeure. Un acte du 27 octobre 1434 mentionne « l'hostel » de Jehan de Pontailler ; un autre de 1517 s'occupe du fief de la maison de Maigny qui appartenait à Jehan de Tavesnes. Ajoutons les Le Clerc de Ruffey qui s'y établirent au commencement du dix-septième siècle et dont nous avons précédemment parlé (1).

A deux pas des Granges s'élève Orain, la résidence si chère à M. Grignard, le château qui abrita sa lente agonie. On trouve pour la première fois le nom d'Orain dans un acte du 19 juillet 1600. C'est un souvenir des Saulx-Tavannes, qui possédèrent autrefois « la maison des Granges avec des fossés à eau, » et qui portaient le titre de seigneurs d'Orain, village situé dans le canton de Fontaine-Française.

De nobles familles ont tour à tour illustré cette maison, depuis la seconde moitié du quinzième siècle. A cette époque, elle appartenait aux Dinteville. Anthoinette de Dinteville la transmit à la famille de Saulx par son mariage avec Erard de Saulx, en 1466. Jean de Saulx, leur fils, est connu dans l'histoire de Bourgogne. Il remplit les fonctions de grand-gruyer, c'est-à-dire de juge en dernier ressort des délits commis dans les forêts et les rivières ; il s'acquit la réputation d'un rude bretteur. En 1525, il se battit seul « contre les sieurs de

---

1. P. 546-569.

Grammont et Bastard de Couches, ayant estropié le premier et coupé les mains au second (1). » Il eut de Marguerite de Tavannes cinq enfants, trois garçons et deux filles. Il est dit de l'aîné, Gaspard de Saulx-Tavannes, dans les mémoires publiés sous son nom : « Le sieur de Tavannes avoit l'esprit prompt, judicieux dès son enfance, estoit de la riche taille, entre médiocre et grand, de force et disposition non pareille. Son père l'enseigne et faict apprendre ce qu'un gentilhomme et capitaine doit scavoir (2). » Il n'est folies que ne fît Gaspard, dans la première effervescence de l'âge, avec d'autres jeunes seigneurs qui suivaient les enfants de France. Mais ces folies devaient se changer plus tard en vaillance, et, d'après son expression, d'une bande d'enragés produire une bande de grands capitaines. Toutefois, elles tournèrent d'abord à son détriment, jetèrent le désarroi dans ses finances, et le forcèrent à vendre la seigneurie d'Orain.

Jean Millelot l'acheta, le 27 octobre 1540. Une de ses petites-filles la fit entrer dans la maison des Bretagne, qui sont originaires de Saulieu, en épousant Claude de Bretagne, un des hommes les plus distingués qu'ait produits l'Auxois. Nommé lieutenant-général du baillage en 1578, il traversa les temps orageux de la Ligue avec une fermeté de caractère et une loyauté qui ne se démentirent pas. Tandis que de lamentables défaillances attristaient l'honneur français, « seul des

---

1. *Mémoires de Gaspard de Saulx*, D, 204.
2. *Ibid.* 153.

lieutenants-généraux du baillage de la province, il demeura fidèlement attaché au service du roi, avec perte de ses biens et rançon payée à ses ennemis (1). » C'est le témoignage que lui rendit plus tard Henri IV, en lui décernant des lettres de noblesse. Les enfants de Claude de Bretagne conservèrent la propriété d'Orain pendant le dix-septième et le dix-huitième siècles. Le dernier de ce nom, Jean-Baptiste-Antoine mourut plein de tristesse, le 29 pluviôse an IV, au milieu d'une tempête plus affreuse mille fois que celle dont son arrière grand-père avait bravé les coups.

N'ayant pas d'héritiers directs, il légua ses biens à son neveu, Jean-Baptiste-François Champion baron de Nansouty-Beauregard. Celui-ci embrassa d'abord la carrière des armes, mais la révolution brisa son épée. Après l'orage, il s'installa dans son château d'Orain : il fut assez heureux pour y recevoir les cardinaux Gabrielli et Oppizzoni que Napoléon avait relégués à Semur et dans les environs. Un précieux reliquaire, dont l'un d'eux fit hommage à Madame de Beauregard, conserve dans la chapelle d'Orain le souvenir de leur passage. Après ces nobles survivants d'un autre âge, M. Etienne-Jean-Charles Champion, comte de Nansouty, fils du général de ce nom, recueillit leur héritage. »

En dehors des Granges et d'Orain, Grignon compte un certain nombre d'écarts : les moulins Bernard et Moreau, la ferme de la Raquette et trois maisons éclusières. Si celles-ci sont de construction récente, ceux-

1. P. 595.

là remontent au moins au treizième siècle, puisque des chartes de 1232 et de 1256 les mentionnent (1).

Notre infatigable chercheur n'a point voulu terminer son travail sans recueillir les moindres épaves du temps passé et relater les usages particuliers à la paroisse.

Les lieux détruits l'ont occupé d'abord. La maison du Châtelot existait à la fin du onzième siècle ; elle subsista longtemps, puisque Jean de Beauffremont et Jeanne de Drée la vendirent à Pierre Poinssot en 1513. Du moulin à vent situé sur le chemin de Champ-d'Oiseau il ne reste plus vestige, pas plus que d'une léproserie dont on n'indique pas même sûrement la place.

Quant aux célébrités locales, Grignon n'a certainement pas produit beaucoup de personnes illustres. On cite un receveur de Bourgogne, Girard de Grignon, des abbesses du Puys d'Orbe et de Rougemont, un archiprêtre de Beaune, Jean Clerget, des Granges-sous-Grignon, qui acheta le village de Seigny, en 1513, et fit, treize ans après une importante fondation dans l'église de Flavigny. Montbard est fier d'avoir donné naissance à Buffon, mais les ancêtres de l'auteur de l'*Histoire naturelle* sont, avons-nous dit, originaires de Grignon, et plusieurs familles se glorifient aujourd'hui de leurs anciennes alliances avec les Le Clerc jadis « chirurgiens et praticiens au dit lieu. »

Quant aux usages particuliers, ils sont religieux et profanes, comme les prières qu'on récite pour les ago-

1. P. 571, 635.

nisants et les sobriquets du village et quantité d'autres aussi disparates. Ce qui concerne les messes des morts mérite d'être rapporté tout au long, à cause des sentiments mystiques et des hautes pensées qui ont inspiré ce passage (1) :

« Les fils de Jacob pleurèrent leur père pendant sept jours ; les habitants de la paroisse sont dans l'habitude d'employer sept jours à honorer la mémoire de leurs morts : car, indépendamment de la messe du jour de l'enterrement, ils font dire des messes pendant les six semaines qui suivent immédiatement le décès. C'est d'abord pour que le défunt parvienne plus vite au sabbat de l'éternel repos, ou bien à l'octave de la perfection (2); deuxièmement, pour qu'il obtienne le pardon des péchés qu'il a commis pendant les sept jours qui composent la semaine et par conséquent la vie ; troisièmement, à cause du septenaire dont se compose l'humanité : car, l'âme est douée de trois puissances, rationnelle, concupiscible et irascible, et le corps est lui-même formé de quatre éléments. En outre, deux services ont lieu, pour le quarantième jour et le jour anniversaire : le quarantième jour, pour que les défunts obtiennent le pardon des péchés qu'ils ont commis contre les quatre évangiles et les dix commandements de Dieu, et qu'ils obtiennent la gloire du Christ, qui resta quarante heures dans le sépulcre, en comptant l'heure où il rendit le dernier soupir et la dernière heure de la

---

1. P. 654.
2. Ambros. lib. IV, in Luc. cap. VI.

nuit de la résurrection ; le jour anniversaire, pour que les morts parviennent des années de calamité aux années de l'éternité, parce que, si nous célébrons l'anniversaire des saints pour leur honneur et notre utilité, il est juste que nous célébrions aussi l'anniversaire des morts pour leur utilité et notre dévotion ; enfin, parce que nous ne savons pas au juste comment ils se trouvent dans l'autre vie, et qu'il vaut mieux en faire trop pour eux que de n'en faire pas assez (1). »

L'*Histoire de Grignon* se termine avec la page 672, et d'une manière analogue au *Traité de la Confirmation* : LIBRO FINITO, LAUS ET GLORIA CHRISTO ! Un certain nombre de vues, de sceaux et d'armoiries sont insérés çà et là dans le corps de l'ouvrage. On remarque les photographies du village de Grignon et de la porte actuelle du vieux château, des eaux-fortes qui représentent les tours du dix-septième siècle et celle qui subsiste encore au dix-neuvième. Une main habile a dessiné d'après dom Plancher le tombeau de Robert II, duc de Bourgogne, son sceau, ceux de Hugues IV et de Hugues de Montréal, le sceau et le contre-sceau de Béatrix, comtesse de la Marche et d'Angoulême.

L'ingénieux artiste dont nous parlons a reproduit avec la même patience et le même bonheur les armoiries des familles de Clugny, de Dinteville, de Saulx-Tavannes, de Milletot, de Bretagne et de Nansouty. L'abbé Grignard a rapidement esquissé lui-même celles des anciens ducs de Bourgogne, des La Trémoille, des

---

1. Durand, *Rationale*, lib. VII, cap. XXXV, n° 6, q. 14.

Chalon, des Dinteville et des Le Clerc, les ancêtres de Buffon.

Ces illustrations et d'autres encore relèvent le mérite de ce manuscrit composé d'une manière originale et d'après les chartes. Elles contribuent à lui donner cet air de saine et grande érudition qu'on admire dans les travaux des maîtres, et particulièrement de ceux de notre contrée, comme M. Garnier et M. d'Arbaumont.

# CHAPITRE SEPTIÈME

## Les Cartulaires.

Nature, origine et importance des cartulaires. — Idée générale des travaux de M. Grignard dans ce genre d'études. — Le Cartulaire de Grignon. — Sa valeur au point de vue des documents. — Le Cartulaire de Flavigny, son importance et ses sources. — Sa composition et son classement. — Vœu des amis de M. Grignard. — Le Cartulaire de Fontenay. — Les deux pancartes de l'abbaye ou ses deux premières grandes chartes. — Appoint de l'abbé Grignard dans l'étude de ces documents. — Particularités précieuses pour les monographies historiques. — Prière de l'auteur.

E mot charte désigne en général un ancien titre. Il s'entend de toute espèce d'actes constatant un diplôme, une bulle, une donation, un testament, une transaction quelconque, originale ou transcrite, qui remonte au moyen-âge et dont on a sous les yeux la teneur exacte. Les registres où sont conservées ces pièces, se nomment des cartulaires.

Les moines ont fait les premiers recueils de ce genre, en réunissant, dès le dixième siècle au moins, les pièces relatives à leur abbaye. Au onzième, les évêques et les chapitres suivirent leur exemple, puis les rois, les ducs, les comtes, les seigneurs et les communes. Il existe un grand nombre de cartulaires aux archives nationales et dans celles des départements. Les cartulaires des églises de Paris, de Chartres, de Grenoble sont extrêmement remarquables. De même, ceux d'Ainay de Lyon, de Saint-Cyprien de Poitiers, de Cluny, de Pont-Royal et surtout celui de Saint-Pierre de Marseille.

On a publié, depuis bientôt un demi-siècle, plusieurs de ces anciens recueils. Le gouvernement encourage les érudits qui abordent ces difficiles études, et les fonds des ministères leur viennent facilement en aide. Mais il faut le reconnaître, les pays étrangers, l'Allemagne en particulier, nous devancent dans ces méritoires et laborieuses investigations.

On dira peut-être, que pour la grande majorité des lecteurs, les cartulaires ne présentent pas un intérêt palpitant. Mais cela ne les empêche pas d'être hautement appréciés par une certaine élite d'esprits cultivés. Si la géographie et la chronologie sont, comme on l'assure, les deux yeux de l'histoire, les documents dont nous parlons, les illuminent souvent de la manière la plus heureuse. Ils déterminent l'ancienne topographie des villes et des villages et même les lieux-dits. Ils fixent les dates de la fondation des monastères, de la construction des églises, de la concession des privilèges et de mille et mille choses plus ou moins importantes. Ils rétablissent une multitude de noms propres qu'on chercherait vainement ailleurs. Ils font revivre les générations disparues, les institutions sociales, les mœurs et les usages d'un autre âge. Une foule de ces actes concernent les biens meubles et immeubles, les droits féodaux, les libéralités des seigneurs, sans oublier l'obole du pauvre ni le denier de la veuve. Vous apprendrez là que Widerade a doté Flavigny, que Gaudry et Milon, les oncles de saint Bernard, ont bâti Fontenay. Et vous verrez apparaître, à côté de l'opulence, l'humble Racenna de Fresnes, une veuve si pauvre qu'elle prie les religieux de veiller à sa sépulture. Les cartulaires reflètent ainsi, comme des miroirs fidèles, le tableau de l'ancienne société, l'état des maisons et des terres et jusqu'à la physionomie des personnes avec leur caractère, leurs passions, leurs fautes et leurs généreux élans.

La mort n'a point permis à l'abbé Grignard de terminer entièrement ses travaux sur les cartulaires. Les recherches qu'il a faites et les titres qu'il a classés peuvent se diviser en trois séries : l'une se rapporte à Grignon, la seconde à Flavigny et la troisième à Fontenay. Encore ces compilations sont-elles loin d'avoir été conduites au même degré d'achèvement. Celle de Grignon, reliée du vivant de l'auteur, semble avoir été reprise à plusieurs époques. (1). Celle de Flavigny est à peu près terminée comme collection, mais, si l'on

---

1. Elle forme le second volume de l'*Histoire de Grignon*.

veut la faire paraître, il faudrait la présenter au lecteur avec une introduction et les éclaircissements nécessaires en pareil cas. (1). Celle de Fontenay se compose de deux parties très différentes : c'est d'abord un ensemble assez confus de pièces diverses (2), puis une étude très soignée sur deux recueils particuliers, connus sous le nom des deux premières grandes chartes de l'abbaye de Fontenay (3). Mais il est bon d'entrer dans quelques détails.

Apparemment, l'abbé Grignard n'a point songé tout d'abord à composer un cartulaire en règle pour ce qui concerne le village et le prieuré de Grignon. Il dut mettre à part les documents originaux de sa monographie, pour les réunir, comme font souvent les auteurs, à la fin de son ouvrage, à titre de pièces justificatives. Mais l'histoire forma un gros volume ; il y eut nécessité de séparer les documents et d'en faire un recueil spécial. La manière dont ce second volume est composé, l'ordre des pièces, la nature même des choses qui s'y trouvent insérées, tout indique cette marche.

L'auteur le fait précéder de dix pages blanches, destinées, selon toute vraisemblance, à l'introduction. On trouve d'abord six pièces de différentes dates, et dont la première, mais non la plus ancienne, est une bulle originale de Clément XI. En tête du n° 7, qui porte la date approximative de 1171-1181, on lit : Cartu-

---

1. La cote 17 donne l'inventaire des pièces recueillies par M. Grignard.
2. Cote 25, déposée aux archives de la Côte-d'Or. Fonds Grignard.
3. Même cote. Cf. cote 3.

laire du prieuré de Grignon. Les pièces sont classées par ordre chronologique jusqu'à la vingt-troisième, qui reproduit encore une bulle de Clément XI. Le n° 24 contient une étude généalogique sur la maison de Vergy. Avec le numéro suivant commence une série chronologique de chartes et de généalogies, depuis l'an 1118 jusqu'à l'époque des Clugny. Le n° 56 revient à 1221 pour s'arrêter à 1332 et fournir une autre suite de généalogies seigneuriales de Grignon. Le n° 82 remonte à son tour jusqu'à l'année 1272 ; il ouvre une nouvelle série d'arbres généalogiques, qui concernent cette fois les familles d'Orain. Au n° 90, les chartes et les généalogies recommencent, mais la pagination cesse, ainsi que l'inscription des chiffres pour les documents eux-mêmes. On rencontre au milieu de notes historiques de toute provenance huit chartes de 1179 à 1225, et le reste du volume est en blanc.

Sans doute, l'*Histoire du village et de la paroisse de Grignon* a mis en œuvre les plus précieux renseignements qui ressortent du cartulaire. Mais il en est d'autres qui ne s'y trouvent point : ainsi, par exemple, les inscriptions des monuments du cimetière et les croix du village, l'opinion de Chifflet sur le mariage d'Hélirannus, les notes sur Jean Cloppet et la famille Chandio, ainsi que les arbres généalogiques. Quelques pièces, comme l'acte de fondation de la chapelle des Douze-Apôtres en 1554, et l'ordonnance de Mgr de Montazet, en 1757, ont une saveur du bon vieux temps qui agrée et qui charme, à l'égal des titres beaucoup plus anciens de la noble comtesse Mathilde. Notre savant ami n'eût-il consacré ses neuf années de Grignon qu'à ce simple cartulaire, il aurait bien mérité du village dont il a recueilli les titres, et ce petit monument garderait longtemps sa mémoire.

Mais il avait dès lors entrepris un autre recueil, le Cartulaire de l'abbaye de Flavigny (1), la plus importante, je ne crains pas de le dire, de toutes ses œuvres, et celle qui lui fait le plus d'honneur. Des lettres de 1877 montrent non-seulement qu'il s'en occupait à cette époque, mais elles indiquent de plus que le premier avait donné l'idée du second. M. A. Bruel, archiviste aux Archives nationales, lui écrivait, le 23 mars, à propos du prieuré de Grignon : il l'engageait à consulter « dans les Archives départementales de Dijon une copie du Cartulaire de Flavigny, copie sur papier du xvii$^e$ siècle, composée de 198 pièces de 1227 à 1664. » M. le Bibliothécaire de Châtillon-sur-Seine ajoutait, le 20 juillet suivant : « Notre bibliothèque possède une copie du Cartulaire de l'abbaye de Flavigny. Ce Cartulaire renferme 55 pièces. »

L'ardent érudit ne se contenta point de consulter. Ayant constaté que les recueils étaient incomplets, il forma le hardi projet de les reconstituer. Tâche ardue ! Travail immense ! mais il le mena rudement. Un mémoire présenté par lui à la Société Eduenne, le 4 mars 1880, prouve qu'il possédait dès lors pleinement son sujet. On lit en effet ce qui suit dans le compte-rendu de la séance (2).

1. Déposé aux archives de la Côte-d'Or.
2. *Mémoires de la Société Eduenne, nouvelle série, tome dixième,* p. 487.

« M. Harold de Fontenay communique un intéressant mémoire de notre collègue, M. l'abbé Grignard, sur le Cartulaire de l'abbaye de Flavigny, son importance et ses sources, dans lequel l'auteur met en relief l'intérêt que présente ce précieux document pour l'histoire générale de Bourgogne et pour celle des personnes et des localités qui y sont citées en grand nombre. Parmi les manuscrits à l'aide desquels le Cartulaire de Flavigny peut être publié, il faut citer en première ligne la copie qui en a été faite par le président Bouhier et qui existe à la Bibliothèque nationale sous le n° 17.720 du F. latin; puis en second lieu, un manuscrit de la bibliothèque de la ville de Châtillon-sur-Seine, qui contient cinquante-six chartes; les chartes originales qui se trouvent en grand nombre aux Archives de la Côte-d'Or et qui permettent de vérifier très-utilement le texte de la copie de Bouhier; la chronique de l'abbé Hugues, qui contient l'analyse d'un certain nombre de pièces; enfin les ouvrages imprimés d'André du Chesne, de D. Plancher, etc., qui en ont publié les chartes les plus importantes. Parmi ces sources, nulle n'est plus précieuse que la copie de Bouhier qui donne l'ordre du Cartulaire primitif, et c'est elle surtout qui devra servir de base principale à tous les travaux dont le Cartulaire de Flavigny pourra être l'objet. »

M. Garnier, l'obligeant conservateur de nos Archives départementales, se plut à diriger les recherches de l'abbé Grignard, à lui aplanir les obstacles, à lui révéler les secrets de la science des chartes. Grâce à lui, le jeune savant recueillit en peu d'années d'amples et riches moissons ; il réussit au-delà de toute espérance. Bientôt sa collection comprit 515 pièces, parmi lesquelles il eut la joie de compter 326 chartes inédites. A quelles investigations ne se livra-t-il point ? Il compulsa non seulement tout ce que les Archives de la Côte-d'Or contiennent sur l'abbaye de Flavigny, mais encore sur les abbayes voisines, afin de n'omettre aucune source d'information. « J'ai vu, disait-il, tout le fonds de l'abbaye de Flavigny, aux Archives de la Côte-d'Or, et tous les fonds des abbayes voisines de Fontenay, d'Ogny, du Puys d'Orbe, une bonne partie de Molesmes, Moutiers-Saint-Jean, Saint-Seine. »

L'ouvrage se divise en deux parties : les chartes de l'abbaye proprement dite et celle des prieurés qui en dépendent. Les premières sont au nombre de 318. Chose digne de remarque : on connaissait à peine le tiers de ces titres avant l'abbé Grignard : il a découvert jusqu'à 219 pièces inédites. Quant aux prieurés dont il a reconstitué les cartulaires, nous en avons déjà vu les noms : Saint-Martin de Chichée, Saint-Georges de Couches, la Roche-Nolay ou la Rochepot, Saint-Pierre de Corbigny, Saint-Jean-l'Évangéliste de Grignon, Notre-Dame de Semur-en-Auxois. En quoi notre savant les a-t-il enrichis ? Toute leur ancienne fortune montait à 197 chartes ; il leur en a donné 117 nouvelles. S'il fallait entrer dans le détail pour chaque prieuré, nous dirions : Chichée et la Rochepot avaient l'un et l'autre 5 pièces : à chacun il en a rapporté 3. Couches en possédait 58, il lui

---

1. Cote 17.

en a retrouvé 12. S'il n'a pas augmenté le mince héritage de Corbigny, en revanche il a doublé celui de Grignon et singulièrement accru celui de Semur qu'il a doté de 90 nouveaux titres.

Qu'on nous pardonne ces arides détails et qu'on nous permette d'ajouter : les chartes antérieures à l'an mille sont au nombre de 37. Le onzième siècle en compte 22 ; le douzième, 45 ; le treizième, 253. Les 167 autres appartiennent aux siècles suivants. Mais, dira-t-on, de quoi s'occupent-elles ? Je réponds : de tout ce dont traitent ordinairement les cartulaires. Ainsi, pour citer quatre ou cinq particularités, celui de Flavigny commence, l'an 721, avec les testaments de Widerade, et continue avec les donations des premiers bienfaiteurs, Baio, Cylinie, Gondrade, Hildebrand, Maurengus. On y voit les diplômes de Pépin-le-Bref, de Charlemagne, de Louis-le-Débonnaire et des rois leurs successeurs, les bulles de Jean VIII, d'Alexandre III, d'Innocent III, de Grégoire IX et de beaucoup d'autres papes (1) ; les concessions des évêques d'Autun et de Langres, des ducs de Bourgogne et des seigneurs du voisinage, les transactions des abbés, leurs accords, leurs échanges, enfin toutes les pièces qu'accumule l'administration séculaire d'un grand établissement religieux. Elles sont classées dans l'ordre chronologique, avec leur date et leur titre, et si ce dernier manque, avec les premiers mots de la charte et quelquefois son objet.

Une œuvre si laborieuse mériterait les honneurs de

---

1. Il y a plus de quarante bulles des Papes, dont plusieurs sont inconnues à Jaffé. *Regesta...* (Note du *Curriculum*, annexe I.)

la publicité. Elle jetterait un nouveau jour sur une foule de sujets et de personnes, sur quantité de villages rapprochés ou lointains. Elle intéresserait plusieurs départements, notamment la Côte-d'Or, la Haute-Marne, la Nièvre et Saône-et-Loire. Elle formerait comme la substance de l'histoire de l'abbaye de Flavigny, et ce beau sujet pourrait tenter, à son tour, une plume amie des institutions monastiques. Mais quand verrons-nous la publication du Cartulaire? Qui viendra rendre à l'abbé Grignard ce suprême service ? Ce nom, que tant d'autres travaux ne laissent déjà pas sans gloire, serait désormais inscrit parmi ceux que le temps n'effacera point. Il sortirait alors de la liste des auteurs dont ce siècle abonde, pour figurer dans l'élite des érudits qui puisent un éminent savoir aux sources les plus hautes et les plus pures. Les matériaux sont prêts, les marbres taillés, mis en ordre ; ils n'ont plus besoin que d'une dernière ciselure. Ah ! sans doute, il faut un érudit. Qu'il vienne et qu'il se mette à l'œuvre ! Qu'une âme, passionnée pour la science historique, élève à M. Grignard un monument digne de lui, non pas une simple pierre tumulaire comme ces pages fugitives, mais un vrai mausolée bâti pour les siècles à venir !

Un autre cartulaire, celui de l'abbaye de Fontenay, vint également solliciter son attention. Le monastère remonte au 29 octobre 1119. Une charte antérieure à cette date nous apprend qu'un ermite, nommé frère Martin, était précédemment établi dans ces parages (1).

---

1. Concession de Guy, abbé de Molesmes. (Même cote.)

La fondation de Fontenay n'est point isolée dans cette période de notre histoire. On sait quelle action les moines exercèrent alors et quelle expansion de vie cénobitique sortit des couches profondes de la société féodale. Bâti après Molesmes et Citeaux, l'an 1115, Clairvaux, que saint Bernard appelle une Jérusalem céleste, fonde successivement quatre-vingts monastères; et ces abbayes, s'ajoutant à une infinité d'autres, brillent dans le firmament de l'Eglise, comme une multitude de radieuses constellations. Fontenay vient la seconde par ordre de date, et bientôt elle fait elle-même rayonner ses essaims. « On peut juger, dit M. Grignard (1), de sa grandeur passée, par le spectacle imposant qu'elle présente encore aujourd'hui. En effet, le cloître est debout dans son austère beauté ; la salle capitulaire a conservé sa forme primitive ; et l'église n'a subi aucune modification capable de lui faire perdre le caractère qu'elle doit à Ebrard de Norwick, son fondateur. »

Plusieurs écrivains ont esquissé son histoire. Mais pour retrouver toute cette vie disparue, la première chose à faire, selon nous, serait de collectionner les chartes de l'ancienne abbaye. L'abbé Grignard a commencé le travail, comme le prouvent deux fascicules et quelques titres épars que nous avons rencontrés dans l'un de ses manuscrits (2). Mais il n'a point exploré toute cette mine ; il n'en a suivi qu'une veine. Ecoutons

---

1. Première et seconde grande charte de l'abbaye de Fontenay, cote 25. Archives départ.
2. Cote 3.

les explications qu'il a données lui-même sur ses recherches et sur les raisons qui l'ont guidé. Après avoir indiqué les documents amassés par le Père Chifflet et dom Plancher, il ajoute (1) :

« Ces pièces et celles que l'on pourrait encore signaler dans d'autres recueils (2), sont loin de former un cartulaire complet de l'abbaye. Ce sont des éléments épars qu'il faudrait d'abord recueillir et coordonner, sauf à combler ensuite des lacunes considérables. Mais telle n'est point notre pensée. La reconstitution du Cartulaire de l'abbaye bénédictine de Flavigny a suffi jusqu'à présent pour absorber les loisirs que le ministère des âmes ou les devoirs du professorat pouvaient nous laisser. D'autres soins nous occupent maintenant sur les rives de la Dreisam, dans la ville hospitalière de Fribourg. C'est à peine si l'étude des sciences théologiques, jointe à celle de la langue allemande, nous permet de revenir de temps à autre à nos travaux favoris, pour présenter au lecteur et annoter deux pancartes, qui composent la partie la plus ancienne et par conséquent la plus précieuse du Cartulaire de Fontenay. »

Ces dernières lignes annoncent un travail remarquable, en même temps qu'elles en fixent l'époque. Que faut-il entendre par ces deux pancartes ? Ce sont des tableaux destinés à l'inscription des donations et des autres faveurs que pouvait recevoir l'abbaye. La première pancarte a disparu ; mais, nous avons une copie

---

1. Cote 25, p. 7 de cette étude.
2. M. E. Petit ; *Cartulaire de Jully-les-Nonnains*. Auxerre, Georges Rouillé, 1881.

de la seconde. Elle porte en tête le titre que voici :
« *Incipiunt capitula secunde magne carte.* » (1)
Suivent les donations et les chartes : *Donum Roberti de Sarmasia et Milonis*. Donation de Robert de Salmaise et de Milon, son frère ; *De Dono Willmi de Duismo et fratris ejus*. Donation de Guillaume de Duesme et de son frère Aganon ; charte d'Haymon, fils de Ponce le géant, de Marmagne ; charte de Béraud le cornu, où il est question d'un Wautier qu'on appelle « *magister cementarius.* », d'où l'on pourrait conclure que l'industrie du ciment n'est point nouvelle dans la plaine des Laumes. (2).

Que sont devenus les documents mentionnés dans ces listes ? Sont-ils eux-mêmes perdus, comme la première pancarte ? Un registre observé par Courtépée en contient plusieurs. Il dit après l'indication des trésors littéraires de l'abbaye : « J'ai vu aussi un petit volume in-folio manuscrit en parchemin, bien écrit, qui forme un beau cartulaire. » Ce volume est maintenant aux Archives de la Côte-d'Or. (3). Chifflet et dom Plancher en ont publié quelques fragments, d'après un *Vidimus* du cardinal de Sainte-Ruffine, en 1273. Douze pièces seulement, toutes antérieures à 1136, se réfèrent à la première pancarte. Quant aux titres indiqués par la seconde, ils sont parvenus jusqu'à nous, sans aucune exception.

Ils s'élèvent au nombre de quarante-sept, et vont tout

---

1. Cote 25, p. 56.
2. P. 86. Remarque de M. Grignard.
3. N. 201.

au plus de 1138 à 1161. Cette double série de documents forme ce que l'on appelle la première et la seconde grande charte de l'abbaye de Fontenay. C'est l'objet sur lequel s'est particulièrement arrêté M. Grignard, voilà les pièces qu'il voulait éditer, pour frayer la voie aux futurs historiens du monastère (1).

« En nous entendant répéter, remarque-t-il (2), les noms de Chifflet et de dom Plancher, le lecteur se demandera peut-être si notre travail aura la saveur de l'inédit, et si nous ne revenons pas sur une œuvre faite et parfaite. Pour dissiper cette prévention, qu'il nous soit permis d'entrer dans quelques détails et d'établir d'une manière mathématique, la part qui revient à nos devanciers, et celle que nous sommes en droit de revendiquer pour nous-même. Jésuites et Bénédictins ont moissonné quelques épis, nous dirions volontiers qu'en qualité de religieux, ils ont prélevé la dîme de la récolte. Mais abstraction faite de ces prémices, on avouera qu'il reste encore une belle gerbe pour le glaneur.

En effet, prenons d'abord la première grande charte et voyons quelle est l'œuvre du P. Chifflet. Trois mots suffisent pour la caractériser. Il a reproduit, d'une manière incomplète, les numéros I et XLII, donné neuf ou dix *Excerpta* non moins incomplets, et publié fidèlement les numéros XLIII, XLIV et XLVI. L'œuvre de dom Plancher est moins importante encore. Car il n'achève ni la donation de Rainard de Montbard, ni

1. P. 5 D.
2. 13.

celle d'Etienne d'Autun ; et le privilège du prélat est la seule pièce qu'il ait intégralement transcrite.

Quant à nous, nous allons reproduire le numéro I, tel qu'il se trouve dans le *Vidimus* de 1273, donner les différents extraits conservés par Chifflet et dom Plancher, et publier toute la série des chartes, à partir du numéro XXXVI jusqu'au numéro XLVI. Si l'on en défalque les numéros XLIII, XLIV et XLVI, il reste neuf chartes inédites ou transcrites pour la première fois dans toute leur étendue.

Si de la première grande charte nous passons à la seconde, nous constatons que Chifflet a reproduit une partie des numéros VIII, XIII, XXV, XXVII, XXXVIII, XL et XLVI, et le numéro IX tout entier. Dom Plancher a inséré le numéro XXX dans les preuves de son histoire. C'est donc, de ce chef, quarante-cinq pièces que nous allons compléter ou tirer de l'oubli.

La nouveauté de ces quarante-cinq pièces et des neuf précédentes, ne fait pas tout leur mérite. « Elles renferment une foule de particularités précieuses pour les monographies personnelles ou locales, sans parler des éclaircissements qu'elles pourraient jeter sur des faits d'un intérêt plus général. A la demande de l'abbé de Molesmes, l'évêque d'Autun, Etienne de Baugé, autorise à transformer l'ermitage de frère Martin en une nouvelle abbaye cistercienne. Deux oncles de saint Bernard, Gaudry et Milon, l'un convers et l'autre moine, prêtent leur concours à frère Martin. » Ces détails sont trop précis, observe notre érudit (1), pour qu'on puisse

1. P. 15.

désormais répéter avec Mabillon : « On n'est pas certain des fondateurs de Fontenay (1). » Bientôt les religieux affluent ; les donations abondent. Les seigneurs du voisinage et les paysans offrent une part de leurs domaines ou quelque mince parcelle de champ, en se recommandant tous aux prières des moines. Quelques-uns vendent, d'autres échangent ; plusieurs stipulent une pension alimentaire, une retraite dans l'abbaye ou ses dépendances.

L'abbaye étend au loin ses domaines : Marmagne, Fain, Seigny, Fresnes lui appartiennent en partie. Trois grandes exploitations rurales s'élèvent sous la direction d'un *magister curiæ*, d'un régisseur qui administrait au nom des moines. Les granges de Flacey, d'Eringes et de Poiseul n'ont pas une autre origine. Les deux grandes chartes ne parlent pas des fondations des Escharlis et de Chezery, ou plutôt les titres qui les mentionnent sont perdus, mais il est question de l'établissement de l'abbaye de Sept-Fonts. Plusieurs de nos villages, Eringes, Fontaine-les-Sèches, par exemple, n'ont pas de titres plus anciens. Que de noms s'y pressent ! On y voit figurer une foule de contemporains : Saint Bernard et ses frères, les évêques d'Autun et de Langres, les abbés de Flavigny et d'Ogny, les ducs de Bourgogne, les comtes et leurs vassaux, les maires de Fain et de Villaines, les prêtres des villages voisins, Théobaud de Fresnes, Pontius et Gérard de Seigny, Jean de Touillon, Pierre de Lucenay, Tescelin d'Aignay, Eudes de Duesme.

---

1. *Fontanetum incertos habet auctores.*

Toutes les conditions sociales s'y coudoient, non seulement les feudataires et les membres du clergé, mais les plus humbles artisans, les hommes liges de toutes les conditions et de tous les métiers : Robert, bouvier de la dame de Tarcey, Raoul, pelletier, Jean, charpentier à Touillon, le meunier Gilbert, le maître cimentier Walterius et Milon, un de ses ouvriers et jusqu'au savetier Simon (1).

Je terminerai par le vœu qu'exprime l'auteur à la fin de son introduction (2) : « Les personnages qui défilent dans ces cinquante ou soixante pièces, dit-il, quand ils font quelque donation à Notre-Dame de Fontenay, stipulent volontiers des prières pour le repos de leur âme, pour les âmes de leurs parents décédés ou à décéder. Enfant de l'Auxois, du Morvand, si l'on veut, après avoir vécu neuf années bien douces non loin de Notre-Dame de Fontenay, j'ose lui offrir ces pages, consacrées à sa glorification et à celle de son Eglise, avec l'espérance que mon âme et les âmes qui me sont chères en recevront quelque soulagement. »

1. *Passim*.
2. P. 29.

# CHAPITRE HUITIÈME

## La Comtesse Mathilde.

Deux études manuscrites sur la comtesse Mathilde. — Différence de ces deux biographies. — Dépôt d'un certain nombre de manuscrits de M. Grignard aux Archives départementales de la Côte-d'Or. — Division de ces manuscrits. — Chartes et notes historiques. — Etude de Raymond de Bourgogne, père de la comtesse Mathilde. — Les quatre mariages de la comtesse. — Elle épouse successivement : 1° Eudes d'Issoudun ; 2° Guy de Nevers ; 3° Pierre de Flandre ; 4° Robert de Dreux. — La comtesse Mathilde à Fontevrault. — Ses nombreuses fondations. — Sa piété envers le très saint Sacrement. — Ses armoiries et celles des familles auxquelles elle s'allia. — Recherches nécessitées par cette histoire. — Chartes sur lesquelles elle s'appuie.

OURTÉPÉE appelle Mathilde de Grignon « bienfaitrice de Fontenet (1) ». Jamais titre ne fut mieux mérité. Car Mathilde combla les religieux des marques de sa munificence. Nous en citerons plus loin quelques-unes. Le nom de cette noble femme s'est déjà rencontré dans ces pages, quand nous parcourions

---

1. T. III, p. 567-317.

l'histoire de Grignon. Le manuscrit parle souvent d'elle: il lui consacre notamment dix pages dans la série des seigneurs qui ont occupé jadis le château féodal (1). Mais la découverte de nouvelles chartes engagea M. Grignard à compléter sa première notice. Cette vénérable figure lui parut chargée de quelques ombres qu'il lui était possible d'effacer. Il retrouva la succession de ses aïeux, de sa descendance, et quelques rayons de la gloire qui l'avait autrefois couronnée. Il se plut enfin à lui établir une sorte de cartulaire.

Les recherches qu'il a poursuivies dans ce but comprennent plusieurs dossiers assez volumineux. Notes, ébauches, rédactions, documents, tout s'y trouve réuni pêle-mêle. Ces manuscrits sont maintenant déposés aux Archives départementales de la Côte-d'Or. Nous avons l'espérance que les autres papiers de l'abbé Grignard iront un jour les y rejoindre, pour y former un fonds spécial inscrit à son nom. Ceux qui s'intéressent à notre histoire locale pourront y trouver une multitude de renseignements. Peut-être continueront-ils l'œuvre que nous avons entreprise. Et, s'ils veulent publier intégralement, non-seulement les Cartulaires mais encore les études historiques, ceux qui aiment l'abbé Grignard leur en témoigneront une vive gratitude.

Ces études manuscrites sur la comtesse Mathilde ne sont pas les seules que possèdent déjà nos Archives départementales. Elles s'y trouvent avec d'autres docu-

---

1. T. I, p. 307.

ments, le Cartulaire de Flavigny, les deux grandes chartes de Fontenay, la généalogie de saint Bernard et quantité de notes relatives à ces divers travaux. Ils forment un ensemble de vingt volumes manuscrits (1). Ils ne nous avaient pas été remis tout d'abord, parce qu'on les supposait inutiles à notre travail. Mais, pouvions-nous taire ce qui fait le plus d'honneur à M. Grignard ?

Les liasses qui nous ont été confiées sont beaucoup plus nombreuses : car, elles atteignent le chiffre de quatre-vingts. Nous les avons successivement fait passer sous les yeux du lecteur. Quant aux autres, une grande partie nous est également connue, ce qui se rapporte aux chartes de Flavigny et de Fontenay. Quelques pages nous suffiront désormais pour achever notre tâche.

A prendre en général tous les manuscrits déjà déposés aux Archives, on peut les diviser en deux classes : les collections et rédactions plus ou moins achevées d'une part ; et de l'autre, des documents épars, des pièces de toute nature et surtout des notes de travail.

Ainsi pour donner une idée de cette dernière catégorie de papiers, je mentionnerai, par exemple, une multitude de notes prises pour la composition des cartulaires, les inscriptions de l'église de Boux, de Lantilly et de Mont-Saint-Jean ; un mémoire des revenus de la cure de Seigny, des notes sur les origines de Semur et de Rougemont, des chartes sur la Rochepot, l'abbaye

---

1. Déclaration de M. Garnier, conservateur des Archives.

de Molesmes, les seigneurs de Mont-Saint-Jean, sans parler des observations détaillées auxquelles ces chartes ouvrent souvent la voie (1). Ebauches ou notes, toutes ces pièces rayonnent autour de Grignon, accusant une même curiosité archaïque, une même passion de pénétrer dans les vieux secrets de la contrée.

L'une de ces élucubrations concerne Raymond de Bourgogne, qui possédait le comté de Grignon en 1165. Je ne puis malheureusement la résumer ici, parce que l'auteur en a détaché nombre de passages pour les encadrer dans une autre biographie, celle de Mathilde. Un mot au sujet de Raymond ne sera cependant point hors de propos, car c'est lui qui fut le père de la célèbre comtesse. Il portait dans ses veines le sang royal de France, le plus illustre de la terre, comme le dit Bossuet, puisque la couronne de France « est autant au-dessus des couronnes du monde que la dignité royale surpasse les fortunes particulières (2). » Raymond naquit du mariage d'Hugues II, duc de Bourgogne, et de Mathilde de Turenne. Il descendait ainsi, à la sixième génération, de Hugues-Capet, le chef de la troisième dynastie des rois de France (3).

Il avait pour frères Eudes II, qui hérita du duché; Hugues le Roux, seigneur de Château-Chalon ; Robert et Henri, qui furent évêques d'Autun, et Gauthier qui occupa le siège de Langres. Ses sœurs étaient Sibylle, mariée à Roger de Sicile, Mathilde ou Mahaut, femme de Guillaume

---

1. Cote 32 A.
2. Oraison funèbre d'Henriette de France.
3. Liasse inscrite : *Comtesse Mathilde*, et non cotée.

de Montpellier, Aigeline, qui épousa Hugues, comte de Vaudemont, et Aremburge, religieuse au monastère de Larrey, près de Dijon.

Telle est la glorieuse et puissante lignée à laquelle appartenait celle dont nous allons raconter les infortunes conjugales et les pieuses libéralités.

Mathilde de Grignon, qu'on appelle aussi Mahaut de Bourgogne, resta la seule héritière de Raymond, comte de Grignon, et d'Agnès de Montpensier. Elle contracta successivement quatre mariages. Son premier époux fut Eudes d'Issoudun. Il appartenait à l'une des plus grandes maisons du royaume de France. Car, elle tirait son origine des anciens princes du bas Berry, par Raoul, seigneur de Déol, de Château-Raoul, vulgairement dit Château-Roux, et d'Issoudun, surnommé le Prudent [1].

Il est certain qu'Eudes et Mathilde étaient déjà mariés en 1165. Une charte datée de Seigny, le 15 avril de cette année, le constate officiellement. Eudes mourut deux ans après, laissant un fils unique, nommé Eudes comme lui, et qui porta également le titre de comte de Grignon. Des dangers menaçaient cet enfant, soit à cause de sa grande fortune, soit à cause des incursions des Anglais, qui ravageaient alors le Berry. Le duc de Bourgogne, Hugues III, son oncle, le prit sous sa protection et le fit même enlever furtivement. Le jeune comte épousa dans la suite Alix de Montbard. Il partit

---

1. *Raymond de Bourgogne et Mathilde comtesse d'Auxerre*, cote 7 A, Archives départ. (p. 7.)

pour la croisade en 1190 et revint mourir en France en 1199. (1).

Mathilde se remaria avec un croisé également revenu de Terre-Sainte, Guy, comte de Nevers, de Tonnerre et d'Auxerre. Deux chartes, datées de 1170, établissent que cette alliance était alors conclue, parce que le nom de Mathilde y figure à côté de celui du noble comte, pour approuver, en sa qualité d'épouse, les donations de son mari. Cette seconde union ne fut pas heureuse. Le comte de Nevers, après avoir forcé le château du sire de Donzy, déclara la guerre au duc de Bourgogne. Vaincu et fait prisonnier, il paya chèrement sa rançon et mourut le 18 octobre 1176, à l'âge d'environ vingt-six ans, en confiant ses enfants, Guillaume et Agnès, à la tutelle du roi de France. Leur mère conserva la garde-noble. Elle gouverna vigoureusement ses trois comtés de Nevers, Auxerre et Tonnerre. Elle rabattit même la fierté d'Herbert de Merry, qui avait molesté les habitants de Nitry et les religieux de Molesmes. Mais la mort de Guillaume induisit Philippe-Auguste à revendiquer sa tutelle. Il emmena Agnès à la cour et prit l'administration des comtés de Nevers et d'Auxerre, laissant à Mathilde celui de Tonnerre ainsi que le fief de Mailly, parce qu'elle les avait reçus en douaire (2). Le roi maria plus tard la jeune Agnès à Pierre de Courtenay, qui mourut empereur de Constantinople.

Le troisième mariage de la comtesse Mathilde fut

1. *Ibid.* 8 et suiv.
2. *Ibid.* 21-26 ; 30-31.

encore plus éphémère que les précédents. Elle épousa, dans les derniers mois de l'an 1176, Pierre de Flandre, le dernier des fils de Thierri d'Alsace et de Sibylle d'Anjou. Ce prince avait précédemment occupé le siège épiscopal de Cambrai, mais la mort successive de ses frères, en lui assurant l'héritage de Flandre et des fiefs qui en dépendaient, le ramena dans le monde. Ce fut pour son malheur, car il mourut l'année suivante, vers la fête de l'Assomption, et le peuple vit dans sa fin prématurée comme un châtiment du ciel. De cette union naquit Sibylle de Flandre qui épousa de bonne heure un vaillant chevalier flamand, Robert de Waurin.

Mathilde demeurait donc veuve, pour la troisième fois, dans l'espace d'environ douze ans. Elle s'était mariée fort jeune : les chartes l'appellent *puella*, et il y a mille exemples, au moyen âge, de ces unions précoces. En admettant qu'elle ait seulement compté quinze printemps, en 1165, elle n'aurait pas dépassé sa vingt-septième année, après son veuvage. Cette fois, elle porta plus longtemps son deuil, environ trois ans. Elle convola en quatrièmes noces, vers 1180, avec Robert de Dreux, fils aîné de Robert de France, qui lui-même était frère du roi Louis VII. La mort de Pierre d'Alsace n'avait point découragé les prétendants ; Mathilde était restée le point de mire des plus hautes ambitions. Et même on peut dire que l'éclat de ses alliances était toujours allé en grandissant. Après le sire d'Issoudun, le comte de Nevers ; après le comte de Nevers, l'héritier présomptif de Flandre. Il ne lui restait plus qu'à s'asseoir sur les marches du plus beau trône du monde, en acceptant le choix qu'avait fait pour elle, le roi de France lui-même (1).

Dieu seul est grand, c'est le cas de le redire : toute cette gloire s'évanouit comme un songe, dont Mathilde voulut même oublier le souvenir. Les chroniqueurs sont d'accord pour affirmer que les époux furent obligés de se séparer, parce qu'ils étaient parents. Ils appartenaient, en effet l'un et l'autre à la famille royale, et bien que leur parenté fut éloignée, elle n'en constituait pas moins en France, d'après les règles canoniques alors en usage, un empêchement dirimant. Peut-être la politique ne fut-elle pas étrangère à l'application du principe. En tout cas, Mathilde chercha désormais dans la solitude une consolation à ses malheurs.

Elle vécut longtemps encore, résignée et courageuse. Elle reparaît dans les chartes, en 1181, avec sa qualité de comtesse du Nivernais. Elle prit celle de comtesse de Tonnerre et de Mailly, ou bien encore de Tonnerre et d'Auxerre, après la mort de son fils Guillaume, quand elle fut dépossédée de la garde-noble d'Agnès. Les titres de 1196 la nomment comtesse de Grignon, peut-être, parce qu'elle s'était alors retirée dans son château féodal. Des actes de 1210 nous apprennent qu'elle était entrée dans l'ordre de Fontevrault et qu'elle y menait la vie religieuse. Pierre de Courtenay s'exprime ainsi dans une de ces chartes : « Ma vénérable Dame, Mathilde, autrefois comtesse de Tonnerre, maintenant religieuse de Fontevrault. *Venerabilis domina*

---

1. P. 32-60.

*mea, Mathildis, quondam comitissa Tornodori, modo Fontis Evraldi sanctimonialis.* » Nous ne connaissons ni l'année où elle quitta le monde ni celle où elle mourut. Un nécrologe du douzième siècle fixe son obit au 17 décembre, mais sans plus ample indication (1).

Elle fut toujours très libérale en faveur des églises et des abbayes. Elle avait donné à l'église St-Nazaire d'Autun soixante sols de monnaie dijonnaise pour célébrer son anniversaire. Elle l'avait également fondé dans l'abbaye d'Ogny, moyennant onze livres tournois, et dans celle de Fontenay avec une clause que nous indiquerons plus loin. Les chartes constatent de nombreuses largesses de ce genre, soit « pour le remède de son âme » *pro remedio animæ*, comme on disait alors, soit pour le salut de ses père et mère et de ses divers époux. Le souvenir du premier fut attaché aux abbayes d'Ogny, de Cîteaux et d'Issoudun, celui du second à l'église de Pontigny et à plusieurs monastères. Pierre de Flandre eut le sien dans le monastère d'Ogny : « Fléchissant le genou en présence du chapitre et demandant pardon de ses fautes à Dieu, dit l'acte de fondation, la comtesse Mahaut, fille du comte Raymond de Grignon, accordait à Arvé, abbé de l'église d'Ogny, et aux frères qui demeuraient là pour y servir Dieu, pour l'amour de Dieu et pour la rançon des âmes de son père et de la sienne et pour les âmes de ses maris, savoir : Eudes d'Issoudun, Guy, comte de Nevers, Pierre, comte de Flandre et pour son propre anniver-

1. 61-74.

saire, qui devait être célébré, chaque année, après sa mort, dans cette même église d'Ogny, vingt sous payables chaque année pour la fête de saint Remi, sur les cens et coutumes de Grignon et des Granges, en outre, la pêche de l'étang d'Etalente, une fois chaque année, à perpétuité, pendant deux jours et deux nuits, pour la fête de saint Augustin (1). »

C'est à cette dernière clause que nous faisions allusion tout à l'heure en parlant de l'abbaye de Fontenay. Mathilde y fonda son anniversaire en accordant aux religieux la pêche de son étang d'Etalente pendant deux jours et deux nuits avant le dimanche des Rameaux, à perpétuité (2).

« Une de ses donations, ajoute l'abbé Grignard, prouve, d'une manière trop éclatante, sa piété envers le très saint sacrement de l'autel, pour qu'il nous soit permis de la passer sous silence. La généreuse comtesse céda, en 1196, à l'église de Fontenay, une vigne située sur la paroisse de Seigny qui lui avait été donnée en gage pour neuf livres dijonnaises, à condition que le produit de cette vigne servirait à célébrer la messe, et que le surplus, s'il y en avait, serait consacré à acheter de la toile pour faire des corporaux. Dans le cas où cette vigne viendrait à être dégagée et retirée des mains de l'abbé et des religieux, le prix devait être employé aux mêmes usages que le revenu lui-même (3). »

Le patient érudit dont nous analysons la dissertation

1. P. 28, 31, 32.
2. Cf. *Hist. de Grignon*, 313.
3. P. 66. Cf. *Histoire de Grignon*. P. 314.

se proposait d'y joindre la reproduction de quelques blasons. Son étude, en effet, se termine par une note dont voici le titre : « Des armoiries qui figurent dans cet ouvrage. » Elles sont au nombre de six. On voit d'abord celles des ducs de Bourgogne de la première race. « Ils ont conservé, dit Saint-Julien de Balleure (1), les blasons des armes de leur souche qui sont or et azur. Et pour monstrer qu'ils estoyent puisnez, ou yssuz d'un puisné, ils y adjoutèrent la bordure de gueule, pour différence des plaines armes. » Viennent ensuite les armes de Courtenay : « Thiern (2), d'or au lyon de gueules », comme s'exprime un ancien titre. Issoudun porte : « d'azur au pairle d'or, accompagné de trois fleurs de lis mal ordonnées. » Flandre ancien : « Gironné d'or et d'azur de dix pièces, et au milieu un écusson de gueules. » Enfin Dreux : « Armes de France au franc quartier de Braines, eschiqueté d'or et d'azur à la bordure de gueules. »

Où M. Grignard a-t-il puisé tant de renseignements divers ? Laissons-le répondre lui-même, en résumant son propre témoignage : La tâche n'était pas sans difficultés. Il a fallu suivre Mathilde, à travers les différentes phases d'une existence princière, jusqu'à l'abbaye de Fontevrault, où elle terminait humblement ses jours dans le premier quart du douzième siècle. L'histoire de Béatrix, comtesse de Chalon, embarrassa jadis Chifflet qui ne pouvait se reconnaître dans ce que les plus doctes

---

1. Meslanges, p. 239.
2. *La parfaite science des armoiries*, p. 672. — Duchesne écrit THIERS, p. 305.

historiens et généalogistes racontent de son mari, de ses enfants, de ses ancêtres et de ses armes. Les deux comtesses étaient contemporaines, toutes deux arrière-petites-filles de Guy de Thiers, comte de Chalon; il ne faut pas s'étonner que les mêmes nuages planent sur leur histoire et leur généalogie.

Duchesne a esquissé les principaux linéaments de l'histoire de Mathilde, en s'appuyant sur des preuves qui paraîtront peut-être nouvelles, tant elles sont oubliées. Chifflet l'a suivi dans cette voie. Mais il a commis plusieurs inexactitudes, faute de documents assez nombreux. A ces deux érudits ajoutons l'abbé Lebeuf dont les « Mémoires » ont fourni à M. Grignard une certaine quantité de matériaux élaborés avec patience et habilement groupés. Ces ouvrages ne sont pas les seuls, mais l'auteur a surtout consulté les chartes (1) :

« Pour répondre, dit-il, aux exigences de la critique moderne, et ne pas entendre bourdonner à nos oreilles l'épigramme que la malice de Voltaire décochait à l'abbé Trublet :

Il compilait, compilait, compilait,

nous avons voulu donner à ces pages l'attrait de la nouveauté, en recourant aux sources, et en mettant à contribution les Archives des différentes provinces habitées jadis par Mathilde : c'est-à-dire, celles de la Bourgogne, du Berry et du Nivernais. Nous voudrions

1. Introduction, 3, 4, 5.

pouvoir ajouter celles de l'Anjou. Malheureusement le fonds de l'abbaye de Fontevrault, soumis à d'incessantes pérégrinations, attend encore l'archiviste qui doit en opérer le classement (1).

Nos efforts n'ont pas été complètement dépourvus de succès. Bon nombre de chartes inédites, une trentaine au moins, sont venues s'ajouter à celles que nous avons recueillies à pleines mains dans le Cartulaire général de l'Yonne par M. Quantin, ou que nous avons glanées çà et là dans le *Gallia Christiana*, dans dom Plancher, dans le *Cartulaire du Prieuré de Jully-les-Nonnains*, ou dans l'*Histoire* du même prieuré, etc. etc. (2). » Inédites ou déjà publiées, les chartes dont il s'agit font suite à la dissertation sur Mathilde de Bourgogne. Le chiffre total de ces documents s'élève à soixante-dix-huit, sans compter une quinzaine d'extraits de divers anciens auteurs, comme le moine Albéric (3) et Roger de Howeden (4).

L'abbé Grignard a dit que ce travail affirme une fois de plus son culte pour la Bourgogne et son histoire (5). Le lecteur ajoutera sans doute qu'il a bien mérité de l'une et de l'autre, en le composant avec tant de science et de perspicacité.

---

1. La cote 7 A renferme plus de vingt lettres d'archivistes et de savants consultés sur ce sujet par l'abbé Grignard.
2. P. 5. *Ibid.*
3. *Ex chronico Alberici monachi.*
4. *Annales Rogeri de Howeden.*
5. P. 6, *Ibid.*

# CHAPITRE NEUVIÈME

## Généalogie de saint Bernard.

Origine de ce dernier ouvrage. — Etat de la question. — Double but de M. Grignard. — Généalogie paternelle de saint Bernard. — La famille de Tescelin. — Ce qu'on sait de sa personne. — Sa vraie résidence. — Les parents qu'on lui connaît. — Généalogie maternelle de saint Bernard. — Les ancêtres d'Aleth. — Son père et sa mère. — Différentes manières d'écrire son nom. — Ses quatre frères et sa sœur. — Descendances de Rainard. — Erreurs de Chifflet et de M. Breuillard. — Les deux familles de Montbard et d'Epoisses. — Les enfants de Tescelin. — Les sires de Sombernon. — Les chartes sur lesquelles la généalogie de saint Bernard est appuyée. — La première et la dernière pensée d'une vie littéraire.

ous verrons tout à l'heure comment la personne du plus illustre des enfants de la Bourgogne préoccupa toujours la pensée de l'abbé Grignard, et comment il ne perdit jamais de vue l'espérance de lui consacrer un de ses ouvrages. Une note du *Curriculum* va nous indiquer quelle forme il finit par donner à son travail : « En poursuivant mes recherches aux Archives de

Dijon et d'ailleurs, j'ai rencontré bon nombre de chartes inédites qui m'ont permis de compléter ou de rectifier sur un certain nombre de points le *Genus illustre S<sup>ti</sup> Bernardi* du Père Chifflet. Les sires de Montbard à la famille desquels appartenait (la mère de saint Bernard); les sires de la Roche, de Sombernon, etc., n'auront qu'à gagner à cet ouvrage, qui contient, comme introduction, une bibliographie de tous les travaux tentés sur ce sujet depuis le xve siècle. »

Le docte et laborieux Jésuite, qui porte le nom de Chifflet, publia, en 1660, à Dijon, sur la généalogie de saint Bernard un ouvrage de haute érudition. Il l'intitula : *S. Bernardi Claraevallensis abbatis genus illustre... assertum.* On le cite souvent sous le nom de *Diatriba,* qui en est la partie la plus substantielle. Deux auteurs, un moine anonyme de Fontenay et le Père Legrand avaient précédemment entrepris, mais sans succès, les mêmes recherches. Ceux qui, dans la suite, se sont crus en état de compléter Chifflet, ont apporté sans doute de nouveaux documents, mais sans réussir en aucune manière à élucider les points qu'il avait laissés dans l'ombre. Et cependant cette œuvre, bien que très étudiée et très originale, n'est point parfaite. L'auteur ne se flattait pas de tout savoir, il a même parfois émis des conjectures en guise de vérités, et il en convient du reste, de fort bonne grâce. Après avoir tracé, d'une manière détaillée, la bibliographie de tous ces travaux, l'abbé Grignard conclut : « Somme toute, la *Diatriba* est encore le plus beau monument érigé par la science historique à la famille du saint docteur. Mais ses imperfections et l'impossibilité où l'on est d'y remédier depuis deux siècles, prouvent combien il est difficile de revenir sur ce sujet (1). »

« Bien loin de rebuter, continue l'émule de Chifflet, les difficultés d'une entreprise sont quelquefois un attrait. Comme l'a dit un de nos poëtes :

A vaincre sans péril on triomphe sans gloire !

Est-ce à dire que nous rêvions celle de combler toutes les lacunes et de dissiper tous les nuages que l'on remarque dans le *Genus illustre*? Tant de présomption n'entre pas dans notre esprit.

Nous voulons seulement signaler et grouper les divers documents publiés depuis 1660; documents dont Jean Nadault et ses successeurs auraient dû tirer quelque profit. Voilà quel est notre premier but.

Le second, c'est de livrer à la publicité un certain nombre de chartes inédites que nous avons recueillies dans les Archives de la Côte-d'Or. En effet, les différents travaux historiques que nous avons entrepris depuis un certain nombre d'années : l'Histoire du village et de la paroisse de Grignon, près de Montbard; la Biographie de la comtesse Mathilde, dont le petit-fils épousa une héritière de la maison de Montbard; la publication de la première et de la seconde grande

---

1. *Généalogie de la famille de saint Bernard*, mss. déposé aux Archiv. départem. cote 35 A, p. 20.

charte (1) de l'abbaye de Fontenay, fondée et dotée par la famille de saint Bernard ; la reconstitution du Cartulaire de l'abbaye de Flavigny elle-même, nous ont fait mettre la main sur des pièces importantes qu'il serait dommage de laisser retomber dans l'oubli.

Bref, si nous ne nous vantons pas d'être un scribe habile dans le royaume de Dieu, nous allons néanmoins essayer de tirer de notre humble trésor des choses anciennes et des choses nouvelles, *nova et vetera*.

Simple et dicté par le sujet, notre plan est celui que l'auteur de la charte de Fontenay (2) suivait au xv° siècle, celui que Chifflet adoptait au xvii°. Il consiste à traiter d'abord de la généalogie paternelle, ensuite de la généalogie maternelle de saint Bernard, sauf à voir plus loin comment la postérité de Tescelin a pu se perpétuer et peut-être arriver jusqu'à nous.

Tels sont les trois principaux chefs autour desquels nous allons essayer de grouper des pièces négligées ou inédites. Tels sont les trois problèmes que nous allons étudier. Si la solution n'est pas complète, nous l'aurons du moins enrichie de données nouvelles ou trop méconnues (3). »

Cet ouvrage devrait ainsi composer trois parties : malheureusement, les deux premières sont les seules que l'auteur ait rédigées, et encore sans en avoir achevé toutes les divisions. Force nous sera donc de nous arrêter où la mort a brisé une plume érudite, et privé

---

1. Cette publication longtemps espérée n'a pas eu lieu.
2. Le moine anonyme dont nous avons parlé.
3. P. 20 et 21.

d'illustres familles d'une gloire qu'elles auraient aimé à recueillir.

Nous commencerons par l'ascendance paternelle du grand docteur. Consignons d'abord cette remarque de M. Grignard : « Quoique cette partie de la généalogie du saint abbé de Clairvaux, soit encore enveloppée de bien des nuages ; quoique les résultats nouvellement acquis ne soient guère plus considérables que du temps de Chifflet, il importe de les exposer avec ordre et d'éviter ainsi une plus grande confusion.

Aussi parlerons-nous successivement de la famille de Tescelin, de Tescelin lui-même, et des parents qu'on lui connaît. » Saint Bernard naquit à Fontaine, en 1091. C'est autour de cette date que graviteront désormais ces pages.

Chifflet ne veut point que la famille de Tescelin sorte de Châtillon-sur-Seine. En cela, il a tort. Formel est le témoignage de Geoffroy d'Auxerre, moine de Clairvaux. Il parle d'un illustre *castrum* qu'on appelle Châtillon et où vivaient jadis de nombreux et loyaux chevaliers. « Un des plus remarquables, ajoute-t-il, était Tescelin, surnommé le Sors, et il était même, observe-t-il encore, originaire de Châtillon : « *Inter quos excellebat Tecelinus quidam, cognomento Sorus. Erat quidem indigena Castellionis* (1). »

Mais faut-il admettre que Tescelin soit le troisième fils de Verricus, comte de Châtillon et seigneur de

---

1. *Opera S. Bernardi*, édit. Gaume, Paris, 1839. *Ex tertia vita S. Bernardi.*

Laignes ? Chifflet le conteste, et cette fois, M. Grignard partage son avis. Des discussions auxquelles ils se livrent l'un et l'autre, il ressort que la généalogie de Verricus, telle que la donne le moine anonyme de Fontenay est fautive à l'égard des frères aînés qu'aurait eus Tescelin. Par conséquent, la désignation de son père ne s'appuie plus que sur un texte erroné.

Connaît-on au moins d'une manière certaine le nom de sa mère ? Pas davantage. L'auteur de la *Chronique de l'abbaye de Trois-Fontaines*, le moine Albéric, nous apprend, il est vrai, qu'elle eut deux maris, mais il ne la nomme pas. Son premier époux, qui n'est pas non plus désigné par son nom, est le père de Tescelin-le-Sors, seigneur de Fontaines ; et le second, Foulques de Sergueux, eut une nombreuse postérité. D'après M. Dubois, le savant auteur de l'*Histoire de l'abbaye de Morimond* et de celle de *l'abbé de Rancé*, la mère de Tescelin-le-Sors serait Eve de Grancey et son père porterait le même nom que lui. « Mais, dit M. Grignard, malgré tout le respect que nous professons pour la science du vénérable curé de Messigny, nous ne pouvons accepter ses assertions, parce qu'elles ne sont appuyées d'aucun titre. » En ce qui concerne l'aïeul de saint Bernard, son nom reste donc un problème. Quant à Eve de Grancey, Chifflet incline à croire qu'elle serait plutôt l'épouse de Guy, l'aîné des frères de l'abbé de Clairvaux. Disons donc en forme de conclusion que Tescelin-le-Sors apparaît dans l'histoire sans père, sans mère, sans généalogie d'aucune sorte. (1).

1. P. 23-42.

Son surnom lui vient de ce qu'il avait la barbe et les cheveux d'un blond éclatant. Geoffroy d'Auxerre le dit expressément. Il note à peu près la même chose de saint Bernard. Sa chevelure était nuancée de blond et de blanc, et sa barbe rousse se colora, vers la fin de sa vie, de fils d'argent. (1). Tescelin est souvent nommé dans les chartes. Elles le présentent comme un des familiers des ducs de Bourgogne et comme un des prud'hommes auxquels ils confiaient leurs affaires. On ne voit pas qu'il ait eu le titre de chevalier, mais il avait celui de *domnus*, parce qu'il était seigneur d'un petit *castrum* appelé Fontaine. A quel titre lui appartenait-il? Le champ est ouvert aux hypothèses : aucun titre ne met sur la voie d'une solution tant soit peu sûre. Mais de quel *castrum* s'agit-il? Est-ce de Fontaine-lez-Dijon ou de Fontaine-en-Duesmois? En d'autres termes, où faut-il placer le berceau de Saint-Bernard? (2).

Cette question n'avait jamais fait jusqu'à présent l'ombre d'un doute. Aussi Chifflet ne l'a pas examinée. Quelques personnes amies du paradoxe se sont avisées de contredire l'opinion unanime et de contester à Fontaine-lez-Dijon une possession huit fois séculaire. Par amour du Châtillonnais sans doute, car ces novateurs en étaient, des raisons en faveur de Fontaine-en-Duesmois ont été produites. M. Grignard en fait bonne justice. D'abord, ce village ne peut invoquer ni titres, ni

---

1. *Ibid. ex vita tertia.*
2. P. 43-52.

traditions ni textes quelconques. Ensuite, on connaît la famille seigneuriale qui, à cette époque, possédait Fontaine-en-Duesmois. Or, cette famille n'est point celle de Tescelin-le-Roux. De plus, la situation topographique du *castrum*, où naquit saint Bernard, est décrite par les anciens biographes. Le vieux manoir était situé sur une roche élevée et dominait Dijon (1). Quel est celui des deux villages à qui ces traits conviennent? L'un est loin de la ville des ducs, l'autre est tout à côté d'elle ; celui-ci se dresse encore, comme un géant, à l'entrée de la plaine ; celui-là s'étend sur un repli du plateau de Baigneux. Enfin d'autres détails, par exemple, la dévotion de la bienheureuse Aleth pour saint Ambrosinien, le patron de Fontaine-lez-Dijon, les circonstances de son inhumation, puisque les moines de Saint-Bénigne vinrent recueillir sa dépouille mortelle et la portèrent sur leurs épaules jusque dans leur abbaye, tout, en un mot, exclut absolument Fontaine-en-Duesmois (2).

Ici viendrait la question des parents que l'on connaît à Tescelin, mais l'abbé Grignard n'a pas eu le temps de rédiger ses notes. Peut-être eut-il jeté quelque nouvelle lumière sur Godefroy de Châtillon qui eut pour fils Hugues et Nivard, sur Aymon-le-Roux de Châtillon dont les fils Robert, Milon et Girard sont mentionnés dans les chartes et sur d'autres familles châtillonnaises (3). Enfant de Châtillon, Tescelin y avait con-

---

1. *Famosissimo illi castro Divionis supereminet, in excelsa rupe locatum.* Geoffroy d'Auxerre, *ibid.*
2. P. 53-72.
3. P. 25-35.

servé une maison, il envoya saint Bernard aux écoles
de cette ville, il devait y avoir des alliances. En tout cas,
notre érudit nous aurait certainement parlé d'Asceline,
de l'évêque Godefroy, des familles de la Roche, de la
Ferté et de Grancey. Les fascicules qu'il a réunis sur
tous ces points nous en sont un sûr garant. Asceline
fut prieure de Poulangy ; sa mère, dit la chronique de
Cîteaux, était parente du bienheureux Bernard et de
l'évêque Godefroy (1). Celui-ci occupa le siège de Langres de 1138 à 1162 (2) ; il se plaisait à dire qu'il
était parent du saint abbé, qu'il avait été son compagnon dans la vie religieuse et son coadjuteur dans ses
travaux (3). Il avait un frère, Renier, que les chartes
qualifient chevalier, et une sœur, Agnès, qui fut la
première abbesse du Puys d'Orbe. Mais quel était le
lien de cette parenté ? Il est difficile de le dire, et les
généalogistes font à ce sujet diverses hypothèses. On
donne quatre fils à Renier. L'aîné, Godefroy, embrassa
la vie monastique ; le second, Renier de la Roche,
épousa Milsande ou Comtesse de Montbard ; le troisième,
Nivard, est appelé chevalier ; enfin, le quatrième, Gauthier le connétable, épousa Aalnolz, veuve de Rainard
de Montbard (4).

1. *Mater hujus Ascelinœ Beati Bernardi et Episcopi Godefridi fuit consanguinea.* Fascicule inscrit *Asceline,* cote 35 A.
2. Il mourut moine de Clairvaux en 1164, mais il était encore évêque en 1162, contrairement à ce que porte la *Chronique de l'Abbaye.* Cf. ce présent fascicule, XI et les pièces justificatives. *Ibid.*
3. *Propinquus sanguine, in conversione socius, in laboribus coad- jutor.* Ita plures.
4. Fascicule inscrit *La Roche,* cote 35 A.

Guillaume de Saint-Thierry parle aussi de la parenté de saint Bernard avec Jobert de la Ferté. « Le saint, dit-il, avait déjà passé quelques années à Clairvaux, lorsqu'un noble personnage, qui lui était parent selon la chair, Jobert de la Ferté, petite ville près du monastère, tomba dangereusement malade. Son fils Robert le jeune et tous ses amis étaient d'autant plus tourmentés » qu'il avait perdu connaissance et se trouvait dans l'impossibilité de se réconcilier avec Dieu. Jobert le jeune est surnommé le Roux et dit de Châtillon. Il épousa la fille de Thibaud de Beaune, troisième vicomte de Dijon, et lui succéda dans la vicomté. Il avait une sœur nommée Sibylle, dont le mari fut Eudes de Champagne, plus connu sous le nom d'Eudes de Champlitte et comme chef de la maison de Pontailler (1).

Le nom de Grancey est le plus ancien que l'on ait essayé de souder à la famille paternelle de saint Bernard. Comme nous l'avons dit, la mère de Tescelin, ou la femme de son fils aîné Guy, se nommerait Eve de Grancey. Cette puissante maison féodale compte de nombreux représentants. On les trouve dans les chartes de toutes les abbayes voisines : Molesmes, Auberive, Fontenay, Ogny, Flavigny, etc. Une branche porte le titre de Grancey-Lucenay. D'autres Grancey figurent également dans les titres de Saint-Bénigne et de Citeaux (2).

S'il y a quelques points lumineux dans la généalogie

---

1. La Ferté-sur-Aube, cote 35 A.
2. *Grancey, ibid.*

paternelle de saint Bernard, le fond n'en reste pas moins très obscur et toutes les recherches qu'on a pu faire jusqu'alors ne l'ont pas fort éclairci. Mais les érudits ont été plus heureux dans leurs travaux sur la généalogie maternelle du saint docteur. « Nous pouvons le dire, sans crainte d'être démenti, s'écrie M. Grignard : autant le second tableau de Chifflet surpasse la généalogie dressée par le moine anonyme de Fontenet, autant la généalogie que nous allons nous-même donner surpasse celle de Chifflet en exactitude et en étendue (1). »

Aleth était fille de Bernard, seigneur de Montbard et d'Humbergue. Chifflet prétend qu'ils descendaient l'un ou l'autre des comtes de Tonnerre. Mais la raison qu'il en donne est faible. Si l'abbaye de Saint-Pierre-le-Vif, où vécut saint Ebbon, comte de Tonnerre, céda, en 1065, la quatrième partie des villages des Riceys et de Pouilly à Bernard et à Humbergue, ce n'est pas une raison décisive pour affirmer qu'ils appartenaient à la famille de Tonnerre; et cependant voilà toute la preuve du savant jésuite (2).

Au dire de Jean l'Ermite, le seigneur Bernard tirerait son origine des anciens ducs de Bourgogne. Des ducs bénéficiaires apparemment, c'est-à-dire, de ceux qui précédèrent les ducs issus du roi Robert, car ceux-ci n'étaient pas alors anciens. Mais on ne connaît point assez la généalogie de ces ducs bénéficiaires pour accepter sans restriction l'assertion de Jean l'Ermite.

1. P. 100.
2. P. 101 et suiv.

Une hypothèse qui sourit davantage à M. Grignard fait descendre les ancêtres d'Aleth des seigneurs de Bar. Voici ce qui porte à le supposer : d'abord, Rainard, frère aîné d'Aleth parle du comte Milon de Bar, comme de son seigneur : *per manum comitis Milonis de Barro, dm̄ nostri*. Ensuite, ils ont un héritage commun à Fontaine-en-Duesmois, comme le prouve la discussion qu'ils soulevèrent pour le partager. Enfin, un autre Milon cède, en 1200, au duc de Bourgogne tout ce que les sires de Montbard tenaient des seigneurs de Bar, comme faisant partie de son franc-alleu (1).

La première date où l'on voit paraître Bernard et Humbergue est celle que nous avons donnée au sujet de Saint-Pierre-le-Vif, l'an 1065. Ils reviennent en 1077, en 1084, 1085 et quelquefois encore, mais un peu plus tard. On voit qu'ils firent des largesses aux églises, comme à celle de Marcenay, et aux abbayes, à Molesmes, par exemple. On apprend même que l'époux d'Humbergue fut fait prisonnier, sans qu'on sache si ce malheur lui arriva dans une croisade ou dans une autre expédition.

Le nom d'Aleth, celle de leurs filles que saint Bernard devait immortaliser, varie beaucoup : Guillaume de Saint-Thierry le donne comme nous; mais Alain d'Auxerre écrit : Alaïdis; Geoffroy : Elisabeth; Jean l'Ermite : Aalys ou Aelays; le nécrologe de St-Bénigne : Alasya et Alaysa. Il y a encore des formes différentes (2).

1. P. 104.
2. Aleydis, Aalet, Aelis, Aclet, Aeleth. p. 124.

Aleth avait une sœur nommée Diane et qui se maria. On ne connaît point sûrement son alliance, mais elle eut un fils nommé Robert qui se fit moine, passa par Clairvaux et Cluny et fut longtemps abbé de Maison-Dieu sur le Cher. Parmi ses frères, nous connaissons déjà Rainard. Les autres étaient André, Milon et Gaudry. Le premier devint chevalier du Temple; le second suivit saint Bernard à Clairvaux et revint s'établir à Fontenay où nous l'avons déjà trouvé travaillant avec Gaudry son frère et l'ermite Martin à la construction du monastère. Gaudry fut d'abord marié et seigneur de Touillon. Il eut deux filles qui se firent religieuses, et deux fils qui se consacrèrent également à Dieu dans l'abbaye de Molesmes. Quant à lui, « Dieu permit qu'il retrouvât, pour ainsi dire à Fontenay, près de Touillon et non loin de Montbard, les horizons du pays natal et les joies pures de la famille (1). »

Rainard épousa Aalnolz et garda la maison paternelle. Il se montra, comme ses aïeux et ses contemporains, libéral envers les églises et les monastères. Fontenay reçut de lui le territoire d'Eringes et le désert de Fontaine. Molesmes et le Puys d'Orbe eurent également part à sa générosité. Il mourut de bonne heure. Sa femme Aalnolz, accepta la main de Gauthier de la Roche, connétable de Bourgogne, dont elle eut deux filles, Gertrude et Agnès. Quand Chifflet se trouva en face de cette nouvelle famille et du connétable Gauthier, seigneur de Montbard, grand fut son embarras. Ne soupçonnant point le

---

1. P. 121.

nouveau mariage d'Aalnolz, il imagina des combinaisons qui ne le satisfirent qu'à demi, et il finit par dire : « Pardonne, lecteur, à quelqu'un qui faute de documents, cherche comme un aveugle à saisir des conjectures en guise d'ombres, au milieu des ténèbres (1). »

Le jour est fait maintenant sur ce point, grâce au travail de M. Grignard. Il est fait sur beaucoup d'autres et notamment sur Milsande ou Comtesse, fille de Rainard, dont le double nom n'avait pas moins intrigué Chifflet. Elle était comtesse, disait-il, parce qu'elle avait un comte pour mari. Et comme Helirannus Fergannus, comte de Grignon paraissait à Chifflet un assez beau parti, l'excellent érudit l'avait tout simplement marié avec Milsande. Mais l'abbé Grignard a trouvé des chartes qui prouvent d'abord que Comtesse est un nom propre, et qui établissent ensuite que la fille de Rainard, appelée Milsande ou Comtesse, avait bien réellement épousé, non pas Helirannus, mais Renier de la Roche (2).

Rainard laissa trois fils : l'aîné Bernard II continua les traditions de la famille; les deux autres, Milon et Etienne ont laissé peu de traces. M. Breuillard s'est assez étrangement mépris sur le compte de Bernard II. Voici en quels termes il parle de lui : « Raymond de Montbard eut de sa femme, dont on ignore le nom, Bernardin qui lui succéda en la baronnie d'Epoisses (3). »
— « Il y a là, pour ainsi dire, reprend M. Grignard, autant

1. P. 137.
2. P. 142.
3. 143. Cf. *Mémoires historiques*, p. 56.

d'erreurs que de mots. L'oncle maternel de saint Bernard, qui vivait encore en 1113, ne s'appelait pas Raymond, mais Rainard. On n'ignore pas le nom de sa femme, elle s'appelait Aalnolz. Quant à Bernard, leur fils aîné, il ne s'appela jamais Bernardin et ne fut jamais seigneur d'Epoisses. »

De Bernard II naquit André I qui épousa Elaïs, dame d'Epoisses. Ils eurent deux fils : l'un, André II, devint seigneur de Montbard ; l'autre, Bernard, fut la souche de la maison d'Epoisses. Le premier épousa Mabille d'Arcy. Leur unique héritière, Alays, porta le sang d'Aleth dans la maison d'Issoudun. Le second eut cinq fils et trois filles. André, l'un d'eux, conserva pour un temps la terre patrimoniale ; mais Helvis, sa fille unique, la fit passer à Dreux de Mello, qui prit le titre de seigneur d'Epoisses. Celle de Montbard avait fait retour aux ducs de Bourgogne. (1).

Nous connaissons la généalogie de Tescelin et d'Aleth, autant du moins qu'il est possible de les connaître avec les documents dont dispose aujourd'hui la science historique. Il est temps d'étudier leur famille, d'entrer dans leur *castrum* de Fontaine, et de voir quel fut le sort de ces nombreux enfants que Dieu fit croître autour d'eux, comme une plantation d'oliviers. Mais les cahiers de l'abbé Grignard s'arrêtent au seuil de cette demeure. Il n'a pu continuer son œuvre. Après avoir élevé les colonnes des propylées de l'édifice qu'il avait rêvé pour le grand docteur, il n'a pu les surmonter de leurs arceaux.

1. P. 145-180.

Tescelin et Aleth eurent sept enfants. Voici leurs noms dans l'ordre où les place Jean l'Ermite : Guy, Girard, Bernard, Hombeline, André, Barthélemy, Nivard. On sait comment l'ardent apôtre les gagna tous à la vie monastique : les uns, en les emmenant avec lui ; les autres, en les y attirant successivement. Hombeline et Guy furent les seuls qui se marièrent. La sœur, longtemps assez mondaine, fut à la fin convertie par l'abbé de Clairvaux. Elle s'enferma dans les cloîtres, sans laisser, croit-on, de postérité. Le frère avait deux filles lorsqu'il vint se réfugier à Cîteaux. L'une se fit religieuse à Jully et vint mourir au monastère de Prâlon. L'autre porta dans la famille de Sombernon le rayon de gloire que saint Bernard fait rejaillir sur elle en même temps qu'il en couvre la France et l'Eglise.

C'est par les sires de Sombernon que le sang de Tescelin passa de famille en famille. Chifflet nous apprend qu'il s'était perpétué jusqu'à son temps. Mais quelle est la descendance des Sombernon et quelles sont leurs alliances ? Quelles familles s'honorent de porter dans leurs veines une goutte du sang de saint Bernard ? Ces antiques maisons ont-elles encore aujourd'hui des représentants ? Toutes ces questions ne manquent pas d'intérêt. Quel charme c'eût été pour nous de les étudier, avec M. Grignard, au flambeau des chartes séculaires et des titres authentiques ! Quel profit pour la science difficile des origines véritables de tant d'illustres maisons ! Quelle gloire pour elles de suivre d'âge en âge la succession de leurs aïeux, en arrivant jusqu'à celui à qui saint Bernard vient donner la main !

Cette étude généalogique se termine par une collection de cent vingt chartes environ. L'auteur se proposait de les publier à la suite de son travail sous forme de pièces justificatives. C'est ainsi qu'il les désigne, quand il y renvoie, mais elles ne sont point numérotées. Il écrivait, de Saint-Ignace, le 11 mars 1884, à M. le docteur Georges Hüffer, qui prépare depuis longtemps une histoire monumentale de l'abbé de Clairvaux :

« Peut-être serai-je assez heureux pour pouvoir quelque jour coordonner les chartes inédites que j'ai recueillies sur la famille maternelle du grand saint : rectifiant et complétant, sur des documents authentiques, les tables données par Chifflet. Il me reste encore le fonds de l'abbaye de Fontenay à dépouiller. J'y travaille chaque semaine, pendant mes heures de congé, et je ne désespère pas de réussir dans un prochain délai. »

Le délai lui fut refusé. Les archives n'ont pas été entièrement compulsées, et la coordination des chartes n'a pas été faite. Nous avons trouvé celles dont nous parlons, çà et là, dans des fascicules séparés, et nous les avons réunies sous une couverture qui porte le titre de « Sires de Montbard [1]. »

La mort a surpris le vaillant ouvrier, lorsqu'il voulait achever un travail auquel il avait pensé toute sa vie. Nous l'avons dit, c'est à l'abbé de Clairvaux qu'il voulait consacrer les prémices de ses travaux littéraires, en souvenir de la chère maison de Plombières où il avait

---

1. Archiv. Départ. Fonds Grignard, cote 33 A.

vécu huit ans sous son patronage. « Souvent dans le silence du sanctuaire, je l'ai prié de veiller sur mon sacerdoce. En qualité de compatriote, pourquoi ne lui dédierais-je pas les premiers efforts de mon zèle sacerdotal ? » Chose curieuse ! le manuscrit qui donne cette indication et qui, à cette date de 1884, remontait à plus de vingt ans, porte déjà ce titre : « Généalogie de saint Bernard. » L'auteur, au début de sa carrière littéraire, voulait écrire la vie du grand docteur. En donnant les raisons du chapitre préliminaire, qu'il intitule : Généalogie de saint Bernard, il s'approprie les gracieuses paroles de la Mère de Chaugy : « Si nous insistons sur ces souvenirs, ce n'est pas pour faire parade des choses desquelles le monde fait gloire, mais c'est qu'il nous semble raisonnable de chercher un peu avant la racine de l'arbre dont nous allons goûter les doux fruits (1). »

Abandonné pendant quelque temps, ce travail fut repris à Grignon, comme le prouvent diverses notes dont quelques-unes sont extraites de la *Civilta* qu'il recevait alors. Nous y lisons des invocations empruntées à Jean l'Ermite : « Qui suis-je pour employer un style languissant à publier les louanges de ce grand patriarche de la vie monastique ? Je vous prie, ô Verbe divin ! par qui tout a été créé, de m'accorder la grâce de dire, comme il convient, la vérité sur ce bienheureux homme. Vous qui êtes l'alpha et l'oméga, veuillez être l'auteur et le consommateur de cet ouvrage. »

---

1. *Saint Bernard*, cote 11.

D'autres études absorbèrent longtemps ses veilles, mais il n'oublia point le puissant attrait de son cœur. A Saint-Ignace, il fit la collection des chartes dont nous avons parlé. A Fribourg, il rédigea ses notes. Il rentrait en France avec la ferme résolution de terminer un travail dont la conclusion lui était, pour ainsi dire, à charge. Une lettre du 14 juillet 1885 l'annonce expressément (1). Il revit et relut cette étude pendant les longues heures où il attendit la mort.

Ainsi la pensée qui avait inspiré ses premières compositions se retrouvait présente à son esprit, comme pour en dicter l'épilogue. Il s'était avancé dans la carrière des lettres, sous les auspices de saint Bernard : il put s'apercevoir, en terminant sa course, qu'il mourait fidèle à son premier amour.

1. C. P.

# TABLE DES MATIÈRES

## PREMIÈRE PARTIE

### Vie de l'abbé F. Grignard.

CHAPITRE I. — Le Foyer paternel (1846-1856). — Le village de Thoisy-la-Berchère. — L'église et le château. — Naissance de François Grignard. — Un horoscope. — Baptême du nouveau-né. — Éducation chrétienne. — Premières visites à l'église. — L'école communale. — Les amis d'enfance. — Premières leçons de grammaire latine. — Départ pour le séminaire. — Amour de François Grignard pour son pays natal . . . . . . . . . . . . . . . 1 à 10

CHAP. II. — Les Études secondaires (1856-1863). — Plombières. — Le petit séminaire. — Ses traditions et la force de ses études. — Arrivée de François Grignard. — Ses succès extraordinaires. — La distribution des prix. — La piété de l'enfant. — Sa première communion. — Son amour de la discipline. — Son application. — L'amitié de ses maîtres. — Celle de ses condisciples. — Trait supérieur et caractéristique de sa physionomie : sa patience dans les maladies. — Récent éloge de Plombières . . . . . . . . . . . . . 11 à 30

CHAP. III. — Premières Études théologiques (1863-1865). — L'appel de Dieu. — Le grand séminaire de Dijon. — Études de l'abbé Grignard. — Lutte de la théologie et de la littérature. — Préférence avouée pour celle-ci. — Incontestable supériorité de celle-là. — Conduite édifiante de l'abbé Grignard. — La visite d'un curé de campagne. — Travail de transformation intellectuelle. — Les épreuves de la souffrance. — Une consultation solennelle. . . . . 31 à 42

CHAP. IV. — Une Station dans le Midi (1865-1867). — Arrivée à Montpellier. — Description du grand séminaire. — Les professeurs. Et les élèves. — Les pieux souvenirs de l'amitié. — Un cierge à l'autel de la sainte Vierge. — Le journal de l'abbé Grignard. — Une promenade au bord de la mer. — Les lumières de la souffrance. — Les profits de la lecture. — La transfiguration complète. — Les ordres mineurs. — Appel au sous-diaconat. — Retour à Dijon . . 43 à 56

CHAP. V. — Un Préceptorat (1867-1869). — Le château d'Agey. — Un évènement tragique. — Belle conduite de l'abbé Grignard. — Premières prédications. — Travaux du jeune lévite. — Mauvaises impressions produites par une philosophie dévoyée. — Une apostasie lamentable. — Douleur de M. Grignard. — Le diaconat. — Idée d'aller prendre des grades à Rome . . . . . . . . . 57 à 70

CHAP. VI. — Le Sacerdoce (1870). — Un panorama. — Glorieux souvenirs de la Rome antique et de la Rome chrétienne. — Apogée de la grandeur de Pie IX. — Premier motif du voyage de M. Grignard à Rome: le sacerdoce. — Ferveur avec laquelle il s'y prépare. — Les saintes émotions qui remplissent son âme le jour de l'ordination. — Le second motif de son séjour : l'étude. — La question de l'infaillibilité dans les lettres de l'abbé Grignard. — Les joutes oratoires de Saint-André *della Valle*. — Le décret du Concile. — Une séance à la Propagande. — Les loisirs de l'étudiant. — Dernière visite à Pie IX. — Une fête à Thoisy-la-Berchère. . . . . . . . . . 71 à 92

CHAP. VII. — Les débuts du Ministère ecclésiastique (1870-1871). — L'invasion allemande. — Instructions prêchées pendant la guerre. — Une cure provisoire. — Les Garibaldiens au presbytère de Chailly. — La piété du jeune prêtre. — La pauvreté de son installation. — Zèle du pasteur. — Ses instructions pratiques. — Nomination de M. Grignard comme vicaire à Saulieu. — M. Thubet et son œuvre. — Les occupations du vicariat. — Les études ecclésiastiques. 93 à 105

CHAP. VIII. — M. Grignard a Grignon (1872-1881). — *Ministère pastoral*. — La première préoccupation de M. Grignard : le ministère pastoral. — Topographie de Grignon. — Les catéchismes. — Les premières communions. — La charité du pasteur. — Sa compassion pour les affligés. — Ses visites aux malades. — Son zèle pour la conversion des pécheurs. — Fêtes paroissiales. — Un reposoir tout en fleurs de lis. — Binage de Lantilly laissé et repris. — Visites canoniques : *Redde rationem*. — Amour de l'abbé Grignard pour la prière. — La méditation du matin. — La célébration de la sainte Messe. — Prières pour les paroissiens. — La veillée des morts . . 107 à 135

CHAP. IX. — M. Grignard a Grignon (suite). — *Prédication*. — Deux époques dans la prédication de M. l'abbé Grignard. — A. Période des sermons écrits. — Division des manuscrits en cinq classes. — 1° Analyse des homélies du dimanche. — 2° Instructions pour les fêtes. — 3° Sermons du carême sur le péché, la passion, l'encyclique *Gravibus Ecclesiæ* de 1875. — 4° Allocutions pour les mariages : un exemple. — 5° Discours prêchés en dehors de la paroisse : analyse de l'un d'entre eux. — B. Période de l'improvisation . . . . 137 à 159

CHAP. X. — M. Grignard a Grignon (suite). — *Œuvres paroissiales.* — Importance des œuvres. — Restauration de l'église paroissiale. — Le maître-autel. — Autres transformations. — Création d'un pèlerinage en l'honneur de sainte Reine. — Premières fêtes. — Établissements des œuvres de l'Apostolat de la prière et de la Sainte-Enfance. — Anciennes associations. — Confrérie du très saint et immaculé Cœur de Marie. — Confrérie de saint Jean l'évangéliste. — Curieux statuts de 1487. — Mme Morisset. — Missionnaires diocésains. — Un monastère de bénédictins . . . . . . . . . . . . . 161 à 180

CHAP. XI. — M. Grignard a Grignon (suite). — *Études et relations.* — Études ecclésiastiques. — Préparation aux grades en théologie. — Instances de M. Grignard pour obtenir la permission de retourner à Rome. — Refus catégorique de Mgr Rivet. — Une consultation canonique. — Réponse de Mgr l'évêque. — Soumission de l'abbé Grignard. — Nouvelle direction de ses études. — Ouvrages manuscrits et imprimés. — Relations littéraires. — Affection de Mgr Rivet pour M. Grignard. — Amitiés confraternelles. — Grâce exquise de l'érudit. — Relations paroissiales. — Départ de Grignon . . . . 181 à 199

CHAP. XII. — Un triennat a Saint-Ignace (1881-1884). — *Le professeur.* — Fondation de l'École Saint-Ignace. — Un professeur improvisé. — L'idée maîtresse qui préside à son enseignement. — Sa parfaite compétence. — Études philologiques. — Une classe de littérature : la leçon du professeur sur la composition littéraire. — Entrain des élèves. — Rapports de l'abbé Grignard avec les Révérends Pères. — Ses anciennes relations. — Sa vie intime à Saint-Ignace. — Son action sacerdotale au dehors. . . . . . . . . . . 201 à 222

CHAP. XIII. — Un triennat a Saint-Ignace (suite). — *Études diverses.* — Multiples études de M. Grignard à Saint-Ignace. — Travaux historiques imprimés et manuscrits. — Collaboration à divers journaux et à une revue d'histoire et d'archéologie. — Études relatives à ses fonctions professionnelles. — Séances littéraires : 1° Le mois de mai et le mois de Marie. — 2° Saint Bernard en Bourgogne. — 3° Un épisode de l'histoire de l'École Saint-Ignace. — 4° Un proverbe esquissé. — 5° Une visite épiscopale. — Mauvais état de santé de l'abbé Grignard. . . . . . . . . . . . . . 223 à 239

CHAP. XIV. — La dernière étape (1884-1887). — Départ pour Fribourg-en-Brisgau, 18 octobre 1884. — Description de la ville. — Mœurs allemandes; curieux détails. — Travaux accablants de l'abbé Grignard. — Gracieuse proposition de M. le docteur Kraus. — Rédaction du *Curriculum vitæ*. — Le Doctorat. — Le Diplôme. — Aggravation de l'état maladif de M. Grignard. — Retour en France, 20 juillet 1885. — Consultation médicale à Paris. — Une noble hospitalité, 1886. — Préparation suprême. — Visite du R. P. Charrasse. — Humilité, piété, résignation des derniers mois. — Arrivée à Thoisy. — Les derniers sacrements. — M. Grignard meurt le 24 avril 1887. — Ses obsèques . . . . . . . . . . 241 à 267

# DEUXIÈME PARTIE

## Œuvres de l'abbé F. Grignard.

### PREMIÈRE SECTION

#### Œuvres imprimées.

CHAP. I. — Hagiographie. — *Sainte Reine à Grignon*. — *Vie de sainte Reine d'Alise*. — Les œuvres de M. Grignard sont les unes imprimées, les autres manuscrites. — Cinq sortes d'œuvres imprimées. — Hagiographie : deux études sur sainte Reine. — *Sainte Reine à Grignon*. — Occasion et sujet de cette première étude. — Légendes et monuments. — *Vie de sainte Reine d'Alise*. — Occasion de cet ouvrage. — But que se propose M. Grignard. — Division de son livre, et d'abord les sources. — Les actes du pseudo-Théophile. — Les actes anonymes. — Dernières conclusions. — Les livres liturgiques. — Les historiens de sainte Reine. — Les tragédies qu'elle a inspirées . . . . . . . . . . . . . . . . 271 à 298

CHAP. II. — — Hagiographie (suite). — *Vie de sainte Reine d'Alise*. — Famille de sainte Reine, époque et pays où elle naquit. — Son enfance, Olibrius et la première rencontre. — Sa prison, ses tortures et sa mort. — Les reliques de la vierge-martyre. — Contestation entre les cordeliers d'Alise et les bénédictins de Flavigny au sujet d'un bras de sainte Reine. — Nombreux miracles opérés par elle. — Son culte dans le diocèse de Dijon, en France et à l'étranger. — Iconographie de sainte Reine. — Pièces intéressantes éditées par M. Grignard. — Les gravures de son livre. — Comment son ouvrage fut accueilli . . . . . . . . . . . . . . . 299 à 318

CHAP. III. — Archéologie. — *Notitia chronologica*. — *L'abbaye de Flavigny*. — La fondation de l'abbaye de Flavigny.

— Celle des prieurés qui en dépendaient. — Églises ou chapelles auxquelles nommaient l'abbé et les moines. — Les chartes de Flavigny. — La Chronique de l'abbé Hugues. — Les manuscrits des Bénédictins de la congrégation de Saint-Maur. — Le siège d'Alesia d'après le récit de la translation des reliques de sainte Reine en 864. — Les leçons de la fête de sainte Reine, d'après l'ancien bréviaire de l'abbaye de Flavigny . . . . . . . . . . . . . . 319 à 330

CHAP. IV. — ARCHÉOLOGIE (suite). — *Note sur une divinité gauloise et un amulette chrétien découverts à Lantilly. — Nomination d'un curé sous l'ancien régime.* — Découverte d'un dieu gaulois à Lantilly. — Attributs de cette idole. — Statues similaires auxquelles on peut les comparer. — Ce qui est certain et ce qui paraît douteux au sujet de ce monument. — Un dé du moyen-âge. — Gravures dont il porte l'empreinte. — Leur interprétation. — Usage problématique de ce dé. — Une nomination nulle. — Deux provisions régulières. — Une prise de possession en bonne et due forme . . . . . . . . . . . . . . . . . . . 331 à 340

CHAP. V. — MÉLANGES LITTÉRAIRES. — Trois sortes d'articles. — 1° Fêtes religieuses. — Une semaine de fêtes en Bourgogne. — Mgr Mermillod. — 2° Articles de polémique. — *Les loups des environs de Vittel.* — Les pseudonymes de l'abbé Grignard : F. de Maugage, Guy Robin. — Un poëte irrité. — Voltaire et Piron. — 3° Bibliographies. — *La Théorie de la Dévotion au sacré Cœur de Jésus.* — *Études sur les auteurs français des classes supérieures.* — Les règles de la critique littéraire. — *Mémoires pour servir à l'histoire de la ville de Montbard en Bourgogne.* — Étymologies et blasons rectifiés. — Généalogie de Buffon. — *Monographie de l'abbaye de Fontenay.* — Une inscription en vers iambiques. — *Histoire de l'hôpital d'Auxonne.* — *Notes sur les livres liturgiques des diocèses d'Autun, Chalon et Mâcon* . . . 341 à 360

CHAP. VI. — COLLABORATION AU *Bulletin d'Histoire et d'Archéologie religieuses du diocèse de Dijon.* — Le programme du *Bulletin.* — Raisons pour lesquelles on l'a fondé. — Cadre qu'il doit remplir. — Recommandation épiscopale. — *L'instruction publique dans une petite ville de province avant la révolution.* — Les écoles primaires de l'abbaye de Flavigny depuis le douzième siècle. — Un externat d'études secondaires dirigé par les Bénédictins. — Un pensionnat ruiné. — *Dom Antoine Guyard : sa vie et ses œuvres.* — Son esprit rigoriste. — *Conjectures sur la famille d'Halinard.* — Une généalogie de la fin du dixième et du commencement du onzième siècle. — *Deux inscriptions de l'église de Villargoix.* — L'une d'elles réputée indéchiffrable et déchiffrée. — *Une visite à la chapelle de Fleurey.* — Le monument d'Antoine Ier de Luxembourg et d'Antoinette de Bauffremont. — Dernier vœu de M. Grignard . . . . 361 à 382

## DEUXIÈME SECTION

**Manuscrits.**

CHAP. I. — Traité de la Confirmation. — Les manuscrits de M. Grignard. — Comment on peut les classer. — Le *Traité de la Confirmation*. — Comment il est divisé. — Une objection préliminaire à propos de l'onction verticale : cette onction est-elle distincte de celle qui se fait sur le front dans la Confirmamation ? — Les trois chapitres du livre premier. — Théorie générale des sacrements. — Place de la Confirmation dans les sacrements de la Loi nouvelle. — Une objection de saint Thomas. — Les préludes de la Confirmation dans l'Ancien Testament. — Synthèse de ces applications mystiques. — Erreur des protestants. — L'existence de la Confirmation dans le Nouveau Testament est un fait certain. — Quand a-t-elle été instituée ? — Progrès de la révélation chrétienne . . . . . . . . . . . . . . . . . . . . . . 383 à 404

CHAP II. — Traité de la Confirmation (suite). — Objet du second livre : les trois effets généraux de la Confirmation et la démonstration des deux premiers par les faits historiques. — I. Nature de l'Esprit-Saint. — En quel sens il nous est donné. — Puisque nous le recevons au baptême, comment pouvons-nous le recevoir encore à la Confirmation ? — II. Deux sortes de grâce, et d'abord la grâce sanctifiante. — Deux trilogies qui se correspondent. — A. En quel sens la grâce sanctifiante agit sur l'essence de l'âme. — B. En quel sens les vertus et les dons agissent sur les facultés de l'âme. — Comment se définissent les dons ; à quels vices ils sont contraires ; à quelles vertus ils correspondent. — C. Dernière application des deux trilogies : comment la grâce sacramentelle agit sur les actes de l'âme. — Les grâces *gratis datæ*. — III. Caractère de la Confirmation. — IV. Les preuves de ce troisième effet. — Celles des deux premiers. — Quelques digressions . . . 405 à 426

CHAP. III. — Traité de la Confirmation (fin). — Livre troisième : son quadruple objet. — I. Le ministre ordinaire et le ministre extraordinaire de la Confirmation. — II. Consécration du Saint-Chrême. — Eléments dont il se compose. — Symbolisme du cortège qui le présente à l'évêque. — Cérémonies avec lesquelles il est consacré. — III. Sujet de la Confirmation : doit-elle être conférée à tous les fidèles ? — A quel âge peut-on la recevoir. — Conditions morales et matérielles imposées aux confirmands. — Le parrain et la marraine, leurs fonctions et leurs qualités. — IV. Rites de la Confirmation. — Temps et lieu qu'il faut choisir. —

Ornements du pontife en cette circonstance. — Cérémonies préparatoires. — Application du Saint-Chrême. — Forme du sacrement. — Soufflet donné par l'évêque. — Cérémonies terminales. — Epilogue du *Traité de la Confirmation* . . . . . . . . 427 à 446

CHAP. IV. — Études liturgiques et sigillographiques. — Importance de l'ancienne liturgie diocésaine. — Essai de M. Grignard dans ce genre d'études. — Ébauche d'un calendrier de nos anciennes fêtes. — Énumération d'un certain nombre d'offices liturgiques autrefois célébrés dans le diocèse de Dijon. — Neuf sources où l'abbé Grignard a puisé ces offices. — Trois recueils particulièrement remarquables à ce point de vue. — Curieux détails sur les anciennes processions à Dijon. — Découverte d'un fragment d'un ancien office de saint Seine par M. Grignard. — Analyse de ce document. — Autres offices ne se rapportant pas au diocèse de Dijon. — Une étude sigillographique. — La mitre de saint Andoche. — Saint Bénigne était-il évêque ? — Raisons pour lesquelles l'abbé Grignard répond affirmativement. — Opinion des Bollandistes. . . . . . . . . . . . . . . . . . 447 à 476

CHAP. V. — Fragments de Poésie et d'Histoire relatives a la Bourgogne. — Raison de ce chapitre. — Ce que l'on entend par les anciens drames liturgiques. — Leur raison d'être, d'après M. Grignard. — Plan d'une étude sur les mystères en Bourgogne. — But de l'auteur. — Dates de quelques anciennes représentations. — Fragments de deux ou trois pièces. — Une scène émouvante. — Indications historiques. — Manuscrit de M. Fertiault. — *Bibliothèque du clergé dijonnais.* — *Notes sur les évêques et l'évêché de Dijon.* — La création et la première organisation du diocèse. — Les cinq premiers évêques. — Leurs successeurs jusqu'à Mgr Rivet. — Conclusion de l'abbé Grignard. . . . . . . . . . . . . . . . . . 477 à 496

CHAP. VI. — Histoire de Grignon. — *L'histoire de la paroisse et du village de Grignon.* — Les monuments religieux. — Les anciens revenus de l'église et des chapelles. — La cure et le prieuré. — Leurs titulaires et leurs revenus. — Quelques figures originales. — La dîme du prieur. — Fin de l'histoire de la paroisse. — Histoire du village. — Les seigneurs de Grignon. — Leur château féodal. — Leurs anciens vassaux. — Les prévôts et leurs grands jours. — Les redevances du seigneur. — L'histoire contemporaine. — La population. — Le hameau des Granges. — Le château d'Orain et les différentes familles qui l'ont illustré. — Les écarts. — Lieux détruits. — Personnes notables. — Usages particuliers à la paroisse. — Les messes des morts. — Vues, sceaux et armoiries . . . 497 à 523

CHAP. VII. — Les Cartulaires. — Nature, origine et importance des cartulaires. — Idée générale des travaux de M. Grignard dans ce genre d'études. — Le Cartulaire de Grignon. — Sa valeur au point de vue des documents. — Le Cartulaire de Flavigny, son importance et ses sources. — Sa composition et son classement. — Vœu des amis de M. Grignard. — Le Cartulaire de Fontenay. — Les deux pancartes de l'abbaye ou ses deux premières grandes chartes. — Appoint de l'abbé Grignard dans l'étude de ces documents. — Particularités précieuses pour les monographies historiques. — Prière de l'auteur . . . . . . . . . . . . . . . . . 525 à 541

CHAP. VIII. — La comtesse Mathilde. — Deux études manuscrites sur la comtesse Mathilde. — Différence de ces deux biographies. — Dépôt d'un certain nombre de manuscrits de M. Grignard aux Archives départementales de la Côte-d'Or. — Division de ces manuscrits. — Chartes et notes historiques. — Étude de Raymond de Bourgogne, père de la comtesse Mathilde. — Les quatre mariages de la comtesse. — Elle épouse successivement : 1° Eudes d'Issoudun ; 2° Guy de Nevers ; 3° Pierre de Flandre ; 4° Robert de Dreux. — La comtesse Mathilde à Fontevrault. — Ses nombreuses fondations. — Sa piété envers le très saint Sacrement. — Ses armoiries et celles des familles auxquelles elle s'allia. — Recherches nécessitées par cette histoire. — Chartes sur lesquelles elle s'appuie . . . 543 à 555

CHAP. IX. — Généalogie de saint Bernard. — Origine de ce dernier ouvrage. — État de la question. — Double but de M. Grignard. — Généalogie paternelle de saint Bernard. — La famille de Tescelin. — Ce qu'on sait de sa personne. — Sa vraie résidence. — Les parents qu'on lui connaît. — Généalogie maternelle de saint Bernard. — Les ancêtres d'Aleth. — Son père et sa mère. — Différentes manières d'écrire son nom. — Ses quatre frères et sa sœur. — Descendance de Rainard. — Erreurs de Chifflet et de M. Breuillard. — Les deux familles de Montbard et d'Epoisses. — Les enfants de Tescelin. — Les sires de Sombernon. — Les chartes sur lesquelles la généalogie de saint Bernard est appuyée. — La première et la dernière pensée d'une vie littéraire . . . . . . . . . 557 à 575

Dijon. — Damongeot et Cⁱᵉ, imprimeurs de l'Évêché, 40, rue Saint-Philibert.

DAMONGEOT ET Cie, IMPRIMEURS, RUE SAINT-PHILIBERT, 40.

www.ingramcontent.com/pod-product-compliance
Lightning Source LLC
Chambersburg PA
CBHW060409230426
43663CB00008B/1431